Thomas Söding

Der Gottessohn aus Nazareth

Thomas Söding

Der Gottessohn aus Nazareth

Das Menschsein Jesu im Neuen Testament

HERDER

FREIBURG · BASEL · WIEN

www.herder.de
Satz: Barbara Herrmann, Freiburg
Druck und Bindung: fgb · freiburger graphische betriebe 2006
Gedruckt auf umweltfreundlichem, chlorfrei gebleichtem Papier
ISBN-13: 978-3-451-28939-2
ISBN-10: 3-451-28939-3

Vorwort

Christen bekennen nicht nur, dass Jesus wahrer Gott, sie bekennen auch, dass er wahrer Mensch ist. Das eine kann nicht gegen das andere ausgespielt werden. Beides gehört untrennbar zusammen. Die Kirchenväter haben erkannt, dass Jesus nicht nur offenbart, wer der wahre Gott, sondern auch, wer der wahre Mensch ist.

Dieses Grundbekenntnis des Christentums war immer brisant. Es wird heute durch den Verdacht herausgefordert, der ganze christologische Aufwand, den die Kirche zu Ehren des Gottessohnes treibe, sei ein riesiger Betrug, dem der Mensch Jesus von Nazareth zum Opfer falle. Was aber ist gewonnen, wenn man nur den Menschen Jesus zu Ehren bringt? Welches Menschen- und welches Gottesbild sind dann leitend? Kann, wer die Gottessohnschaft Jesu leugnet, noch für möglich halten, dass Gott den Menschen unendlich nahe kommt und in diesem Menschen Jesus von Nazareth wahrhaft gegenwärtig ist? Kann man größer vom Menschen denken, als wenn man auf Jesus schaut und glaubt, dass Gott Mensch geworden ist?

Das Bekenntnis zum wahren Menschsein des Gottessohnes ist ebenso ein Prüfstein, ein Antrieb, ein Kernstück des Glaubens wie das Bekenntnis zum wahren Gottsein des Menschen Jesus von Nazareth. Der theologische Streit um die Gottesfrage ist aber, gerade wenn die Christologie ins Spiel kommt, auch ein theologischer Streit um das Menschenbild. Nietzsche, der den Tod Gottes proklamierte, sang zugleich das Leichenlied des Menschen. Eine entscheidende Rechtfertigung der christlichen Option für den einen Gott und den einen Herrn Jesus Christus ist das Plädoyer für die Menschlichkeit des Menschen, die im christologischen Gottesglauben angelegt ist.

Ob dieses Plädoyer glaubwürdig ist, entscheidet sich im Neuen Testament. Dort wird Jesu wahre Gottheit mit seiner wahren Menschheit zwar nicht in der begrifflichen Schärfe des Dogmas verknüpft, wohl aber im vitalen Zeugnis ursprünglichen Glaubens, in den Jesusgeschichten der Evangelien, in den frühesten Gottesdienstliedern und Bekenntnistexten. Lässt sich, wo von Jesus als Gottessohn, als Kyrios, als Heiland und Retter der Welt die Rede ist, wo seine Präexistenz und Menschwerdung, seine Auferweckung, Erhöhung und Wiederkunft, wo sein Tod am Kreuz als Heilstod für alle geglaubt wird, noch erkennen, dass es um den Mann aus Nazareth geht, um den vollmächtigen Propheten und den leidenden Gerechten?

Oft wird gefragt, wie „christologisch“ bereits Jesus war (oder nicht war). Das ist wichtig, muss aber durch die Frage ergänzt werden, wie „jesuanisch“ die Christologie ist (oder nicht ist). Wird sie beantwortet, ergeben sich nicht nur neue Perspektiven der Bibelwissenschaft und Dogmatik, sondern auch der Religionspädagogik. Die Exegese sollte sich herausgefordert wissen, zu klären, welcher Zusammenhang zwischen der Erinnerung an den Irdischen und der Erfahrung des Auferstandenen bestehen. Die Dogmatik ist gefragt, darüber Rechenschaft abzulegen, wie sich das Bekenntnis zum wahren Gottsein mit dem Bekenntnis zum wahren Menschsein Christi verträgt. Die Religionspädagogik darf die „Christologie von unten“, die sie gegenwärtig bevorzugt, nicht mit einer „Jesulogie“ verwechseln und nicht gegen die Präexistenz- und Erhöhungschristologie ausspielen, sondern kann im Geheimnis des Menschen Jesus das Geheimnis Gottes und im Geheimnis der Gottessohnschaft Jesu das Geheimnis des Menschen entdecken lassen.

Das Buch geht im Kern auf eine Artikelserie zurück, die ich 2004 in „Christ in der Gegenwart“ veröffentlichen durfte. Johannes Röser sei für die Anregung und die stete Gesprächsbereitschaft herzlich gedankt. Leserzuschriften haben mich bestärkt, das Buchprojekt in Angriff zu nehmen. Die Texte sind gründlich überarbeitet und stark ergänzt, das Spektrum der Themen ist erheblich erweitert. Dr. Peter Suchla danke ich – einmal mehr – für die persönliche Begleitung und professionelle Betreuung.

Wuppertal, 7. März 2006 Thomas Söding

Inhaltsverzeichnis

III. Jesus im Glaubensbekenntnis des Neuen Testaments

IV. Weiterführung

Vorspiel: Jesus in Nazareth

In Nazareth hat Jesus wenig Freunde gehabt. Markus, der älteste Evangelist, gibt einen ernüchternden Bericht (Mk 6,1–6a):

> [1]Und er kommt in seine Heimatstadt und seine Jünger folgen ihm.
> [2]Als es Sabbat wurde, begann er, in der Synagoge zu lehren.
> Und viele, die ihn hörten, staunten und sagten:
> „Woher hat er das? Welche Weisheit ist ihm gegeben? Und die
> Wunder – durch wessen Hand sind sie geschehen? [3]Ist er nicht der Zim-
> mermann, der Sohn der Maria und der Bruder von Jakobus, Joses, Ju-
> das und Simon? Leben nicht seine Schwestern hier unter uns?“
> Und sie nahmen Anstoß an ihm.
> [4]Da sagte Jesus ihnen:
> „Kein Prophet ist ohne Ehre, außer in seiner Heimatstadt und bei sei-
> nen Verwandten und in seinem Haus.“
> [5]Und er konnte dort kein Wunder tun; nur wenige Kranken heilte er,
> indem er ihnen die Hand auflegte. [6]Und er wunderte sich über ihren
> Unglauben.

Die Nazarethaner leugnen nicht, dass Jesus große Worte macht und große Taten vollbringt. Sie leugnen seine Weisheit so wenig wie seine Wunder. Aber sie bringen die Kraft seiner Lehre und seines Heilswirkens nicht mit seiner Person in Einklang. Sie kennen ihn, seinen Beruf, seine Mutter, seine Familie: den Zimmermann, den Sohn Marias. Das alles ist wahr. Aber es führt zum Irrtum: Man kennt Jesus allzu gut; besser: Man glaubt allzu gut, ihn zu kennen. Weil er „der Sohn Marias“ ist, soll er nicht der Sohn Gottes sein. Weil er „Zimmermann“ ist, kann er nicht Messias sein. Das ist Unglaube – kein moralisches, sondern ein theologisches Problem. Der Unglaube der Nazarethaner traut Gott nicht zu, einen der Ihren, den sie kennen, erwählt zu haben. Er traut Gott nicht zu, so sehr am Leben und Leiden der Menschen Anteil zu nehmen, dass schlechterdings keine Distanz mehr bleibt. Auf diese Skepsis stießen schon die Propheten. „Ein Prophet gilt nichts im eignen Land“, sagt das Sprichwort. Noch mehr gilt es für den Sohn Gottes. Der Unglaube der Menschen aus der Heimat

Jesu besteht darin, dass sie Gott nicht zutrauen, was Jesus verkündet: die Nähe der Gottesherrschaft, ihre eigene Rettung, die rettende Begegnung mit Gott durch die Begegnung mit ihm, dem Sohn Gottes. Jesus reagiert ohne Aggression, aber mit Verwunderung. Ihm sind die Hände gebunden. Wer nicht will, den zwingt er nicht. Jesus wundert sich, weil er alles gesagt und getan hat, was zu sagen und zu tun ist. Jesus sucht keine Erklärung. Er geht seinen Weg: als Gottessohn aus Nazareth.

I. Einführung

Das Credo der Kirche trifft klare Aussagen über den Gottessohn Jesus Christus. Sie sind an Würde und Hoheit, an philosophischer und theologischer Substanz kaum zu übertreffen. Das Erste Ökumenische Konzil, das Konzil von Nikaia, beschließt am 19. Juni des Jahres 325 nach langem erbittertem Streit[1] folgenden Bekenntnistext: „(Wir glauben) … an unseren einen Herrn Jesus Christus, den Sohn Gottes, … Gott von Gott, Licht vom Licht, wahrer Gott vom wahren Gott, gezeugt, nicht geschaffen, eines Wesens mit dem Vater, durch ihn ist alles geschaffen, was im Himmel und auf Erden ist.“ Dieses Glaubensbekenntnis ist bis heute die gemeinsame Basis (fast) aller Christen – der Orthodoxen wie der Katholiken und der Protestanten, aber auch der Kopten, der Freikirchen, der Armenier. Es spielt in der Liturgie der Kirche eine entscheidende Rolle, bei der Taufe wie bei der Eucharistie. Es ist ein „Symbolon“, wie es im Griechischen heißt, ein Erkennungszeichen der Christen und der Kirche.

Ist es auch ein Spiegel, in dem man Jesus erkennen kann, um dessentwillen doch der ganze christologische Aufwand getrieben wird – bis in die Trinitätstheologie hinein? Eine positive Antwort leuchtet nicht auf den ersten Blick ein. Hat sich nicht die griechische Philosophie der biblischen Theologie, hat sich der kirchliche Glaube der Person und der Botschaft Jesu bemächtigt? Siegt der Mythos über das Evangelium? Wo bleibt Jesus von Nazareth? Wird er so überhäuft mit höchsten Ehren, so gerühmt mit glänzenden Aussagen, so erhellt mit leuchtenden Bildern, dass der Mensch überstrahlt wird?

Gewiss, wer das Credo weiter betet, landet beim Menschen: „… der wegen uns Menschen und um unseres Heiles willen herabgestiegen ist und Fleisch und Mensch geworden ist und gelitten hat und auferstanden ist am dritten Tage …“. Aber ist die Perspektive nicht eigentümlich verengt? Kein Wort zu den Gleichnissen, kein Wort zur Bergpredigt, keines zu den Streit- und Schulgesprächen, zu den Jüngerberufungen und den Glaubensgesprächen Jesu! Die

Menschwerdung ist ein Thema, aber dann springt das Credo sofort zum Leiden und zur Auferstehung. Wo bleibt das Leben Jesu? Wo seine Botschaft?

1. Christologie: Verrat oder Erkenntnis Jesu?

Der Verdacht stellt sich ein, die Christologie der Kirche sei eine ungeheure Überhöhung Jesu – und am Ende ein Verrat an seiner Person und Sache. Hat dem Konzil von Nikaia nicht der römische Kaiser präsidiert? Gewiss, es war Konstantin; aber der war zum Zeitpunkt des Konzils zwar ein Förderer der Kirche, aber noch nicht getauft. Wollte man am Ende Christus auf den himmlischen Kaiserthron erhöhen, damit auf Erden desto mehr Glanz den Thron des Konstantin umgebe?

Selbstkritik hat der Kirche noch nie geschadet. Aber nüchtern müssen auch die Kritiker bleiben. In derselben Zeit, in der die Konzilien die Bekenntnisse der Christenheit formulieren, kommt der Prozess zum Abschluss, der zusammen mit dem Alten das Neue Testament hervorgebracht hat, darunter die Evangelien, die bis heute gültigen Biographien Jesu. Sind auch sie Fälschungen? Hat sich die Kirche – auch in den neutestamentlichen Evangeliengeschichten – Jesus so zurechtgelegt, wie sie ihn brauchen konnte? Die Dogmengeschichte weist darauf hin, dass – mit einer einzigen Ausnahme, nämlich der gewichtigen Aussage: „eines Wesen *(homoousios,* lat.; *una substantia)* – alle Aussagen des Glaubensbekenntnisses von Nikaia der Bibel entnommen sind. Macht das die Sache besser? Könnte man nicht auf die Idee verfallen, dass auch schon das Neue Testament das Dokument einer Verdrängung Jesu durch die Christologie sei?

Oder ist es gerade umgekehrt? Ist es das Credo, das Jesus in seiner wahren Bedeutung zeigt? Ist es das Dogma, das der Geschichte ihr Recht gibt? Macht die Liebe zu Jesus Christus blind? Oder hellsichtig? Überfremdet der Glaube Jesus? Oder wird er ihm gerecht? Die Frage entscheidet sich ganz früh: im Neuen Testament und den ältesten Traditionen, die es repräsentiert.

Weder reicht der bloße Verdacht eines Verrates noch die Empörung ob des Verdachtes. Es muss argumentiert werden, *pro et contra.* Ein wichtiges Argument ist ohne Zweifel die Praxis. Entspricht das Verhalten, die Ethik, die Spiritualität der Christenmenschen dem, was Jesus gesagt und gewollt hat? Aber untrennbar damit verbunden ist auch die Frage, wie im Credo gesprochen wird. Ist es ein Bekenntnis zu Jesus? Nur wenn es dies wäre, könnte das Bekenntnis überzeugen. Wäre es anders, müsste der Projektionsverdacht obsiegen. Das Bekenntnis zu Jesus ist der Prüfstein der Christologie. Hält sie der kritischen Prüfung stand? Das muss sich an den neutestamentlichen Texten zeigen.

a) Aufbruch der Christologie

In den ersten zwei Jahrzehnten hat sich im Christusbekenntnis der Kirche mehr bewegt als in den folgenden zwei Jahrtausenden bis heute. Am 14. Nisan des Jahres 30 ist Jesus am Kreuz hingerichtet worden (oder einen Tag und allenfalls drei Jahre später). Noch bevor aber Pilatus und Kaiaphas gestorben sind, bekennen sich Judenchristen und Heidenchristen zu diesem Gekreuzigten als Gottessohn und Menschensohn, als Herr und Heiland, als Messias und Davidssohn; sie erzählen nicht nur von seinen Gleichnissen, seinen Heilungen und Streitgesprächen, sondern auch von seiner Geburt aus der Jungfrau Maria, von seinem Seewandel und seiner Brotvermehrung; sie erinnern sich nicht nur an seine Verkündigung der nahekommenden Gottesherrschaft, sondern auch an sein Leiden und Sterben „für" die Menschen; sie überliefern nicht nur wichtige Episoden aus dem Leben Jesu, sondern bekennen sich zu seinem Heilstod und seiner Auferstehung; sie rühmen seine Prophetie und Weisheit; sie sehen Jesus als „Licht" und „Brot", als „Hirt" und „Arzt", als „Bruder", „Freund" und „Lehrer", aber auch als Gottes Wort und Gottes Bild; sie singen im Gottesdienst Lieder über den, der von Ewigkeit her in „Gottes Gestalt" war und doch gekreuzigt wurde und „deshalb über alles erhöht" worden ist (Phil 2,6–11); sie spenden die Taufe auf seinen Namen (vgl. Röm 6); zu seinem „Gedächtnis" feiern sie Eucharistie (1Kor 11,23–25); auf seine Wiederkunft warten, um seine Parusie beten sie (1Kor 16,22):

> Unser Herr, komm!

Zwanzig Jahre nach Jesu Tod schreibt Paulus einen Brief an die Gemeinde von Thessalonich; es ist die älteste Schrift des Neuen Testaments. In ihr spricht er von Jesu Tod für unsere Sünden und seiner Auferstehung wie seiner Wiederkunft; er erinnert an seine Verkündigung, dass alles Heil dieser und der kommenden Welt an Jesu Tod und Auferstehung hängt (1Thess 5,1–11). Weitere 20 Jahre später gibt Markus das erste Evangelium heraus, in dem er das Wirken Jesu programmatisch in den Horizont seines Todes und seiner Auferstehung stellt, die, wie Jesus selbst gelehrt hat, seine Erhöhung zur Rechten Gottes meint (Mk 12,35ff) und auf die Parusie zielt, das Erscheinen des Menschensohnes zum Gericht und mehr noch zur Rettung derer, die Gott retten will (Mk 13,24–27).

Diese Texte (und alle neutestamentlichen Schriften) sind frühe Zeugnisse des Christusglaubens. Aber die christologischen Weichen sind viel früher gestellt. Paulus und die Evangelisten greifen in reichem Maße auf Traditionen zurück: mündliche und schriftliche, liturgische und katechetische, Erzählungen und Bekenntnisse. Lukas sagt zu Beginn seines Evangeliums ausdrücklich, dass er keineswegs der erste sei, der sich auf die Spuren Jesu setze, sondern dass bereits „viele" vor ihm die Geschichte Jesu – ganz oder in Teilen – erzählt hätten und dass sie ihrerseits auf das Zeugnis derer zurückgegangen seien, die „Augenzeugen und Diener des Wortes gewesen sind" (Lk 1,1–4). Paulus erinnert seine Gemeinden mehrfach an das, was ihm selbst überliefert worden sei und was er eben deshalb dann seinerseits den Gemeinden überliefert habe. Das betrifft die zentrale Predigt von Tod und Auferstehung Jesu (1Kor 15,3–5): „Denn ich habe euch als erstes überliefert, was auch ich empfangen habe, ..." Es betrifft auch die Überlieferung vom Letzten Abendmahl Jesu. Hier verfolgt der Apostel die Spur sogar bis zum „Herrn" Jesus selbst zurück (1Kor 11,23): „Denn ich habe vom Herrn empfangen, was ich euch überliefert habe: ...".

Die zahlreichen frühchristlichen Traditionen im Spiegel der neutestamentlichen Schriften zu erkennen, ist nicht ganz einfach, aber doch immer wieder möglich.[2] Der Gewinn ist unschätzbar. Der Blick fällt auf die Ursprünge der Christologie, auf die ältesten Glaubensbekenntnisse, auf früheste Gottesdienstlieder und erste Jesusgeschichten.[3] Nur ein ganz kleiner Ausschnitt tritt vor Augen. Aber was man sehen kann, ist atemberaubend: eine ungeheure Dichte des Ausdrucks, eine ganz klare Sicht des Heilsgeschehens, eine enorme Kraft des Glaubens.

Die Schnelligkeit der Entwicklung verblüfft, auch ihre Weite und Konsequenz. Der tiefe Grund dürfte darin zu suchen sein, dass die Texte und Traditionen nicht das Ergebnis spekulativer Phantasie sind, sondern existentieller Erfahrung und gläubiger Meditation. Die Theologiegeschichte des Neuen Testaments dokumentiert kein Gedankenexperiment, das sich ein paar Intellektuelle ausgedacht haben; sie zeichnet das Leben der Glaubenden nach, ihre Liturgie und Frömmigkeit, ihre Ethik, ihre Erfahrungen, ihre Erinnerung an Jesus und ihre Hoffnung auf Gott.

Paulus spricht im Ersten Korintherbrief von der Vielfalt, aber auch von der Einheit und Gemeinschaft des urchristlichen Glaubensbekenntnisses (1Kor 15,11). „Ob nun ich oder jene: So verkünden wir und so seid ihr zum Glauben gekommen." Paulus schließt mit diesem Passus einen Gedankengang ab, in dem er an die Anfänge der korinthischen Gemeinde zurückführt, denen er das Evangelium verkündigt hat. Diesen Anfang korinthischen Gemeindelebens verbindet er mit der kirchlichen Mission: der Auferweckung Jesu, die sich in den Erscheinungen vor Kephas und den Zwölfen (1Kor 15,5) und allen Aposteln (1Kor 15,7) dargestellt hat. Zu diesen Aposteln gehört auch er, Paulus, obgleich er „nicht wert ist, Apostel genannt zu werden" (1Kor 15,9), da er früher die Kirche Gottes verfolgt hat (Gal 1,15f).

Paulus, der bisweilen einen anderen Eindruck erweckt, kann, wenn es drauf ankommt, so offen und großzügig in den Formen der Evangelienverkündigung sein. Er kann es, wenn die Qualität stimmt und weil das Evangelium ganz früh einen ganz großen Reichtum entwickelt hat. Die Frohe Botschaft, dass Jesus der Christus ist, der Messias, ist und bleibt eine Sache des Glaubens; aber sie verdient auch Glauben. Der Apostel jedenfalls ist davon überzeugt. Kann er auch heute überzeugen?

Häufig heißt es, die ganze „hohe" Christologie sei eine späte Erfindung, ein Tribut an den Hellenismus und das Bedürfnis der Kirche, Recht zu haben. Nicht selten gilt speziell Paulus als Gründer des Christentums (und zugleich als Widerpart zu Jesus). Das alles lässt sich aus den Quellen leicht widerlegen.[4] Es gibt in der Jesustradition keine christologiefreie Zone. Paulus hat die Grundaussagen seines Evangeliums nicht erfunden, sondern gefunden – im Glaubensschatz der Urgemeinde. Der Verdacht, die Christologie sei ein Verrat an Jesus, kann nicht auf Päpste und machtvolle Bischöfe abgewälzt werden, nicht auf römische Kaiser, die auf die Christen setzen und sich Christen nennen, nicht auf einige Theologen, die ihre Glasperlenspiele lieben. Wenn schon, muss er gegen die Urgemeinde selbst gerichtet werden, gegen Paulus und Petrus, gegen den Jünger, den Jesus liebte, gegen seine Mutter Maria, gegen Johannes den Täufer, aber auch gegen Maria Magdalena, die als erste die Auferstehung verkündet hat (Joh 20,18).

b) Die Osterbotschaft

Die neutestamentliche Christologie reagiert auf Jesus, aber nicht nur auf den Irdischen, auch nicht nur auf den Gekreuzigten, sondern letztlich auf den Auferstandenen. Dass Jesus zwar gestorben ist, Gott ihn aber von den Toten auferweckt und zu seiner Rechten erhöht hat, gehört zur Grundbotschaft des Neuen Testaments und wirft ein neues Licht auch auf die Geschichte und die Person Jesu.

Hier wird der Kern des Problems sichtbar. Der Verdacht gegen die Christologie ist ein Verdacht gegen die Auferstehungsbotschaft. Dass die über jeden Zweifel erhaben wäre, wird man schwerlich behaupten. Ist sie – trotzdem oder deshalb – glaubwürdig?

Die ersten Zweifler an der Auferstehungsbotschaft sind die Zwölf Apostel bzw. die Elf, die noch übrig geblieben sind. Die Frauen haben vom leeren Grab und von der Erscheinung des Engels berichtet; aber dass Jesus wirklich „am dritten Tage auferstehen" werde, ist unglaublich. Lukas ist ehrlich genug, lakonisch zu konstatieren (Lk 24,11): „Die Apostel hielten das alles für Geschwätz." Matthäus erzählt, dass die Elf auf dem österlichen Berg der Erscheinung zweifelten[5] – aber dass Jesus sie aussendet und ihnen zusagt, in ihrer Mitte zu sein „bis ans Ende der Welt" (Mt 28,16–20). Die Zweifel spiegeln die Unglaublichkeit des Geschehens. Der auferstandene Jesus aber liefert die Jünger nicht ihren eigenen Zweifeln aus; er liefert auch die Völker nicht den Zweifeln seiner Jünger aus. Seine Nähe macht sie stark, in all ihrer Schwäche zu verkünden, zu lehren und zu taufen „im Namen des Vaters und des Sohnes und des Heiligen Geistes". Nach dem Johannesevangelium kommt zwar der Lieblingsjünger schon dadurch zum Glauben, dass er ins leere Grab schaut (Joh 20,8); aber Petrus braucht länger, Maria Magdalena hält den Auferstehenden zuerst für den Gärtner (Joh 20,15) und noch am See von Tiberias erkennen ihn die Jünger anfangs nicht, obgleich er ihnen bereits zum dritten Mal erscheint (Joh 21,1.4).

Muss einem diese Skepsis, diese Unsicherheit, dieses Zögern peinlich sein? Peinlicher wäre, würde es verschwiegen. Stände die Glaubwürdigkeit der Christologie nicht ernsthaft zur Debatte, wäre sie banal. „Des Glaubens Sonde ist der Zweifel", liest man bei *Johann Gottfried Seume*[6]. In der Moderne wirft sich der Zweifel zwar manchmal auf, den Glauben zu zerstören; aber dann bezweifelt der Zweifler alles, nur nicht seinen Zweifel; umgekehrt wollen manche den Glauben retten, indem sie ihn vor kritischen Fragen abschirmen; aber dann haben sie schon verloren – den wahren

Glauben und den Sinn und Verstand, das Herz und die Seele der Menschen.

Christinnen und Christen sind gut beraten, wenn sie Zweifel an der Christusbotschaft nicht moralisch verdächtigen, sondern ernst nehmen. Mindestens dürfen sie von der Theologie erwarten, dass sie den Glauben nicht von der Skepsis abschottet, sondern die Auseinandersetzung mit den Kritikern sucht – und freilich auch die Kritik kritisiert. Johannes beginnt sein Evangelium mit dem Bekenntnis (Joh 1,1): „Im Anfang war der Logos [das Wort]." Wenn dieses Bekenntnis, das eine Feststellung ist, dem Glauben entspricht, braucht das Christentum keine Auseinandersetzung zu scheuen, sondern kann gelassen und engagiert darauf, hoffen, durch kontroverse Diskussionen den eigenen Glauben besser zu verstehen und zu verbreiten.

Kritik richtet sich auf vieles: auf die Sünden der Kirche, auf Machtmissbrauch, Korruption, Engstirnigkeit. Im Einzelnen gibt es, leider Gottes, Anlass mehr als genug. Zwar ist die Kritik nicht selten überzogen, einseitig und modisch. Aber gibt es nicht umgekehrt auch einen Glaubenseifer aus Phantasielosigkeit, Engstirnigkeit, innerer Schwäche? Im Kern geht es um das Christusbekenntnis. So lange es das Credo gibt, ist es umstritten. So lange das Credo gesprochen wird, wird es auf Widerspruch stoßen. Die Gründe und Motive wechseln, der Widerspruchsgeist bleibt. Im Kern steht das Geheimnis des Glaubens: Gott wird Mensch; in Jesus ist Gott gegenwärtig; aus reiner Liebe hat er für alle sein Leben hingegeben; der Gekreuzigte ist der Erhöhte, und der Erhöhte bleibt der Gekreuzigte; seine Sache geht weiter, weil sein Geist lebendig ist in der Kirche, die aus lauter schwachen Menschen besteht.

Die Kirche hat ein Elefantengedächtnis, welche Debatten über die Christologie geführt worden sind. Das sollte helfen, unaufgeregt, gelassen, aber entschieden, klar und differenziert in der heutigen Lage Position zu beziehen. Alle christologischen Kontroversen sind zeitbedingt; aber die wichtigen haben zu einer Klärung des Glaubens geführt, zu einer neuen Vergegenwärtigung des neutestamentlichen Bekenntnisses und zu einer glaubwürdigen Antwort auf die Fragen der Zeit.

Lange Zeit war man von der Frage bewegt, ob man groß genug von der Gottheit Jesu rede. Heute hingegen sind es gerade die großen Worte des Glaubensbekenntnisses, die auf Reserve stoßen. Wird das Menschsein Jesu ernstgenommen, wenn von seiner Gottessohnschaft die Rede ist?

Ehrlicherweise richtet sich diese Frage nicht nur an die Dogmen der Kirche, sondern schon an das Neue Testament. Denn die Kernsätze des Glaubensbekenntnisses sind aus dem Neuen Testament zusammengestellt. Paulus und Johannes, Matthäus, Markus und Lukas, der Hebräerbrief, die Apostelgeschichte und die Johannesoffenbarung liefern die Stichworte, die Bilder, die Grundaussagen. Die Kritik an einer christologischen Überhöhung Jesu trifft mitten ins Herz des Urchristentums. Weshalb reicht es nicht, den Weisheitslehrer, den Sozialkritiker, den Wunderheiler, den Propheten Jesus im Gedächtnis zu behalten? Weshalb bedarf es der Verkündigung seiner Gottessohnschaft? Seines Kreuzes? Seiner Auferstehung? Weshalb soll alles Heil der Welt an ihm hängen? Das Risiko, besonders groß von Jesus zu reden, um selber groß dazustehen, ist enorm – und schon im Neuen Testament wird berichtet, dass die Jünger Jesu dieser Gefahr erlegen sind (Mk 10,35–45). Muss man das Risiko unbedingt eingehen?

Die entscheidende Frage lautet, ob das Bekenntnis zum Auferstandenen die Erinnerung an Jesus verfälscht, oder ob es – gerade umgekehrt – die Erinnerung schärft und Jesus kenntlich macht. Die Apostel waren davon überzeugt, dass es der Glaube sei, der Jesus gerecht werde.

c) Fromme Zweifel

Dass Jesus *nicht* der Messias, *nicht* von den Toten auferstanden und *nicht* der Sohn Gottes sei, ist die Glaubensüberzeugung der Juden, die von den Muslimen geteilt wird. Das bedeutet keineswegs, dass schlecht über Jesus geredet würde. Im Gegenteil: Der Koran sieht Jesus als Propheten, als Heiligen, als Lehrer, als Märtyrer, sogar als Sohn der Jungfrau; der Trinitätsglaube ist den Muslimen allerdings ein Graus. Aus jüdischer Feder gibt es seit einiger Zeit nicht wenige Texte, die ein positives Jesusbild zeichnen. Martin Buber ist mit seinem Leitwort „Bruder Jesus“ vorangegangen.[7] Er teilt als Jude den Glauben Jesu, den Glauben *an* Jesus lehnt er ab. Er sieht das Vaterunser als ein jüdisches Gebet, das er sich als Jude zu eigen machen könne; *zu* Jesus Christus zu beten, ist ihm unmöglich.

Für Christen ist der fromme Zweifel, den Juden und Muslime an der Christologie äußern, lehrreich. Er führt sie zum Kern ihres eigenen Glaubens. Sie können nicht so tun, als sei dieser Glaube selbstverständlich. Sie dürfen nicht vom Glauben ablenken und ins Moralisieren verfallen. Sie dürfen vor allem nicht ihre eigenen Glaubenszweifel auf die Anderen projizieren, um sie dann bei ihnen zu bekämpfen. Sie müssen vielmehr sehen, dass es um Glauben geht und dass Glauben nicht erzwungen werden kann.

Das Johannesevangelium gibt den jüdischen Einwänden gegen Jesus und die neutestamentliche Christologie breiten Raum. „Du bist ein Mensch und machst Dich selbst zu Gott" (Joh 10,33), so lautet der Vorwurf im Kern (vgl. Joh 5,18; 19,7). Im Hintergrund steht das Hauptgebot (Dtn 6,4f): Gott ist *Einer*; ihm allein soll man dienen (Ex 20,3; Dtn 5,7). Wenn aber Jesus der Sohn Gottes sein soll – wird dann nicht die Einzigkeit Gottes verletzt?

Das Urchristentum nimmt diesen Einwand sehr ernst. Denn mit den heiligen Schriften Israels und den Worten Jesu (Mk 12,28–34 parr.: Doppelgebot) macht es sich das Bekenntnis des *einen* Gottes zu eigen. Würde tatsächlich die Christologie die Einzigkeit Gottes verletzen, wäre sie gescheitert. Aber die Glaubensüberzeugung, die im Neuen Testament Gestalt angenommen hat, weist in eine andere Richtung: In Jesus ist Gottes Sohn Mensch geworden; als Sohn Gottes hat er für Gottes Herrschaft gewirkt; in ihm begegnet Gott selbst; seine Auferstehung ist Erhöhung zur Rechten des Vaters.

An dieser Stelle wird der Kern des jüdischen Einwandes deutlich. Dass Gottes Wort „Fleisch geworden ist" (Joh 1,14), ist undenkbar. Der jüdische Philosoph und Theologe Philo von Alexandrien erklärt zur Zeit des Neuen Testaments, „eher könne Gott Mensch werden als ein Mensch Gott" (legatio ad Gaium 118) – aber nur, um aus der Unmöglichkeit des ersten das Groteske des zweiten abzuleiten. Ebenso ungeheuerlich ist die Vorstellung, ein Gekreuzigter sei der messianische Gottessohn.[8] Justin, einer der ersten Theologen nach dem Neuen Testament, lässt seinen jüdischen Kontrahenten Tryphon sagen (89,2): „Daran zweifeln wir, ob der Messias aber auch so ehrlos gekreuzigt wurde, denn aufgrund des Gesetzes ist der Gekreuzigte verflucht ... Deutlich ist, dass die Schrift einen leidenden Messias verkündet. Wissen möchten wir aber, ob du auch beweisen kannst, dass das auch für das im Gesetz verfluchte Leiden gilt." Die Frage lautet im Gespräch mit Juden also nicht, *ob* es einen Messias als Retter gebe und *ob* das Leiden eines Gerechten anderen zum Heil werden könne und *ob* man auf eine Auferstehung der Toten hoffen dürfe, sondern ob *Jesus* dieser Messias sei und ob er es *als Gekreuzigter* sein könne. Auf diese Fragen müssen Christen antworten – um sich selbst klar zu machen, was sie eigentlich glauben und wie dieses Glauben überhaupt gehen kann. Im Streit geht es nicht um Gut oder Böse, auch nicht um Glaube oder Unglaube, sondern um Glaube oder Glaube. Wenn das klar ist, besteht die Chance, im Gespräch mit dem Anderen das Eigene zu erkennen und in der Darstellung des Eigenen für den Anderen interessant zu sein.

d) Intelligente Vorbehalte

Anders als der jüdische und muslimische Einwand gegen die Christologie ist die moderne Kritik der Aufklärung. Sie tut sich außerordentlich schwer damit, dass Gott den Menschen so nahe komme, wie er es nach den frühen Zeugnissen des Glaubens in Jesus Christus getan hat. Weder seine Präexistenz kommt ihr in den Sinn, das Leben des Gottessohnes vor aller Zeit, noch seine Inkarnation, seine Fleischwerdung. Sie kann sich nicht vorstellen, dass Jesus den Tod stellvertretend zum Heil der anderen, ja aller Menschen erleidet; sie kann sich auch die Auferstehung nicht vorstellen. All dies muss Mythos sein, Märchen, Legende, Symbol: etwas für die schlichten Gemüter, die noch nicht richtig denken können, oder für die empfindsamen Seelen, die gerne in höheren Regionen schweben.

Das bedeutet keineswegs, dass die Aufklärung prinzipiell gottlos wäre, atheistisch, materialistisch. Im Gegenteil: Es war das Christentum, das die Aufklärung – wenn auch im Widerspruch – hervorgebracht hat, und das Christentum profitiert enorm von ihr – wenn auch im Widerspruch. Die ersten Aufklärer hatten durchaus eine Theologie im Kopf. Es ist freilich eine – damals – ganz moderne, also heute längst veraltete, die Gott, den Schöpfer, nach dem Bilde eines Uhrmachers vorstellt: Die Welt, deren Gesetze man erkundet, sei derart genial konstruiert, dass der Schluss auf einen göttlichen Geist zwingend sei, der dieses Wunderwerk der Technik ersonnen und gebaut habe. Dann aber bleibe ihm nichts mehr tun. Alles laufe nach dem genialen Masterplan Gottes ab; jeder Eingriff ins Räderwerk der Schöpfung wäre das Eingeständnis einer Schwäche, die Gottes unwürdig wäre. Das mechanistische Weltbild feiert Triumphe; der Gott der Aufklärung ist ein Ingenieur, der sich aus der Ferne darüber freut, wie fein alles funktioniert.

Der große jüdische Philosoph Baruch Spinoza (1632–1677) war fest davon überzeugt: Es dürfe und könne keinen Widerspruch geben zwischen dem Buch der Natur und dem Buch der Heiligen

Schrift. Das ist ein durchaus traditionelles Argument. In früheren Zeiten hatte es vielfach den Blick in die Natur getrübt, jetzt trübt sich der Blick in die Heilige Schrift. Seiner Sache war Spinoza so sicher, dass er urteilte, „Wunder" und physikalische Ungereimtheiten in der Bibel seien nicht ursprüngliche Bestandteile der Heiligen Schrift, sondern von Späteren in den Text hineinmanipuliert worden. In seinem berühmten *Tractatus theologico-politicus* schreibt er 1670: „Wir können also durchaus unbedingt den Schluß ziehen, daß alle wirklichen Geschehnisse, von denen die Schrift berichtet, sich wie überhaupt alles notwendig nach den Naturgesetzen zugetragen haben. Findet sich irgend etwas, von dem man unumstößlich beweisen kann, daß es den Naturgesetzen widerstreitet oder sich nicht aus ihnen herleiten läßt, so muß man ohne weiteres annehmen, daß es von Frevelhänden in die Heilige Schrift eingefügt worden ist." (ed. Gawlick, Hamburg 1976, 106). Spinoza bezog sich als Jude auf die jüdischen heiligen Schriften, die dem christlichen Alten Testament entsprechen. Die Konsequenzen für das Neue Testament zog als einer der ersten Hermann Samuel Reimarus (1694–1768), dessen Schriften Gotthold Ephraim Lessing herausgegeben hat, um eine überfällige Debatte zu provozieren: Jesus sei nicht von den Toten auferstanden; die Jünger hätten dieses Ammenmärchen nur erfunden, um von ihrer Enttäuschung abzulenken und sich eine Machtstellung in der werdenden Kirche zu sichern. Wie aktuell diese frühaufklärerische Position ist, zeigt die vor kurzem geführte Kontroverse um Gerd Lüdemann, der des Reimarus Hypothesen nur unwesentlich variiert.[9]

Hier hat die Theologie freilich Einspruch einzulegen. Ihr Herz muss mit den Zweifelnden sein – wie dem Vater des besessenen Jungen, der glauben will und nicht kann (Mk 9,14–29). Aber um der Zweifelnden willen muss die Theologie auch sagen, wie abwegig die These des Reimarus ist und wie gezwungen die Konsequenz des Spinoza. Die Physik hat das mechanistische Weltbild längst hinter sich gelassen. Muss es in der Theologie fröhliche Urständ feiern? Der Glaube an Jesus ist kein naturwissenschaftliches, kein historisches Wissen. Aber unvernünftig, unwissenschaftlich, unhistorisch ist er nicht. Das muss die Exegese zeigen, wenn der Glaube glaubwürdig sein soll. Kann sie es? Mit der Planckschen Unschärferelation lässt sich der Auferstehungsglaube nicht begründen. Kann er im Gespräch mit den Naturwissenschaften bestehen? Oder ist er nur eine Form von edler Esoterik?

e) Aufgeklärter Glaube

Paulus ist einer der neutestamentlichen Schutzpatrone kritischen Denkens in der Theologie. In einem Brief an die Korinther sieht er Anlass, sich bei aller Freude über deren Begeisterung von einem überschäumenden Enthusiasmus zu distanzieren (1Kor 14,15.19): „Beten will ich im Geist, beten auch mit Verstand, preisen will ich im Geist, preisen auch mit Verstand. … In der Kirche will ich lieber fünf Worte mit Verstand sagen, damit ich auch andere unterweise, als zehntausend Worte in Zungengestammel." Paulus sieht, dass Verstand und Glaube keineswegs identisch sind, aber auch keineswegs auseinanderfallen, sondern zusammengehören – mit Gewinn für den Verstand und für den Glauben. Er ist keineswegs der Auffassung, dass jeder Christ sich der Mühe des Begriffs unterziehen muss. Er ist im Gegenteil der Auffassung, dass der Glaube im Grunde einfach ist (das Gegenteil von primitiv) und dass die Theologen die Aufgabe haben, dem einfachen Glauben der schlichten Christenmenschen zu dienen. Im Ersten Korintherbrief wendet er sich gerade gegen diejenigen, die mit Berufung auf prophetische Begabungen und intellektuelle Offenbarungen auf die sogenannten „Schwachen" herabschauen. Aber Paulus steht auch dafür, dass der Glaube alles andere als irrational ist und die Vernunft alles andere als gottlos. Deshalb setzt er die Schärfe seines Verstandes ein, um anderen zu helfen, genauer zu sehen, was sie glauben – und dass nichts dafür spricht, sie dürften oder sollten es nicht.

In der Alten Kirche herrschte kein Zweifel, dass die christliche – wie die jüdische – Theologie mit der Aufklärung paktiert. Dass es nicht viele Götter gibt, sondern nur einen Gott, und dass Religion nicht nur Tradition ist, sondern Überzeugung, und dass dem Staat nicht erlaubt ist, seine Bürger auf bestimmte Opfer zu verpflichten, sondern dass es ihm aufgetragen ist, die Religionsfreiheit zu garantieren – das alles haben christliche Theologen, die von der Bibel her kamen, klargestellt und deshalb mit der Philosophie paktieren können. Sie stehen für eine aufgeklärte Theologie und für theologische Aufklärung.

Dieses Bündnis wäre freilich in der Neuzeit fast zerbrochen. Die Auferstehungsfrage stand im Zentrum. Über eine gewisse Zeit schien der Theologie nur die Alternative offen zu stehen, entweder sich vor dem Geist der Kritik abzuschotten oder sich dem Relativismus anzupassen und den Versuch zu unternehmen, ohne Auferstehungsglauben über die Runden zu kommen. Beides ist zum Scheitern verurteilt. Die heutigen Möglichkeiten, die Christologie ins wissenschaftliche Gespräch aufgeklärter Zeitgenossen zu bringen, sind viel günstiger als vor hundert oder gar zweihundert Jahren. Den nachdenklichen Physikern sind die Grenzen ihres Wissens und die Voraussetzungen ihres Arbeitens viel deutlicher als früher. Die Theologen haben gelernt, dass sie den Natur- und Geschichtswissenschaftlern nichts vorschreiben dürfen, aber auch nichts nachbeten müssen, sondern einen kritischen Dialog anbieten sollen und können.

Wer sich mit kühlem Verstand dem Osterzeugnis des Neuen Testaments nähert, kann ihm innere Logik kaum absprechen – gerade, weil es so unglaublich ist und auf einem Geschehen beruht, dass sich aus keiner menschlichen Logik ableiten lässt. Nirgendwo ist im Neuen Testament von Mirakeln die Rede, die zum Glauben überreden würden. Das leere Grab ist ein Zeichen – aber nur für die, die glauben. Die Erscheinungen werden als Erfahrung des Auferstandenen interpretiert – aber nur, weil die Erinnerung an die Hoffnung Jesu wieder neu lebendig geworden ist. Ganz wenige Worte und Gesten sind es, durch die der Glaube entsteht: Jesus geht voran (Mk 16,7) oder kommt entgegen (Mt 28,9) und tritt auf die Jünger zu (Mt 28,18), er geht einen Weg, führt ein Gespräch und bricht Brot (Lk 24,13–35), er zeigt seine Hände und Füße (Lk 24,40), sogar seine Wunden, (Joh 20,20.27), er spricht einen Namen (Joh 20,16) und haucht seinen Atem (Joh 20,22), er hält mit den Jüngern Mahl (Joh 21,12ff). Wo der Glaube entsteht, beginnt eine neue Welt.

Durch die Auferstehung bleibt nichts, wie es war. Der Tod ist durchbrochen. Neues Leben hat begonnen. Jesus ist das Unterpfand der kommenden Herrlichkeit. Der Auferstandene lebt im Geheimnis Gottes, er wirkt in der Macht Gottes. Dass sein Tod nicht das Scheitern, sondern das Aufgipfeln seiner Sendung bedeutet und dass jetzt erst die aktive Mission unter den Völkern beginnt (Mt 28,16–20; Apg 1,8) – das ist etwas Neues. In den frühesten Bekenntnissen des Glaubens muss das zum Ausdruck kommen: Jesus in der Herrlichkeit Gottes und im Dienst an der Rettung der Welt.

Durch die Auferstehung wird alles, wie es sein soll. Ein neues Paradies ersteht, aus dem niemand mehr vertrieben wird (Offb 21). „Eine neue Stadt ersteht, die vom Himmel niedergeht" (Gotteslob 642). Jesus kann endlich in der universalen Macht Gottes so wirken, wie er sich schon zeit seines irdischen Lebens gesandt wusste: als Retter. In den frühesten Bekenntnissen des Glaubens muss auch das zum Ausdruck kommen: Jesus in der Niedrigkeit und Herrlichkeit der Menschen und im Dienst am Reich Gottes und in der Vollmacht das Vaters.

Wo beides geschieht, klärt sich der Blick fürs Wesentliche. Jesus selbst ist ein Aufklärer. Er klärt auf, wer Gott und die Menschen sind, was Schuld ist und wie sie vergeben werden kann, was der Tod bedeutet und dass er nicht das letzte Wort hat. Aufgeklärter Glaube und aufgeklärte Theologie leben von diesem Jesus.

2. Orientierung an Jesus

Die Frage, ob die neutestamentliche Christologie (und in ihren Spuren die altkirchliche) Jesus gerecht wird, setzt die Frage nach dem Bild Jesu voraus, das im Spiegel der Christologie erkannt werden soll.[10] Die moderne Bibelwissenschaft hat das Problem in enormen Dimensionen sichtbar gemacht. Denn im Zuge des historischen Denkens suchte sie, ein geschichtliches „Leben Jesu" zu rekonstruieren, das durch den systematischen Verzicht auf Christologie und die methodische Ausscheidung nachösterlicher Überlieferungen zu gesicherten Ergebnissen kommen wollte. Was zunächst nur ein Gebot methodischer Vorsicht zu sein schien, um der Geschichte Jesu zu ihrem Recht zu verhelfen, und durchaus apologetischen Zwecken diente, die Glaubwürdigkeit des Christentums zu bewähren, verselbständigte sich freilich rasch und konstruierte einen kaum überbrückbaren Gegensatz zwischen dem „historischen Jesus" und dem „kerygmatischen Christus". Dieser Gegensatz freilich war maßlos überzogen. Albert Schweitzer hat in seiner „Geschichte der Leben-Jesu-Forschung" nüchtern das Fazit gezogen, die Loslösung vom Dogma habe nicht etwa, wie erhofft, zu einem „objektiven" Jesusbild geführt, sondern im Gegenteil dem Subjektivismus Tür und Tor geöffnet.[11]

Die Konsequenz kann nicht sein, in vorkritische Exegese zurückzufallen – sei es, dass die zu ihrer Zeit herausragende und nach wie vor wertvolle Exegese der Kirchenväter kopiert, sei es, dass die Immunisierungstrategie des katholischen Antimodernismus bestärkt würde. Wenn zwischen Offenbarung und Geschichte ein wesentliches Verhältnis besteht, gehört historisches Denken, auch so, wie es in der Neuzeit neu denkbar geworden ist, ins Zentrum der Theologie; und wenn die Bibel als Heilige Schrift das grundlegende Offenbarungszeugnis ist, muss ihre Analyse und Interpretation als Text resp. Textsammlung die Weise ihrer theologischen Würdigung sein. Freilich fragt sich, ob die Exegese des 20.

Jh. selbstkritisch genug gewesen ist, wenn sie, wie es *Ernst Käsemann* programmatisch formuliert hat[12], unter dem Vorzeichen, den das „Kriterium der Unähnlichkeit“ bildete, den „historischen Jesus“ methodisch nicht nur (wie vielfach kritisiert wurde) vom zeitgenössischen Judentum, sondern gleichermaßen von der (judenchristlichen dominierten) österlichen Überlieferungstradition und ihrem christologischen Interesse isolierte.

Die Kritik an dieser Hermeneutik der Differenz, die derzeit auf breiter Front geübt wird, hat freilich noch nicht zu einem neuen Paradigma geführt. Das spricht nicht gegen die Kritik an der Kritik, verlangt aber weitere Diskussionen. Viele setzen nach wie vor darauf, durch verfeinerte Instrumente diachronischer Textanalyse älteste Überlieferungsbestände aus den (synoptischen) Evangelientexten herauszupräparieren, die einem originalen Kernbestand an Worten und Taten Jesu nahekommen sollen.[13] Meist werden dann nach wie vor (nahezu) alle christologisch aufgeladenen Traditionen ausgesiebt. Die Distanz vom historischen Jesus zum Christus des Credos wird zwar in der Regel nicht mehr als so unüberbrückbar gesehen wie im 19. Jahrhundert, aber durchaus betont. Sie ist freilich schon in der methodischen Voraussetzung vorgezeichnet. Denn wenn nicht (sicher) jesuanisch sein kann, was den Bedürfnissen, den Interessen, dem Credo der Urkirche entspricht, haben weder die Menschensohnlogien noch die Christusbekenntnisses, weder die Offenbarungsworte noch die Leidens- und Auferstehungsansagen, weder die Bekenntnisse der Kranken noch die Selbstdarstellungen Jesu im Lichte der Heiligen Schrift eine Chance. Die Versuchung, aus anti-ideologischen Gründen größte Teile der Evangelien für unhistorisch zu erklären, erweist sich selbst als ideologisch.

Andere setzen auf die Kategorie der Erinnerung und konzentrieren sich auf die Gedächtnisbilder, die das Urchristentum in den Evangelien von Jesus gezeichnet hat.[14] Damit umgehen sie die problematischen Prämissen der älteren Jesusforschung. Freilich geben sie gleichzeitig die klassische historische Ausrichtung der Rückfrage auf, so dass ein zentrales Feld der fundamentaltheologischen Glaubensverantwortung brachliegt. Das aber ist ein Widerspruch, weil der Bezug der biblischen Erinnerung zum geschichtlichen Ereignis Jesu konstitutiv ist.[15] Ob der Konstruktivismus, mit dem viele liebäugeln, einen Ausweg bietet, steht dahin. Die neutestamentliche Christologie formuliert klare Wahrheitsansprüche, die sich gegen eine kulturwissenschaftliche Neutralisierung sperren.

Wieder andere kritisieren die Prämisse, Jesus könne kein eigene „Christologie" entwickelt haben, und integrieren ein erheblich breiteres Spektrum an Texten, einschließlich christologisch relevanter.[16] Ihres Erachtens spiegeln die – synoptischen – Evangelien, wenn auch mit starken Brechungen und Verfärbungen, durchaus das Bild des geschichtlichen Jesus wider. Freilich verstummt die Kritik nicht, dadurch würden historisch-kritische Differenzierungen, die von der Exegese hart erarbeitet worden seien, preisgegeben.

Zu welchem Ergebnis die Diskussion führen kann, lässt sich nur in einem regelrechten Jesusbuch skizzieren, das Ereignis- und Gedächtnisgeschichte ins Verhältnis setzt. Dass eine solche Diskussion zu führen ist, hat aber Konsequenzen für einen Essay zur neutestamentlichen Christologie, in der die Frage nach der Kontinuität zu Jesus leitend ist.

Die neutestamentliche Christologie an einem „historischen Jesus" zu messen, wie ihn die Leben-Jesu-Forschung konstruiert, ist ein Irrweg. Denn selbst wenn es einer historischen Kritik, die über ihre Historie und ihre Kritik aufgeklärt wäre, gelänge, ein klares Bildes des Irdischen zu zeichnen, könnte nicht verkannt werden, dass Ostern ein Grunddatum neutestamentlicher Christologie und die Auferweckung weit mehr als nur die Bestätigung der Person und Sache Jesu ist, nämlich seine Erhöhung zur Rechten Gottes und sein universales Wirken in der Kraft des Geistes.

Weiter scheint ein differenziertes Vorgehen zu führen. Wenn sich Jesusworte aus den Evangelien (oder anderen Quellen) in Briefen und in der Apostelgeschichte finden, ist dies ein wichtiger Fingerzeig auf die Bedeutung Jesu für diese Schriften. Noch wichtiger ist, welchen Stellenwert und welche Gestalt die Geschichte Jesu, sowohl sein öffentliches Wirken als auch sein Tod, im Horizont früher Glaubensbekenntnisse einnimmt, in welches Licht sie getaucht wird, welche Aspekte hervorgehoben – und welche ausgeblendet werden.

Ein erster Bezugspunkt für die Beantwortung dieser Frage, wie jesuanisch die neutestamentliche Christologie ist, sind die Evangelien mit ihren Jesusgeschichten. Da die ältesten Zeugnisse des Christusglaubens weit früher sind als die Abfassung der Evangelien (und da die Evangelien ihrerseits vom urchristlichen Christusglauben – in welcher Variante auch immer – stark beeindruckt sind), kann der Ehrgeiz nicht darauf gerichtet sein, traditionsgeschichtliche Abhängigkeiten urchristlicher Bekenntnisse von den neutestamentlichen Jesustraditionen zu konstruieren, auch wenn ihnen ein (sehr) hohes Alter zugemessen werden könnte. Methodisch vorsichtiger und theologisch ertragreicher ist ein Struktur- und Motivvergleich. Wo gibt es in Leitworten und Nebenaspekte Korrespondenzen, die auf eine sachliche Konvergenz hinweisen? Wo gibt es Divergierendes?

Ein zweiter Bezugspunkt ist dann aber auch das, was mit heutigen Methoden der Jesusforschung[17] über den Irdischen in Erfahrung gebracht werden kann. Sicher sind alle Thesen immer nur Hypothesen. Es kann auch nicht sein, dass historische Forschung als solche kriterielle Bedeutung in einem theologischen Urteil hat – wenn nicht ein theologischer Begriff der Geschichte vorausgesetzt ist. Aber vom *incarnatus* bis zum *crucifixus sub Pontio Pilato* (und, was viele bestreiten, zum *resurrexit tertia die*) gehören *bruta facta* zum Kern der Christologie. Deshalb muss auch das, was – nach heutigen Maßstäben – „der Fall gewesen“ ist oder sein könnte, erhebliches theologisches Gewicht haben. Die fundamentaltheologische Aufgabe jedenfalls, Rechenschaft über die Christologie zu geben, indem ihr Jesusbild überprüft wird, nötigt zu einer solchen Arbeit.

II. Jesus in den Schriften des Neuen Testaments

Das wahre Menschsein Jesu wird im Neuen Testament dort, wo es nicht schlichtweg vorausgesetzt wird, aus einem doppelten Grund zum Thema theologischer Reflexion: Wenn (erstens) die Christologie nicht nur bei Tod und Auferweckung ansetzt, sondern – was sehr früh geschieht – seine Präexistenz einbezieht, muss seine Menschwerdung und muss dann auch sein Menschsein radikal ernstgenommen werden. Wenn (zweitens) der Osterglaube reine Freude ist, muss ins Gedächtnis gerufen werden, dass der Auferstandene kein anderer als der Irdische ist. Die „Christologie von oben" braucht den Blick für das, was sich „ganz unten" abgespielt hat; sonst würde sie der Geschichte Jesu, letztlich dem Kreuz nicht gerecht. Die Auferweckungstheologie braucht um Jesu willen das Gedächtnis seines Lebens und Leidens. *Dass* und *wie* Jesus als Mensch gelebt hat und gestorben ist, ist ein christologisches Datum ersten Ranges.

Im Neuen Testament sind die Evangelien die ersten Adressen für die menschliche Geschichte Jesu. Die Apostelgeschichte setzt das Lukasevangelium voraus und begnügt sich mit gezielten Stichworten. Aber auch in den Briefen des Neuen Testaments wird die Jesusgeschichte – konzentriert auf Jesu Leiden und Sterben – zum Thema. Ein grandioses Finale liefert die Offenbarung des Johannes. (In einem späteren Kapitel werden die Osterevangelien, die Reden der Apostelgeschichte und die frühen Glaubensbekenntnisse dargestellt, die nicht die Jesusgeschichte erzählen oder das Christusgeschehen reflektieren, sondern als „performative Rede" das Heilshandeln Gottes in Jesus Christus zur Sprache bringen.)

1. Die Evangelien

Die Evangelien sind keine Jesusbiographien im modernen Sinn des Wortes. Aber wenn man sie in den Kontext ihrer Zeit hineinstellt, zeigen sie am ehesten Verwandtschaft mit hellenistischen Biographien.[1] Indem sie von Jesu Wirken in Galiläa und Jerusalem, von seinem Leiden und Sterben, von seiner Geburt und Taufe, seiner Vollmacht, seinem Gebet, seinen Versuchungen, seinem Nachfolgeruf, seinen Seligpreisungen und Streitgesprächen, seinen Heilungen, Totenerweckungen und Dämonenaustreibungen, seinen Predigten und seiner Lehre erzählen, sind sie die lebendigste Erinnerung daran, dass Jesus kein Ideal, kein Halbgott, kein Phantasieprodukt ist, sondern ein echter Mensch mit einer wahren Geschichte.

Allerdings stellen sich die Evangelien auf den Standpunkt des Christusglaubens. Sie sind zutiefst von der Überzeugung geprägt, dass Jesus der Christus ist, der Messias Israels, der Retter der ganzen Welt. Sie sind ein Zeugnis lebendigen Osterglaubens. Sie stellen Jesus so dar, wie er im Lichte des Auferweckungsglaubens erscheint. Für sie ist das Ende Jesu am Kreuz ein neuer Anfang, die definitive Wende zum Heil.

Die Evangelien verarbeiten zahlreiche, recht verschiedene Traditionen über das Leben und Sterben dieses Menschen; sie zeigen ihn von verschiedenen Seiten und heben unterschiedliche Aspekte hervor. Sie gehen auch unterschiedliche Wege, die Bedeutung dieses Menschen und seiner Geschichte herauszuarbeiten. Matthäus und Lukas haben das Markusevangelium als Quelle benutzt. Deshalb führt der Weg der Darstellung von Markus zu ihnen. Lukas hat als zweites Buch die Apostelgeschichte verfasst, die Geschichte, wie sich das Evangelium in „Jerusalem und ganz Judäa und Samarien und bis ans Ende der Welt" (Apg 1,8) auszubreiten begonnen hat. (Sie wird im folgenden Kapitel näher vorgestellt.) Johannes ist einen anderen Weg gegangen. Er setzt erhebliche synoptische Kenntnisse voraus, folgt aber im wesentlichen seinen eigenen Traditionen, die sich mit der Gestalt des (in den anderen Evangelien unbekannten) „Lieblingsjüngers" verbinden.[2]

a) Markus: Gottes Sohn für Gottes Reich

Markus gibt seinem Werk eine Überschrift (1,1), die nicht nur eine Themenankündigung, sondern auch eine Leseanleitung ist:

> Anfang des Evangeliums Jesu Christi, des Sohnes Gottes

Der „Anfang“ meint nicht nur den zeitlichen Beginn, den der Täufer Johannes mit seiner Predigt markiert, sondern zugleich den Ursprung, der die Gestalt des Ganzen prägt: Was das Evangelium zum Evangelium macht, ist die Geschichte des Wirkens, Leidens und Sterben Jesu im Lichte seiner Auferstehung von den Toten; und was diese Geschichte Jesu als Evangelium erkennen lässt, ist das, was Markus seinen Lesern schreibt, damit die es verstehen (vgl. Mk 13,9).[3] Schlechterdings entscheidend ist, dass Markus – durch welche alttestamentlichen und hellenistischen Analogien auch immer angeregt – die Erzählungen vom vollmächtigen Wirken Jesu mit seiner Leidensgeschichte zu einer literarischen, biographischen und theologischen Einheit *sui generis* verbindet. Im Zuge dessen arbeitet er einerseits durch ein eng geknüpftes Motivnetz heraus, dass diese Einheit nur im Lichte der Auferstehung Jesu erhellt, andererseits aber gibt er zu verstehen, dass ein starker Osterglaube die vitale Erinnerung an die Geschichte Jesu braucht, weil der Auferweckte kein anderer als der „geliebte Sohn“ ist (Mk 1,11; vgl. 12,6), der in Galiläa mit der Verkündigung des Evangeliums Gottes begonnen hat (Mk 1,14f) und in Jerusalem mit dem Kreuzestod endet (15,39), um durch die Auferstehung zur Rechten Gottes erhöht zu werden (Mk 12,35ff).[4]

Das Evangelium Jesu

Das Schlüsselwort heißt „Evangelium“. Es ist – noch – nicht Gattungsbezeichnung für die markinische Erzählung, aber auf dem Weg dahin. Der Genitiv „Jesu Christi“ lässt sich als *Genitivus subjectivus* und als *Genitivus objectivus* deuten. Jesus verkündet – auch sich selbst. Er ist Subjekt und Objekt der Evangeliumspredigt.

Jesus, der Christus ist Gegenstand der Verkündigung, die ihn, um Glauben zu wecken, als Gottesssohn und Heiland zur Sprache bringt. Diesen christologischen Grundsinn hat das Wort lange vor Markus gewonnen, nicht erst durch Paulus (Röm 1,3; 15,19), sondern schon in der frühesten Tradition der Urgemeinde (vgl. 1Kor 15,2). Diesen Sinn verfolgt auch Markus in seinem Werk, beginnend bereits mit seinem Portrait des Täufers, der verkündet (1,7):

„Es kommt, der stärker ist als ich, hinter mir her,
und ich bin nicht würdig,
mich zu bücken, ihm die Riemen seiner Schuhe zu lösen."

Das entscheidende Wort freilich hat, zweimal, Gott, der Vater. Aus dem geöffneten Himmel spricht er nach Jesu Taufe im Jordan (1,11):

„Du bist mein geliebter Sohn,
an Dir habe ich Gefallen gefunden."

Und aus der Wolke über dem Berg der Verklärung spricht die Stimme Gottes zu den von Jesus ausgewählten drei Jüngern Petrus, Jakobus und Johannes (Mk 9,7):

„Dies ist mein geliebter Sohn,
auf ihn sollt ihr hören."

An beiden Stellen greift der erste Satz auf Ps 2,8 zurück, ein feierlich rezitiertes Gotteswort an den – messianischen – König Israels. An beiden Stellen spielt der zweite Halbsatz Erinnerungen an die Prophetie Israels ein. Nach der Taufe ruft die Himmelstimme die Erinnerung an die Berufung des Gottesknechtes wach (Jes 42,1f), der Israel die Frohe Botschaft der Vergebung verkündet, aber nach dem Vierten Lied (Jes 53) wegen seiner Gerechtigkeit verfolgt und getötet, doch durch sein Leiden, das er stellvertretend auf sich nimmt, zum Heilsbringer wird. Bei der Verklärung bewahrheitet die Himmelsstimme die Prophetie des Mose, dass Israels dereinst einen „Propheten wie mich" erwarten dürfe, dem es die reine Lehre des einen Gottes und seines Gesetzes verdanken werde (Dtn 18,18).

Aber auch Jesus selbst stellt nicht nur seine Jünger vor die Frage, für wen die Leute und für wen sie selbst ihn halten (Mk 8,27–30). Er spricht offen von seiner Vollmacht (Mk 2,10), seinem Leiden und seiner Auferstehung (Mk 8,31; 9,31; 10,32ff); er spricht – freilich erst – zum Schluss seines Lebens auch ausdrücklich von seiner Gottessohnschaft. Auf die Frage des Hohenpriesters beim Prozess antwortet er mit seinem Selbstbekenntnis, das sein Schicksal besiegelt (Mk 14,62):

„Bist du der Messias, der Sohn des Hochgelobten?" –
„Ich bin's –
und sehen werdet ihr den Menschensohn zur Rechten der Kraft sitzen
und kommen mit den Wolken des Himmels."

Jesus ist nach Markus Inhalt (*Genitivus objectivus)*, aber auch Verkünder des uranfänglichen Evangeliums (*Genitivus subjectivus).*

Nach der Taufe im Jordan und der Versuchung in der Wüste begibt sich der Gottessohn Jesus auf den Weg, das Evangelium der Gottesherrschaft zu verkündet. Markus etikettiert es als „Evangelium Gottes“ (Mk 1,14f):

> Nach der Auslieferung des Johannes kam Jesus nach Galiläa
> und verkündete das Evangelium Gottes:
>
> „Erfüllt ist die Zeit,
> nahegekommen die Herrschaft Gottes.
> Kehrt um
> und glaubt an das Evangelium.“

„Evangelium Gottes“ ist wiederum ein Genitiv, der beide Bedeutungsmomente mitschwingen lässt: Gott ist es, der durch Jesus sein Wort sagt; Gott ist es aber auch, den Jesus verkündet, indem er seine Einzigkeit mit seinem Handeln für die Gottesherrschaft verknüpft und die Gottesliebe in Einheit mit der Nächstenliebe zeigt (Mk 12,28–34). Als Sohn Gottes verkündet Jesus das Evangelium Gottes von der Herrschaft Gottes. Das Evangelium informiert nicht nur darüber, was Gott – jetzt – will und tut; dass es in Vollmacht verkündet wird und Glauben heischt, ist selbst eine unmittelbare, befreiende, Klarheit schaffende und Rettung herbeiführende Wirkung der Gottesherrschaft, die im Kommen ist.

Menschliche Grenzen – grenzenloser Glaube

Markus nimmt das Menschsein Jesu so ernst, dass er auch Niederlagen und Grenzen Jesu nicht verschweigt. Eine Niederlage steckt er in Nazareth ein (Mk 6,1–6a par. Mt), seiner Heimatstadt. Dort schlägt ihm Unglaube entgegen – und er kann keine Wunder tun (bis darauf, dass er einigen wenigen die Hand auflegt: Mk 6,5 par. Mt). Jesus überschreitet die Grenze nicht, die seinem Heilswirken gesetzt ist. Er bricht den Widerstand nicht. Er nimmt ihn hin. Aus dem Ganzen des Evangeliums lässt sich noch mehr ableiten: Er nimmt ihn an. Der Widerspruch, den er provoziert, weil er als Mensch das Reich Gottes verkündet und das Heil Gottes vermittelt, lässt ihn nicht verhärten noch verstummen, sondern seine eigene Verkündigung intensivieren. Jesu weiß, wie es Propheten ergeht; sie werden abgelehnt, verfolgt, getötet. Er wirbt um Zustimmung, aber er akzeptiert das Prophetengeschick (Mk 12,1–12).[5] Jesus zwingt den Menschen ihr Glück nicht auf. Den Reichen, der ihn nach dem Weg zum ewigen Leben fragt und – glaubwürdig – beteuert, dass er die Gebote Gottes erfüllt, ruft er zwar in die Nachfolge, lässt ihn aber ziehen, da er seines Besitzes wegen traurig fortgeht (Mk 10,17–22 parr.). Wenn Jesus Kranke heilt, schreibt er die Gesundung nicht selten deren Glauben zu (Mk 5,34; 10,52; vgl. Mk 2,5; 5,36; 9,24). Umgekehrt ist es in Nazareth der Unglaube, der seinem Wirken Steine in den Weg legt. Dass es sie für Jesus gibt, zeigt seine Menschlichkeit, die Teil seiner Sendung ist.

Den Grenzen des Könnens entsprechen Grenzen des Wissens. In der „kleinen Apokalypse", der Endzeitrede Mk 13, prophezeit Jesus seinen Jüngern nicht nur die Zerstörung des Tempels, sondern öffnet ihnen auch die Augen für die Zukunft: dass es viele Pseudo-Propheten geben wird, die irdische Katastrophen als Vorboten des Weltendes ausrufen werden, dass aber desto sicherer am Ende der Menschensohn seinen großen Tag haben wird, diejenigen zu sammeln, die Gott retten will (Mk 13,24–27). Die drängende Naherwartung, die manche gelähmt haben mag, wird in einer hoffnungsvollen Zukunftsvision aufgehoben. Deshalb hat Markus die Endzeitrede ausdrücklich auf die Zerstörung Jerusalems bezogen (Mk 13,14: „Der Leser verstehe!"). Zum Abschluss der Rede klärt Jesus, dass seine Kritik der Katastrophenprediger nicht bedeutet, die Nähe der Vollendung zu leugnen, auch wenn er eher einen qualitativen statt quantitativen Zeitbegriff vertritt (Mk 13,30).[6] Den stärksten Dämpfer erhält die Naherwartung allerdings durch den folgenden Satz (Mk 13,32 par. Mt 24,36):

> „Den Tag aber oder die Stunde kennt niemand:
> nicht die Engel im Himmel, nicht der Sohn – nur der Vater."

Jesus weiß zwar, dass Gottes Herrschaft nahe kommt (Mk 1,15) und vollendet wird (Mk 14,25). Aber als „Sohn" Gottes kennt Jesus auf Erden ebensowenig Zeit und Stunde der Parusie wie die Engel im Himmel. Markus ist dieser Hinweis wichtig, weil er allen Spekulationen einen Riegel vorschiebt, die sich auf irgendwelche Geheimlehren Jesu (oder von Engeln) berufen, um den Jüngsten Tag zu datieren. Aber der Text ist auch christologisch wichtig. Er unterstreicht die Patrozentrik des Sohnes, seine Ausrichtung auf den Vater. Indirekt sagt er, dass der Mensch Jesus nicht über die göttliche Allwissenheit verfügt.[7] Dies ist aber keine Einschränkung seiner Zuwendung zu den Menschen, der Klarheit seines Evangeliums und der Heilsbedeutung seiner Sendung, sondern eine Konsequenz seines Menschseins, an der sein Heilsdienst gerade hängt.[8]

Zum Stil der synoptischen Streitgespräche gehört, dass Jesus ein Problem mit einem einzigen Wort klärt – so, dass niemand widersprechen kann. (Nur Johannes erzählt von langen Kontroversen mit vielem Hin und Her.) Doch es gibt eine Ausnahme, die die Regel bestätigt. Das einzige „Streitgespräch“, das Jesus mit Glanz und Gloria verloren hat, steht in einer Wundergeschichte (Mk 7,24–30 par. Mt 15,21–28): Die Syrophönizierin, die er zuerst, weil sie keine Jüdin ist, mit ihrer Bitte um die Heilung ihrer Tochter schnöde abweist, schlägt ihn mit seinen eigenen Waffen: Vom Tisch der Kinder fallen genug Brocken auch für die kleinen Hunde ab. Es gebricht den Kindern Israels an nichts, wenn Jesus – aus der Ferne – das heidnische Mädchen heilt. Dieser Logik kann und will Jesus sich nicht entziehen.

Dass die Jünger lernen müssen, was Jesus sie lehrt, wird in den Evangelien noch und noch betont. Dass auch Jesus gelernt hat, ist den Quellen kaum zu entnehmen. Der Hebräerbrief, dessen christologisches Niveau schwer zu überbieten ist, schreibt aber, dass Jesus, der Sohn, „durch Leiden den Gehorsam gelernt hat (Hebr 5,8). Wenn Jesus *gelernt* hat, hat er sich entwickelt, durch Einsicht und Erfahrung. Markus hat dieses Motiv nicht expliziert, aber die Geschichte erzählt, auf die der Hebräerbrief anspielt. Im Garten von Gethsemane ringt Jesus sich dazu durch, sein Leiden anzunehmen (Mk 14,36):

> „Lass diesen Kelch an mir vorübergehen!
> Aber nicht, was ich will, sondern was du willst.“

Vorher hat Markus erzählt, dass Jesus ob seines kommenden Geschicks bis in seiner Seele Grund erschüttert worden ist (Mk 14,34; cf. Ps 42,6.12; 43,5). Sein Gebet gewinnt erst in diesem Zusammenhang vollen Sinn. Der Evangelist hat vorher mehrfach Jesus als Beter dargestellt. Jetzt wird das Beten letzter Ernst. Jesus betet, weil er nicht sterben will. Die Bitte, der Kelch möge an ihm vorübergehen, darf nicht überhört werden. Aber Jesus betet um mehr als um die Erfüllung seines persönlichen Wunsches. Noch wichtiger ist ihm, dass Gottes Wille geschehe – so wie er selbst die Jünger im Vaterunser zu beten gelehrt hat (Mk 6,913 par. Lk 11,1–4). Im Gebet nimmt er das ihm durch die Schuld der Menschen auferlegte Leiden aus Gottes Hand an. Das Gethsemane-Gebet, das ganz von der singulären Gottesbeziehung des Sohnes zum Vater, zum „Abba“ geprägt ist, zeigt einen Lernprozess Jesu: Der Gottessohn lernt den Gehorsam im Gebet. Das qualifiziert sein Menschsein. Es ist Teil neutestamentlicher Christologie.

Der gekreuzigte Gottessohn
Der Evangelist Markus stellt – schon mit der Überschrift – klar heraus, dass Jesus *als* Gottessohn derjenige ist, der für alle Welt die Gottesherrschaft bringt und den rettenden Glauben weckt. Auch die Himmelsstimme nach der Taufe markiert nicht den Zeitpunkt, an dem Jesus zum Sohn Gottes *wird,* sondern von dem an er *als* Sohn Gottes öffentlich seine Sendung beginnt. Häufig hört man, die Rede von der Gottessohnschaft sei eine Überfremdung des Irdischen; besser sei es, eine Art Zwei-Stufen-Christologie zu denken: Mensch sei der Irdische, Gottessohn erst der Auferweckte. Aber was wäre die Konsequenz? Die Geschichte Jesu, der Dienst seines Lebens und Sterbens, wäre nur im uneigentlichen Sinn Christologie; das Leben Jesu stände unter christologischem Vorbehalt – sei es, dass Jesus sich erst beweisen und bewähren müsste; sei es, dass Gott, der Vater sich erst im Nachhinein entschlösse, Jesus unbedingt zu bejahen. Das Ergebnis wäre verheerend: für die Theologie, weil Gott dann in Jesus nicht seine unbedingte Liebe offenbart hätte; für die Christologie, weil Jesu Menschsein nur propädeutische Bedeutung hätte; auch für die Anthropologie, weil ja dann auch die Hoffnung der Menschen nur darauf gerichtet werden könnte, allenfalls in ihrer Lebensleistung von Gott anerkannt, nicht aber, aus dem Tode errettet zu werden.

Freilich erzählt Markus zugleich, wie schwer es nicht zuletzt den Jüngern gefallen ist, in Jesus den Messias und Gottessohn zu erkennen. Ein gravierendes Problem besteht darin, dass die herrschenden Überzeugungen, wie Gottes Messias aussehe, von Jesus – buchstäblich – durchkreuzt und dass die in der Schrift enthaltenen Verheißungen von Jesus auf eine Weise erfüllt werden, die alle Schemen sprengt. Selbst Petrus, der gerade noch die Messianität Jesu bekannt hat, muss sich von ihm in die Schranken weisen lassen, weil er nicht wahrhaben will, dass Jesus als messianischer Menschensohn den Weg des Leidens geht (Mk 8,27–33). Das tiefste Problem ist damit genannt: das Kreuz. Die Jünger Jesu werden ihn verlassen im Moment seiner Verhaftung (Mk 14,50) und damit zu erkennen geben, dass sie den Grundsinn seiner Sendung – noch – nicht verstanden haben. Sie bedürfen der Auferstehung, um zum Verstehen zu gelangen.

Gerade dass Markus die Verstehensproblematik so stark betont, zeigt, wie ernst er das Menschsein Jesu nimmt. Denn so sehr Jesus als Sohn Gottes in der Vollmacht Gottes wirkt, so radikal wirkt er doch einzig und allein als Mensch. Er zeigt, dass Gott nur den menschlichen Weg der Heilsvermittlung in einer Welt unmenschlichen Leidens und mörderischen Sterbens geht. Jesus leidet an den Grenzen seiner menschlichen Möglichkeiten, die er frei gewählt hat; er leidet am Unverständnis, an der Schwerhörigkeit, am Unglauben seiner Umwelt (Mk 9,19), auch seiner Jünger (Mk 6,51f). Aber er entzieht sich dem nicht, weil er – bis in die Passion hinein – den Weg des Dienens geht, der dem Menschensohn vorgezeichnet ist (Mk 10,45).

Unmenschliche Leiden – göttliches Heil

Markus hat einen Sinn für das Paradox, dass unter dem Kreuz ausgerechnet der heidnische Hauptmann, der Anführer des römischen Hinrichtungskommandos, jedenfalls eine Ahnung hat, wen er vor sich hat, wenn er ausruft (Mk 15,39):

> „Wahrhaftig, dieser Mensch war Sohn Gottes."

Der Hauptmann spricht zwar kein regelrechtes Bekenntnis (was sich schon aus dem Vergangenheitstempus ergibt und dem artikellosen „Sohn Gottes"), wohl aber ist sein Wort für das spätere Credo durchsichtig. Das Imperfekt macht im Evangelium Sinn: Es wird die ganze Geschichte Jesu eingeholt. Wie Jesus für die Gottesherrschaft eintritt, wird die Frage nach seiner Identität unabweisbar (Mk 4,35–41); im Rückblick leuchtet die Antwort ein, die von der Überschrift vorgegeben wird: Jesus ist der Christus, der Sohn Gottes. Der Gekreuzigte zieht zwar den Spott der Passanten auf sich, der das Abstoßende, Unmenschliche, Grausame des Leidens Jesu widerspiegelt; aber in seinem grässlichen Leiden bleibt Jesus doch ganz und gar der Mensch, der Sohn Gottes. Der Gekreuzigte offenbart die unveräußerliche, unverlierbare Würde eines jeden leidenden Menschen. In den Augen Gottes hat er sie; in Jesus wird sie sichtbar – nicht nur vorbildlich, sondern universal heilswirksam.

Über dem Kreuz steht (Mk 15,26):

> Jesus von Nazareth, König der Juden.

Das Schild, von Pilatus in Auftrag gegeben, soll die Schuld Jesu brandmarken. Es wird, mit den Augen des Glaubens betrachtet, zu einem paradoxen Zeugnis des Glaubens. Jesus *ist* der König der Juden (wie sich der Römer ausdrückt, während es eigentlich heißen müsste: der König von Israel); er ist es *als* der Gekreuzigte. So wird das INRI zu einem Signal der Hoffnung für alle leidenden und sterbenden Menschen.

b) Matthäus: Jesus – Gott mit uns

Matthäus akzeptiert die Grundeinsicht des Markus, dass Jesus der messianische Gottessohn in seinem Leben und Sterben, seiner Vollmacht und Ohnmacht, seiner geschichtlichen Verkündigung und seiner Auferweckung ist. Aber er baut diese Vorlage aus, indem er zum einen zahlreiche weitere Traditionen rezipiert, die Jesu Lehre für die Kirche exemplifizieren, und zum anderen den christologischen Horizont weiter bis zur Geburt und zur Erscheinung des Auferstandenen spannt. Dazwischen gibt es enge Zusammenhänge.

Immanuel

Der Auferstandene erscheint den Elf auf dem Berg in Galiläa, um sie auszusenden, alle Völker zu Jüngern zu machen. Dies soll durch die Taufe „auf den Namen des Vaters und des Sohnes und des Heiligen Geistes“ und durch die Lehre geschehen (28,18f). Gegenstand der Lehre ist nach dem Wort des Auferstandenen „alles, was ich euch geboten habe“ (28,20). Das „Gebot“ Jesu ist das vollkommene Gesetz (Mt 5,17–20), der Inbegriff des Evangeliums, ausgehend von den Seligpreisungen (Mt 5,3–12) und gipfelnd im Gebot der Feindesliebe (Mt 5,38–48). Von dorther erschließt sich die gesamte Verkündigung Jesu. Matthäus legt größten Wert darauf, dass die Lehre der Kirche keine andere ist als die Lehre Jesu. Da Jesus selbst – von Matthäus mehr noch akzentuiert als von Markus – auch in eigener Sache redet und zur größeren Ehre Gottes Christologie treibt, besteht kein Widerspruch zur expliziten Christologie der nachösterlichen Zeit. Tod und Auferstehung, Vollmacht und Leiden, Barmherzigkeit und Gerechtigkeit, Glaube und Bekenntnis sind nach Matthäus bereits Themen des irdischen Jesus von einer Intensität, die keine Steigerung erlaubt. Der Evangelist betont, dass die gesamte Verkündigung Jesu, nicht zuletzt die Ethik, in Geltung bleibt – und zwar im Kontext der Christologie. Die Trinitätstheologie, die dem Taufbefehl innewohnt, zeigt, wie weit die Christologie entwickelt ist.

Jesus sendet die Elf nach Mt 28 nicht nur mit Forderungen aus, sondern sagt ihnen mehr noch seinen Beistand zu (28,18.20):

> „Mir ist alle Vollmacht gegeben im Himmel und auf Erden …
> Ich bin mit euch alle Tage bis ans Ende der Welt.“

Der erste Satz bringt auf den Punkt, was die Auferstehung Jesu bedeutet: seine umfassende Teilhabe an der Allmacht des Vaters;

der zweite besagt, wofür der Auferstandene diese seine Macht einsetzt: um den Seinen gegenwärtig zu sein. Ob Matthäus an das gedacht hat, was in anderen Schriften des Neuen Testaments als Wirken des Geistes gedacht ist, der die Charismen weckt, die Vollmacht aktiviert und das Dienen ermöglicht? Das Motiv, das Jesus „mit" den Jüngern ist, hat der Evangelist vorbereitet. Das Schlusswort, die österliche Zusage, ist ein Höhepunkt des ganzen Evangeliums. In der Gemeinderegel Mt 18 findet sich das Verheißungswort Jesu (V. 20): „Wo zwei oder drei in meinem Namen versammelt sind, da bin ich mitten unter ihnen." Der Blick richtet sich auf die Zeit der nachösterlichen Gemeinde, wie in Mt 28. Aber auch Mt 18 ist vorbereitet, und zwar durch die matthäische Geburtserzählung. Dass Maria Jungfrau ist, „schwanger vom Heiligen Geist" (1,20), wird Joseph offenbart, zugleich mit einer ersten Verkündigung der Heilsbedeutung Jesu, dass er „sein Volk von seinen Sünden retten" werde (1,24). Dies reflektiert der Evangelist mit Jes 7,14 in der Fassung der Septuaginta, der griechischen Bibelübersetzung des Alten Testaments (1,22f):

> Dies alles aber ist geschehen,
> damit erfüllt werde,
> was vom Herrn durch den Propheten Jesaja gesagt worden ist:
> „Siehe, die Jungfrau wird schwanger werden
> und einen Sohn gebären
> und sie werden seinen Namen nennen: Immanuel",
> das heißt übersetzt: Gott mit uns.

Matthäus versteht die Jesaja-Prophetie mit einem breiteren jüdischen Rezeptionsstrom seiner Zeit messianisch und mit einer breiteren judenchristlichen Tradition (vgl. Lk 1–2) christologisch. Da er aber den griechischen Jesaja zitiert, kann er hervorheben, worauf es ihm – auch bei der Tradition der Geburt Jesu aus der Jungfrau Maria – vor allem ankommt: Jesus ist der Immanuel, der „Gott mit uns".

Der Sohn der Jungfrau Maria

Die Aussage hat erhebliches christologisches Gewicht.[9] Sie bezieht sich auf den Irdischen, das Kind, das zu Bethlehem geboren, und den Mann, der auf Golgatha sterben wird. Sie sichert, dass „Gott mit uns" nicht ein „Attribut" nur des Auferstandenen, sondern auch des Irdischen ist. Mehr noch sichert sie, dass „Gott mit uns" nicht nur „Attribut" ist, sondern „Name", also (wie in der Sprache theologischer Abstraktion gesagt werden kann) Wesensausdruck der Person, sofern sie ein Ich hat und, mit sich selbst identisch, von anderen angesprochen, angerufen, aber auch verleugnet werden kann, so wie sie sich selbst mit ihrem Namen vorstellt. Jesus heißt und ist „Immanuel – Gott mit uns“ – der Auferstandene ebenso wie der Irdische. Wie die Korrespondenz mit Mt 18 und Mt 28 zeigt, führt die Aussage weit über die Vorstellung hinaus, Gott sei so „mit“ Jesus, wie er mit den Propheten, den Gerechten und den Armen ist, die Jesus seligpreist. Jesus ist vielmehr die Gegenwart Gottes in Person.

Im Hintergrund der Christologie des Immanuel steht die Theologie des Jahwe-Namens, die in der Mose-Offenbarung beim brennenden Dornbusch (Ex 3,6; vgl. Mk 12,26 par. Mt 22,32) aufleuchtet und in der Sinai-Theophanie ausgeführt wird (Ex 34,6). Wenn der Name Gottes, der seinem Wesen entspricht, im Dasein für sein Volk und seine Geschöpfe besteht, so ereignet sich dies nach Matthäus unüberbietbar in Jesus Christus. In ihm begegnet nicht nur Gott auf neue Weise den Menschen; er repräsentiert nicht nur den Beistand Gottes für die Menschen; er *ist* „Gott mit uns“, nicht mit dem Vater identisch, aber wahrhaft Mensch und wahrhaft Gott.[10]

Matthäus hat das Reflexionszitat Jes 7,14 präzis modifiziert. Im griechischen Alten Testament heißt es von der Mutter, dass sie den Namen ihres Kindes „Immanuel“ nennen werde. Matthäus aber formuliert in der 3. Person Plural. Das verbindet den Vers mit der Schlussperikope: Der Evangelist blickt voraus auf den Erfolg, den nach Gottes Willen die Völkermission haben wird. Jesus, den irdischen und auferstandenen, als „Immanuel“, als „Gott mit uns“ zu erkennen, gehört zum Kern des christlichen Bekenntnisses.

Matthäus bezieht „Immanuel“ auf den Auferstandenen wie auf den Irdischen. Die Verpflichtung der Kirche auf die Lehre und Praxis Jesu hat einen christologischen Grund: die Identität des Erhöhten mit Jesus von Nazareth. Es gibt kaum eine höhere Wertschätzung Jesu als jene, die sich mit dem Immanuel-Namen verbindet.

Der Weg der Liebe

Jesus preist nach Mt 5,3–12, dem Auftakt der Bergpredigt (Mt 5–7), die Armen im Geiste selig, die Trauernden und Sanftmütigen, die nach Gerechtigkeit Hungernden und Dürstenden, die Barmherzigen und Herzensreinen, die Friedensstifter und die um der Gerechtigkeit willen Verfolgten.[11] Die Seligpreisungen sind ein Spiegel theologischer Humanität: ein Spiegel des Menschlichen, weil sie jenseits der Fixierung auf Macht, Sexualität und

Besitz menschliche Werte benennen, die weit über das Christentum und das Judentum hinaus akzeptiert, begrüßt, gefördert, gelebt werden; ein Spiegel *theologischer* Anthropologie, weil sie von der Hoffnung auf das Reich Gottes geprägt sind und deshalb zwar trösten, aber nicht vertrösten und die Unbedingtheit der Geltung *dieser* Werte erhellen und mehr noch all der Menschen, die sie leben oder sich zumindest an ihnen zu orientieren vornehmen.

Matthäus macht aber nicht nur klar, dass Jesus diese Werte verkündigt und diese Hoffnung macht. Ebenso macht er klar, dass Jesus diese Werte lebt und diese Hoffnung hat. Dazu dient ihm das Alte Testament. In einer Vielzahl von Reflexionszitaten weist der Evangelist nicht nur (apologetisch) nach, dass Jesus in seiner Praxis das Gesetz, den kodifizierten Willen Gottes, keineswegs bricht, sondern, wie er selbst es sagt (Mt 5,13–17), „erfüllt"; überdies zeigt Matthäus auch, in welchem Sinn Jesus die messianischen Verheißungen Israels bewahrheitet.

Zwei Schriftzitate stechen hervor. Das eine stammt aus dem Ersten Lied vom Gottesknecht (Jes 42,1–4), dessen viertes seinen stellvertretenden Opfertod besingt (Jes 53). Matthäus zitiert es, nachdem er kurz erzählt hat, dass Jesus inmitten aller Anfeindung, die ihm entgegenschlägt, nicht damit aufhört, Kranke zu heilen. Er klärt mit dem Zitat, dass Jesus gerade nicht auf das Spektakuläre der Wunder setzt, sondern auf die Gesten der Zuwendung, des Mitleids, der Mitmenschlichkeit, von der seine Heilungen zeugen. Da im Ersten Gottesknechtlied ein direktes Gotteswort zitiert wird, gewinnt das Schriftwort bei Matthäus eine besondere Intensität (Mt 12,18–21):

> „18 Siehe, mein Knecht, den ich erwählt,
> mein Geliebter, an dem ich Gefallen gefunden habe,
> ich werde meinen Geist auf ihn legen,
> und das Recht wird er den Völkern verkünden;
> 19 er wird nicht lärmen noch schreien,
> man wird auf den Plätzen seine Stimme nicht hören,
> 20 das geknickte Rohr wird er nicht brechen,
> und den glimmenden Docht wird er nicht auslöschen,
> bis er das Recht hinausführt zum Sieg,
> 21 und auf seinen Namen werden die Völker hoffen."

Angeredet sind jetzt die Leser des Matthäusevangeliums. Sie sollen nicht nur denken, dass Jesus der war, auf den hin „Jesaja" gesprochen hat; sie sollen, mehr noch, im Spiegel des alttestamentlichen Textes Jesus erkennen, wie er leibt und lebt. Matthäus knüpft an die Tauferzählung an (Mt 3,17), in der Gott Jesus als seinen

„geliebten Sohn“ (Ps 2,7) geoffenbart hat, an dem er „Gefallen gefunden“ habe (Jes 42,1). Das Schriftzitat in Mt 12 zeigt, wie Jesus „alle Gerechtigkeit erfüllt“ (Mt 3,15) und dass er sein ganzes Leben unter das Wort Gottes vom Jordan stellt.

Das zweite Schriftzitat bringt Matthäus – über Markus (Mk 11,1–11) hinaus – bei seiner Erzählung vom Einzug Jesu in Jerusalem, da er als kommender König, als Sohn Davids, begrüßt wird (Ps 118,25f), der Gottes Herrschaft verwirklicht. Matthäus reflektiert Jesu Bitte um eine Eselin als Reittier mit einem Wort des Propheten Sacharja (Sach 9,9; vgl. Jes 62,11), der – nachexilisch – wie kein zweiter die Spannung zwischen großen Hoffnungen und schweren Enttäuschungen mit der Messiaserwartung Israels verknüpft und deshalb den Retter Israels nicht als einen strahlenden Helden, sondern als einen leidenden Menschen zeichnet (Mt 21,5):

> Sagt der Tochter Zion:
> „Siehe, dein König kommt zu dir,
> sanftmütig,
> er reitet auf einer Eselin, einem Füllen, dem Jungen eines Lasttieres.“

Angeredet ist die „Tochter Zion“, das Gottesvolk der Juden wie der Christen. Jesus ist und bleibt der König; wäre er es nicht, hätte er nicht die Vollmacht, im Namen Gottes Heil zu schaffen. Aber er ist König als einer, der die Seligpreisung der Sanftmütigen lebt, besser: mit Leben erfüllt. Denn Jesus kann die Seligpreisungen nur sprechen, weil er weiß, dass Gottes Herrschaft kommt. Sie kommt aber, weil er sie bringt; und er bringt sie auf dem menschlichen Weg gewaltloser, friedenstiftender Liebe, für die er zuletzt sein Leben hingibt, wie er immer schon sein Leben dieser Liebe Gottes zu den Menschen geweiht hat.

Die bestandene Versuchung

Ein christologischer Schlüsseltext bei Matthäus – und Lukas (4,1–13), nicht ganz so stark bei Markus (1,12f) – ist die Erzählung von der Versuchung Jesu (Mt 4,1–11).[12] Durchweg geht es um die Gottessohnschaft Jesu, durchweg um echte Versuchungen. Satan fordert Jesus auf, seinen Hunger zu stillen, seine Unantastbarkeit zu demonstrieren und die Weltherrschaft anzutreten – alles unter Ausnutzung seiner Privilegien als Gottessohn. Alles wäre Jesus als Gottessohn möglich: Er könnte Steine in Brot verwandeln, er könnte darauf setzen, dass ihn die Engel auf Händen tragen; er könnte – theoretisch – den Vater verleugnen und sich selbst, dann aber zugleich den Teufel anbeten. Er weist dies alles ab, indem er sich auf Gott, den Vater, konzentriert. Dreimal antwortet er mit der Heiligen Schrift, dem Deuteronomium (5. Buch Mose), dreimal bezeugt er, dass er sich – wie jeder Israelit – von elementaren Weisungen der Tora ansprechen lässt; dreimal gibt er Gott die Ehre, und dreimal tritt er für das Menschliche ein.

> „Der Mensch lebt nicht vom Brot allein.
> sondern von jedem Wort aus Gottes Mund“ (Mt 4,4: Dtn 8,3).
>
> „Du sollst den Herrn, deinen Gott, nicht versuchen“
> (Mt 4,7: Dtn 6,16).
>
> „Den Herrn, deinen Gott, sollst du anbeten,
> und ihm allein sollst du dienen“ (Mt 4,10: Dtn 5,9; 6,13).

Die Grundentscheidung, die Jesus der Versuchungsgeschichte zufolge trifft, besteht darin, den Weg des Menschen und der Menschen zu gehen: auf die Inanspruchnahme göttlicher Privilegien zu verzichten, dem Leiden nicht auszuweichen, dem Missverständnis, dem Missbrauch, der Missgunst; sondern das Leben der Menschen zu teilen, auch ihr Sterben, und dadurch Zeugnis abzulegen von der Würde des Menschen.

Das erste Schriftzitat ist ein Plädoyer für das Menschsein des Menschen: Dass der Mensch Brot zum Leben braucht, wird im Evangelium nicht geleugnet, sondern bis in die Eucharistie hinein bestätigt; würde er aber vom Brot allein leben, wäre er kein Mensch, weil er reduziert würde auf die Befriedigung seiner materiellen, physischen Bedürfnisse. Der Hunger, den Jesus in der Wüste durch sein Fasten leidet, stellt ihn an die Seite der Hungernden, die er selig preist, verklärt aber nicht den Hunger, sondern schafft Freiraum für das geistige Leben. Dieses Leben des Geistes wird vom selben Schriftzitat als Leben für Gott und von Gott her bestimmt; sonst bliebe vage, was ein Leben des Geistes sein soll. Genauer: Der Mensch, für den Jesus eintritt, ist „Hörer des Wortes“ (*Karl Rahner);* er lebt von Gottes Wort – wie der Prophet Ezechiel, der die Schriftrolle, die mit Gottes Wort vor ihn ausgebreitet ist, buchstäblich isst, um zu verkünden, was er sich einverleibt hat (Ez 3,1ff). Er verschlingt das Buch, um aus Gottes Wort zu leben.

Deshalb sind auch die beiden weiteren Antworten, die Jesus gibt, nicht nur ein Plädoyer für die Einzigkeit und Wahrheit Gottes, das in der Tradition des Hauptgebotes steht (Dtn 6,4f), sondern auch ein Plädoyer für die Menschlichkeit des Menschen: Erst aus dem Hören auf Gottes Wort, das Wort seines Schöpfers und Erlösers, kann er vernehmen, welchen unendlichen, unveräußerlich, unbedingten Wert er hat.

c) Lukas: Der Freund der Armen

Lukas übernimmt wie Matthäus die christologische Grundeinsicht des Markus, dass Jesus in seinem Wirken und seinem Leiden der Christus ist und dass deshalb das urkirchliche Credo entscheidend auf die lebendige Erinnerung an das Wirken Jesu in Galiläa und Jerusalem, zuletzt an sein Leiden und Sterben angewiesen ist. Dieser Aufgabe unterzieht sich Lukas mit besonderer Sorgfalt.

Die Geschichte Jesu
Lukas nimmt sich seiner Aufgabe als Historiker an. Im Vorwort seines Evangeliums (Lk 1,1–4), das er im Stile hellenistischer Geschichtsschreibung (bzw. historischer Biographie) verfasst[13], nennt er die Quellen, die Methode und die Absicht seines Werkes.

1. Er geht zurück auf das „was die Augenzeugen und Diener des Wortes überliefert" haben und, so oder so, bereits die Basis der vielen „Versuche" bildet, die vor ihm angestellt worden sind, die „Ereignisse", die sich mit Jesus abgespielt haben, zu beschreiben (Lk 1,1f). „Augenzeugen und Diener des Wortes" sind für ihn vor allem die Zwölf Apostel (vgl. Apg 1,21f). Zu den früheren Berichten, die er auswertet, dürfte – nach heutigem Wissensstand – vor allem das Markusevangelium gehört haben.

2. Die Methode des Lukas ist die der sorgfältigen Recherche, wie sie den Historiker ziert. Einerseits nimmt er für sich in Anspruch, einigen Aufwand getrieben zu haben, um möglichst viele Quellen aufzuspüren. Er geht bis an den Anfang zurück, und zwar „akribisch" (Apg 1,3). Andererseits hält er sich die kritische Überprüfung der Quellen zugute. Sie erfolgt am Maßstab des ursprünglichen Zeugnisses, das nur abgelegt haben kann, wer als „Augenzeuge" dabei war und als „Diener des Wortes" verstanden hat, dass Jesus das Wort Gottes verkündet, weil Gott durch ihn sein Wort sagt. Dass Lukas alle ihm zur Verfügung stehenden Quellen auch dokumentiert habe, lässt sich dem Vorwort nicht entnehmen. (Der synoptische Vergleich mit Markus vermittelt den Eindruck, Lukas habe einiges, was er vielleicht als Doppelung empfunden hat, ausgelassen.) Lukas beansprucht aber, dass er das Wesentliche dargestellt hat, und zwar „in der rechten Reihenfolge". Damit ist schwerlich die historische Chronologie und Topographie gemeint, denn Lukas geht mit den markinischen Angaben vergleichsweise lässig um. Viele meinen, Lukas wolle an dieser Stelle die Überlegenheit seines Werkes gegenüber älteren, besonders Markus, demonstrieren. Doch damit stimmt nicht überein,

dass er sich ja im Groben an den markinischen Aufbau hält. So dürfte die „rechte Ordnung“ eher die des Evangeliums sein, das Erzählungen vom öffentlichen Wirken Jesu mit der Leidensgeschichte verbindet; die Kunst des Lukas aber besteht darin, den zahlreichen weiteren Überlieferungsstoff – ein Drittel des Stoffes ist „Sondergut“ – sinnvoll in den Gesamtrahmen eines Evangeliums zu fügen, angefangen mit den umfangreichen Erzählungen von der Geburt des Täufers und Jesu, endend mit den Osterevangelien und integrierend z. B. die Beispielerzählungen, die Jesu Ethos nahebringen.

3. Das Ziel, das Lukas verfolgt, nennt er zum Schluss des Vorwortes: Timotheus, der ideale Leser, ist bereits Christ; er soll durch den Bericht des Lukas „die Zuverlässigkeit der Worte erkennen, in denen“ er „unterwiesen“ ist (1,4). Das Evangelium ist, so verstanden, eine Schrift, deren „Sitz im Leben“ die postbaptismale Katechese ist. Wie weit Glaubensunsicherheiten und Meinungsstreit in der Kirche vorausgesetzt werden müssen, um diese Zielsetzung zu erklären, steht dahin. Entscheidend ist der konstruktive Ansatz, den Lukas verfolgt.

Lukas, der als zweites Buch die sog. Apostelgeschichte verfasst hat (vgl. Apg 1,1f), ist Historiker aus theologischer Verantwortung. In seinem Osterevangelium akzentuiert er bis an die Grenze der Anstößigkeit die Identität des leibhaft Auferstandenen mit dem Irdischen (Lk 24,39–42). In seiner Apostelgeschichte zeigt er programmatisch, dass *Jesu* Evangelium in der Kirche weiterverkündet werden muss und wie es geschieht. Wie das Vorwort zum Evangelium klärt, sieht er eine entscheidende Orientierungsgröße der christlichen Lehre in einer genauen Vergewisserung über das, was sich geschichtlich mit Jesus ereignet hat, „angefangen von der Taufe durch Johannes bis zu dem Tag, an dem er von uns ging und in den Himmel aufgenommen wurde“ (Apg 1,22). Ohne dass Jesu Menschsein als solches zum Thema wird, ist es damit als christologisches Grunddatum zur Geltung gebracht.

Das Weihnachtsevangelium

Im Weihnachtsevangelium sind es die Engel auf dem Hirtenfeld in Bethlehem, die verkünden, wer dieses neugeborene Kind ist und welche Heilsbedeutung es hat (Lk 2,11):

> „Heute ist euch der Heiland geboren, Christus, der Herr,
> in der Stadt Davids.“

Dass Jesus der Heiland, der Retter, ist, erzählt Lukas mit starker Betonung. In seiner Antrittspredigt zu Nazareth (4,16–23) präsentiert Jesus sich als Träger des Geistes, der den Armen – in welcher Form auch immer Armut begegnet – das Evangelium verkündet (vgl. Jes 61,1f). Die Wundergeschichten betonen das Mitleid Jesu mit der Not der Armen; die Gleichnisse vom Verlorenen (Lk 15) verdeutlichen den unbändigen Einsatz, den Jesus treibt, um diejenigen zu retten, die von anderen endgültig verloren geglaubt sind. Die Hirten, die in der Stadt Davids den Beruf Davids ausüben, repräsentieren das Gottesvolk. Sie schließen es aber nicht gegen die Völker ab, sondern öffnen es für sie, die ihrerseits wunderbare Geschichten von Hirten erzählen können, die Gott suchen und finden. Jesus ist der Retter Israels, um der Retter der Welt sein zu können, und Retter der Welt kann er nur als Heiland Israels sein.

Lk 2,11 vereinigt auf engstem Raum und in stimmiger Weise drei Hoheitstitel, die verschiedene Wurzeln und Bedeutungen haben: „Heiland" (Retter) ist ein Titel, der aus dem hellenistischen Kaiserkult bekannt ist, aber auch mit herausragenden Ärzten, Halbgöttern in Weiß, verbunden wird und mit diesen Bedeutungskonnotationen vom griechischsprachigen Judentum auf Gott bezogen werden konnte.[14] „Christus", Gesalbter, Messias, ist der messianische Kerntitel des Alten Testaments und des Judentums; Kyrios, Herr, erklärt sich aus der Übersetzung des hebräischen JHWH-Namens in der Septuaginta. Alle drei Hoheitstitel werden nicht erst für den Auferstandenen und Erhöhten reserviert, sondern gelten bereits für das Kind in der Krippe: für den Menschen Jesus vom Augenblick seiner Empfängnis an. Denn Jesus *wird* nicht der Sohn Gottes, er *ist* es.

Jesus hat Heilsbedeutung für Israel und für die ganze Welt. Das wird den Hirten gleich zu Anfang offenbart. Die himmlischen Heerscharen singen (Lk 2,14):

> „Ehre sei Gott in der Höhe
> und Friede auf Erden den Menschen seiner Huld."

Die Ehre gebührt Gott im Himmel, weil sie ihm eignet; ihm die Ehre zu erweisen, heißt nicht, sie zu mehren, sondern sie wahrzunehmen und auf sich wirken zu lassen. Was die Engel verkünden, ist Feststellung und Verheißung. Die Geburt Jesu im Stall von Bethlehem offenbart Gottes Gottheit, den Glanz seiner Wahrheit und Einzigkeit, weil Gott Liebe ist. Die ganze Ehre Gottes ist Jesus Christus, schon das kleine Krippenkind, weil durch Jesus Gott mitten unter den Menschen ist, um ihnen sein ganzes Heil zu schenken. Die Ehre Gottes im Himmel wirkt den Frieden der Menschen auf Erden. Es ist ein Friede, wie Jesus selbst hat erfahren müssen, der Unrecht, Gewalt und Blut nicht von der Erde bannt; er besteht darin, dass der Tod nicht das letzte Wort hat, sondern, wie das Kreuz offenbart, durch den Tod hindurch das Leben Gottes alles ergreift. Frieden gibt es auf Erden als Ausstrahlung des himmlischen Glanzes.

Dieser Friede auf Erden gilt den Menschen „seiner Huld“ oder, wie sich auch übersetzen lässt „seines Wohlgefallens“ (Lutherbibel), „seiner Gnade“ (Einheitsübersetzung). Worin die Huld besteht und wem sie gilt, wird Jesus durch sein Wirken, sein Sterben und seine Auferstehung offenbaren: Sie besteht im ewigen Leben, in der Vergebung der Sünden, in der Auferstehung der Toten, in der Erneuerung bereits des irdischen Lebens; sie gilt besonders den Armen, den Kranken, den Sterbenden, den Sündern.

Die Würde der Armen

Die Geburt Jesu im Stall verweist nicht nur auf seinen Tod am Kreuz, sondern auch auf sein Leben an der Seite der Armen. Jesus ergreift nach Lukas gleich bei seiner Antrittspredigt in der Synagoge von Nazareth ihre Partei (Lk 4,18f). Zuerst geschieht dies durch die Auswahl der Lesung, die er beim Propheten Jesaja (Jes 61,1f) findet:

„18 Der Geist des Herrn ruht auf mir,
denn der Herr hat mich gesalbt,
er hat mich gesandt,
den Armen das Evangelium zu bringen,
den Gefangenen die Befreiung zu verkünden
und den Blinden das Augenlicht,
die Unterdrückten in die Freiheit zu senden
19 und ein Gnadenjahr des Herrn zu verkünden.“

Die Salbung verweist zurück auf die Taufe (Lk 3,21f), die auch nach Lukas den Beginn der öffentlichen Wirksamkeit Jesu markiert. Der Geist, der aus dem geöffneten Himmel auf Jesus herabgekommen ist, „ruht“, heißt: bleibt dauernd auf ihm und wirkt durch ihn. Lukas überliefert nicht nur, dass Jesus das Evangelium der Gottesherrschaft verkündet, sondern auch wem: den Armen, die er (deshalb) seligpreist (Lk 6,20f). Das Jesajawort beschreibt paradigmatisch, wer zu den Armen gehört: die Gefangenen, die unschuldig verurteilt und zu hart bestraft sind oder zu Recht verurteilt sind und ihre Strafe verbüßen, aber unter ihrer Inhaftierung leiden; die Blinden, die stellvertretend für alle Kranken stehen; die Unterdrückten, die um ihr Recht gebracht werden. Die „Armen“, denen Jesus das Evangelium verkündet (vgl. Lk 7,22 par. Mt 11,5), sind nicht nur eine kleine Gruppe; auf die eine oder andere Weise können sich in ihnen alle wiedererkennen, die der Hilfe bedürfen, weil sie in Not sind. Gerade deshalb hat das Evangelium soziale Sprengkraft. Ein *Gnaden*jahr ruft Jesus aus, weil die Schuldigen der Vergebung, die Schwachen der Stärkung, die Kranken der Heilung, die Trauernden des Trostes bedürfen – und weil die Gerechten nicht weniger auf Gott angewiesen sind als die Ungerechten, die Mächtigen nicht weniger als die Ohnmächtigen, die Gesunden nicht weniger als die Kranken, die Lachenden nicht weniger als die Weinenden, geht es im Evangelium Jesu doch um nicht weniger als um das ewige Leben.

Jesus verkündet aber das Evangelium den Armen nicht, ohne selbst arm zu sein. Einem, der ihm nachfolgen will, erklärt er nach Lk 9,58, einer Sondertradition, der Menschensohn habe „nichts, wohin er sein Haupt betten“ könne – anders als die „Füchse“, die „ihre Höhlen“, und die „Vögel“, die „ihre Nester“ haben. Wie sein Beruf als Zimmermann (oder Bauhandwerker) zeigt, ist seine Armut freiwillig. Sie resultiert auch nicht aus einer Verachtung des Reichtums oder aus Lebensüberdruss. Im Gegenteil muss Jesus sich von seinen Gegnern ja als „Fresser und Säufer“, als „Freund der Zöllner und Sünder“ beschimpfen lassen (Mt 11,23 par. Lk 7,34), weil er nicht wie Johannes der Täufer von Heuschrecken und wildem Honig lebt (Mk 1,6 par. Mt 3,4). Jesu Armut ist Ausdruck seiner Freiheit und Menschenliebe. Er geht nicht auf in den Sorgen dieser Welt; er „sucht zuerst das Reich Gottes“, so dass ihm „alles dazugegeben“ wird (Mt 6,19–34 par. Lk 12,22–34). Die Leidensgeschichte ist die Radikalisierung dieses Lebens; Jesus wird zu Unrecht seiner Freiheit beraubt; er wird gefoltert und sogar gekreuzigt. Das aber dementiert sein Evangelium nicht, sondern bewahrheitet es. Jesu Armut ist nicht nur vorbildlich, sondern heilswirksam, weil sie Ausdruck seines Dienstes an der Herrschaft Gottes für das Leben der Menschen ist.

Mit dem Einsatz seiner ganzen Person zeigt Jesus, dass Gott die Armen, die Kranken, die Schwachen, die Sünder nicht verlorengibt, sondern sie rettet. Die Gleichnisse vom Verlorenen, die Jesus nach Lk 15 erzählt, weil kritisiert wird, dass er Tischgemeinschaft mit Zöllnern und Sündern hält, geben zu verstehen, welchen Einsatz Jesus leistet, um diejenigen zu retten, die – sei es aus eigener Schuld, sei es durch die Ungunst der Verhältnisse – in die Irre geraten sind. Die Dimensionen des Findens werden in dem Wort am deutlichsten, das der Vater des verlorenen Sohnes zuerst seinem ganzen Haus und dann noch einmal gesondert seinem zuhausegebliebenen Ältesten sagt (Lk 15,24; vgl. 15,32): „Mein Sohn war tot und lebt wieder, er war verloren und ist wiedergefunden worden."

Das Drama der Passion

Lukas arbeit in seiner Passionsgeschichte die Vorbildlichkeit Jesu heraus – und zeichnet die heilsamen Wirkungen nach, die von der Art und Weise seines Sterbens ausgehen. Im lukanischen Kreuzigungsbericht ist beides verdichtet. Markus hatte das schreiende Unrecht der Hinrichtung Jesu betont und im Schrei des Gekreuzigten widerhallen lassen: „Gott, mein Gott, warum hast du mich verlassen?" (Mk 15,34), ist als Auftakt des Leidenspsalms 22 ein Gebet, als Klageruf ein paradoxer Ausdruck des Gottvertrauens, aber als Frage nach der Treue, der Nähe, der Anwesenheit Gottes ein Zeugnis auch des menschlichen Elends, in das Jesus gestürzt worden ist. Das letzte Wort Jesu nach Lukas ist hingegen – gleichfalls als Zitat eines Leidenspsalms (Ps 31,8) – reiner Ausdruck der Gottesfurcht und Lebenshingabe des leidenden Gerechten (Lk 23,46):

> „Vater, in deine Hände lege ich meinen Geist."

In derselben Haltung betet Jesus (Lk 23,34) für seine Henker (nach einer textkritisch allerdings nicht ganz sicheren Überlieferung):

> „Vater, vergibt ihnen, sie wissen nicht, was sie tun."

Beide Gebete nimmt nach der Apostelgeschichte Stephanus, der erste Märtyrer, im Moment seines Todes auf und formuliert sie so um, wie es nachösterlich angemessen ist (Apg 7,59f): „Herr Jesus, nimm meinen Geist auf … Herr, rechne ihnen diese Sünde nicht an." Bei Jesus sind das Todes- und das Fürbittgebet an den Vater gerichtet und als Gebete Teil der messianischen Sendung des Erlösers; bei Stephanus sind sie an den Auferstandenen gerichtet und Ausdruck der *imitatio Christi.*

Zu den Kreuzesworten Jesu gehört aber auch das an den Schächer zu seiner Rechten. Während der zur Linken, der ihn lästert, von Jesus nicht verflucht wird, wird der zur Rechten, der seine Schuld eingesteht, die Unschuld Jesu erkennt und ihn um Rettung bittet, gesegnet (Lk 23,43):

> „Heute noch wirst du mit mir im Paradiese sein."

Gottes- und Nächstenliebe bilden eine Einheit – am intensivsten im Tode Jesu.

Lukas betont aber auch die Wirkungen, die von Jesu Sterben auf die Menschen ausgehen, die Zeugen werden. In aufsteigender Linie wird zuerst von der Sensationsgier der Menge gesprochen, dann vom Spott der Oberen (Lk 23,35), schließlich vom blutigen Handwerk der römischen Hinrichtungssoldaten (Lk 23,36f) und darüber hinaus noch von der Blasphemie des linken Schächers (Lk 23,39). Durch diese Reaktion wird die Grausamkeit wie das Grauenhafte des Kreuzes betont. Im Gegenzug werden aber auch menschliche Reaktionen herausgestellt, die positive Alternativen zeigen – diesmal in absteigender Linie. Dem Schächer zur Linken steht der zur Rechten gegenüber, der seinen Mitgekreuzigten um Rettung bittet (Lk 23,40f); aus dem Hinrichtungskommando sticht der Hauptmann hervor, der in Jesus den unschuldig verurteilten Gerechten erkennt (Lk 23,47); die Schaulustigen und Spötter aber schlagen sich an die Brust und gehen still nach Hause (Lk 23,48). Die Passion Jesu, die Lukas als menschliches Drama unmenschlicher Gewalt darstellt, in dem Jesu Treue zu seiner Sendung die Katastrophe zum guten Ende führt, löst menschliche Reaktionen aus, die nicht nur aufdecken, wie gehässig, gewaltsam und gefühllos, sondern auch, wie mitleidsvoll, einsichtsvoll und gefühlvoll Menschen sein können.

d) Johannes: Menschgewordener Gott

Das Vierte Evangelium beginnt mit einem christologischen Paukenschlag: dem Hymnus von der Inkarnation des Logos. (Dieser Text, im Kern eine vorjohanneische Tradition, wird eigens zum Abschluss des Kapitels über die urchristlichen Glaubensbekenntnisse untersucht.) Deshalb sollte an der Bedeutung des wahren Menschseins Jesu eigentlich kein Zweifel sein. Dennoch sind die Hoheit und Würde, der Anspruch und das Vorauswissen Jesu so stark betont, dass bisweilen der Eindruck herrscht, Jesus werde im Vierten Evangelium als über die Erde wandelnder Gott gezeichnet.[15] Dem ist entschieden zu widersprechen. Weniger fällt ins Gewicht, dass Jesus auch nach den Synoptikern sich selbst verkündet, sein Geschick kennt und seine Vollmacht noch in der Verhaftung und Verurteilung bewahrt. Entscheidend ist, dass der Vierte Evangelist unter vielerlei Aspekten – freilich nicht immer den erwarteten – das Menschsein, auch die Menschlichkeit Jesu betont.[16]

Jesu Menschlichkeit
Ein erstes Indiz besteht darin, dass Jesu Emotionen im Vierten Evangelium mindestens so stark betont sind wie nach den Synoptikern. Jesus weint um seinen toten Freund Lazarus (Joh 11,35); er ist im Innersten erschüttert, da er um seinen bevorstehenden Tod (Joh 12,27) und um den Verrat des Judas weiß (Joh 13,21).

Ein zweites Indiz besteht darin, dass Jesu Judesein im Vierten Evangelium stark betont ist.[17] Jesus besucht die jüdischen Feste; er äußert sich gegenüber der Samariterin am Jakobsbrunnen als Juden, der den Unterschied zwischen dem dortigen Tempel und dem Garizim genau markiert (Joh 4); er wird von Pilatus als Jude denunziert (Joh 19,5); er stirbt „für" sein Volk (11,50ff).

Ein drittes Indiz besteht darin, dass Jesus nach der zweiten Abschiedsrede selbst seinen Heilstod mit einem menschlichen Bild erläutert: „Eine größere Liebe hat niemand, als wer sein Leben einsetzt für die Freunde" (Joh 15,13). Das Ideal der Freundschaft wurde in der Antike sehr hochgehalten[18]; es war klar, dass von echter Freundschaft nur gesprochen werden könne, wenn die Bereitschaft, das Leben zu opfern, bestände. Im Johannesevangelium gewinnt die Sentenz aber soteriologische Bedeutung. Jesu Freundschaftsdienst besteht in seinem stellvertretenden Sühnetod; er verschafft seinen Freunden ewiges Leben. Denn Jesus verkehrt mit seinen Jüngern nicht von gleich zu gleich. Sie könnten ihm nie tun, was er ihnen getan hat. Die Fußwaschung hat dies eigens in Erinnerung gerufen (Joh 13,1–20). In der Abschiedsrede klärt Jesus denn auch, dass die Jünger „eigentlich" seine „Sklaven" sind, er aber, ihr Kyrios, sie aber „nicht mehr Sklaven", sondern „Freunde" nennt, sie es also in Wahrheit sind, weil er sein Leben für sie einsetzt (Joh 15,14). Joh 15,13 ist mehr als eine nachträgliche Erläuterung rettender Lebenshingabe in der Sprache hellenistischer Ethik. Der Satz setzt die tatsächliche Freundschaft voraus und in Kraft. Jesus rettet die Seinen aus reiner Liebe, in der sich die Liebe Gottes zur Welt ereignet (Joh 3,16). Das Freundschaftsmotiv zeigt, wie bewusst Jesus nach Johannes sein Menschsein bejaht und gelebt hat und wie er es gefüllt hat durch reine Agape.

Ecce homo
Besonders eindrucksvoll ist die Szene, die von den Künstlern seit Jahrhunderten als Ikone des leidenden Christus dargestellt worden ist (Joh 19,1–6):

1 Da nahm Pilatus Jesus und geißelte ihn.
2 Und die Soldaten flochten eine Dornenkrone und setzen sie ihm auf den Kopf, und einen Purpurmantel warfen sie ihm um 3 und traten zu ihm und sagten:
„Heil dir, König der Juden“,
und gaben ihm Schläge.
4 Dann kam Pilatus wieder hinaus und sagte ihnen:
„Siehe, ich bringe ihn euch hinaus, damit ihr erkennt, dass ich keine Schuld in ihm finde.“
5 So kam Jesus hinaus, er trug die Dornenkrone und den Purpurmantel.
Und Pilatus sagte ihnen:
„Seht, der Mensch.“
6 Als ihn aber die Hohenpriester und die Knechte sahen, schrien sie:
„Kreuzige, kreuzige ihn.“

Johannes beschreibt in nüchterner Härte, was zu sehen ist, da Pilatus den Angeklagten der Menge vorführt. Johannes verschweigt nicht das folgende „Kreuzige ihn“, das die Hohenpriester und ihre Diener rufen (Joh 19,6), aber er gibt auch den Grund ihrer Empörung an: „Wir haben ein Gesetz, und nach diesem Gesetz muss er sterben, weil er sich selbst zum Sohn Gottes gemacht hat“ (Joh 19,7). Der Eifer für das Hauptgebot wird heraufbeschworen (Dtn 6,4f), der Vorwurf der Blasphemie steht im Raum (vgl. Joh 5,18; 10,33–36; vgl. Lev 24,16). Der Evangelist hat ihn ganz ernstgenommen – und geantwortet, in Jesus maße sich nicht ein Mensch die Würde Gottes an, sondern sei Gott selbst, nämlich der ewige Logos, Mensch geworden (Joh 1,14). Dann wird deutlich, was im johanneischen Spektrum das *Ecce homo* sichtbar macht. Die Kirchenväter hatten Recht, als sie mit Berufung auf Johannes erklärten, Jesus offenbare nicht nur definitiv, wer Gott (Joh 1,18), sondern auch, wer der Mensch ist. Jesus, der mit der Dornenkrone und dem Purpurmantel vorgeführt wird, gezeichnet von der Folter der Geißelung (Joh 19,1), ist ein Mensch, der selbst in der tiefsten Erniedrigung seine Würde nicht verliert. Er kann dieses Bild nur abgeben, weil er der Sohn Gottes ist, der am Kreuz die Dornenkrone trägt. Der Gekreuzigte ist die Ikone Gottes, dessen ewiges Wort Fleisch geworden ist (Joh 1,14), um die Menschen ganz und gar teilhaben zu lassen an der Liebe zwischen dem Vater und dem Sohn.

Jesus gibt das Bild eines leidenden Menschen ab. Die römischen Soldaten haben ihn gefoltert. Die Geißelung ist als Begleitstrafe der Kreuzigung vorgesehen. Oft hat sie die Gemarterten bereits so geschwächt, dass sie die Prozedur nicht überlebt haben. Nach Johannes hat Pilatus hingegen die Geißelung als eine Art Ablenkungsmanöver angeordnet. Er weiß um Jesu Unschuld, aber er weiß auch vom Verlangen der Hohenpriester und ihrer Diener, Jesus ans Kreuz zu bringen. Da er der Wahrheitsfrage, mit der Jesus ihn konfrontiert, ausweicht, verfällt er auf Ausflüchte, die mit dem Ethos eines Richters unvereinbar sind und sich reinem machtpolitischem Kalkül verdanken. Aus diesem Grund – um weiter als Freund des Kaisers zu gelten – wird Pilatus später auch die Kreuzigung Jesu anordnen. Die Geißelungsszene nimmt die Grausamkeit der Kreuzesstrafe vorweg, sie zeigt schon den Sadismus der Soldaten und die Verantwortungslosigkeit des Pilatus; vor allem zeigt sie die Unschuld, die Leidensbereitschaft und die Leidensfähigkeit Jesu.

Der öffentlichen Präsentation Jesu – *Ecce homo* – geht die Verspottung Jesu als Judenkönig im Inneren des Prätoriums durch die römischen Soldaten voraus (19,3): „Heil dir, König der Juden." Ähnlich wie die Synoptiker erzählt Johannes die Parodie einer Königsproklamation. Nach 70 gewinnt sie eine besondere Pointe, weil auf dem Feldzug gegen die Zeloten Vespasian von den römischen Truppen als Kaiser ausgerufen worden ist. Die von Johannes überlieferten Worte der Soldaten täuschen eine Huldigung vor und sind grimmiger Spott; statt einer Goldkrone wird ihm eine Dornenkrone aufs Haupt gesetzt; der „Purpurmantel", den er umgehängt bekommt, ist ein Soldatenmantel, dessen Farbe schon auf das Blut verweist, das Jesus vergießen wird; statt den König fußfällig zu verehren, schlägt man ihn. „König der Juden" wird – nach Johannes in allen Weltsprachen – auf dem Kreuz stehen und ist auch dort (wie bei Markus, Matthäus und Lukas) ein tief in der Verwerfung verborgenes Bekenntnis.

Jesus sehen

Bevor er die Leidensgeschichte zu erzählen beginnt (Joh 13,1), stellt der Vierte Evangelist eine Reihe von Szenen zusammen, die in Jerusalem Jesu öffentliches Wirken resümieren. Den Auftakt bildet die Bitte, die „Griechen" an Philippus richten (Joh 12,21):

> „Herr, wir wollen Jesus sehen."

Die „Griechen" sind gottesfürchtige Heiden, die nach Jerusalem pilgern, um Gott anzubeten (Joh 12,20).[19] Diese Gottesfürchtigen, die an den einen Gott Israels glauben und die Zehn Gebote halten, aber nicht (wie die Proselyten) zum Judentum übertreten, werden die wichtigste Gruppe bilden, denen nachösterlich das Evangelium verkündet wird, so dass sie zum Glauben kommen. Aus ihrer Bitte, Jesus zu sehen, spricht die Ahnung, dass sie kein

Recht haben, ihm zu begegnen, aber hoffen, ihre Sehnsucht nach Nähe werde nicht enttäuscht. Dass sie sich an Philippus, einen der Jünger Jesu, wenden, der seinerseits Andreas einschaltet, verweist bereits auf die nachösterliche Zeit voraus, in der die Jünger beauftragt sein werden, den Menschen Jesus nahezubringen.

Jesus antwortet auf die Bitte nicht direkt, sondern indirekt; er erfüllt sie auch nicht direkt, sondern indirekt. Jesus redet von der „Stunde, da der Menschensohn verherrlicht" wird (Joh 12,22), und fasst darin seinen Tod und seine Auferstehung als epochales Heilsgeschehen zusammen. Entgegen der Erwartung beendet sein Tod nicht die Möglichkeit, ihn zu sehen, sondern erschließt sie ganz neu. Denn sein Tod ist sein Heilstod; deshalb schließt Jesus das kleine Gleichnis vom Weizenkorn an, das keine Frucht bringt, wenn es nicht stirbt (Joh 12,24). Die Frucht des Todes Jesu, erfährt man aus den Abschiedsreden, ist das vollkommene Leben Gottes, das sich in der Kraft des Geistes bereits gegenwärtig vermittelt – desselben Geistes, der die Jünger auch befähigen wird, die Erinnerung an Jesus lebendig zu halten, den Sinn seiner Sendung zu verstehen und glaubwürdig von ihm Zeugnis abzulegen.

Die Bitte der Griechen, Jesus zu sehen, wird also nicht abschlägig beschieden, sondern auf ungeahnte Weise erfüllt: auf die Weise des Todes und der Auferstehung Jesu. Denn auch wenn sie erst nachösterlich direkt zu Adressaten des Evangeliums werden, ist das ganze Christusgeschehen bis in den Tod hinein auch um ihretwillen geschehen; Jesus stirbt „für das Volk" Israel und „damit er die zerstreuten Kinder Gottes zur Einheit zusammenführe" (Joh 11,52). Indem sie aber an die Erhöhung verwiesen werden, werden sie Jesus sehen. Denn im Erhöhten erstrahlt Jesus im vollen Glanze Gottes.

Im Blick auf den Irdischen müssen die Jünger mühsam lernen, wen sie vor Augen haben. In derselben Rede sagt Jesus, bevor er sich ein weiteres Mal als „Licht der Welt" offenbart (Joh 12,45): „Wer mich sieht, sieht den, der mich gesandt hat." Weil Jesus ganz von Gott her und auf ihn hin lebt, macht er in definitiver Weise Gott sichtbar. In Jesus ist Gott selbst gegenwärtig. Aus diesem Grund kann Jesus auch Philippus, der ihn bittet, ihnen „den Vater" zu zeigen, antworten (Joh 14,9): „Wer mich gesehen hat, hat den Vater gesehen." Das Perfekt weist zurück ins irdische Leben Jesu. Es lässt entdecken, dass Jesu irdisches Wirken, beginnend mit seiner Inkarnation, die definitive Offenbarung Gottes ist und unüberbietbar das Heil des ewigen Lebens erschließt. Umgekehrt verweist Joh 12,21 darauf, dass, wer den Auferstandenen sieht, Jesus sieht, in dem Gott sichtbar wird. Nur deshalb sind die Aussagen über das Sehen Jesu und das Sehen Gottes in Joh 12,45 und 14,9 definitiv gültig.

Mein Herr und mein Gott

Das höchste Christusbekenntnis des Johannesevangeliums steht am Schluss. Thomas bekennt (Joh 20,28): „Mein Herr und mein Gott". Nach der Fußwaschung musste Thomas noch fragend bekennen, den Weg nicht zu wissen, den Jesus gehe (14,5). In der Woche nach Ostern ändert sich das. Bei der ersten Ostererscheinung ist Thomas allerdings nicht anwesend. Erst eine Woche später zeigt Jesus sich ihm, der beteuert hatte, nicht zu glauben, wenn er nicht die Wundmale Jesu sehen und berühren könne. Diesem Unglauben verweigert Jesus sich nicht. Er führt Thomas aus dem Unglauben zum Glauben. Thomas bekennt, was jeder Leser des Johannesevangeliums bekennen soll, der „nicht sieht und doch glaubt" (Joh 20,29).[20]

Das Thomasbekenntnis schlägt den Bogen zurück zum Schluss des Prologes. Nicht nur, dass Gottes Logos Fleisch geworden ist, wird dort gesagt (Joh 1,14), sondern auch, dass Jesus Kunde von Gott gebracht, d. h. ihn so offenbart hat, wie er wirklich ist (Joh 1,18). Das aber setzt, betont Johannes, voraus, dass Jesus nicht nur den Weg zu Gott geht, sondern auch von ihm her kommt, und zwar aus Gottes Ewigkeit heraus. Deshalb heißt es zum Schluss des Prologes in einer Wendung, deren Anspruch und Verständnisschwierigkeiten sich allerdings bis in Unterschiede der Textüberlieferung spiegeln (Joh 1,18):[21] „Gott hat keiner je gesehen, nur der Eingeborene, Gott, der an der Brust des Vaters lag, er hat Kunde gebracht." Joh 1,18 bezieht sich auf die Offenbarung, die Jesus in seinem Leben und Sterben gebracht hat. Sie kann nur authentisch sein, weil Jesus der „eingeborene", der einzig-eine Sohn des einzig-einen Vaters ist; als solcher ist er „Gott", wie der Logos, der sich in ihm inkarniert, „Gott" ist: nicht identisch mit dem Vater, sondern – wie später Jesus sagen wird – „eins" mit ihm (Joh 10,30). Joh 1,18 stellt – mindestens implizit – fest, dass der Logos durch seine Inkarnation seine Göttlichkeit nicht verloren, sondern sie eschatologisch wahrgenommen hat, um den Menschen in der Welt das Heil zu bringen.

Wie dies geschieht, erzählt das Evangelium vor allem am Beispiel der Jünger Jesu. Thomas ist der letzte, der zum Osterglauben gelangt. Dass er sie trägt, zeigt, dass seine Auferstehung seinen Kreuzestod nicht verwischt, sondern in die göttliche Herrlichkeit aufnimmt. Der Auferstandene war nicht, er ist und bleibt Mensch; deshalb ist er „Herr und Gott"; er ist es nicht geworden, er hat sich nicht dazu gemacht, er ist nicht nur dafür gehalten worden – er ist es seinem Wesen nach. Das ist die erschütternde Glaubenserkenntnis des Thomas: Dass der Auferstandene in all seiner göttlichen Herrlichkeit und Macht der gekreuzigte Mensch Jesus von Nazareth ist und bleibt, ist die Bedingung der Möglichkeit, dass der auf Erden lebende und verkündigende, leidende und sterbende Mensch, der Jude Jesus, Gott ist und bleibt. Dies aber zielt nicht darauf, zu demonstrieren, dass Gottes Möglichkeiten immer unendlich größer sind als die menschlichen Gedanken (was stimmt, was Gott aber nicht zu beweisen nötig hat), sondern darauf, dass Gottes Liebe größer ist als unser Herz (1Joh 3,20).

e) Zusammenfassung: Jesus Christus – Christus Jesus

Das Neue Testament enthält kein Einheitsevangelium und keine Evangelienharmonie; vielmehr begegnet das *eine* Evangelium Jesu Christi grundlegend in den vier kanonisch gewordenen Evangelien, von denen die drei ersten, die synoptischen, aufgrund ihrer Entstehungsgeschichte eng zusammengehören und vor dem Johannesevangelium stehen. Sie alle zeigen wesentliche Gemeinsamkeiten. Kein Zweifel, dass sie alle von ein und demselben Jesus handeln. Allerdings zeigen sie ihn von unterschiedlichen Seiten und unter verschiedenen Aspekten. Jedes Evangelium hat eine eigene Handschrift im Portrait Jesu. Sie haben unterschiedliche Adressaten, denen sie je eigene Zugänge zu Jesus öffnen müssen; sie haben unterschiedliche Traditionen, die ihnen Jesus in verschiedenem Licht zeigen; sie haben eine charakteristische Handschrift, die ihren Büchern einen unverwechselbaren Stempel aufdrückt. Johannes verändert das Bild erheblich, zerstört es aber nicht, sondern zeigt ganz neue Seiten an Jesus.

Unverkennbar ist in allen Evangelien der nachösterliche Standpunkt, von dem aus sie die Erinnerung an Jesus pflegen. Sie sind lebendige Zeugnisse des Osterglaubens. Aber gerade dieser Glaube an die Auferstehung Jesu ist es, der ihre Erinnerung an Jesus hat wichtig werden lassen. Fraglos ist (und jeder synoptische Vergleich zeigt es), dass die Zusammenstellung, Auswahl und Präsentation der Einzelberichte wesentlich unter dem Gesichtspunkt erfolgt ist, dass, was im Rückblick – unter dem Eindruck des Karfreitages und des Ostermorgens, der Erhöhung Jesu und der

Geschichte der jungen Kirche – charakteristisch an Jesus erschien, deutlich genug herauskäme. Entgegen einem weit verbreiteten, tief im 19. Jh. wurzelnden Trend der Jesusforschung ist aber die gesamte Breite des synoptischen Traditionsstoffes, in zweiter Linie auch des johanneischen, in die historische Rückfrage einzubeziehen, wiewohl bei den expliziten Leidens- und Auferstehungsansagen größere Vorsicht als bei den impliziten walten muss, bei den Hoheitstiteln größere als bei den Zeugnissen indirekter und narrativer Christologie, bei den Ausblicken auf die kommende Zeit der Kirche größere als bei den Reflexionen der galiläischen Lebenswirklichkeit Jesu und seiner Jünger.

Allein die neutestamentlichen Evangelien erlauben eine kritische Jesusforschung, weil allein sie historische Substanz aufweisen. Die Apokryphen mögen das eine oder andere alte Wort aufbewahrt haben; im ganzen haben sie keinen Quellenwert. Der Grund für die historische Substanz der kanonischen, besonders der synoptischen Evangelien ist ein christologischer: Ob reflektiert oder nicht, bringen die Evangelisten – mit den Synoptikern an der Spitze – die Geschichte des Menschen Jesus als theologischen Faktor von grundlegender Bedeutung zur Sprache. Diese Bedeutung kann zwar nicht gegen die Auferstehung ausgespielt werden. Aber wer die Auferstehung Jesu ernstnimmt, muss das wahre Menschsein Jesu zur Geltung bringen – und wer Jesus in seiner menschlichen Existenz würdigen will, muss von der Auferstehung handeln; denn die Auferstehung ist, neutestamentlich verstanden, nicht die Aufhebung der Geschichte und des Kreuzes Jesu, sondern die Basis ihrer bleibenden Gültigkeit; und Jesus hat nach dem Zeugnis aller, auch der synoptischen Evangelien in einer so vitalen Auferstehungserwartung gelebt (Mk 14,25; vgl. 8,31; 9,31; 10,32ff;12,35ff), dass die nachösterliche Christologie am besten als deren Explikation im Lichte des Ereignisses selbst verstanden werden kann.

Da die Evangelien die Geschichte Jesu erzählen, können sie in vielerlei Weise am menschlichen Leben Jesu seine Vorbildlichkeit erweisen: in seiner Wahrhaftigkeit und Treue, in seinem Glauben, nicht zuletzt in seiner Nächsten- und Feindesliebe. Durch die Worte und Taten dieser Liebe macht Jesus deutlich, wieviel die Menschen in Gottes Augen zählen und dass ihnen allen seine Liebe gilt. Dadurch aber, dass im menschlichen Leben Jesu die Gottesherrschaft nahekommt, und zwar dadurch, dass *Jesus* es lebt, und dadurch, *wie* er es lebt, wird das Vorbildliche untermauert vom Heilswirksamen. Jesus sagt nicht nur, dass die Menschen erbarmungswürdig sind, er erbarmt sich ihrer; er kündigt nicht nur ihre Rettung an, er rettet sie; er zeigt nicht nur, was wahres Menschsein ist, er verwirklicht es – für alle.

2. Die Apostelgeschichte

Die sogenannte „Apostelgeschichte", die Lukas als zweites Buches (vgl. Apg 1,1f) nach dem Evangelium Theophilus widmet, ist die Fortsetzungsgeschichte. „Was Jesus getan und gelehrt hat", ist nach Apg 1,1 Gegenstand des Evangeliums. Das darf in der Kirche nie vergessen werden; es bleibt permanent gültig. Um dessentwillen hat Lukas sein Doppelwerk verfasst. Die Apostelgeschichte ist mit dem Lukasevangelium durch das Osterevangelium verklammert (das im folgenden Hauptteil besprochen wird). Der Sendungsauftrag Jesu wird wiederholt, die Geistverheißung wird erneuert und in der Pfingstgeschichte als erfüllt beschrieben. Die Apostelgeschichte erzählt insgesamt, wie das Evangelium Jesu Christi nach Ostern von den Aposteln, Petrus an der Spitze, von den Diakonen, Stephanus und Philippus vorweg, und von Paulus in „Jerusalem und ganz Judäa, in Samarien und bis ans Ende der Welt" (Apg 1,8) verkündet worden ist. Wesentliches Kriterium ist, dass tatsächlich Jesus verkündet wird – kein anderer als er, der Prophet der Gottesherrschaft, der Messias Gottes, der Gestorbene und Auferstandene. Es ist keine Nachlässigkeit, wenn Lukas mehrfach erzählt, in der urchristlichen Mission werde „Jesus verkündigt", wie es von der Urgemeinde (Apg 5,32: „Christus Jesus") und den Hellenisten (Apg 11,20: „Kyrios Jesus") so gut heißt wie von Philippus (Apg 8,35) und Paulus (Apg 9,20; 11,20: „Kyrios Jesus"; 17,3: „Jesus ... ist der Messias; 17,18: „Evangelium von Jesus und der Auferstehung"; 18,25.28: „Jesus der Messias"). „Glaube an Jesus!", sagen Paulus und Silas dem tödlich erschrockenen Gefängniswärter von Philippi, den sie vor dem Selbstmord bewahren (Apg 16,31). Sie „für Jesus" zu gewinnen, ist das Ziel, das Paulus unter den Juden Roms (vergeblich) verfolgt (Apg 28,23). Die Verkündigung des „Reiches Gottes und der Lehre über Jesus Christus, den Herrn", ist die lukanische Inhaltsangabe der Pauluspredigt, die der gefangene Zeuge freimütig in der Hauptstadt vortragen kann (Apg 28,31). So wie der Auferstandene den Jüngern in Jerusalem vierzig Tage lang das Reich Gottes verkündet hat, so gibt Paulus vor, dass dieses Evangelium von der Kirche aller Zeiten und an jedem Ort weiterverkündigt wird. Jesus ist entscheidend. Durchweg geht es in der apostolischen Verkündigung und im apostolischen Glauben um die Orientierung an Jesus. Damit ist der Auferweckungsglaube nicht relativiert, sondern ernstgenommen. Das kommt besonders in den Reden der Apostelgeschichte heraus (die gleichfalls im nächsten Hauptteil gesondert untersucht werden).

Aber auch im Gang der urchristlichen Geschichte ist Jesus, der Auferstandene in seiner Identität mit dem Irdischen, der entscheidende Akteur. Er sendet die Jünger aus zur Mission; er verheißt ihnen den Heiligen Geist, der ihnen die Kraft zum Zeugnis gibt. Er ist der Aktivposten, die treibende Kraft der Missionsgeschichte, der Kirchengeschichte.

a) Die Hand Gottes und der Name Jesu (Apg 4,23–31)

Die ersten Tage der öffentlichen Evangeliumsverkündigung, die mit dem Pfingstfest beginnt, sind nach Lukas eine einzige Erfolgsgeschichte, die zu tausenden Bekehrungen führt. Freilich wird auch Widerstand provoziert. Petrus muss sich zusammen mit Johannes vor dem Hohen Rat rechtfertigen (Apg 4,1–22), nutzt aber die ihm aufgenötigte Zwangslage zur mutigen Bezeugung des Evangeliums, wie Jesus es aufgetragen und als geistgewirkte Möglichkeit verheißen hat (Lk 21,13ff par. Mk 13,11). Beide Apostel werden mit einem Redeverbot belegt, an das sie sich nicht zu halten ankündigen, weil man Gott mehr gehorchen müsse als den Menschen (Apg 4,18f; vgl. 5,29–32); aber wegen ihres Rückhaltes in der Bevölkerung können sie – noch – nicht verhaftet werden.

Die erste Gelegenheit zur Reflexion des Geschehens nutzt die Urgemeinde nach der Rückkehr beider Apostel. Sie reagiert in der einzig angemessen Weise: Sie spricht ein Dankgebet (Apg 4,23–31). Es richtet sich an Gott, den Schöpfer, an den Gott der Geschichte, der David inspiriert hat, messianisch zu reden (Ps 2,1), an den Herrn des „Knechtes“ Jesus, den Gott – in der Taufe – „gesalbt“ hat, dass er als messianischer Geistträger das Evangelium verkünde und Gottes Gnadenjahr ausrufe (Lk 4,18: Jes 61,1f). Dieser heilsgeschichtliche Zusammenhang ist typisch für Lukas, ist aber sicher nicht seine Erfindung, sondern eine Fortschreibung älterer Theologoumena, die letztlich darauf zurückgehen, dass Jesus selbst sich programmatisch in den Horizont der Schöpfungs- und Verheißungsgeschichte gestellt hat. Mit „Herodes“ (Antipas) und „Pilatus“ fallen die Namen eines Königs und eines Herrschers, die sich, wie Ps 2 voraussagt, gegen den Messias Gottes verbündet haben; die Erinnerung an die Passionsgeschichte Jesu ist noch ganz frisch.

Dem dankbaren Rückblick entspricht der hoffnungsvolle Ausblick. Weil Gott seinen Knecht Jesus gesandt hat, darf nach Ostern gehofft werden, dass die Kreuzigung nicht das Ende, sondern ein neuer Anfang der Zuwendung Gottes zu seinem Volk ist. Die „Knechte Gottes", die jetzt zum Gebet zusammengekommen sind, wissen, dass sie in ganz anderer Weise als der Knecht Gottes Jesus auf Gottes Beistand angewiesen sind; ihre menschliche Schwäche wird nie vergessen. Die „Kraft, mit allem Freimut dein Wort zu verkünden", kann nur Gott ihnen verleihen. Die Zuversicht, dass er es tun wird, hat Jesus in ihnen geweckt. Deshalb kann sie ihre Hoffnung auch nur auf ihn richten (Apg 4,29f):

> „Gib deinen Knechten,
> mit allem Freimut dein Wort zu sagen,
> indem Du Deine Hand ausstreckst,
> Zeichen und Wunder zu tun,
> durch den Namen deines heiligen Knechtes Jesus."

„Zeichen und Wunder" zu tun, ist nur eine Variante dessen, Gottes Wort zu verkünden. Denn Gottes Wort hat schöpferisches Kraft; es ergeht nicht nur durch Reden, sondern auch durch Tun. Die Heilung des Gelähmten an der Schönen Pforte, die den Konflikt mit dem Hohen Rat ausgelöst hat (Apg 3), ist genauso Verkündigung des Wortes Gottes wie die Predigt des Paulus auf dem Tempelvorplatz und seine Verteidigung später vor dem Hohen Rat. Die Theozentrik entspricht zutiefst der lukanischen, im Urchristentum tief verwurzelten Missionstheologie, die im Kern auf Jesus selbst zurückgeht, wenngleich erst Ostern die weltweite Öffnung bringt.

Das Gebet ist aber dadurch geprägt, dass die Theozentrik sich durch die Christologie ereignet. Gottes Hand soll „Zeichen und Wunder" tun, indem er die Jünger Jesu, seine Knechte, in Dienst nimmt, „durch den Namen deines heiligen Knechtes Jesus". Der „Name" ist der, der angerufen wird, um in der Anrufung seine – göttliche – Macht zu erweisen. Der Jesusname ist von allem Anfang an durch den Bezug auf die Herrschaft Gottes in Israel zur Rettung der ganzen Welt ausgerichtet (Lk 1,31f). Darauf setzt die Urgemeinde, davon lebt die Kirche.

Das Gebet der Urgemeinde steht vor allen weiteren Aktionen in Jerusalem und über die Grenzen der Stadt hinaus. Für die gesamte Mission, für die ganze Kirche hält es fest, dass Wirksamkeit im Sinn des Evangeliums zur Rettung der Menschen nur in der Kraft Gottes erhofft werden kann, die aber an die Sendung seines Knechtes Jesus zurückgebunden ist. Durch die Auferweckung wird sie nicht Vergangenheit, sondern bleibt Gegenwart.

Nach Lk 11,20 hat Jesus erklärt: „Wenn ich mit dem Finger Gottes die Dämonen austreibe, ist die Gottesherrschaft zu euch vorgestoßen". Er verteidigt sich mit dieser Erklärung gegen den Vorwurf, im Namen des Teufels und nicht im Namen Gottes zu wirken. Der „Finger" gehört zur „Hand Gottes"[22], mit der er geschichtliche Fakten zum Heil Israels und der Menschheit schafft (1Sam 5,11; 2Chron 30,12; Esr 8,22.31; Neh 2,8.18; Sir 10,4; vgl. Ex 8,15; Aristobul nach Eusebius, praep. 10,1–17). Lk 11,20 ist ein markanter Text im Hintergrund. Er macht deutlich, dass Jesu Basileia-Wirken nicht nur eine Vorgabe für das Wirken der Apostel ist, sondern sich überhaupt in der Sendung der Kirche auswirkt.

b) Das Gebet des Stephanus: „Herr Jesus, nimm meinen Geist auf!" (Apg 7,59)

Stephanus ist der erste Märtyrer des Christentums[23]; Paulus ist mitschuldig an seinem Tod (Apg 7,58; 8,1). Stephanus stirbt in der Nachfolge Christi. Die Anklage gegen Stephanus lautet, Jesu Worte wider den Tempel und das Gesetz des Moses verbreitet zu haben (Apg 6,14). Wie jeder Leser des Evangeliums weiß, ist dies eine Verleumdung, besser: eine gezielte Verdrehung einerseits der Gesetzeskritik Jesu, die auf eine intensivere Gesetzespraxis aus ist, und andererseits der Tempelaktion, die das Heiligtum zum Vorort der Basileia-Predigt und -Praxis Jesu machen soll.

Stephanus antwortet auf die falsche Anklage mit einer großen Rede im Stile deuteronomischer Geschichtstheologie, die Israels ganzen Weg in die Spannung zwischen Gottes Treue und menschlicher Untreue stellt und dadurch indirekt zeigt, wie recht Jesus mit seiner Predigt hatte. Gleichzeitig wird Jesu Tod in die Reihe der Ermordung der Propheten gestellt: „Welchen der Propheten haben eure Väter nicht verfolgt? Sie haben die getötet, die die Ankunft des Gerechten geweissagt haben, dessen Verräter und Mörder ihr jetzt geworden seid" (Apg 7,52). Nach Lk 13,33f par. Mt 23,34 hat auch Jesus solche Zusammenhänge hergestellt. Stephanus betont in seiner Rede „nur" die Gerechtigkeit Jesu, um seine Unschuld herauszuarbeiten.

Wie hoch entwickelt die Christologie des Stephanus (nach lukanischer Darstellung) ist, zeigt sich in dem Gebet unmittelbar vor seinem Tod. Er hat vorher im offenen Himmel „die Herrlichkeit Gottes und Jesus zur Rechten Gottes stehen“ gesehen (Apg 7,55) und ruft deshalb aus, „den Menschensohn“ zu sehen (Apg 7,56). Was den Ingrimm der Hörer auslöst, die ihn unmittelbar danach lynchen werden, ist eine Wiederholung dessen, was Jesus nach Lk 22,69 dem Hohenpriester, der ihn verurteilt, ins Gesicht sagt: dass der Menschensohn „zur Rechten des allmächtigen Gottes sitzen“ und über seinen Richter zu Gericht sitzen wird (par. Mk 14,62). Stephanus schaut Jesus als den Menschensohn und den Menschensohn als Jesus. Die Menschensohnvision Daniels (7,13) überlagert sich mit dem Davidpsalm 110, der von der Erhöhung des messianischen Gottessohnes handelt, und gewinnt, durch die Jesustradition vorgegeben, Klarheit als Widerspiegelung des Christusgeschehens: dass Jesus zur Rechten Gottes erhöht wird und von dort aus den Seinen nahe ist. Im Himmel ist kein anderer als Jesus; und er ist nicht nur im Vorgriff zu allen anderen Menschen auferweckt, sondern erhöht, so dass er in Gottes Macht wirkt. Darauf setzt Stephanus alle Hoffnung.

Die beiden Bittgebete, die folgen, richtet Stephanus an den „Kyrios“; denn die Vision der Erhöhung des Menschensohnes Jesus bestimmt ihn. Die erste Bitte geht um ihn selbst, die zweite um seine Mörder. Die erste lautet (Apg 7,59):

> „Herr Jesus, nimm meinen Geist auf!“

Die Bitte ist das Echo des Todesgebetes Jesu nach Lukas: „Vater, in deine Hände übergebe ich meinen Geist“ (Lk 23,46: Ps 31,6). Der „Geist“ ist hier wie dort der Lebensatem, die Seele. Stephanus bittet den um Aufnahme seines Geistes, d. h. seines Ichs, in den Himmel, der seinerseits sich selbst ganz dem Vater hingegeben hat. Stephanus wendet sich an den „Kyrios Jesus“. Dieses Gebet geht – logisch – dem Bekenntnis und der Reflexion voraus: Der Kyrios, der Herr, der Bitten erfüllen kann, ist Jesus – und deshalb wird er Stephanus nicht im Stich lassen. Jesus aber ist der Kyrios; denn Gott hat ihn zu seiner Rechten erhöht. Dort steht er, weil er auferstanden ist.

Die zweite Bitte um Verschonung für die Täter richtet sich nur noch an den „Kyrios“; auch hier ist Jesus gemeint. Stephanus ahmt bis zum letzten Atemzug Jesus nach. Er betet „Herr, rechne ihnen diese Sünde nicht an!“ (Apg 7,60) – so wie Jesus am Kreuz gebetet hat: „Vater, vergib ihnen, sie wissen nicht was sie tun!“

(Lk 23,34). Stephanus richtet seine Bitte an den, der seinerseits um Gnade für diejenigen bittet, die ihn umbringen.

Dies hat Konsequenzen für die gesamte weitere Erzählung der Apostelgeschichte. Die Haltung des Stephanus, der Jesus nachahmt, ist vorbildlich. Seine Vision bleibt nicht verborgen. Was er – laut Lukas – gesehen hat, dürfen alle wissen: Der Menschensohn zur Rechten Gottes, der Kyrios, ist Jesus. Er erfüllt die Bitte des Stephanus; er wird auch die Geschichte Israels, die Stephanus nacherzählt hat, zum guten Ende führen.

c) Die Bekehrung des Paulus

In seinen Briefen schildert Paulus die Christusoffenbarung, die ihm zuteil geworden ist, als Berufung, das Evangelium zu verkünden (Gal 1,13–16). Im Hintergrund schwingt der Aspekt der Bekehrung mit (Phil 3,6–9). Allerdings geht es nicht, wie die christliche Exegese oft missdeutet hat, um eine Abwendung vom Judentum als Voraussetzung der Hinkehr zum Christentum, sondern um eine Abwendung vom maßlosen, aggressiven Eifer gegen die Kirche, von dem Paulus nur geglaubt hat, er sei ihn seinem Judentum schuldig, während er später einsehen muss, als Christenverfolger auf einem verhängnisvollen Irrweg nicht nur das Evangelium, sondern auch sein Judentum verkannt zu haben.

In der Apostelgeschichte tritt dieser Aspekt besonders hervor. Einmal wird die Bekehrung des Paulus erzählt (Apg 9,1–22), zweimal wird sie von Paulus mit seinen eigenen Worten reflektiert, da er sie im Tempelvorhof (Apg 22,5–16) und vor König Agrippa (Apg 26,12–18) zu seiner Verteidigung erzählt.

(1) „Wer bist du, Herr?" – „Ich bin Jesus, den du verfolgst" (Apg 9,5)

Die lukanische Erzählung der Bekehrung Pauli hat in ihrer Farbenpracht die Phantasie der Künstler herausgefordert: das Licht vom Himmel, der Sturz zu Boden, die Begleiter, die nichts sehen, die Blindheit, mit der Paulus geschlagen ist, weil er gesehen hat, der Weg nach Damaskus, die Begegnung mit Hananias. Lukas dürfte ziemlich genaue Informationen darüber gehabt haben, aus welchem Grund und mit welchem Mandat Paulus seine Verfolgertätigkeit über Jerusalem ins nicht allzu weit entfernte Damaskus verlagert (vgl. Apg 26,10f), wo es drei Jahre nach Jesu Tod schon eine Christengemeinde gibt.[24]

Paulus selbst ist diskret und prinzipiell, wenn es um seine Berufung geht. Auch Lukas plaudert nichts aus. Seine Erzählung konzentriert aufs Wesentliche. Im Zentrum der Bekehrungsgeschichte steht ein stark verknappter Dialog. Die Begleiter verstehen ihn nicht, obgleich sie das Himmelslicht sehen; die Worte gehen nur Paulus etwas an, und nur aus seinem Munde alle Welt (Apg 9,4f):

„Saulus, Saulus, was verfolgst du mich?“
„Wer bist du, Herr?“
„Ich bin Jesus, den du verfolgst.“

Dieser Dialog hallt auch in den späteren Berichten des Paulus nach. Auf dem Tempelvorplatz wiederholt Paulus jedes Wort und fügt nur das weitere hinzu: „Ich bin Jesus, der Nazoräer, den du verfolgst“ (Apg 22,7f). Nicht anders vor Agrippa, nur dass dort Jesus ihn zuerst anspricht: „Hart ist's dir, wider den Stachel zu löcken“ (Apg 26,14), und nachher ihn ausdrücklich sendet (Apg 26,15).

Die christologische Pointe liegt in dem, was der gemeinsame Kern aller drei Texte ist. Typisch ist, dass die Initiative von Jesus Christus ausgeht. Dass Paulus von Selbstzweifeln zerfressen worden sei, ist eine moderne Projektion ohne Anhaltspunkt an den Texten. Jesus Christus offenbart sich vor Damaskus, um Paulus zur Umkehr zu bringen und in den Dienst am Evangelium zu stellen. Er offenbart sich zuerst mit einer Frage. Sie trifft Saul ins Mark. Er verfolgt den „Weg“ des Christentums, weil er offenbar in der Proklamation des Gekreuzigten als Messias einen gefährlichen Irrtum erkennt, ein schlimmes Übel, das die Reinheit des Gottesglaubens, am Ende die Existenz Israels gefährdet. In der paulinischen Kreuzestheologie ist ein Nachhall dieser früheren Erbitterung zu spüren, wenn der Apostel in aller Schärfe die Skandalosität (1Kor 1,18ff) und den Fluch des Kreuzes (Gal 3,13) betont – um allerdings von dorther auf die Größe der Liebe Gottes zu kommen.

Saulus-Paulus, so Lukas, weiß nicht, wer ihn auf dem Weg nach Damaskus mit seinem Namen anruft. Er ahnt, eine Himmelsstimme zu hören; deshalb fragt er nach der Identität des Sprechers und leitet seine Frage mit „Herr“ (Kyrios) ein. Er weiß gar nicht, wie recht er damit hat. Den er als Respektperson fragt, der antwortet ihm als auferstandener Gottessohn. Allerdings geschieht dies nicht in der direkten Form eines Hoheitstitels. Vielmehr identifiziert sich der Kyrios als Jesus. Das passt zur Situation des Paulus. Denn Jesus, den Gekreuzigten, hat er verfolgt, indem er die Christen verfolgt. Er hat aber Jesus nicht als historische Gestalt verfolgt; dann hätte er ein Gespenst gejagt. Als Verfolger der Kirche ging Paulus davon aus, dass Jesus auf verhängnisvolle Weise im Glauben der Christen gegenwärtig sei. Nun wird ihm offenbart, dass der gekreuzigte Jesus im Himmel ist und es deshalb den Glauben und die Kirche der Christen gibt. Die Verfolgung der Christen ist eine Verfolgung Christi, die Verfolgung Christi und der Christen eine Wiederholung der Passion Jesu, wie sich zuletzt am Martyrium des Stephanus gezeigt hat. Wenn Paulus später in Jerusalem den „Nazoräer" reden lässt, appelliert er an die Heimatkunde der Adressaten und verstärkt die jesuanische Identifikation des Christus. Das gleiche gilt für die Erwähnung vor Agrippa, dass Jesus ihn, Paulus, „hebräisch" (in der Muttersprache des Judentums) angesprochen habe (Apg 26,14).

Die Bekehrung des Paulus ist ein Akt der Feindesliebe Jesu. In der Bergpredigt hat er das Gebot, die Feinde zu lieben, sofort mit der Aufforderung konkretisiert, für die Verfolger zu beten (Mt 5,44). Die Frage an Saulus ist schon der erste Schritt der Vergebung, dass Saul den „Kyrios" hören will, der erste Schritt der Umkehr; dass ihm Jesus erscheint, begründet seinen Glauben.

(2) „Du sollst wieder sehen" (Apg 9,17)

Der Kyrios Jesus weist den blinden Saulus nach Damaskus zu Hananias und bereitet diesen in einer Vision darauf vor, trotz aller Vorbehalte den – ehemaligen – Verfolger aufzunehmen.[25] Bevor noch Paulus selbst es gehört hat, erfährt Hananias, was der auferstandene Kyrios mit dem früheren Feind vorhat: „Dieser wird meinen Namen vor die Völker und Könige und vor die Kinder Israels tragen. Denn ich werde ihm zeigen, wie viel er um meines Namens willen leiden muss" (Apg 9,15f). Damit ist der Zusammenhang zwischen Glaubensverkündigung und Kreuzesnachfolge hergestellt, der das Leben des Apostels zutiefst geprägt hat und den Jesus selbst in seiner Jüngerbelehrung immer wieder vor Augen gestellt hat.

Doch erweist sich Jesus gegenüber Paulus, seinem Verfolger, zuerst als Heiland. Hananias legt ihm die Hände auf und sagt (Apg 9,17):

> „Bruder, Saul,
> der Herr hat mich gesandt:
> Jesus, der dir erschienen ist auf dem Weg, den du gekommen bist,
> damit du wieder sehend wirst
> und erfüllt mit dem Heiligen Geist."

Sogleich tritt der Erfolg ein; Saulus fällt es „wie Schuppen von den Augen“ (Apg 9,18) – und es dauert nicht lange, bis er, von Hananias getauft, das Evangelium zu verkünden beginnt. Hananias spricht sehr präzis. Die Anrede des Aggressors als Bruder spricht die Versöhnung aus, die Jesu ihm aufgetragen hat. Dass Hananias sagt, der „Kyrios“ habe ihn gesandt, greift auf die Frage zurück, die Saulus vor Damaskus an die Himmelsstimme gerichtet hat. Der Kyrios wird erneut als Jesus identifiziert – wie als nachträgliche Unterstreichung der himmlischen Selbstoffenbarung. Die Erscheinung ist als Aktion Jesu Christi gekennzeichnet, wie in den Ostertexten. Jesus hat Hananias gesandt, damit Paulus „wieder sehend wird“. Realistik und Symbolik greifen ineinander. Paulus glaubte, genau zu wissen, was er tat, als er die Christen verfolgte – und war blind in seinem zerstörerischen Eifer. Das Himmelslicht, das vor Damaskus erstrahlte, machte ihn blind, anders als seine Begleiter, die aber nichts verstanden haben. Seine Blindheit dient der Heilung. Jesus öffnet ihm die Augen, damit er ihn, den Kyrios Jesus, und Gott, die Welt und die Kirche, die Menschen und sich selbst mit neuen Augen sehen kann. Dass er „den Blinden das Augenlicht“ gebe, ist die programmatische Ankündigung Jesu mit Jesaja in Nazareth (Lk 4,18); die Wirkung erstreckt sich über die Blindenheilungen zeit seines irdischen Wirkens bis nach Damaskus und darüber hinaus. Es ist ein und derselbe Jesus, der Herr, der die Augen der Blinden öffnet – vor- und nachösterlich.

Mit der Bekehrung des Paulus beginnt eine neue, die entscheidende Etappe der „Apostelgeschichte“; die Zeit der Heidenmission. Paulus wird zum Protagonisten der Evangeliumsverkündigung werden. Der auferstandene Jesus war es, der ihn in die Kirche geholt hat; auf Jesus bleibt die Kirche verpflichtet; durch ihn lebt sie.

3. Die Briefe

Während die Evangelien die Geschichte Jesu erzählen und die Apostelgeschichte seine ursprüngliche Wirkungsgeschichte darstellt, sind die Briefe des Neuen Testaments unmittelbar für den Aufbau der Kirche und der Gemeinden geschrieben. Im paulinischen Verständnis heißt Aufbau: Wachstum nach innen und außen. Die Briefe sind schriftliche Evangeliumsverkündigung; sie sprechen innerkirchliche Probleme an, aktualisieren das Evangelium, geben Weisung für den Weg des Christseins. Die Geschichte

Jesu von Nazareth ist zwar laufend präsent, aber doch nur ab und zu direktes Thema. Das ist in der Gattung eines Briefes auch nicht anders zu erwarten. Desto wichtiger ist die Frage, wo, weshalb und wie das Menschsein Jesu in der brieflichen Theologie des Neuen Testaments eine Rolle spielt.

a) Paulus: Der auferweckte Gekreuzigte

Paulus hat vom Leben Jesu nichts erzählt – jedenfalls in seinen Briefen. Anders mag es mit seinen Predigten gestanden haben. In der Apostelgeschichte jedenfalls, die allerdings den Prediger Paulus stark in ein lukanisches Licht taucht, spielt Jesus durchaus eine Rolle, nicht unvergleichbar der in den Petruspredigten. In den Briefen hingegen ist der Tod Jesu das überragende Thema. Das Kreuz ist ein *brutum factum.* Der häufige Vorwurf, Paulus bringe den irdischen Jesus nicht hinreichend zur Geltung, scheitert bereits an seiner Kreuzestheologie. Mehr noch: Wenn Paulus Grund zu der Vermutung hat, seine Theologie der Freiheit könne als Theologie der Gesetzlosigkeit und seine Praxis der Heidenmission könne als Verlust der jüdischen Wurzen gedeutet werden, erinnert er an das Judesein Jesu und seinen Dienst an der Beschneidung, der zur Verwirklichung des universalen Abrahamsegens dient (Gen 12,3). Überdies verweist er in Fragen der Ethik, wenn möglich, auf ein Wort Jesu, das er durchaus auf neue Situationen zu übertragen sich zutraut, aber seinem eigenen Wort als Apostel eindeutig überordnet. Mit weitem Abstand am wichtigsten ist die Herrenmahlstradition, die Paulus aus gegebenem Anlass, um Probleme bei der Mahlfeier in Korinth zu lösen, in einer Lukas verwandten Version zitiert (1Kor 11,23–25). Schon sie allein zeigt, wie wenig Grund zu der Annahme besteht, dass Paulus am irdischen Jesus mehr oder weniger desinteressiert gewesen sei.

In seiner Theologie der Auferweckung fällt das zentrale Stichwort Jesu selbst: Herrschaft Gottes. Der Auferweckte ist der Erhöhte, dem Gott die Herrschaft (Basileia) übergeben hat, damit er die widergöttlichen Mächte besiege, zuletzt den Tod. Jesus Christus selbst aber, der die Herrschaft vom Vater empfangen hat und durch die Auferstehung sie in der Macht Gottes ausübt, lässt dadurch den Vater Gott Vater sein. Der Sohn ordnet sich in der Vollendung, wenn der Tod endgültig besiegt sein wird, dem Vater so zu, dass gilt (1Kor 15,28): „Gott alles in allem.“ Präziser lässt sich die Intention Jesu kaum ausdrücken. Deshalb dürften diejenigen im Recht sein, die urteilen, kaum jemand habe Jesus besser verstanden als Paulus. Entspricht aber diese sachliche Übereinstimung auch einer theologischen Wertschätzung des Menschseins Jesu?

(1) „Christus dem Fleische nach kennen" – das Problem von 2Kor 5,16

Weniger Ursache denn Ausdruck des Missverständnisses, Paulus sei nicht wirklich an Jesus interessiert, ist eine auf Rudolf Bultmann zurückgehende Fehlinterpretation von 2Kor 5,16[26]. Dort schreibt Paulus im Kontext seiner Erwägungen über die Freiheit des Geistes:

> So kennen wir von nun niemanden mehr dem Fleisch nach,
> und auch wenn wir Christus dem Fleische nach erkannt haben,
> so kennen wir ihn doch jetzt nicht mehr so.

Bultmann hatte aus diesem Satz ein Desinteresse des Apostels am geschichtlichen Jesus geschlossen. Dies passt zwar zu seiner eigenen kerygma-theologischen Überzeugung, Jesus von Nazareth gehöre nicht zur Substanz, sondern zu den Voraussetzungen der neutestamentlichen Theologie. Aber zum einen müsste er sein Urteil stark einschränken, weil ja die Bedeutung des Kreuzestodes Jesu, der doch fraglos ein geschichtliches Ereignis ist, bei Paulus schwer zu leugnen ist (und von Bultmann auch nicht in Abrede gestellt wird). Zum anderen aber ist „dem Fleische nach" nicht Attribut zu „Christus", sondern Adverb zu „erkennen". Wie im Kontext vorgegeben, unterscheidet Paulus das Denken „in Christus", das ein Denken „im Geist" ist, von dem Denken, das nicht davon ausgeht, dass „Gott in Christus war" (2Kor 5,19) und das der Apostel insofern „dem Fleische nach" nennt, als es in den Grenzen der Welt befangen bleibt.

Der Gedanke von 2Kor 5,16 führt von der Anthropologie zur Christologie, dem wahren Grund der Unterscheidung zwischen Fleisch und Geist und der Entscheidung für das Denken „dem Geist gemäß". Einen Menschen „dem Fleische nach kennen", heißt, ihn nach dem eigenen Urteilsmaßstäben zu taxieren; schlimmstenfalls heißt es, ihn zum Objekt der eigenen Begierde zu machen; bestenfalls, ihn aufgrund seiner Moralität einzuschätzen. Einen Menschen aber „dem Geiste nach" einzuschätzen, heißt, ihn als Kind Gottes zu sehen, als Bruder und Schwester Jesu Christi, als Geschöpf, dem unbedingt Gottes Liebe gilt und das Gott retten will; dieser Blickwinkel ist der des Geistes, weil allein der Geist den Anderen in diesem Sinn als Nächsten zeigt.

Auf die Christologie bezogen: Christus „dem Fleische nach kennen", heißt, ihn nur als Menschen zu sehen, genauer: als von Gott Verfluchten, als falschen Messias, als Pseudopropheten. Der entscheidende Punkt: Menschliche Weisheit vermag sich nicht vorzustellen, dass der Gekreuzigte Gottes ganze Weisheit ist; jüdische Schriftgelehrsamkeit, in der Art wie Paulus sie vor Damaskus selbst vertreten hat, dringt nicht weiter vor, als die Skandalosität des Kreuzes zu erkennen. Christus „dem Geist nach" kennen, heißt demgegenüber, gegen den Augenschein im Kreuz nicht das Scheitern, sondern die Aufgipfelung der messianischen Sendung Jesu zur Rettung der Welt zu sehen, im Menschen den Gottessohn, in Jesus den Christus. Dies ist keine natürliche Einsicht, sondern allein die vom Geist gewirkte Weisheit des Kreuzes (1Kor 2,6–16).

2Kor 5,16 ist also, so verstanden, keine Absage an die christologische Bedeutung des Irdischen, sondern, im Gegenteil, ein Bekenntnis, aufgrund des Glaubens den *ganzen* Jesus zu erkennen, den auferstandenen Gekreuzigten, den menschgewordenen Gottessohn, den Gehorsamen, der Herr ist, den Armen, der Reichtum verbreitet, den Demütigen, der Gottes Glanz ausstrahlt. So wie 2Kor 5,16 nicht die Absage des Apostels an die Menschen von Fleisch und Blut ist, sondern im Gegenteil ihre größte Anerkennung kraft des Geistes, so ist der Vers auch keine Absage an den irdischen Jesus, der Fleisch angenommen hat, sondern Ausdruck seiner höchsten Wertschätzung in der Kraft des Geistes, mit dem er im Geheimnis Gottes verbunden ist.

(2) Der Gekreuzigte (1Kor 2,2)

Die paulinische Theologie ist in eminenter Weise Kreuzestheologie. Sie ist es nicht gleichermaßen in jedem Brief, aber mit größtem Nachdruck im Ersten Korintherbrief.[27] Wahrscheinlich gab es Anlass, die Kreuzestheologie zu betonen. Manches spricht dafür, dass unter den korinthischen Christen eine hohe Meinung vom Auferstandenen herrschte, vielleicht auch von seiner Einheit mit dem Geiste Gottes, während weniger Beachtung fand, dass und wie Jesus gestorben ist. Die Konsequenzen sind erheblich; sie reichen bis ins Miteinander der Christen hinein. Parteiungen haben sich gebildet, die wohl auch damit zu tun gehabt haben, dass die Anhänger einer „starken" Geist-Christologie mit den „Schwachen" hadern, die nicht zur Fülle des Wissens gelangt sind (vgl. 1Kor 4,7f; 13,1–3).

Paulus blickt mit großer Emphase auf die Gründung der Gemeinde zurück und auf das Evangelium, das er ihr gebracht hat (1Kor 2,1f):

Und als ich zu euch kam, Brüder,
kam ich nicht,
euch mit Redekunst und Weisheit das Geheimnis Gottes zu verkünden,
denn ich hatte mich entschlossen,
unter euch nichts zu kennen außer Jesus Christus,
und den als den Gekreuzigten.

Der antirhetorische Gestus zielt gegen die Überschätzung der theologischen Redekunst in Korinth, die mit der christologischen Schlagseite einhergeht. Paulus stilisiert sich im Rückblick als Kreuzestheologen. Gewiss hat er bereits früher wie kaum ein zweiter das irritierend schändliche Ende Jesu nicht verschwiegen, sondern im Kern seiner Predigt zur Sprache gebracht (vgl. Gal 3,1). Jetzt rückt er es ganz ins Zentrum. Die paulinische These lautet: Die wahre Weisheit Gottes ist das, was der Welt als Torheit erscheint; Gottes Torheit aber ist die echte Weisheit (1Kor 1,17–23). Es spricht aller vernünftigen Überlegung Hohn, dass ein Gekreuzigter derjenige sein soll, an dem das Heil der ganzen Welt hängt. Aber die Vorstellung ist doch auch nicht einfach absurd. Sie lässt sich verstehen, wenn man radikal von Gott her zu denken versucht und – im Blick auf Jesus – erkennt, dass Gott Liebe nicht nur schenkt, sondern seinem innersten Wesen nach *ist* und dass er deshalb die Menschen auf keinem anderen Wege erlöst als dem der unbedingten Teilhabe an ihrer Leidensgeschichte, die letztlich auf den Abfall der Menschen von Gott zurückgeht. Das Kreuz zeigt nicht die Hybris, sondern den Gehorsam und die Liebe Jesu; es zeigt nicht die radikale Weltverachtung, sondern die radikale Weltbejahung Gottes. Das ist die Weisheit Gottes. Sie steht und fällt mit dem Kreuzestod und der Auferstehung des Gottessohnes Jesus von Nazareth.

Mit dem Kreuzestod bringt Paulus den letzten Punkt der Geschichte Jesu theologisch zur Geltung, in dem ihr ganzer Sinn zu zerbrechen scheint, aber sich letztgültig zusammenzieht und endgültig erhellt. Gewiss ist das Kreuz bei weitem nicht das Ganze des Lebens Jesu. Aber den Evangelien wird – bei all ihren Widersprüchen – darin Recht zu geben sein, dass sie die Passion inmitten aller menschlich-politischen Verwicklungen letztlich auf die messianische Sendung Jesu zurückführen und die Zustimmung wie die Ablehnung, auf die sie gestoßen ist. Was immer Paulus im einzelnen über Jesu Leidensgeschichte gewusst hat – die Abendmahlstradition, die er im Ersten Korintherbrief zitiert (1Kor 11,23–26), um sie im Sinne seiner Ethik der Liebe auszuwerten, zeigt, dass er den Tod Jesu als letzten Erweis der Hingabe Jesu „für" die Menschen verstanden hat – und deshalb als letzten Erweis, dass „Gott für uns" ist (Röm 8,31f).

Wenn Paulus vom Kreuz Jesu spricht, geht es ihm um die Skandalosität (vgl. Gal 5,11) des Todes Jesu, weil sie die Kehrseite der Unglaublichkeit des göttlichen Gnadenhandelns im Menschen Jesus von Nazareth ist. Es geht auch um das, was er Nachahmung Christi nennt: die Teilhabe an der Demut, dem Gehorsam, der Liebe des irdischen Jesus (2Kor 13,4; Gal 5,24; 6,14; vgl. 6,12; Phil 3,18).

(3) Der geborene Jude (Röm 9,3ff; 15,8)

Paulus, der Theologe der Rechtfertigung, öffnet in seinem kritischen Nachdenken über Gesetz, Glaube und Gerechtigkeit der weltweiten Mission unter Juden, Gottesfürchtigen und Heiden dadurch die Bahn, dass er erkennt und programmatisch verkündet, die Verheißung hänge nicht an der Beschneidung und das Gesetz müsse zwar – in der Liebe – erfüllt werden (Gal 5,13f; Röm 13,8ff), aber die „Werke", die getan würden, weil das Gesetz sie fordere, könnten doch nie und nimmer einen Menschen ins rechte Verhältnis zu Gott setzen; es komme nur auf den Glauben an.[28] Wenn aber der Horizont der Liebe Gottes auch die Heidenvölker umfasst und sie im neuen Gottesvolk nicht Bürger zweiter Klasse sind, sondern ebenso wie die Judenchristen in der ersten Reihe sitzen und wenn das Heil nicht an der Beschneidung und den „Werken des Gesetzes" hängt, sondern allein am Glauben und an der Taufe – was bedeuten dann noch Israel und das Gesetz und der Gebotsgehorsam?

Im Römerbrief stellt sich Paulus selbst diesen kritischen Einwänden. Ob es sich um direkte Zitate, sei es von Gegnern, sei es von übereifrigen Freunden, handelt, oder um virtuelle Antithesen, die Paulus in seinen Argumentationsgang einbaut, braucht hier nicht entschieden zu werden. Sie sind präzis formuliert:

> Was hat dann ein Jude voraus? Was ist der Vorteil der Beschneidung? (Röm 3,1)
> Sollen wir in der Sünde verharren, dass die Gnade desto reicher werde? (Röm 6,1)
> Dürfen wir sündigen, weil wir nicht mehr unter dem Gesetz, sondern unter der Gnade stehen? (Röm 6,15).

Ähnliche Fragen hört man bis heute nicht selten, wenn die paulinische Gnadentheologie zur Sprache kommt. Dass sie nicht das mindeste mit ethischem Libertinismus, gar mit Antisemitismus zu hat, zeigt Paulus gerade von der Christologie her. Das ethische Argument gewinnt er, indem er auf die Haltung schaut, in der Jesus gelebt hat und gestorben ist. Sie war durch und durch von Gerechtigkeit (Röm 5,18) und Liebe geprägt (Röm 5,5–8). Die Auferstehung bringt diese Haltung bis in alle Ewigkeit neu zur Geltung. Wie aberwitzig wäre es dann, aus der Zugehörigkeit zu Christus das „Recht" auf Sünde, also auf Ungerechtigkeit (Röm 1,18) und Hass abzuleiten!

Ebenso verkehrt aber wäre es, mit Berufung auf Jesus das Gottesvolk Israel und das Gesetz abzuschreiben. Das Gegenteil ist richtig. Wer auf Jesus schaut, sagt Paulus, dem geht ein neues Licht auf, was das Gesetz bedeutet und worin der Sinn der Erwählung Israels liegt[29]: in der Eröffnung universalen Heiles für alle Geschöpfe. Aber auch umgekehrt gilt: Nur wer auf das Zeugnis der „heiligen Schriften" (Röm 1,2), nur wer auf das Gesetz und die Propheten, nur wer auf Israels Glaubensworte hört, kann erkennen und bekennen, dass Jesus der Christus ist.

Das stellt er im Römerbrief klar. Als er zu Beginn seines großen Abschnittes über die Gerechtigkeit Gottes und das Geschick Israels auf seine früh gestellte Frage nach dem bleibenden Vorzug Israels (3,1) zurückkommt, gibt er eine bewegende Antwort. Sie ist bestimmt von seinem jüdischen und christlichen Gottesglauben, von seinem Zweifel, weshalb die übergroße Mehrzahl der Juden sich dem Christusglauben verweigert, und von seinem alles überragenden Vertrauen in die Verheißungstreue Gottes. Sein Nachdenken über die bleibende Erwählung und endgültige Rettung ganz Israels (Röm 11,26) beginnt Paulus mit einer Kette von Feststellungen (Röm 9,4f):

> Sie sind Israeliten,
> ihrer sind die Sohnschaft
> und die Herrlichkeit
> und die Bünde
> und die Gesetzgebung
> und der Gottesdienst
> und die Verheißungen
> und die Väter
> und von ihnen stammt der Messias dem Fleische nach ab.

Jeder Jude würde jedes dieser Worte unterschreiben – müsste er nicht auch unterschreiben, dass Jesus der Messias wäre. Paulus hingegen, dem vor Damaskus – gegen all seinen Widerstand – Jesus als messianischer Gottessohn offenbart worden war (Gal 1,13–16), erinnert die Römer an das Judentum Jesu. In der Gemeinde scheint es manche Heidenchristen gegeben zu haben, die auf die Juden und die Judenchristen herabsahen. Ihnen schreibt er ins Stammbuch (Röm 11,18): „Nicht du trägst die Wurzel, die Wurzel trägt dich." Das hat der Apostel christologisch ganz ernstgenommen. Die Wurzeln des Messias Jesus liegen in Israel. Dass er „dem Fleische" nach als Jude geboren ist, bedeutet keine unterschwellige Abwertung, sondern nimmt im Gegenteil das geschichtliche Werden Jesu ernst.

Röm 9–11 zeigt, dass es beim christologischen Nachdenken über die Identität des Auferstandenen mit dem Irdischen nicht nur um Jesus allein geht, sondern auch um das Gottesvolk Israel – und mehr noch: um Gott in seiner Güte und Strenge (Röm 11,22). Dass Jesus *als Jude* Mensch geworden und als solcher „unter das Gesetz gestellt" worden ist (Gal 4,4), entspricht dem Gottsein Gottes, der Einheit der Schöpfung und der Dramatik der Heilsgeschichte.

Zum Schluss des Römerbriefes kommt Paulus auf diesen zentralen Gedanken seiner Christologie zurück. Dort fasst er alles zusammen: das Dienen Jesu, seine Lebenshingabe in Israel für die Juden und die Universalität gerade dieses Heilsgeschehens, in der sich die kostbarste Verheißung des Gesetzes zu erfüllen beginnt (Röm 15,8):

> Christus ist der Diener der Beschneidung geworden,
> um der Wahrheit Gottes willen,
> damit er die den Vätern gegebenen Verheißungen bekräftige.

Die Bekräftigung ist mehr als eine Bestätigung. Die alttestamentlichen Verheißungen bedürfen keiner nachträglichen Legitimation. Röm 15,8 denkt an ihre Verwirklichung. Durch Jesus ist definitiv die Erwählung Israels wie die Verheißung der Völker ans Ziel des Reiches Gottes gelangt – auch wenn die Vollendung noch aussteht. Mehr noch: Worin überhaupt der tiefe Sinn der Verheißung besteht, erhellt erst durch Christus. Umgekehrt setzt dies aber voraus, dass Jesus sich ganz und gar in den Dienst des Volkes Israel, seiner Rettung stellt. Deshalb formuliert Paulus, Jesus sei „Diener der Beschneidung" geworden. Jesus hat als Jude unter Juden gelebt; als Jude unter Juden ist er gestorben. Dies war kein Verhängnis, sondern entspricht der Verheißung. Diener der Beschneidung ist Jesus bis zum Tod geworden. Sein Tod, der reine Hingabe ist für die Menschen, die Gott retten will, geschieht zur Realisierung der den Vätern gegebenen Verheißung. Nur als Jude kann Jesus der Retter sein, als Retter ist und bleibt er Jude.

(4) Der Sohn der Maria (Gal 4,4)

Im Galaterbrief bringt Paulus die epochale Wende der gesamten Geschichte – die einzige, die diesen Namen verdient – auf eine knappe Formel (Gal 4,4f):

> 4 Als aber die Fülle der Zeit gekommen war,
> sandte Gott seinen Sohn,
> geboren von einer Frau,
> gestellt unter das Gesetz,
> 5 damit er die unter dem Gesetz freikaufe,
> damit wir die Einsetzung zu Söhnen erlangen.

Der Apostel schreibt diesen Brief, weil er um die heidenchristlichen Adressaten kämpft, die Angst bekommen haben, ohne die Beschneidung nicht voll zum Gottesvolk der Abrahamskinder zu gehören und ohne Gesetzeswerke nicht ihren Glauben ernst zu nehmen. Ihnen verkündet er die Rechtfertigung aus Glauben. Aber gleichzeitig verfällt er nicht dem Fehler, Christus auf Kosten Israels und den Glauben auf Kosten des Gesetzes zu preisen. Vielmehr erinnert er die Galater daran, dass die Zeitenwende – die „Fülle der Zeit" – ganz groß und ganz klein begann. Ganz groß: „Gott sandte seinen Sohn". Ganz klein: „geboren von einer Frau" – wie jeder Mensch. Auf die Jungfrauengeburt kommt es hier nicht an (ob Paulus nun diese Tradition kannte oder nicht), sondern darauf, dass Maria Jesu menschliche Mutter ist. Das wahre Menschsein Jesu muss Paulus noch nicht gegen eine Tendenz verteidigen, in Jesus einen wandelnden Gott auf Erden zu sehen. Aber er muss die christologische Grundspannung aufbauen: So wie es kein größeres Paradox gibt als die Auferweckung und Erhöhung des Gekreuzigten, so auch kein größeres als die Menschwerdung des Sohnes Gottes. Deshalb ist auch sein Menschsein von bleibender Bedeutung.

Freilich redet Gal 4,4 nicht direkt von der Menschwerdung (wie Phil 2,6ff und Joh 1,14), sondern von der „Sendung" Jesu. Die „Sendung" kann und muss man sonst meist auf das gesamte Wirken, die Heilssendung Jesu beziehen, einschließlich seines Todes. In Gal 4,4 ist die Geburt mitgedacht. Röm 8,3 lässt an die Inkarnation denken. Die Sendungschristologie ist eine implizite Christologie der Präexistenz und Menschwerdung.[30] Sie stellt sicher, dass nicht die Überbrückung der Distanz zwischen Himmel und Erde als solche den Sinn des Christusgeschehens ausmacht, sondern die Begegnung der Menschen mit ihrem Retter.

Paulus sieht das Geheimnis der Christologie darin, dass im Menschen Jesus Gott selbst gegenwärtig ist. Im Galaterbrief bringt er dies nicht nur darin zum Ausdruck, dass der von Gott Gesandte von einer Frau geboren wurde, sondern auch dadurch, dass er „gestellt unter das Gesetz" war (Gal 4,4). Darauf kommt es dem Apostel im Kontext vor allem an, weil er die Galater von seiner Theologie des Gesetzes und der Rechtfertigung überzeugen will. Die Interpretation des Halbsatzes ist allerdings umstritten.[31] In der protestantischen Exegese dachte man häufig daran, dass Jesus vom „Fluch" getroffen wird, den das Gesetz über jeden Gekreuzigten verhängt (Gal 3,13) und mit dem es alle auf den Tod bedroht, die auch nur eines der Gebote je übertreten (Gal 3,10ff; 4,5); unter das Gesetz gestellt zu sein, hieße demnach, die „Sklaverei" des Gesetzes ertragen zu haben. In der katholischen Exegese favorisierte man hingegen den Gesetzesgehorsam Jesu, den der Jesus der Bergpredigt für sich reklamiert (Mt 5,13–17); unter das Gesetz gestellt zu sein, hieße dann, das Evangelium als neues Gesetz definitiv auszulegen, vollkommen zu praktizieren und anspruchsvoll zu verkündigen.

Im einen wie im anderen Fall wird wenig darauf geachtet, dass Paulus mit dem Stichwort „Gesetz" das Judesein Jesu zur Sprache bringt. Für den Apostel ist es nicht nur wichtig, dass der von Gott gesandte Sohn Mensch geworden ist, sondern dass er *als Jude* und *in Israel* Mensch geworden ist, im Volk Gottes, im Raum der prophetischen Verheißung und des mosaischen Monotheismus. Paulus sieht darin keineswegs einen geschichtlichen Zufall. Er sieht zwischen dem sog. Alten Testament und Jesus auch keineswegs nur kulturelle und geschichtliche, sondern durch und durch theologische Verbindungen. Sie sind in der Identität Gottes begründet, des einen und einzigen, im Gehorsam Jesu, in seinem Lebenseinsatz für die Sünder. Um der Gerechtigkeit Gottes willen muss das Menschsein Jesu, muss auch konkret sein Judesein christologisch betont werden.

(5) Der Zweite Adam (1Kor 15,20ff.45–49; Röm 5,12–21)

Adams Schuld hat die Welt ins Unglück gestürzt, Jesus Christus hat der Welt das Heil gebracht Zwischen Adams Tod und Christi Leben besteht eine Beziehung oppositioneller Koinzidenz. Jesus Christus kann die Welt von Adams Schuld nur deshalb befreien, weil er selbst Mensch ist, ein zweiter Adam – aber auch nur deshalb, weil er selbst von der Sünde frei ist, der vollkommene Mensch. Paulus kommt dreimal auf die Kontrastparallele zwischen Adam und Christus, zweimal im Ersten Korintherbrief, einmal im Römerbrief.[32]

Der letzte Adam als Erster der Auferstehung (1Kor 15,20ff)
Im Ersten Korintherbrief hat er die schwierige Frage zu beantworten, *ob* und *wie* die Toten auferstehen. Für die Korinther, die nicht mit Daniel, der frühjüdischen Apokalyptik, der pharisäischen Theologie und auch nicht mit der Basileia-Botschaft Jesu vertraut sind, ist dies im griechisch-hellenistischen Umfeld eine harte Nuss. Paulus erklärt erst, *dass* die Toten auferweckt werden, wenn und weil Jesus Christus von den Toten auferweckt worden ist (1Kor 15,12–34), dann, *wie* sie auferweckt werden: mit Leib und Seele, aber verklärt vom Geist Gottes (1Kor 15,35–58). Beide Argumentationsschritte beruhen auf der Adam-Christus-Parallele.

Im ersten Argumentationsschritt muss Paulus anscheinend ein Wort einlegen, dass die Gemeinde die Trauer um die Toten nicht verdrängt, das Leid der Hinterbliebenen nicht missachtet und die bittere Wahrheit des Todes nicht leugnet (1Kor 15,12–19). Dann argumentiert Paulus positiv (1Kor 15,20ff):

> 20 Christus ist von den Toten auferweckt, als Erstling der Entschlafenen.
> 21 Da durch einen Menschen der Tod kam,
> kommt auch durch einen Menschen die Auferstehung der Toten.
> 22 Denn wie in Adam alle sterben,
> so werden in Christus alle lebendig gemacht werden.

Den Kerngedanken kann Paulus anderswo so formulieren, dass Christus „für uns“ auferweckt worden ist (Röm 8,34). Die Auferstehung dient nicht seiner Selbstbestätigung, sondern „unserer“ Rettung. In 1Kor 15,20 findet Paulus dafür ein Bild. Die „Erstlingsgabe“ ist die erste Frucht einer Ernte, die stellvertretend Gott dargebracht wird – als Ausdruck der Dankbarkeit für Wachstum und Fruchtbarkeit und als Ausdruck der Hoffnung auf den guten Abschluss der gesamten Ernte. Die Erstlingsgabe steht für die gesamte Ernte. Indem sie dargebracht wird, übereignen die Menschen symbolisch die gesamte Ernte Gott, noch bevor sie eingebracht ist. So erklärt sich die Übertragung: Die Auferstehung Jesu ist nicht nur die erste in einer langen Kette von Auferstehungen, die Gott verheißt, sondern die eine Auferstehung, in der alle Auferstehungen begründet sind.

Das Bildwort wird in den beiden folgenden Begründungssätzen ausgelegt. Der erste Satz setzt beim biblischen Grundwissen an, dass Adams Schuld den Menschen den Tod heraufbeschwor. (Von Eva ist beim angeblichen Frauenhasser Paulus keine Rede.) Denn Adams Schuld besteht darin, nicht ein Mensch, sondern wie Gott sein zu wollen (Gen 3,5). Das muss in den Untergang führen, da es eine völlige Verkennung der Realitäten ist, ein eklatanter Verstoß gegen die Schöpfungsordnung Gottes. Dass Adam nicht gänzlich vernichtet wird, sondern – jenseits von Eden – überhaupt noch leben kann, um „im Schweiße seines Angesichts sein Brot zu essen" (Gen 3,19), zeigt bereits, dass Gott mit den Menschen noch etwas vorhat (Gen 3,15). Was das ist, offenbart sich an Jesus Christus. Durch ihn soll die Auferstehung kommen, das ewige Leben, die radikale Überwindung des Todes. Sie kann aber nur durch einen Menschen kommen, der selbst das Leben der Menschen lebt und ihren Tod stirbt. Wäre es anders, geschähe die Erlösung über die Köpfe der Menschen hinweg. Das wäre pure Inhumanität. Die Erlösung hat aber ein menschliches Ethos: das Ethos der Agape. Sie erwächst aus der Anteilnahme Gottes in Jesus Christus am Leben der Menschen. Dass nur durch einen Menschen die Auferstehung kommen kann, wie durch einen Menschen der Tod gekommen ist, ist das Gebot der Gerechtigkeit, zugleich aber die Logik der Liebe.

Der zweite Begründungssatz variiert den ersten. „In Adam" sterben alle, sofern sie Adams Sünde wiederholen (Röm 5,12); denn in den vielen kleinen Sünden zeigt sich die eine große Sünde des Widerspruchs gegen Gott, der zugleich Widerspruch gegen das Lebensrecht des Nächsten ist. „In Christus" werden demgegenüber alle lebendig gemacht, weil „in Christus" bereits gegenwärtig der Geist des Lebens wirkt, der künftig zur Auferstehung führt (Röm 8,1–11). Tod und Leben sind aber in 1Kor 15,20ff nicht gleichgewichtige Alternativen, vielmehr ist das Leben ungleich wertvoller, kräftiger, stärker als der Tod. Denn es ist Leben aus dem Tode und Leben durch den Tod, den Jesus „für unsere Sünden" gestorben ist (1Kor 15,3). Jesus ist der Zweite Adam als derjenige, der bis in den Tod hinein das Leben der Menschen geteilt hat, um ihnen durch seine Auferstehung nach Gottes Willen das ewige Leben zu schenken. Die Hoffnung auf die Auferstehung, an der nach Paulus der ganze Glaube hängt (1Kor 15,13f), basiert darauf, dass Jesus ein Mensch ist, der von den Toten auferweckt wurde.

Der Zweite Adam als lebenschaffendes Pneuma (1Kor 15,45–49)
Auch bei der Frage nach dem Wie der Auferstehung geht Paulus auf Adam zurück. Hier könnten die Korinther die größten Verständnisschwierigkeiten gehabt haben. Das spricht nicht gegen sie; denn die Auferstehung der Toten ist ein Ding der Unmöglichkeit. Sie ist eine Frage des Glaubens, deren Antwort alles andere als selbstverständlich ist. Paulus arbeitet mit Bildern aus der Natur, die eine Ahnung wecken, unter bestimmten Umständen könnte der Tod eine Verwandlung in ein neues Leben sein. Diese Umstände sind solche, die Gott bestimmt. Wie Jesus nach dem Johannesevangelium (Joh 12,24) arbeitet Paulus mit dem Bild vom Weizenkorn, das keine Frucht bringt, wenn es nicht stirbt. Wie immer es um die botanische Richtigkeit des Bildes bestellt sein mag, ist es ein Zeichen, dass Gott, der Schöpfer, aus Sterben neues Leben machen kann. Das gilt um noch viel mehr für Gott, den Erlöser. Paulus wendet dieses biologische Bild kühn anthropologisch an. Einerseits hält er an der Auferweckung des *Leibes* fest; wäre es anders, könnte nach biblischer Auffassung nicht von wahrer Auferstehung die Rede sein, denn es gehört zum Wesen des Menschen, einen Leib zu haben. Anderseits will er den Abstand zwischen Himmel und Erde ermessen; deshalb sagt er, der Leib der Auferstehung sei ein „geistlicher" (pneumatischer); wäre es anders, könnte Gott nicht „alles in allem" (1Kor 15,28) sein.

Gerade an dieser Stelle kommt Paulus auf Adam zu sprechen (1Kor 15,45):

> So wie geschrieben steht:
> „Es wurde der erste Mensch, Adam, zu lebendiger Seele" –
> der letzte Adam aber zu lebenschaffendem Geist.

Paulus zitiert Gen 2,7 (in der griechischen Fassung der Septuaginta). Er verwendet das Wort *psyche*. Gemeint ist das von Gott geschaffene Leben, das beseelt ist: von Gott eingehaucht, von ihm angesprochen, für ihn geöffnet. Paulus geht es – wie Gen 2,7 – nicht so sehr um die Sterblichkeit (die griechische, in die Bibel übernommene Idee der Unsterblichkeit der Seele widerspricht dem Text nicht), sondern um die Kreatürlichkeit des adamitischen Lebens. Dem steht das Pneuma Christi entgegen. Es ist nicht erschaffen, sondern schafft Leben, wie sich futurisch-eschatologisch in der Auferstehung der Toten zeigen wird und präsentisch-eschatologisch in der „Gerechtigkeit, Heiligung und Erlösung" (1Kor 1,30) der Glaubenden. Dadurch aber steht Jesus Christus nicht auf der Seite der Geschöpfe, sondern des Schöpfers, was Paulus im Fokus der Auferstehung erhellt. Er ist und bleibt aber der „letzte“, griechisch: der eschatologische Adam, dessen Menschsein ein für allemal das Handeln Gottes bestimmt. Jesus ist der vollendete Mensch, der endgültig offenbart, was das Menschsein ausmacht. Das kann er nur in radikaler Patrozentrik: von Gott, dem Vater, her und auf ihn hin. Denn ewiges Leben kann nur von Gott kommen, wie auch das irdische Leben sein Geschenk ist.

Wie sich dies zur Heilsmittlerschaft Jesu Christi, des Zweiten Adam, verhält, klären die folgenden Verse. Ihr Sinn wird deutlicher, wenn man sieht, dass Paulus sich in eine aktuelle Debatte der Schriftauslegung seiner Zeit einschaltet. Ihr Ausgangspunkt ist der merkwürdige Umstand, dass in der Bibel zweimal von der Erschaffung der Welt und des Menschen die Rede, zuerst im Kontext der Sieben-Tage-Erzählung (Gen 1,1–2,4a), dann im Zusammenhang der Paradiesgeschichte (Gen 2–3). Die historisch-kritische Exegese erklärt sich diese Doppelung literarkritisch mit der nachträglichen Kombination zweier ursprünglich selbständiger Quellentexte, tut sich jedoch mit einer überzeugenden Lösung für den Sinn des kanonischen Endtextes schwer.

In der Antike neigte Philo von Alexandrien, Vordenker des jüdischen Hellenismus, zu einer philosophisch-theologischen Interpretation, die von Plato inspiriert ist.[33] Philo beobachtet, dass der erste Mensch allein durch Gottes Wort, der zweite aber aus Lehm geschaffen sei. Daraus leitet Philo ab, der erste Mensch, der Prototyp, sei das von Gott gewollte Urbild des Menschen, die vollkommene Idee des höchsten Geschöpfes; der zweite Adam hingegen, der „Erdling“, sei deren schattenhaftes Abbild, die irdische Realisierung der göttlichen Idee, wie sie unter den Bedingungen von Raum und Zeit, unter dem Diktat des Werdens und Vergehens, vorstellbar sei. Seine einzige Hoffnung bestehe darin, dass der Geist, den Gott dem Erdkloß eingehaucht habe, durch Gesetzestreue, Meditation und Inspiration geweckt werde, so dass authentisches Menschsein möglich werde – wie Abraham und Moses vor allen anderen zeigten.

Von dieser spekulativen Anthropologie setzt Paulus sich ab – weil die Konsequenz wäre, dass es keine umfassende Verwirklichung der Herrschaft Gottes, kein universales Heil, sondern nur die beseligenden Gotteserfahrungen ganz weniger einzelner gäbe. Ohne sich direkt mit seinem Gegner auseinanderzusetzen, macht er seine Sicht der Dinge durch einen Gegensatz klar (1Kor 15,46–49):

46 … nicht zuerst das Pneumatische, sondern das Psychische,
dann das Pneumatische;
47 Der erste Mensch ist aus Erde, Staub,
der zweite Mensch stammt vom Himmel.
48 Wie der Irdische sind die Irdischen,
wie der Himmlische die Himmlischen.
49 Wie wir das Bild des Irdischen getragen haben,
so werden wir das Bild des Himmlischen tragen.

Paulus liest die beiden Schöpfungsberichte nicht so, dass sie eine Stufenfolge der Schöpfung von höherer zu minderer Qualität bezeugten. Paulus liest den ersten Schöpfungsbericht im Lichte des zweiten. Beidemale ist von Adam die Rede, dem irdischen Lebewesen. Es hat eine Seele, aber es gilt für ihn: „Staub bist du und kehrst zum Staube der Erde zurück" (Gen 3,19). Die Sterblichkeit des Menschen ist nicht der Schwierigkeit Gottes geschuldet, aus seiner absoluten Transzendenz heraus – durch eine Anzahl von vermittelnden Instanzen – Leben auf der Erde zu schaffen, ohne seine Transzendenz zu verlieren, sondern Folge menschlichen Widerspruchs gegen den Schöpfer. Nur deshalb kann es Erlösung geben. Paulus wahrt im Horizont biblischer Theologie Gottes Möglichkeit, in der Welt seine ganze Stärke auszuspielen.

Vollkommene Erlösung gibt es freilich nicht in dieser Welt, in der es für alle Zeit Leid, Schwäche, Schuld und Tod gibt, sondern nur eschatologisch: in der transzendenten Zukunft des Reiches Gottes, wenn auch der Tod besiegt sein wird und Gott „alles in allem" ist (1Kor 15,28). Diese eschatologische Perspektive öffnet Paulus in 1Kor 15,45–49. Deshalb legt er auf die Reihenfolge Wert: Erst kam Adam, dann kam Jesus auf die Welt. Damit ist weder die Präexistenzchristologie negiert noch ist relativiert, dass Jesus Christus der Erstling der Entschlafenen ist. Vielmehr öffnet Paulus den Raum der Geschichte für das Heilshandeln Gottes. Jesus ist gekommen, um Adams Schuld zu überwinden. Dies geschieht durch die Menschwerdung des Himmlischen (deren Konsequenz die Kreuzigung ist). Alle Menschen sind als Adamskinder sterblich; sie sind Gottes Ebenbild (Gen 1,26f), aber irdisch. Ihre Hoffnung, in den Himmel zu kommen, ist an Jesus Christus gebunden, an seine Menschwerdung, in deren Konsequenz die Kreuzigung steht. Die Vollendung besteht darin, dass sie das Bild des „Himmlischen" tragen. Der „Himmlische" ist Jesus Christus als der Präexistente, der er vom Himmel kommt, und als der Auferstandene, da er ganz an Gottes Herrlichkeit Anteil hat. Sein „Bild" zu „tragen", heißt, ihm gleichgestaltet zu werden (Röm

8,29). Da Paulus vorher klargestellt hatte, dass Jesu Auferstehung leibliche Auferstehung ist, gilt auch für die Menschen, dass sie in Jesus Christus durch den Tod hindurch leibhaftig auferstehen werden. Jesu Menschsein ist die Bedingung der Möglichkeit eschatologischer Rettung; sie besteht in der Anteilgabe am Auferstehungsleben Jesu selbst, das, da er leibhaftig auferstanden ist, die Auferstehung des ganzen Menschen meint.

Dass „wir" das Bild des Himmlischen tragen werden, wie „wir" das des Irdischen tragen, ist kein Naturgesetz, sondern reine Gnade. Adamskind wird ein Mensch durch Zeugung und Empfängnis, Gotteskind derselbe Mensch durch den Geist. Adamskind zu sein, ist Schicksal, Gotteskind Freiheit. Unausgesprochen lässt Paulus in 1Kor 15,45–49, was er nach dem Gang des gesamten Briefes voraussetzen kann: dass Jesu Menschsein dazu dient, die Menschen zu Gott zu führen, und zwar gerade dadurch, dass ihnen am Gottesverhältnis Jesu selbst Anteil gegeben wird.

Der Ungehorsam Adams und der Gehorsam Jesu

Im Römerbrief zieht Paulus die Kontrastparallele zwischen Adam und Christus, da er die Voraussetzungen und Konsequenzen der Rechtfertigung beschreibt. Nachdem er bereits zu Beginn des Schreibens die allgemeine Herrschaft der Sünde über Juden und Heiden nachgewiesen hat (Röm 1,18–3,20), führt er diesen Unheilszusammenhang in Röm 5,1ff bis auf Adam zurück. Es treibt ihn allerdings nicht theologische Ursachenforschung für die Existenz von Schuld und Sünde in der Welt, sondern für die Möglichkeit der Erlösung. Deshalb sagt er, sobald Adams Name fällt, er sei „Typ des Kommenden" (Röm 5,14). Paulus wagt zu denken, was sich ihm von Christus her als zwingend erschließt: In der Erschaffung des Menschen ist bereits, da sie Gottes Schöpfung ist, seine Erlösung durch Gott angelegt. Insofern verweist Adam in seiner reinen Existenz schon auf den Kommenden: Jesus Christus. Jesus Christus füllt aber nicht das Muster aus, das Adam vorgegeben hat; er ist nicht nur der Nothelfer, der nachträglich auf den Plan tritt, die Probleme zu beseitigen, die Adam durch den Sündenfall geschaffen hat. Vielmehr ist Adam bereits auf Christus hin erschaffen. Die ganze Welt- und Menschengeschichte steht von vornherein im Zeichen Jesu Christi, des Erlösers.

Die Schuld der Menschen besteht darin, Adams Schuld zu multiplizieren. Diese Schuld wird am Beispiel des ersten Menschen zweifach gekennzeichnet: Einerseits ist sie, auf Gottes Gebot geschaut, „Übertretung" (Röm 5,15–18); zweifelsohne hat Paulus das Verbot im Sinn, vom Baum der Erkenntnis zu essen (Gen 3,5). In der Übertretung dieses einen Verbotes sieht er die Quelle allen Übels und zugleich eine Analogie zu den vielen Gesetzesübertretungen, an denen sich die Schuld der Juden ermessen lässt. Andererseits ist Adams Schuld, auf ihn selbst geschaut, „Ungehorsam" (Röm 5,19); Paulus sieht an Adam nicht nur die Unwilligkeit, ein bestimmtes Verbot zu beachten, sondern eine prinzipielle Absage, auf Gott zu hören und ihn als Gott anzuerkennen.

Adams „Übertretung" steht die „Gerechtigkeit" Jesu gegenüber (Röm 5,18); Paulus versteht sie als die vollkommene Erfüllung des Willens Gottes, von der Jesu ganzes Leben und auch sein ganzes Sterben gekennzeichnet ist. Seinen vollen Sinn erfährt dieser Satz aber erst dann, wenn gesehen wird, dass Paulus seine gesamte Rechtfertigungslehre des Römerbriefes, die eine zentrale Dimension des Evangeliums erhellen soll, als Theologie der Gerechtigkeit entfaltet. Die Gerechtigkeit Jesu (oder seine „gerechte Tat", wie die Einheitsübersetzung schreibt) ist also die definitive Verwirklichung des Heilswillens Gottes. Nur so kann Adams „Ungehorsam" aus der Welt geschafft werden, wenn er die Dimensionen hat, die ihm die Genesis zuschreibt.

Adams „Ungehorsam" steht Jesu „Gehorsam" gegenüber (Röm 5,19). Auch ihn versteht Paulus radikal. Der Apostel überliefert zwar keine Tradition, die der Gethsemane-Tradition kompatibel wäre. Von Versuchungen und Anfechtungen Jesu lässt der Kreuzestheologe Paulus ohnedies nichts verlauten. Wohl aber ist ihm die Patrozentrik Jesu, des Irdischen wie des Auferweckten, wesentlich.[34] Grundsätzlich kann Paulus formulieren, dass „Christus Gottes ist" (1Kor 3,23). Der Auferweckte lebt sein Leben Gott (Röm 6,10); am Ende der Zeit wird er die ihm übertragende Herrschaft wieder dem Vater übertragen, damit dieser „alles in allem" sei (1Kor 15,20–28). Der Irdische hat die „Schmähungen", die Gott treffen sollten, „ertragen" (Röm 15,3: Ps 69,10); „uns" hat er „angenommen zur Ehre Gottes" (Röm 15,7). Der „Gehorsam" zeichnet den Irdischen aus (vgl. Phil 2,6ff), und zwar nicht nur in dem Sinn, dass Jesus den Geboten gefolgt wäre, sondern in dem Sinn, dass er ganz und gar sein Leben in den Dienst Gottes und damit das Heil der Menschen gestellt hat.

Die Gegenüberstellung zwischen Adam und Christus ist auch in Röm 5,12–21 eine radikal asymmetrische – so wie nur Gott und Mensch einander gegenüberstehen können. Immer wieder variiert Paulus in der Adam-Christus-Parallele, dass keine Entsprechung zwischen Schuld und Gnade besteht – so als ob durch Christus nur mühsam ausgeglichen würde, was die Menschen angerichtet hätten. Die Gnade gibt es vielmehr im Überfluss. Gott spendet Segen aus einer Fülle, die durch Teilen nur noch größer wird. Wäre es anders, könnte die Heilsbedeutung Jesu Christi nur darin bestehen, unter günstigeren Umständen das irdische Leben zu führen. Jesus führt aber durch den Tod hindurch zur Auferstehung – und in der Gegenwart erschließt er denen, die Gottes Feinde waren, schon jetzt im vollen Maß die Liebe Gottes. Ohne dass er „Adam" wäre, Mensch, bliebe Gottes Heil den Menschen letztlich fern; bestenfalls würde es ihnen aufgezwungen. Tatsächlich aber erschließt Gott den Menschen von unten und von innen her, auf dem Weg der Liebe den Zugang zum Reich Gottes.

(6) Das Ebenbild Gottes (2Kor 4,4; vgl. Kol 1,15)

Im Zweiten Korintherbrief zeigt Paulus seine mystische Ader. Er spricht von der tiefsten Glaubenserfahrung, die Menschen machen können und die er selbst gemacht hat: die Herrlichkeit Gottes zu schauen. Er rekurriert aber nicht auf eine visionäre Reise in den siebten Himmel (vgl. 2Kor 12,2), sondern bleibt mit beiden Füßen auf der Erde. Er schaut auf Jesus Christus. Er glaubt, dass die *visio beatifica* der eschatologischen Vollendung vorbehalten ist (1Kor 13,12). Aber er glaubt auch, dass Jesus Christus Gott so sichtbar gemacht hat, wie er in Wahrheit ist. Von dieser mystischen Glaubenserfahrung, die in der Christusoffenbarung vor Damaskus wurzelt, lebt die paulinische Theologie. Im Zweiten Korintherbrief muss er sie gegen Zweifel verteidigen, die an der Authentizität seines Apostolates aufgekommen waren – sei es, dass man ihm zu geringe Gesetzestreue, sei es, dass man ihm einen Mangel an Gottesglanz vorgehalten hat. Die Antwort des Apostels besteht darin, dass er den Korinthern das Innere seiner apostolischem Existenz offenbart, die überwältigende Kraft der Gotteserfahrung in Jesus Christus, von der die Korinther als Adressaten der Evangeliumsverkündigung, als Gläubige und Getaufte am meisten profitieren.

Paulus spricht allerdings an der Schlüsselstelle nicht positiv von seiner Vision Christi, sondern denkt an diejenigen, die nicht an Jesus glauben. Ihnen hat, so ist er überzeugt, der „Gott dieses Äons" die Augen verbunden (2Kor 4,4), „dass sie nicht sehen den Glanz des Evangeliums der Herrlichkeit Christi, der Gottes Bild ist". Der Referenztext ist Gen 1,26f, die Erschaffung des Menschen als Gottes „Bild", ihm „ähnlich". Als Ebenbild Gottes ist der Mensch Gottes Sachwalter auf Erden; an der Spitze der Schöpfung stehend, ist er für sie verantwortlich. Gottes „Bild“ ist er, sofern Gott sich in ihm darstellt, „ähnlich“ (theologisch wird später präzisiert werden: bei je größerer Unähnlichkeit) ist er Gott, insofern Gott ihn an seiner Gottheit, seiner „Herrlichkeit und Ehre“ (Ps 8), teilhaben lässt. Gott stellt sich in der Welt als Gott durch den Menschen dar; wie groß Gottes Schöpfungskunst ist, wie sehr Gott Verantwortung überträgt, wie stark Gott die Welt liebt – am Menschen kann man es am besten sehen. Er ist kein kleiner Gott, sondern gerade nicht Gott, als Mensch aber ist er, von Gott erschaffen, sein Ebenbild.

Diese denkbar größte Aussage über den Menschen gewinnt ihren eigentlichen Sinn, so Paulus, durch Christus. Er ist Gottes „Bild“, die „Ikone“ Gottes (griechisch: *eikôn*). Diese Christusaussage, die der orthodoxen Tradition immer stärker als der lateinischen einleuchtete, hat zwei Aspekte. Zum einen wird auf ebenso subtile wie substantielle Weise das Menschsein Jesu betont, zum anderen aber die vollkommene Transparenz des Menschen Jesus für das Gottsein Gottes.

Dieser Aspekt wird in einem Christuslied noch stärker betont, das der Kolosserbrief aus der Paulusschule zitiert. Bevor es von der umfassenden Schöpfungs- und Erlösungsmittlerschaft Jesu Christi handelt (Kol 1,15–20), sagt es im ersten Satz (Kol 1,15a):

> Er ist das Bild des unsichtbaren Gottes ...

Das Christuslied bezieht sich auf den Präexistenten, den „Erstgeborenen aller Schöpfung“ (Kol 1,15b), und auf den Gekreuzigten (Kol 1,20) ebenso wie auf den Erhöhten (Kol 1,18). Christus ist vor aller Zeit zu Gott gehörig und immer schon göttlichen Wesens teilhaftig. Das wird in der Formulierung von Kol 1,15 eingeholt. Der griechische Genesistext formuliert, dass der Mensch „nach Gottes Bild“ geschaffen sei (Gen 1,27^{LXX}).[35] In Kol 1,15 markiert demgegenüber der artikellose Singular den qualitativen Unterschied zu allen anderen Menschen: Der Gottessohn ist nicht erschaffen, sondern ewig; er ist nicht erlösungsbedürftig, sondern der Erlöser; er ist es als wahrer Mensch, der wahrer Gott ist.

Kol 1,15 setzt die jüdisch-hellenistische Bild-Theologie der Weisheit Salomos und Philos von Alexandrien voraus, die sich um Umfeld des Platonismus gebildet hat: Gott stellt sich bildhaft dar, so dass er wahrnehmbar wird; da die Wahrnehmbarkeit aber Sinnlichkeit bedeutet, ist sie von geringerer Substanz als die unsichtbare Idealität (Timaios 92c). Dieser Platonismus indes wird christologisch vom Kopf auf die Füße gestellt – so wie Paulus in 1Kor 15,45–49 die philonische Genesisexegese umgedreht hat. Die

Menschwerdung des Gottessohnes, seine Kreuzigung und Erhöhung wahren den Unterschied zwischen Gott und Welt, aber machen den Abgrund von Leid und Schuld zum Grund der Erlösung. Dass Jesus Christus Gottes „Ikone“ ist, trifft eine Wesensaussage.

Jesus Christus hebt als „Bild“ die Unsichtbarkeit Gottes nicht auf, sondern stellt ihn als den unsichtbaren, den einen, heiligen, einzig wahren Gott dar. Das setzt voraus, dass er als Mensch Gott und als Gott Mensch ist – und zwar in seiner Präexistenz ebenso wie in seiner Inkarnation und Erhöhung. Nur so kann, wer auf ihn schaut, Gottes Gottheit sehen; nur so kann sich Gott durch ihn als er selbst offenbaren.[36] Weder im Zweiten Korintherbrief noch im Kolosserbrief wird dies begrifflich reflektiert. Aber die dogmatische Durchdringung, die in den ersten christlichen Jahrhunderten erfolgt, ist nichts anderes als die begriffliche Präzision der im genauen Wortsinn metaphorischen Christologie, die bei Paulus und in der Paulusschule begegnet.

(7) Der Prophet und Lehrer (1Thess 4,15; 1Kor 7)

Selten rekurriert Paulus auf ein Wort des irdischen Jesus. Wenn es geschieht, gibt er dem, was der Kyrios sagt, überragende Bedeutung. Das gilt nicht nur für die Herrenmahlstradition, deren exzeptionelle Bedeutung ohnedies auf einem eigenen Blatt steht (1Kor 11,23). Es gilt auch für ethische Weisungen. In 1Kor 7 macht Paulus einen klaren Unterschied zwischen dem, was der Kyrios Jesus, und dem, was „nur“ der Apostel sagt (1Kor 7,10.25). Auch das hat für die Gemeinde stärkstes Gewicht. Die Autorität des Apostels steht nicht in Frage. Aber sie ist qualitativ geringer als die Jesu Christi selbst. Nirgendwo nennt Paulus Jesus ausdrücklich Prophet oder Lehrer. Aber *de facto* ist es die prophetische Lehre, die er vor Augen hat, wenn er ein Jesuswort zitiert. Von prophetischem Lehren sagt er grundsätzlich, sie solle „in Übereinstimmung mit dem Glauben“ (Röm 12,6) geschehen; der Maßstab ist das Evangelium, das in der Verkündigung Jesu wurzelt.

Ehescheidung

Beim Gebot des Herrn geht es nach 1Kor 7,10f um das Verbot der Ehescheidung, das auch bei Markus (10,1–12 parr.) und in der Bergpredigt (Mt 5,31f) überliefert ist.[37] Die Pointe des Verbotes ist die positive Schöpfungstheologie. Die markinische Tradition zeigt, dass Jesus mit der Schöpfungsordnung argumentiert und die Ehescheidung, die Moses erlaubt, als Konzession an die „Herzenshärte" der Israeliten versteht. Für seine Jünger soll ein anderes Gebot gelten: dass der Mensch nicht scheiden solle, was Gott verbunden habe (Gen 2,24).

Paulus übernimmt diese Jesus-Tradition. Der Verzicht auf die Ehescheidung, die im Judentum zwar nicht gern gesehen, aber möglich und bei den Griechen und Römern nicht unüblich war, kennzeichnet das Ethos des frühen Christentums. Es ist nicht Ausdruck einer besonderen Gesetzesstrenge (das Gesetz sieht ja die Ehescheidung vor), sondern einer besonderen Achtung vor der Geschlechtlichkeit des Menschen und der Ehe, die Gott unter seinen Segen gestellt hat. Paulus zieht zwar die Ehelosigkeit vor, weiß aber, dass sie kein Gebot, sondern ein Charisma ist (1Kor 7,7), und warnt davor, sie zur allgemeinen Regel zu erheben. Zu einer positiven Ehe-Theologie vorzustoßen, tut er sich schwer; den Schutz vor Versuchungen hebt er hervor, das Glück ehelicher Liebe wird erst der Epheserbrief betonen (Eph 5,31ff). Entscheidend ist die Verpflichtung auf das Gebot Jesu – weil Jesus es erlassen hat. Paulus rekonstruiert nicht die Begründung; der Rekurs auf das Herrenwort reicht.

Freilich sieht sich Paulus zu einer menschlichen Auslegung berechtigt. Sie hat im katholischen Kirchenrecht Bestand bis heute. Paulus hat das Los vor allem christlicher Frauen vor Augen, die von ihren heidnischen Ehemännern und in ihrer Familie um ihres Christusglaubens so bedrängt werden, dass sie nicht mehr als Christenmenschen leben können. *In favorem fidei* – zugunsten des Glaubens – werden sie nicht gezwungen, in der Ehe auszuhalten. Sie sind frei. Sie sollen zwar keinesfalls ihre Ehe allein deshalb auflösen, weil sie konvertiert sind, sondern darauf setzen, dass sie ihre Ehegatten gewinnen können. Aber wichtiger als die Ehe ist der Glaube. Nicht nur die Scheidung ist erlaubt, wenn der Glaube es fordert, sondern auch die Wiederheirat.[38] Dieses *privilegium paulinum* schränkt das jesuanische Gebot nicht ein, sondern wendet es an. Für Jesus ergibt sich die Einhaltung der ursprünglichen Schöpfungsordnung durch die Überwindung der „Hartherzigkeit" im Glauben; wie widersinnig wäre es dann, eine Ehe würde den Glauben zerstören. Umgekehrt: Wie klar ist das Zeichen, wenn eine Ehe im Glauben gelebt wird.

Auferstehung

Eine zweite Tradition, die in der paulinischen Theologie die prophetische Lehre Jesu dokumentiert, ist in den Ersten Thessalonicherbrief eingebaut. Paulus schreibt ihn auch deshalb, weil die

Thessalonicher in Sorge um die verstorbenen Christen sind: Sie scheinen befürchtet zu haben, dass ihre Toten vom ewigen Heil ausgeschlossen sein könnten, weil sie vor der Parusie des Herrn gestorben sind. Paulus klärt das Missverständnis auf. Erstmals in seinen Briefen greifbar, stellt er den essentiellen Zusammenhang zwischen der Auferweckung Jesu und der Auferweckung der Toten im Zuge der Wiederkunft Christi dar (1Thess 4,13–18). Er hätte wohl die Möglichkeiten (wie in späteren Briefen), sein Argument darauf zu stützen, dass Jesus *für* die Menschen gestorben und auferstanden ist – und dass diesem Für keine Grenze gesteckt ist, auch nicht die des Todes. Aber im Ersten Thessalonicherbrief rekurriert er auf ein „Wort des Herrn" (4,15). Dieses Wort hat für ihn unumstößliche Autorität. Manche denken, Paulus rekurriere auf eine Offenbarung, die ihm, dem Apostel, durch den erhöhten Herrn zuteil geworden sei. Dann würde der Vers nichts für die Bedeutung des irdischen Jesus bei Paulus aussagen. Aber die Parallele 1Kor 11,23 zeigt klar auf den geschichtlichen Jesus, während umgekehrt Röm 11,25 beispielhaft zeigt, wie Paulus formuliert, wenn er ein „Mysterium" mitteilt, das ihm offenbart worden ist. Mithin belegt auch 1Thess 4,15 die Bedeutung, die – entgegen dem verbreiteten Vorurteil – Jesus für die paulinische Theologie hat.

Schwierig ist allerdings, aus 1Thess 4,15f die paulinische Jesustradition herauszufiltern. Einige deuten auf Vers 15b („Wir, die Lebenden, die bis zur Parusie des Herrn übrigbleiben, werden den Entschlafenen nicht vorgezogen.") Dafür spricht der unmittelbare Anschluss an die Ankündigung in Vers 15a; aber das „Wir" machte bei einem Jesuswort keinen Sinn. So erscheint es besser begründet, in Vers 15b eine vorgezogene, auf die Situation bezogene Nutzanwendung des Apostels zu sehen: Anders, als die Thessalonicher befürchten, haben die bei der Parusie noch Lebenden keinerlei Vorteil gegenüber den bereits Gestorbenen. Das wird in den Versen 16 und 17 begründet. Deshalb scheint es besser begründet, in ihnen das Jesuswort zu sehen, freilich nicht im Originalton, sondern in paulinischer Applikation:

> 16 Denn er selbst, der Herr,
> beim Befehl, beim Ruf des Erzengels und bei der Posaune Gottes,
> wird er vom Himmel herabsteigen
> und die Toten in Christus werden zuerst auferstehen;
> 17 danach werden wir, die Lebenden, die Übriggebliebenen,
> gemeinsam mit ihnen entrückt werden auf Wolken
> zur Begegnung mit dem Herrn in den Lüften,
> und so werden wir allezeit mit dem Herrn sein.

Der letzte Teilsatz erklärt sich am leichtesten als paulinischer Kommentar. („In Christus“ ist vielleicht eine paulinische Ergänzung.) Im Kern schält sich eine apokalyptische Tradition heraus, deren Archaik im paulinischen Briefkorpus auffällt, die aber enge Parallelen zu den synoptischen Endzeitreden (Mk 13 parr.; Lk 17) aufweist. Im Hintergrund wird die spätalttestamentliche und frühjüdische Apokalyptik sichtbar (Dan 7.12; Jes 25; äthHen; 4Esr), deren Zukunftsvisionen auch Jesus inspiriert zu haben scheinen. Wesentlich ist, dass die Wiederkunft Christi (des Menschensohnes) mit der Auferstehung der Toten verbunden wird. Das ist zwar nicht direkt in der synoptischen (eher noch in der johanneischen) Jesustradition belegt, entspricht aber ihrer Perspektive.

Wird auch bereits der Pharisäer Paulus an die Auferstehung der Toten geglaubt haben, ist doch für den Apostel Paulus das Wort des Kyrios entscheidend. Die Hoffnung auf Vollendung, die Paulus den Thessalonichern nahebringt, schöpft er nicht nur aus seinen pharisäischen Traditionen und schließt es nicht nur aus der Auferstehung Jesu, sondern begründet sie auch in einem Wort des irdischen Jesus.

Das Geschick des Propheten

Jesus, der wie ein Prophet gelehrt hat, ist auch wie ein Prophet gestorben. In einem schwierigen Text, der durch antijüdische Exegese kontaminiert ist, stellt Paulus einen Zusammenhang her zwischen der Bedrängnis der christlichen Gemeinde von Thessalonich, der Verfolgung der palästinischen Judenchristen durch ihre jüdischen Nachbarn, der Verfolgung des Apostels um des Evangeliums willen, der Kreuzigung Jesu und der Ablehnung der Propheten in Israel (1Thess 2,14ff). Dass Gottes Volk nicht auf Gottes Boten hört, ist eine leidvolle Erfahrung vieler Propheten Israels, die im Rückblick zu einem Schlüssel für die selbstkritische Geschichtsschreibung des Alten Testaments geworden ist (Neh 9,26). Es war Israels Unglück, nicht auf die Propheten gehört zu haben. Die Verfolgung der Propheten ist der deutlichste Beweis, wie halsstarrig und schwerhörig das Volk ist, das Gott erwählt hat.

Paulus sieht in diesem Verhalten die Ablehnung der Apostel und des Evangeliums vorgeprägt, das auch den Heiden das Heil Gottes zusagt. Das theologische Problem des Textes besteht darin, dass Paulus, selbst Jude, nicht davor zurückschreckt, einen Topos heidnischen Antijudaismus, die Juden seien Menschenfeinde, zu zitieren. Er wendet ihn zwar nicht gegen die Juden *als Juden,* sondern als (aggressive) Gegner des Christusglaubens (wie Paulus früher selbst einer der militantesten war); aber in der Behinderung der Mission sieht er doch einen fatalen Fehler auf der Linie der früheren Prophetenverfolgungen.

Die Tötung Jesu stellt Paulus in diesen Rahmen. Er spricht von Jesus und nennt ihn, wie es dem christlichen Glauben entspricht, Kyrios. Aber er stellt seinen Tod – unter dem Aspekt der Verfolgung – in die Linie der getöteten Propheten Israels. Das ist nicht ohne jesuanische Parallele. Denn Jesus selbst hat nach Mk 12,1–12 im Gleichnis von den bösen Winzern seinen eigenen Tod, den des „geliebten Sohnes“, als letztes Glied einer unheilvollen Kette dargestellt, die mit der Zurückweisung, Misshandlung und Ermordung der Boten beginnt, die der Herr des Weinbergs aussendet, um von den Pächtern den gerechten Zins einzutreiben. In diesem Motiv des gewaltsamen Prophetengeschicks wird zwar nicht die Heilsbedeutung des Todes Jesu zum Ausdruck gebracht, wohl aber der Verlust des Lebens, der auf dem Einsatz des Lebens beruht. Paulus hat dieses Motiv nicht ausgestaltet, da er aussagekräftigere hat, um die Heilsbedeutung des Todes Jesu auszudrücken. Aber da es ihm im Thessalonicherbrief darum geht, den bedrängten Christen zu sagen, dass sie nicht allein stehen, sondern mit allen anderen Christen zusammen in der Leidesnachfolge Jesu, kann er sehr gut mit dem Motiv arbeiten, zumal es den Zusammenhang Jesu mit den Propheten des Alten Testaments herausstreicht.

(8) Der Kyrios des Apostels (1Kor 9)

Mit der Gemeinde von Korinth, die besonders stark wächst, hat der Apostel viele Probleme. Eines scheint ganz harmlos, hat es aber in sich. Es geht um das apostolische Unterhaltsrecht. Paulus hat, um seine Unabhängigkeit zu wahren, auch als Missionar, wann immer es ging, von seiner eigenen Hände Arbeit gelebt. Nur in Philippi hat er eine Ausnahme gemacht (Phil 4,15). Die Korinther scheinen es ihm übelgenommen zu haben, dass er auf ihre Unterstützung keinen Wert zu legen scheint. Zwar hat er sie für das auf dem Apostelkonzil vereinbarte Kollektenwerk für die „Armen“ in Jerusalem (Gal 2,10) stark eingespannt (1Kor 16,1–4; 2Kor 8–9). Aber er selbst hat als Zeltmacher bei Aquila und Priszilla gearbeitet, einem ihm befreundeten christlichen Ehepaar (Apg 18,3).

Die Korinther haben aber wohl nicht nur Zweifel gehegt, ob sie dem Apostel so (wie die Philipper) ans Herz gewachsen seien, dass er von ihnen Geld annehme. Sie haben wohl auch ein Problem im paulinischen Apostolatsverständnis gesehen. Jedenfalls beginnt Paulus mit einer erstaunlich emphatischen Feststellung der Unmittelbarkeit seines Apostolates (1Kor 9,1). Auch im Spiegel des Zweiten Korintherbriefes lassen sich – spätere – Auseinandersetzungen über den Apostolat erkennen. Darf man aus 1Kor 9 Schlussfolgerungen ziehen, geht es aber – im Gegensatz zu später – nicht um die kreuzestheologische Prägung des paulinischen Missionswerks, sondern um den Verzicht des Paulus auf Unterhalt durch die Missionsgemeinden.

Paulus selbst kennt den wunden Punkt. Er erinnert an ein Wort Jesu, das scheinbar den Korinthern in ihrer Skepsis recht gibt, ob Paulus denn ein rechter Apostel sei (1Kor 9,15):

> Der Herr hat denen, die das Evangelium verkünden, geboten, vom Evangelium zu leben.

Der Kyrios ist nicht der Auferstandene, sondern der Irdische. Sehr nahe liegt, was Jesus seinen Jüngern bei der Aussendung mit auf den Weg gegeben hat (Mk 6,6b-13 parr.; Lk 10,1–16). Sie dürfen nicht nur die Vollmacht Jesu teilen, das Evangelium zu verkünden und Kranke zu heilen; sie sollen auch die Armut Jesu teilen, der „nichts hat, wohin er sein Haupt betten könnte" (Lk 9,58), damit er „heute und morgen" Dämonen austreiben und Kranke heilen kann (Lk 13,32). Jesus hat auf die Tugend der Gastfreundschaft gesetzt, die den Glaubensboten die Tür in die Häuser der Adressaten öffnen, aber von den Jüngern nicht ausgenutzt werden sollte.

Scheinbar hat Paulus gegen dieses Gebot verstoßen. Aber der Schein trügt. Paulus hat Jesus besser verstanden als seine Kritiker. Im Galaterbrief ermahnt er die Gemeinden (Gal 6,6):„Wer unterwiesen wird im Wort, gebe dem, der unterweist, Anteil an allen Gütern." Die Regel bezieht er auf christliche Lehrer, aber Missionare dürften einbezogen sein. Die Gemeinden haben die Pflicht, für den Unterhalt ihrer Katecheten und Prediger zu sorgen. Das ist der frühe Anfang einer Entwicklung, die bis zur Professionalisierung des kirchlichen Lehramtes gegen Ende der neutestamentlichen Zeit führt. Der Zweite Timotheusbrief (2Tim 2,6) fordert mit einem Bildwort vom Bauern, das ähnlich wie 1Kor 9,7.10 aussieht, den fortdauernden Unterhalt für den Bischof durch die Gemeinde. Im Amtsspiegel für Presbyter zitiert der Erste Timotheusbrief (1Tim 5,18) mit Dtn 25,4 denselben Vers wie Paulus in 1Kor 9,18.

Paulus sieht die Unterstützung durch die Gemeinde als Recht, das ein Missionar und Lehrer hat, weil Jesus es ihm eingeräumt hat. Auf dieses Recht verzichtet er. Darin besteht seine apostolische Freiheit.[39] Das ist der argumentative Kontext, in dem er auf das Thema zu sprechen kommt. Paulus will die „Starken" in Korinth davon überzeugen, auf den Genuss von „Götzenopferfleisch" (das im Zusammenhang mit paganen Kulthandlungen geschlachtet worden ist) zu verzichten, obgleich sie das Recht haben, es zu essen, weil sie durchschauen, dass es keine Götzen gibt. Aber Paulus weist auf die „Schwachen" hin, die nicht zur selben Klarheit gelangt sind und an der „Erkenntnis" der Starken zugrundezugehen drohen (1Kor 8,11). In diesem Zusammenhang führt Paulus sich selbst als Beispiel an: dass er als Apostel zwar „frei" sei und das „Recht" habe, auf Kosten der Gemeinde zu leben, dieses Recht aber ebenso wie Barnabas nicht in Anspruch nehme, um so effektiver dem Evangelium zu dienen. Er hätte zwar dasselbe „Recht" wie die „anderen Apostel und die Brüder" gehabt, „eine Schwester als Frau" mit auf die Reisen zu nehmen (1Kor 9,5); aber auch dieses Recht nimmt Paulus bewusst nicht in Anspruch, um „allen alles werden" zu können (1Kor 9,22).

Hat Jesus aber nach 1Kor 9,15 nicht ein „Gebot" erlassen, „vom Evangelium zu leben"? Paulus differenziert dieses Gebot offensichtlich vom apostolischen Unterhaltsrecht. Er lebt „vom Evangelium" – aber nicht so, dass er das Geld für seinen Lebensunterhalt von den Gemeinden bezieht, zu denen er als Apostel gesandt wird, sondern so, dass er radikal seine apostolische Berufung lebt, um sich in möglichst großer Unabhängigkeit „für alle zum Sklaven" zu machen, „um möglichst viele zu retten" (1Kor 9,19).

Es kann also keine Rede davon sein, dass Paulus die Weisung Jesu in den Wind geschlagen habe; der für sich in Anspruch nimmt, „nicht sich selbst, sondern Jesus als den Herrn" zu verkündigen (2Kor 4,4f), hat auch in seiner apostolischen Lebensform seinem Kyrios die Treue gehalten und unter den Bedingungen der Diasporamission umgesetzt, was Jesus für die Galiläamission seiner Jünger geboten hat.

(9) Der Gastgeber des Mahles (1Kor 11,23–25)

Die mit Abstand wichtigste Jesustradition, die Paulus zitiert, ist die Herrenmahlstradition 1Kor 11,23–25.[40] Der Apostel zitiert sie, weil er Probleme bei der Herrenmahlsfeier in Korinth lösen muss. Worin sie bestehen, ist umstritten. Sicher haben sie mit den sozialen Spannungen zu tun, die in Korinth aufgebrochen sind, weil – an sich eine Auszeichnung der Kirche – „nicht viele Weise, nicht viele Mächtige, nicht viele Wohlgeborene" zur Gemeinde gehören (1Kor 1,26), also Arme und Reiche, Sklaven und Freie.

Dass bei der – sonntäglichen – Feier die Unterschiede deutlich werden, ist nicht verwunderlich, zumal nicht nur ein sakramentaler Eucharistiegottesdienst gefeiert (wenn dieser Ausdruck bereits erlaubt ist), sondern mit einer „Agape“ (wie es später heißt) verbunden worden ist, bei der gemeinsam gegessen und getrunken worden ist. Der Vorwurf, den Paulus in 1Kor 11,21 konkretisiert, lautet, dass „jeder seine eigene Speise beim Essen vornimmt, so dass der eine hungert, während der andere betrunken ist“. Das ist eine gezielte Übertreibung, die aber den Kern des Problems trifft. Die Agape dient der Gemeinschaftspflege; sie hat auch ein caritatives Moment. Wenn aber beim gemeinsamen Essen nicht geteilt wird, werden die sozialen Unterschiede nicht, wie es sein sollte, ausgeglichen, sondern aufgedeckt und verstärkt. Diejenigen, die „nichts haben“, werden gedemütigt (1Kor 11,22). Vielleicht kommt als weiteres Problem hinzu, dass diejenigen, die wirtschaftlich unabhängig sind, früher als die Sklaven zum Gottesdienst kommen können und auf die anderen nicht warten.[41] Damit würde das Problem weiter verschärft.

Die Tradition

Paulus reagiert nicht nur mit Appellen. Er sieht das Problem in größten Dimensionen. Es „isst und trinkt sich das Gericht“ (1Kor 11,27), wer der Feier „unwürdig“ ist; und das ist, wer seinen Bruder durch sein Verhalten demütigt. Um die Korinther wieder auf den rechten Weg zurückzubringen, ruft er ihnen ins Gedächtnis, was und wen sie feiern:

> 23 Der Herr Jesus, in der Nacht, in der er ausgeliefert wurde,
> nahm Brot,
> 24 sagte Dank,
> brach es
> und sagte:
> „Das ist mein Leib für euch.
> Dies tut zu meinem Gedächtnis.“
> 25 Ebenso nahm er nach dem Mahl auch den Kelch
> und sagte:
> „Dieser Becher ist der neue Bund in meinem Blut.
> Dies tut, sooft ihr daraus trinkt, zu meinem Gedächtnis.“

Der Einleitungsvers 23a ist eine kurzgefasste Passionsgeschichte. Im Dritten Hochgebet der Messe heißt es „verraten“; so lässt sich das griechische Verb (*paradídomi*) übersetzen, wenn die Tat des Judas im Blick steht. Im Zweiten Hochgebet steht „ausgeliefert“; damit ist weiter die menschliche Schuld am Tode Jesu benannt.

Paulus denkt gewiss daran, dass Jesus unschuldig der Prozess gemacht worden ist. Aber das Wort zeigt sonst die Lebenshingabe Jesu an (Gal 1,4; 2,20) und die Übereignung Jesu durch Gott, verstanden als Tat seiner Liebe (Röm 4,25; 8,32). Es hat bei den Synoptikern die Kraft, die Dialektik zwischen menschlicher Schuld und göttlicher Vorsehung herauszuarbeiten (Mk 9,31; 10,32ff; 14,41). So lässt sich auch Vers 23a am besten deuten. Paulus erinnert ganz kurz und knapp (die Korinther müssen sich ihren Teil denken) an den Schuld- und Gnadenzusammenhang des Letzten Abendmahles. Durch den Einleitungsvers wird die Herrenmahlstradition auf ein historisches Geschehen zurückgeführt. Die Historizität wird Teil des eucharistischen Gedächtnisses. Es kommt nicht in erster Linie darauf an, ob Jesus genau die von Paulus überlieferten Worte gesagt hat, sondern dass die Eucharistie im Letzten Abendmahl Jesu gründet.

Der synoptische Vergleich zeigt – besonders im Becherwort – eine große Nähe zu Lukas (Lk 22,19f), während die markinische und matthäische Fassung etwas stärker abweicht. Die Grundstruktur ist aber identisch: zwei Gesten und zwei Worte Jesu stehen im Zentrum, Brot und Wein, das „Für" der Lebenshingabe Jesu, alles eingebunden in die Eucharistie, das Dank- und Segensgebet Jesu.

Paulus spricht vom Kyrios Jesus, weil er stichwortartig die volle Christologie der Gottessohnschaft mit der Mahltradition verbindet. Jesus ist der Kyrios, der Kyrios ist Jesus – gerade im Leiden und Sterben, auf das die Herrenmahlstradition verweist. Er kennzeichnet die Überlieferung *als Tradition,* die er selbst „vom Herrn empfangen habe". Damit ist nicht behauptet, dass Paulus sie vom unmittelbaren Hörensagen kennt, sondern dass die Überlieferung, die er zitiert, auf Jesus selbst zurückgeht. Der moderne Begriff des Historischen im Sinne des faktisch Passierten ist mit dem paulinischen Denken nicht identisch, aber kompatibel. Zum Ernst der paulinischen Zitation gehört beides: dass sich ereignet hat und glaubwürdig überliefert ist, was Paulus ins Gedächtnis ruft.

Leib und Blut Christi

Nach Paulus gibt Jesus im Brot seinen „Leib für uns". Gemeint ist die Kirche, wie sie sich in Korinth versammelt, bestehend aus Juden und Griechen, Sklaven und Freien (1Kor 12,13), Starken und Schwachen, Armen und Reichen (1Kor 1,26f). Der „Leib" ist Jesus selbst in einer irdischen Existenz: Zur leibhaftigen Existenz eines Menschen, auch Jesu, gehört es, geboren zu werden und sterben zu müssen, zu atmen und zu denken, Gefühle, Empfindungen, Gedanken, Eingebungen zu habe, mit allen Sinnen auf die Welt zu reagieren. Nach biblischer Anthropologie kennzeichnet all dies die Leibhaftigkeit eines Menschen. Das „Blut", von dem Jesus beim Becherwort spricht, steht gleichfalls für sein gesamtes irdisches Leben, nun aber – was Lukas expliziert – unter dem besonderen Aspekt, dass Jesus es vergießen wird in der Hingabe seines Lebens.

Dass beim Letzten Abendmahl Jesu „Leib" und „Blut" im Zentrum stehen, zeigt in einer nicht mehr zu steigernden Weise die theologische Bedeutung des Menschseins Jesu. Sie vermittelt sich in die jeweilige Gegenwart der Kirche durch das eucharistische Brot und den eucharistischen Wein. Jesus hat nach 1Kor 11,23ff und den Parallelen sich selbst, seinen Leib und sein Blut, mit dem Brot und dem Wein identifiziert, das er segnet und seinen Jüngern reicht. Religionssoziologisch kann man von einer rituellen, zeichentheoretisch von einer symbolischen, theologisch wird man am besten von einer sakramentalen Handlung sprechen.

Basis ist die Heilsbedeutung Jesu selbst. Sie zeigt sich im „Für" des Brotwortes und im Bezug des Becherwortes auf den Neuen Bund. Das „Für" ist das soteriologische Leitmotiv des Neuen Testaments.[42] Es wird an verschiedenen Stellen unterschiedlich akzentuiert. Bestimmend im Hintergrund steht das Vierte Lied vom Gottesknecht, das vom stellvertretenden, heilswirksamen Leiden eines Menschen spricht, der durch seinen Tod die Täter retten will. Bei Paulus ist – wie in der Abendmahlsüberlieferung vorgegeben – dominant, dass Jesus *zugunsten* der Menschen stirbt; sein Tod vermittelt ihnen das Leben. Dafür stehen sinnfällig Brot und Wein – Brot als das elementare Lebensmittel, der Wein als Schöpfungsgabe, die das „Herz des Menschen erfreut" (Ps 104,15). Eingeschlossen ist aber (und im einleitenden „ausgeliefert" angedeutet), dass Jesus insofern *zugunsten* der Menschen stirbt, als er *anstelle* ihrer stirbt, die eigentlich des Todes wären, und dass er also für diejenigen stirbt, *um deretwillen* der Tod notwendig wird, da er im Prozess der Vergebung die tödliche Macht des Bösen aufdeckt und verwindet.

Im Brot und Wein des Letzten Abendmahles wird dieses „Für" greifbar. Dass Jesus seinen Jüngern Brot und Wein reicht, zeigt, dass sein ganzes Leben Hingabe zu ihrem Heil ist. In der Eucharistie wird genau *dieses* Brot und gerade *dieser* Becher gereicht. Paulus hat dies in seiner kleinen Eucharistiekatechese 1Kor 10,16f präzis formuliert. Das gebrochene Brot und der gesegnete Becher verleihen Anteil an Leib und Blut Christi, indem sie zugleich die Gemeinschaft der Kirche stiften.

Das Gedächtnis

Nach Paulus fordert Jesus beim Letzten Abendmahl wie nach Lukas (22,19f), da er Brot und Wein gibt, die Mahlteilnehmer (nach den Synoptikern: die Zwölf) auf, „dies" zu seinem „Gedächtnis" zu „tun". Markus und Matthäus kennen eine solche ausdrückliche Anweisung nicht. Aber auch ihre Evangelien setzen voraus, dass in der Kirche seit frühester Zeit die Eucharistie gefeiert wird, weil Jesus in der Nacht vor seinem Tode mit seinen Jüngern ein letztes Mal zusammengekommen ist, um Mahl zu halten. Die Eucharistiefeier der Kirche schärft das Gedächtnis, dass der Gottessohn nicht wie ein strahlender Held auf dem Gipfel seiner Karriere in den Himmel erhöht worden, sondern als leidender Mensch am Kreuz hingerichtet worden ist und dass dieses Kreuz der Ort seiner Erhöhung ist.

Die Eucharistiefeier der Kirche bewahrt auch den Glauben, dass dieser Tod Jesu durch seine Auferstehung *das* Heilsereignis schlechthin ist. Deshalb sollen die Jünger Jesu „dies" tun. Was es ist, ergibt sich aus dem stark stilisierten Bericht des Paulus und der Evangelien: Brot brechen und zum Essen geben, Wein reichen und zum Trinken geben, so wie Jesus dies getan hat, und zwar mit den Worten Jesu: „Das ist mein Leib ... mein Blut ...". Die Jünger, die Eucharistie feiern, machen nichts Neues. Sie machen auch nichts nach. Die Eucharistiefeier ist keine Kopie des letzten Abendmahls Jesu. Es ist kein anderes Brot als das Jesu, es ist kein anderer Kelch als der Jesu, es ist keine andere Eucharistie, die gefeiert wird, als „dies": die Eucharistie Jesu.

Das meint auch das Stichwort „Gedächtnis". Die ökumenische Diskussion hat sehr davon profitiert, was die Exegese des Alten und Neuen Testaments über den biblischen Sinn des „Gedenkens" herausgearbeitet hat. Die katholische Eucharistietheologie kann sich dem voll und ganz öffnen.[43] Im biblischen Denken kommt es bei der „Erinnerung" auch auf die Konzentration und das Gedächtnis derer an, die sich erinnern sollen, auf sprechende Erinnerungszeichen und überzeugende Denkmäler. Aber der, der das Gedächtnis seiner Taten stiftet, ist Gott selbst. Deshalb ist das „Gedenken" nicht die Beschwörung einer fernen Vergangenheit, sondern Vergegenwärtigung des Geschehenen und insofern Erinnerung. Im Pessach-Traktat der jüdischen Mischna wird dieses Gedenken selbst zum Thema (10,5): „In jeder Generation ist der Mensch verpflichtet, sich selbst so anzusehen, wie wenn er selbst aus Ägypten ausgezogen wäre; denn es heißt: ‚Wegen dessen, was der Herr an *mir* getan hat, als *ich* aus Ägypten zog' (Ex 13,8)".

Die Vergegenwärtigung der Eucharistie *Jesu* geschieht kraft des Geistes. Sie ist eine unmittelbare und zentrale Wirkung seiner Auferweckung von den Toten. Durch sie setzt er sich in der Mitte seiner Kirche gegenwärtig. Dies geschieht in höchster Weise in der Eucharistie, weil das Letzte Abendmahl die Summe seiner ganzen Sendung ist und Jesus nirgendwo so kenntlich wird wie im Brechen des Brotes und in der Gabe des Bechers. Dass Jesus sein Leben opfert zum Heil der Welt, davon ist der Charakter der Eucharistie als Opfer bestimmt. Dass er mit den Seinen Mahl hält, zeigt, dass das Heil, das er schafft, Gemeinschaft mit ihm ist.

Die Gabe von Brot und Wein zeigt, dass der Tod Jesu Hingabe ist: Er ist ein letztes, alles zusammenfassendes und steigerndes Geschenk, das Jesus allen Menschen macht, zu deren Heil er gesandt worden ist. Es ist ein Geschenk, das auf die Teilhabe am Reich Gottes zielt, und es ist ein Geschenk, das Gott selbst den Menschen macht, indem der Vater ihnen seinen Sohn nicht vorenthalten, sondern gegeben hat. Deshalb ist es ein Geschenk, das Jesus nicht nur gibt, sondern das er selbst ist.

Im Glauben an die Auferstehung den Menschen Jesus von Nazareth nicht zu vergessen, in der Freude über seine Auferstehung nicht seinen Tod und im Bekenntnis seiner universalen Heilsbedeutung nicht gelebtes Leben – die Eucharistie ist das beste Heilmittel gegen das Vergessen und das Beste für die Verwurzelung der Christologie in der Geschichte Jesu.

(10) Zusammenfassung

Aus den Paulusbriefen ließe sich nie und nimmer ein „Leben Jesu", eine „Ethik Jesu", eine „Predigt Jesu" rekonstruieren. Dafür sind die Stellen zu verstreut, zu gering auch an Zahl. Dass Paulus wie selbstverständlich auf Jesusworte – als Herrenworte – verweist, lässt aber den Rückschluss zu, dass er die Autorität Jesu nicht erst zu begründen braucht, sondern wie selbstverständlich mit ihr rechnen kann. Das dürfte voraussetzen, dass er sie bei seinem Gründungsaufenthalt im Zuge seiner Missionspredigt eingeführt hat. Demnach hat Paulus als Missionar vermutlich weit mehr Jesustraditionen vermittelt, als seine Briefe beim ersten Lesen ahnen lassen.

Freilich kennzeichnet seine Theologie die Konzentration auf den Tod, genauer: auf den Kreuzestod Jesu. Zwar hat er augenscheinlich auch Jesu Jüngersendung vor Augen (1Kor 9), seine Ehelehre (1Kor 7), seine prophetische Vision der Weltvollendung (1Thess 4).

Aber dominierend ist doch der Kreuzestod – so sehr, dass Paulus seine gesamte Evangeliumsverkündigung als „Wort vom Kreuz" (1Kor 1,18) kennzeichnen kann. Nur führt ihn dies – anders, als es häufig dargestellt wird – nicht zu einer Fixierung auf das Ende Jesu. Vielmehr hebt er den Kreuzestod deshalb heraus, weil sich ihm darin am besten der Sinn des ganzen Lebens Jesu widerspiegelt. Die Herrenmahlstradition vermittelt, dass er im „Für" der stellvertretenden, rettenden Lebenshingabe besteht. Von dorther rekonstruiert Paulus auch theologisch die Bedeutung des wahren Menschseins: Seine Zugehörigkeit zum jüdischen Volk (Röm 9; 15) zeigt die Verheißungstreue Gottes; seine Gott-Ebenbildlichkeit erweist ihn als den wahren Menschen, der die Adamskinder durch seinen Tod und seine Auferstehung erlöst; seine Geburt durch Maria markiert die Wende der Heilsgeschichte (Gal 4,4).

Paulus wird häufig vorgeworfen, durch seine Kreuzestheologie die Freude am Leben zu vergällen und das Menschsein aufs Leiden zu verkürzen. Das Gegenteil ist der Fall. Die Kreuzestheologie wirkt so, dass auch die Entrechteten und Unterdrückten einen privilegierten Ort bekommen, wie Paulus am Beispiel der Gemeinde von Korinth – in einer Art angewandter Kreuzestheologie – demonstriert (1Kor 1,26ff):

> „[26]Schaut doch auf eure Berufung, Brüder, da sind nicht viele Weise gemäß dem Fleisch, nicht viele Mächtige, nicht viele Hochgeborene, [27]sondern das Törichte dieser Welt hat Gott auserwählt, um die Weisen zuschanden zu machen, und das Schwache der Welt hat Gott auserwählt, um das Starke zuschanden zu machen, [28]und das Tiefgeborene und das Verachtete hat Gott auserwählt, das, was nichts ist, um das, was ist, zuschanden zu machen, so dass kein Fleisch sich rühme vor Gott."

Die Destruktion des Weisen, Mächtigen, Angesehenen, Starken ist notwendig, weil es in der paulinischen Perspektive, der Perspektive der Armen, das Törichte, Ohnmächtige kaputtmacht; die Zurückgebliebenen, die Zukurzgekommenen, die Verachteten und mit Füßen Getretenen können nur dann zu Ehren kommen, wenn andere Maßstäbe gelten – die Maßstäbe Jesu. Der Finalsatz markiert die Pointe: Das eigentliche Problem, das Paulus analysiert, ist die Versuchung der Mächtigen, sein zu wollen wie Gott; die Lösung ist die Ohnmacht des Gekreuzigten, in der Gottes ganze Kraft wohnt.

b) Paulusschule: Der Heiland

In der Schule des Apostels Paulus sind Briefe entstanden, die seine Tradition pflegen und seine Theologie weiterführen.[44] Die ältesten Zeugnisse sind der Kolosser- und der Epheserbrief. Den Kolosserbrief halten viele noch für ein originales Paulusschreiben, der Epheserbrief scheint den Kolosserbrief vorauszusetzen und ihn auszuarbeiten. Die Pastoralbriefe wenden sich an Timotheus und Titus, die Musterschüler des Apostels, die in Kleinasien und auf Kreta – paradigmatisch – den Übergang zur nachapostolischen Zeit organisieren sollen. Die Prägung dieser Briefe durch paulinische Theologie ist unverkennbar, auch wenn neue Themen diskutiert und neue Herausforderungen bestanden werden.

(1) Kolosserbrief: Der Schuldschein am Kreuz (Kol 3,13f)

Der Kolosserbrief ist geschrieben worden, weil in den Gemeinden eine sogenannte „Philosophie" Zulauf findet, die christlich sein will, aber vom Verfasser (mit guten paulinischen Gründen) als Irrweg beurteilt wird (vgl. Kol 2,16–23). Überzeugt davon, dass die „Elemente der Welt" (Kol 2,8.20), die als Engelmächte vorgestellt werden (Kol 2,18), den Zugang zu Gott behindern und das Leben der Menschen beherrschen, geben die „Philosophen" die Parole aus, dass man nur durch die kultische Verehrung der Welt-Elemente Anteil am *Pleroma,* an der göttlichen Heilsfülle, erlangen könne (vgl. Kol 2,8ff.16–23). Deshalb fordern sie zur besonderen Verehrung der Engel auf (Kol 2,18), zu einer strikten Kalenderfrömmigkeit, in der sich Jüdisches und Heidnisches mischt (Kol 2,16), und zu strenger Askese, deren Wurzel ein religiöses Tabudenken ist (Kol 2,21.23).[45] Ihr Wissen beziehen die „Philosophen" nicht aus rationaler Überlegung, auch nicht aus kosmologischer Spekulation, sondern aus Visionen, die ihnen in einer Art von Mysterienweihe zuteil geworden sind (Kol 2,18). Dieses „Engelwerk" hat auf die Christen, an die der Brief gerichtet ist, offenbar großen Eindruck gemacht. Der Synkretismus liegt im Zug der Zeit; die „Philosophie" bringt die religiöse Stimmungslage des Hellenismus genau zum Ausdruck; die Daseinsangst hellenistischer Menschen findet ein Echo. Die Christen, die zur „Philosophie" neigen, betrachten als entscheidende Dimension ihres Lebens ihre Beziehung zum Kosmos, werden aber von Zweifeln geplagt, ob sie durch ihren Glauben, durch ihre Taufe und durch die Vergebung ihrer Verfehlungen

(2,13) von der Zwangsherrschaft der Elementarmächte wirklich befreit sind. Hier scheint der Dienst der kosmischen Natur-Gewalten einen Ausweg zu bieten. Offenkundig wird er nicht als Widerspruch zum Christusglauben aufgefasst, sondern als dessen Ergänzung oder Erfüllung. Ob Christus nur als *primus inter pares* der Engelmächte geglaubt oder so sehr als Himmelswesen angeschaut wird, dass es scheint, der Kontakt zu ihm könne nur über andere Mittlergestalten laufen, bleibt in einem entscheidenden Punkt gleich: Aus eben den Erfahrungen der Angst, der Entfremdung und der Ohnmacht, die im Hellenismus weit verbreitet sind, wird Christen fraglich, ob sie ihre Hoffnung wirklich allein auf Jesus Christus setzen können.

Darauf antwortet der Brief im Namen des Paulus mit einer vitalen Christologie. Im Zentrum steht der Kolosserhymnus (Kol 1,15–20), ein Christuslied, das die Erschaffung mit der Erlösung der Welt verbindet (und später genauer untersucht wird). Jesus, so heißt es dort, hat die Welt mit Gott versöhnt, indem er am Kreuz Friede gestiftet hat „durch sein Blut" (Kol 1,20). Die Formulierung ist schwer verständlich. Gemeint ist, dass Jesu Tod ein Versöhnungswerk ist; das vergossene Blut zeigt nicht nur die menschlichen Gewaltverhältnisse, sondern – wider allen Augenschein und alle Erwartung – das göttliche Heilshandeln.

In einem späteren Passus des Briefes kommt das Kreuz erneut ins Spiel (Kol 3,13f)[46]:

> 13 Gott hat euch mit Christus lebendig gemacht
> und uns alle Sünden vergeben;
> 14 getilgt hat er unseren Schuldschein,
> dessen Gebote wider uns waren,
> aus der Mitte hat er ihn genommen
> und ans Kreuz genagelt.

Auferstehung und Kreuz stehen im Zentrum – unter dem Aspekt, dass sie den Menschen durch Jesus Christus das Heil wirken. „Mit" Christus können die Christen „lebendig" gemacht werden, weil Jesus selbst als Mensch gestorben und von den Toten auferstanden ist. In seiner Auferweckung kommt sein Heilstod zur Wirkung. Für ihn findet der Verfasser ein merkwürdig plastisches Bild. Im Kern ist es einfach: Die Sünden der Menschen sind auf einem Schuldschein notiert, der sie belastet; diese Sünden werden durch die „Gebote" identifiziert, die vom Gesetz aufgestellt werden.[47] (Paulus hat in Röm 2 nicht unähnlich die Sünden der Juden als Gebotsübertretungen identifiziert.) Dieser Schuldschein wird

„getilgt“; konkret: die Buchstaben auf der Urkunde werden gelöscht, ausradiert, abgeschabt oder abgewaschen. Der Verfasser wählt einen *terminus technicus* des Schuldenerlasses, wie er aus dem Geschäftsleben bekannt war.

Merkwürdig ist nur, wie die Tilgung geschieht: Der Schuldschein wird von Gott ans Kreuz genagelt. (Ein benachbartes Bild verwendet 1Petr 2,24.) Dies ist eine Reminiszenz der Passionsgeschichte, die davon spricht, dass Jesu „Schuld aufgeschrieben“ worden sei: „König der Juden“ (Mk 15,26 parr.; Joh 19,19). Gemeint ist der Titulus, der – wahrscheinlich – oben am Kreuz den Grund der Hinrichtung angegeben hat. Nach den Evangelien enthält er, von Pilatus geschrieben, die falsche Anschuldigung eines messianischen Zelotentums gegen Jesus: „Jesus von Nazareth, König der Juden“. Die Angabe des Verurteilungsgrundes, die Jesus endgültig disqualifizieren soll, ist aber ein Bekenntnis zum messianischen König *sub contrario.* Der Kolosserbrief inszeniert ein soteriologisches Wechselspiel (wie Paulus in 2Kor 5,21). Dort, wo von Menschenhand die (angebliche) Schuld Jesu ausgewiesen werden sollte, nagelt Gott den Schuldschein an, auf dem aller Menschen Sünden aufgelistet sind – um diese Sünden aus der Welt zu schaffen. Die Bilder stoßen sich hart im Raume; aber sie machen deutlich, dass der Versöhner der Gekreuzigte und dass Jesus in seinem Tode, durch sein Sterben, der Versöhner ist.

(2) Epheserbrief: Der Friedensbote (Eph 2,11–22)

Der Epheserbrief nimmt die Friedensbotschaft des Kolosserbriefes auf und bezieht sie auf die Kirche. Dass es die Kirche gibt, gegründet auf dem Fundament der Apostel und Propheten (Eph 2,20f), erfüllt vom Geist Gottes, der das Wachstum des Glaubens und der Liebe schenkt (Eph 4), ist das wesentliche Thema des Briefes. Der Kirche gilt die große Liebe Jesu Christi – des Bräutigams zur Braut (Eph 5,25–32).

Das Geheimnis der Kirche besteht nach dem Epheserbrief wesentlich darin, dass in ihr Juden und Christen zur Einheit finden.[48] Der Verfasser wendet sich an Heidenchristen, die „einst“, vor dem Kommen Jesu Christi, nicht zum Gottesvolk gehörten, sondern „ausgeschlossen waren von der Gemeinde Israels, fremd den Bundessatzungen der Verheißung, ohne Hoffnung und gottlos in der Welt“ (Eph 2,12):

13Jetzt aber, in Christus Jesus, seid ihr,
die ihr einst fernstandet, nahegekommen –
durch das Blut Christi.
14Denn er selbst ist unser Friede,
er, der die beiden vereint
und die Trennmauer der Feindschaft niedergelegt hat –
in seinem Fleisch,
15das Gesetz der Gebote in seinen Satzungen vernichtend,
damit er die zwei in sich zu einem neuen Menschen erschaffe –
Frieden stiftend,
16und die beiden in einem Leib mit Gott versöhne –
durch das Kreuz,
die Feindschaft tötend in sich selbst.
17Da er kam,
verkündete er Frieden,
euch, den Fernen,
und Frieden den Nahen;
18denn durch ihn haben wir beide in dem einen Geist Zugang zum Vater.

Eph 2 ist eine Ekklesiologie des Todes Jesu. Es ist das „Blut" Christi (Eph 2,13), das die Fernstehenden in die Nähe holt – so wie nach der Abendmahlstradition der Neue Bund „im" Blut Jesu gestiftet wird (1Kor 11,23ff). Es ist das „Fleisch" Jesu (Eph 2,14), in dem die Trennung zwischen Juden und Christen überwunden wird – so wie Jesus nach 1Tim 3,16 „im Fleisch geoffenbart" worden ist, um Gottes Herrlichkeit zu offenbaren. Es ist das Kreuz Jesu (Eph 2,16), an dem der Tod getötet und die Feindschaft besiegt wird – so wie das Kreuz nach 1Kor 1,26f auch den Unangesehenen, Unwürdigen, den „Nichtsen" die Zugehörigkeit zum Gottesvolk ermöglicht. Es ist der Friede, den Jesus gerade durch sein Fleisch und Blut, durch seinen Kreuzestod, stiftet.

Eph 2 ist aber auch eine Ekklesiologie der Verkündigung Jesu.[49] Das Stichwort „Fleisch" (Eph 2,14) weist auf die Inkarnation. Vor allem macht Vers 17 hellhörig. Dort wird Jesus in seinem Kommen als Friedensbote vorgestellt. Jesajanische Prophetie klingt an: Die Verheißung, dass Gott „Friede den Fernen, Friede den Nahen" bringe (Jes 57,19) verknüpft sich mit der Verheißung des messianischen Freudenboten, „der Frieden ankündigt, der eine frohe Botschaft bringt und Rettung verheißt, der zu Zion sagt: Dein Gott ist König" (Jes 52,7). Paulus bezieht im Römerbrief dieses Evangelium auf die apostolische Verkündigung (Röm 10,15) – aber er weiß genau, dass der Apostel in der Nachfolge Jesu steht. In den Evangelien ist Jes 52,7 der wichtigste Bezugstext für die Verbindung zwischen dem Evangelium und der Königsherrschaft Gottes, die für Jesus typisch ist. Gewiss denkt der Epheserbrief an die nachösterliche Verkündigung des Auferstandenen durch die Apostel und Propheten, die im Namen Jesu Christi selbst sprechen können und sein Wort weitertragen. Aber es ist Jesus, der als Auferstandener weiter predigt – durch die Apostel und ihre Nachfolger.

Dass Jesus selbst ein Friedensbote war, lässt sich nicht leugnen. Hat er aber auch den „Heiden" gepredigt? Nach Mt 10,4 ist er doch „nur zu den verlorenen Schafen des Hauses Israel" gesandt. Der Epheserbrief hebt wohl weniger darauf ab, dass Jesus im „Galiläa der Heiden" (Mt 4,15: Jes 8,23) Begegnungen mit Nicht-Juden keineswegs gescheut hat und seine Sendung zur Rettung Israels in den Horizont der Völkerwallfahrt gestellt hat (Mt 8,11f par. Lk 13,28f). Leitend ist die österliche Perspektive: Durch Jesu Tod und Auferstehung erhellt, dass auch seine irdische Friedensmission von Anfang an auf die Vermittlung universalen Heiles für alle Völker zielt.

Der Friede, den Jesus bringt, weil er dieser Friede ist, ist im Kern die Versöhnung der Menschen mit Gott, aus der die Versöhnung untereinander folgt, die ihrerseits in der kirchlichen Einheit von Juden und Heiden einen Ort findet (ohne dass freilich der Epheserbrief darüber intensiv nachdächte, welchen Ort die Juden haben, die in ihrer ganz überwiegenden Zahl nicht an Jesus glauben).

(3) Pastoralbriefe: Die Erscheinung Jesu Christi (1Tim 1,15; 6,13; 2Tim 1,10; 2,13)

Die Pastoralbriefe, am Ende des neutestamentlichen Jahrhunderts im Namen des Apostels Paulus geschrieben, sind eine Schatztruhe alter Glaubenstraditionen. Judenchristlich geprägt, sprechen sie die Kirche an, die – nicht zuletzt aufgrund der paulinischen Mission – immer stärker von Heidenchristen majorisiert wird und deshalb aufpassen muss, ihre jüdischen Wurzeln, die ihre jesuanischen Wurzeln sind, nicht zu verlieren.

Die Briefe müssen sich mit einer Vorform der „Gnosis" herumschlagen (1Tim 6,20), die kein gutes Haar an der Schöpfung lässt, kein positives Lebensgefühl entwickelt und kein unverkrampftes Verhältnis zur Sexualität findet (1Tim 4,3). Dagegen bringt der Brief den biblischen Schöpfungsglauben zu Ehren: „Alles, was Gott geschaffen hat, ist gut, und nichts ist verwerflich, was mit Dank empfangen wird" (1Tim 4,4f).

Hinter dem religiösen Eifer der „sogenannten Gnosis“ (1Tim 6,20) steckt der Verdacht, die Beziehung der Menschen, auch der Glaubenden, zu Gott sei durch das, was Jesus getan hat, noch nicht ganz im Reinen; es gebe allerhand störende Elemente, die nun von den Menschen ausgeschaltet werden müssten, wenn sie zu innerer Stärke gekommen seien; insbesondere läge es an ihnen, sich gegen den Druck der Schwerkraft zu wehren, der sie an die Erde, an den Leib, an ihre Bedürfnisse und Gefühle binde. Gegen diesen Verdacht, aus dem tiefe Lebens- und Glaubensunsicherheit spricht, hilft nur eine starke Theologie und Christologie, die zu einer starken Praxis des Christseins führt. Die Pastoralbriefe setzen auf die „gesunde Lehre“ – eine Theologie und Verkündigung also, die nicht krank macht, weil sie nicht angekränkelt ist, sondern gut tut, weil sie gut ist. Gut ist sie, wenn sie in einem neuen Kontext neu Jesus als den Christus zur Geltung bringt.[50]

Timotheus und Titus müssen realistisch dem innerkirchlichen Streit um die rechte Lehre und den richtigen Weg ins Auge sehen. Sie sollen eine klare, hilfreiche Position beziehen, die der Gemeinde und dem Glauben Zukunft eröffnet. Dazu können sie sich am Vorbild des Apostels orientieren und an der überlieferten Lehre. Beides soll ihnen nicht äußerliches Gebot (und am Ende drückende Last) sein, sondern inneres Bedürfnis werden, echte Überzeugung, eigener Antrieb. Entscheidend ist, dass Timotheus und Titus selbst vom Glanz der Wahrheit fasziniert sind, den das Evangelium verbreitet. Deshalb buchstabiert der Paulus der Pastoralbriefe immer wieder in klaren und einfachen Worten die klare und einfache Wahrheit des Glaubens.

Rettung der Sünder (1Tim 1,15)

Der Erste Timotheusbrief setzt mit einem Dank des Paulus für seine Berufung zum Apostel ein (1Tim 1,12–17). An seinem Beispiel soll Timotheus sehen, wie groß die Gnade Gottes ist (1Tim 1,14). Worin sie besteht, sagt das „Wort“, das „glaubwürdig und wertvoll“ ist (1Tim 1,15):

> Christus ist in die Welt gekommen, um die Sünder zu retten.

Diese schlichte Wahrheit macht Paulus an seiner eigenen Person fest (1Tim 1,15f). Er, der die Kirche verfolgt hat, ist zum Apostel der Kirche geworden. Seine Rettung besteht darin, vom Hass auf den Gekreuzigten und die Christusgläubigen befreit worden zu sein. Die Rettung aller besteht in der Vergebung der Sünden und in der Erneuerung des ganzen Menschen, der Vermittlung eines authentischen Gottesverhältnisses, am Ende in der Auferstehung der Toten und dem ewigen Leben. Vers 16 bezieht den Grundsatz auf den Auferweckten, der Paulus vor Damaskus erschienen ist. Aber fraglos ist in dieser Auferweckungstheologie die Grundintention des Irdischen sehr gut getroffen (vgl. Lk 19,10). Mehr noch: Das Hauptverb „gekommen" bezieht sich auf die Menschwerdung und Sendung des Christus (nicht auf die Erscheinung oder die Parusie). Die „Welt" war der Ort des Wirkens Jesu – und bleibt es auch. In der Erscheinung des Auferstandenen wird der Grundsinn der Sendung Jesu neu bewahrheitet. Im Streit mit der „Gnosis" ist es wesentlich, die radikale Positivität des Wirkens Jesu Christi zu betonen: dass er allen alles Heil bringt. Die soteriologische Kohärenz zwischen dem Irdischen und dem Auferstandenen trägt wesentlich dazu bei.

Martyrium (1Tim 6,13)

In der Ermahnung, dass Timotheus seinem Auftrag treu bleibe und gemäß seiner Ordination Zeugnis für das Evangelium ablege, verweist der Brief (1Tim 6,13) auf das Vorbild Jesu, „der vor Pontius Pilatus das rechte Bekenntnis abgelegt hat". Vorbildlich ist der Märtyrer, der Zeuge, der sein Leben für Gott eingesetzt hat. Die Vorbildlichkeit tangiert in keiner Weise die eschatologische Heilswirksamkeit, die – wie bei Paulus – mithilfe von Motiven der Sühne und Stellvertretung expliziert wird (1Tim 2,6; Tit 2,13f; vgl. 1Tim 1,15; 2Tim 1,9f; Tit 3,4ff). Das Leiden, das Jesus zur Rettung aller Menschen, aller Sünder auf sich nimmt, ist ein einziges „Bekenntnis" zu Gott, der Quelle allen Lebens (1Tim 6,13a), ein „Zeugnis" für Gottes Heilsplan (1Tim 2,6). Jesu Martyrium weist freilich nicht nur auf die Rettung hin, die Gott im Sinn hat, sondern verwirklicht sie. In dieser Verwirklichung ist nicht nur wichtig, dass, sondern auch, wie sie geschieht: auf menschliche Weise (vgl. 1Tim 2,6), durch unschuldiges Leiden, als Zeugnis für den lebendigen Gott. Form und Inhalt des Bekenntnisses stimmen überein.[51] Beides kann nur vom Menschen Jesus ausgesagt werden, der ganz zu Gott gehört; das christologische Bekenntnis ist seinem Ursprung nach in Form und Inhalt ein jesuanisches, das jesuanische notwendig christologisch.

Ohne elementare Kenntnis der Passionsgeschichte kann die prägnante Formulierung nicht erklärt werden. Nach den Synoptikern (Mk 15,1–15 parr.) hat Jesus vor Pilatus allerdings nicht tiefschürfende inhaltliche Ausführungen über Gott und die Welt gemacht, sondern durch sein beredtes Schweigen und vielsagendes:

„Du sagst es“ das Bekenntnis zu seiner Sendung abgelegt. Wer aus der Darstellung auf ein Geständnis des Angeklagten schließen will, ist auf dem Holzweg. Das Schweigen ist das des leidenden Gerechten, des unschuldig Angeklagten, der sich dem Prozess verweigert, weil er weiß, dass er nicht der Wahrheitsfindung dient, sondern dem politischen Mord ein juristisches Mäntelchen überhängen soll. Jesu Antwort: „Du sagt es“ auf die Frage des Pilatus, ob er der „König der Juden“ sei, ist ein Ja und Nein zugleich: ein Ja zum messianischen Auftrag Gottes, die Königsherrschaft aufzurichten, und ein Nein zum römischen Verständnis des Judenkönigs, der als Aufrührer anzusehen sei. Das Zeugnis Jesu nach den Synoptikern vor Pilatus ist eines des schweigenden Widerstandes und der selbstbewussten Ergebung, die im Kern Zustimmung zu Gottes Heilsplan ist.

Nach Johannes hingegen hat Jesus mit Pilatus intensiv über Gott und die Welt gesprochen. Hier findet sich auch das Motiv des Zeugnisses. Denn auf die Frage des Pilatus, ob er ein König sei, antwortet er nicht nur mit einem klaren Ja, sondern auch mit einer irritierend genauen Beschreibung seines Königtums: „Dazu bin ich geboren und in die Welt gekommen, um für die Wahrheit Zeugnis abzulegen“ (Joh 18,37). Eine Abhängigkeit des Pastoralbriefes vom Johannesevangelium braucht nicht postuliert zu werden, entscheidend ist die Konvergenz. Suchte man eine narrative Ausfaltung von 1Tim 6,13, könnte man sie in erster Linie bei Johannes, in zweiter bei den Synoptikern finden; suchte man eine theologische Komprimierung der Prozesserzählung, fände man sie in 1Tim 6,13.

Das Licht des Evangeliums (2Tim 1,10)

Der Zweite Timotheusbrief hat testamentarischen Charakter, weil er Paulus so darstellt, dass er seinen Nachfolger Timotheus auf seinen Tod vorbereitet. Er entspricht christologisch dem Ersten Timotheusbrief und hält engen Kontakt zu den paulinischen Originalen. Entscheidend ist, dass Timotheus sich am (paulinischen) Evangelium orientiert. Dies kann der Brief prägnant zur Sprache bringen. Es klingt wie ein Nachhall des Römerbriefes (Röm 1,16f), wenn von der Kraft Gottes zur Rettung gesprochen wird, die sich im Evangelium ereignet, auch wenn nun betont wird, dass sie sich im Apostel und den Gesandten erweist (2Tim 1,8). Es bringt die Rechtfertigungslehre neu zur Geltung, wenn die Berufung (zum Christsein, dann auch zum Amt) nicht auf „Werke“, sondern auf „Gnade“ zurückgeführt wird (2Tim 1,9). Diese Gnade kennzeichnet der Brief christologisch (2Tim 1,9ff):

9… die uns in Christus Jesus gegeben ist vor ewigen Zeiten,
10jetzt aber offenbart worden ist durch die Erscheinung unseres Retters Christus Jesus,
der den Tod vernichtet
und Leben und Unvergänglichkeit hat aufleuchten lassen
durch das Evangelium, …

Wiederum ist der erste Bezugspunkt die Auferweckung. Denn „den Tod vernichtet" hat Jesus durch seine Auferstehung. Vorausgesetzt ist ein Gedanke wie der von 1Kor 15,20–28 und 1Thess 4,13–18, dass in der Auferweckung Jesu die Auferstehung der Toten begründet ist. Als „letzter Feind" Gottes und der Menschen wird nach 1Kor 15,26 der Tod besiegt. Dies geschieht durch Jesu Auferstehung, weil sie „für" die Menschen sich ereignet: aus der radikalen Teilgabe an seiner ureigenen Gottesbeziehung. Von dort her leuchtet die ganze Frohe Botschaft ein. Es ist, so nimmt Paulus nach dem Zweiten Timotheusbrief für sich in Anspruch, dasselbe Evangelium, das er verkündet.

Mit diesem Stichwort ist aber nicht nur die Auferstehung präsent, sondern auch das Wirken Jesu von Nazareth. Er hat das „Evangelium Gottes" verkündet, die Zeit sei erfüllt und Gottes Herrschaft nahegekommen (Mk 1,14f par.). Darauf deutet auch das christologische Leitmotiv der Pastoralbriefe: die Erscheinung (Epiphanie) Jesu als Retter. Dieses Motiv ist in der paulinischen Literatur neu. Es ist auch – damals – sehr modern. Es spricht die Sprache von Heidenchristen, die in ihrer Kultur die Vorstellung, dass Götter für eine Zeit auf Erden weilen, kennen, aber auch den radikalen Unterschied verstehen können, den der Glaube an die Menschwerdung Gottes in Jesus Christus markiert. Nur im Horizont des Christusglaubens ist – wie in der Bibel Israels vorgegeben – Gott wirklich Gott und nicht ein Teil des Kosmos; nur im Horizont des Christusglaubens – hier liegt das Spezifikum des Neuen Testaments – ist denkbar und glaubhaft, dass in einem Menschen der lebendige Gott begegnet (Tit 2,13). Die Ostkirche hat die Epiphaniechristologie noch stärker als die Westkirche betont, die mehr die Paschachristologie ins Zentrum rückt.

Die „Epiphanie" beziehen die Pastoralbriefe sowohl auf die Inkarnation des Präexistenten (vgl. 1Tim 3,16) als auch auf die geschichtliche Präsenz des Irdischen wie die Erscheinungen des Auferweckten (2Tim 1,9f; vgl. 2Tim 4,8) und auf die Parusie des Erhöhten (1Tim 6,14; 2Tim 4,1; Tit 2,13). Entscheidend ist der Zusammenhang. Das einmalige und unwiederholbare Ereignis des geschichtlichen Wirkens Jesu, das der Aorist des Partizips in

2Tim 1,10 anzeigt (in Deutschen ein Perfekt), prägt unwiderruflich und unüberbietbar alle Zeit und Ewigkeit. Daraus folgt umgekehrt, dass 2Tim 1,9f unter dem Stichwort Epiphanie die geschichtliche Präsenz Jesu als eschatologisches Heilsgeschehen erfasst. Im Blick steht der Jesus der Geschichte, aber nicht einfach als historische Persönlichkeit, sondern als der Inkarnierte, als der „für alle" Gestorbene und als der Auferweckte; er steht im Blick als derjenige, durch den Gott seinen ewigen Heilsratschluss verwirklicht: wie durch seine Menschwerdung und seinen Tod, so durch seine Auferweckung und Erhöhung. Oder besser: Jesu Auferweckung, an der seine eschatologische Heilsbedeutung hängt, bringt – durch das Evangelium – seine Heilsmittlerschaft (1Tim 2,5) genau in der Ausrichtung zu geschichtlicher Wirksamkeit, wie er als „Retter" in die Welt gekommen ist. Dies wird sich in der Parusie endgültig herausstellen.

Treue

2Tim 2,11ff ist ein Beispiel, wie einfach und eindrücklich der Glaube ausgesprochen werden kann. In fünf kurzen Sätzen werden die großen Gegensätze des Lebens angesprochen, und gleichzeitig wird die einzig hoffnungsvolle Überwindung dieser Spannung deutlich. Tod und Leben kommen ins Spiel, Niederlage und Sieg, Treue und Verrat. Das *Wie* ist entscheidend. Der Zweite Timotheusbrief redet nicht einer letzten Ambivalenz, sondern einer letzten Eindeutigkeit das Wort. Dazu spielt „Paulus" – lange geschickt verzögert – zum Schluss die Trumpfkarte der Christologie aus (2Tim 2,11ff):

> 11 Wenn wir mit ihm gestorben sind, werden wir auch mit ihm leben;
> 12 wenn wir ausharren, werden wir mit ihm herrschen;
> wenn wir ihn verleugnen, wird er uns verleugnen;
> 13 wenn wir untreu sind, bleibt er treu,
> denn er kann sich selbst nicht verleugnen.

Der erste Satz schlägt die Brücke zurück zum Römerbrief des Apostels: „Wenn wir mit Christus gestorben sind, glauben wir, dass wir mit ihm auch leben werden" (Röm 6,8). *Mit* Christus können die Christen sterben, weil Christus *für* sie gestorben ist; dass dieses *Für* auf ihre Anteilhabe am Reich Gottes zielt und dass diese Anteilhabe Gemeinschaft mit Christus ist, wird schon in der synoptischen Abendmahlstradition gesagt, besonders der matthäischen Variante: „Amen, ich sage euch, ich werde nicht mehr vom Gewächs des Weinstocks trinken, bis zu dem Tag, da ich mit euch neu davon trinke im Reich meines Vaters" (Mt 26,29).

Dass Geduld Hoffnung macht, hat Paulus in Röm 5,4 gesagt. Worin sie besteht, klärt der Pastoralbrief wiederum im Rückgriff auf Jesuanisches: „In allen meinen Versuchungen habt ihr bei mir ausgeharrt. Darum vermache ich euch das Reich, wie es mein Vater mir vermacht hat: Ihr sollt in meinem Reich mit mir an meinem Tisch essen und trinken, und ihr sollt auf Thronen sitzen und die zwölf Stämme Israels richten" – so macht Jesus nach Lk 22,28ff seinen Jüngern im Tischgespräch nach dem Letzten Abendmahl Mut.

Aber auch dann, wenn es ernst wird, weil Versagen und Verrat ins Spiel kommen, klingt ein jesuanisches Motiv an: „Wer sich vor den Menschen zu mir bekennt, zu dem wird sich auch der Menschensohn vor den Engeln Gottes bekennen. Wer mich aber vor den Menschen verleugnet, der wird auch vor den Engeln Gottes verleugnet werden" – so appelliert Jesus nach Lk 12,8f, um aufzurütteln und an die Freiheit der Menschen zu appellieren, denen er das Evangelium bringt.

Lk 12,8f macht die Alternative klar; ein drohender, besser: warnender Unterton ist durchaus herauszuhören. Der (späte) Timotheusbrief ist hier (ganz im ureigenen Sinne Jesu) dialektischer. Er geht von der Realität menschlicher Schwäche aus, auch der Glaubensschwäche der Christen. Er scheut sich nicht, die Untreue, das gebrochene Versprechen, beim Namen zu nennen. Es liegt auf einer Ebene mit der Verleugnung Christi.[52] Aber weit darüber stellt er die Treue Jesu. Er „kann sich selbst nicht verleugnen" – und deshalb wird er sich als Mittler der Versöhnung erweisen: weit über das hinaus, was Menschen anrichten und als Wiedergutmachung anbieten können. Die Verleugnung, von der Vers 12 spricht, wird durch das Bekenntnis Jesu zu den Menschen, die Gott retten will, noch einmal aufgehoben – so wie nach Röm 1–3 der Zorn durch die Gerechtigkeit Gottes aufgehoben wird: Das Heil kommt durch das Gericht. (Eine Parallele findet sich im Sendschreiben an die Gemeinde von Sardes Offb 3,5.)

Die Treue Jesu zu sich selbst ist seine Liebe zu den Menschen. Diese Treue umfasst die Verurteilung der Sünde – und führt dann zur Vergebung; sie umfasst die Apostasie – und führt dann zur Versöhnung. In der Treue Jesu zu den Menschen ereignet sich die Bundestreue, anders gesagt: die Gerechtigkeit Gottes. Diese Treue Gottes ist *eo ipso* unverbrüchlich; sie wird durch menschliche Untreue nicht irritiert (Röm 3,3f). So ist auch die Treue (und die sie tragende Liebe) Jesu Christi nicht dort beendet, wo Menschen ihrem Christusglauben untreu werden. Vielmehr erweist sie sich dann in rettender Weise neu – ohne dass der Briefverfasser sich überhebt, das *Wie* zu erhellen.

Das neutestamentliche Beispiel ist Petrus. Er hat in der Stunde der Not seinen Herrn verleugnet, obgleich er mit ihm (Mk 14,31 parr.) und für ihn (Joh 13,37f) sterben zu wollen erklärt hatte; aber Jesus lässt ihn nicht fallen. Die bitteren Tränen der Reue bleiben Petrus nicht erspart (Mk 14,72) – aber sein Leben endet nicht im Nichts, weil der Auferstandene ihn nicht fallen lässt, sondern ihm in Galiläa wieder erscheint, um ihn in die Nachfolge zu rufen. Dass eine direkte Anspielung auf die Petrusgeschichte vorliegt, kann nicht nachgewiesen werden; aber die Strukturparallele ist signifikant.

Der Text bleibt beim Heilstod Jesu, von dem er ausging. Er bleibt bei der Auferstehungshoffnung, die im Tode Jesu gründet; er stellt in eschatologischer Perspektive vor Augen, was Jesu Leben ausmacht. Seine Treue zu Gott ist seine Treue zu seinem Auftrag, und seine Treue zu den Menschen, als deren Retter er gesandt wurde, ist seine Treue zu sich selbst. Dass und wie Jesus treu ist, kann man an seinem Leben und Sterben ablesen. Durch seinen Tod wird seine Treue besiegelt; durch seine Auferstehung kommt sie endgültig zur Wirkung.

(4) Zusammenfassung

Die Briefe der Paulusschule schreiben im wesentlichen die paulinische Christologie fort: in der Konzentration auf Jesu Kreuz und Auferstehung, aber auch in der Christologie der Menschwerdung und des Menschseins, die sich in ihrer Perspektive erschließt. Von einer Engführung auf den Tod ist die Christologie der Paulusschule so weit entfernt wie Paulus selbst. Vielmehr wird der Tod Jesu so thematisiert, dass in ihm der Sinn des ganzen Lebens sich erschließt. Dieses Leben wird freilich – wie bei Paulus – nicht erzählt, sondern in einigen charakteristischen Wendungen so gedeutet, dass klar wird, inwiefern die nachösterliche Verkündigung der Intention Jesu entspricht. Die Pastoralbriefe, die zeitlich weiter von Paulus entfernt stehen, treiben mehr Aufwand als der Kolosser- und Epheserbrief. Sie wissen, dass sie die Herausforderung ihrer Zeit – den Kampf gegen die „Gnosis“ und die Motivation der Christen zu nachhaltigem Glaubensleben in geordneten kirchlichen Verhältnissen – nur dann werden bestehen können, wenn sie die alttestamentlichen, die jüdischen und vor allem die jesuanischen Wurzeln des Christseins nicht abschneiden, sondern voller

Saft und Kraft wirken lassen. Der Epheserbrief hat die Basileiabotschaft Jesu als Friedensbotschaft im Blick, die Pastoralbriefe rufen die Erinnerung an Jesu Wirken als Retter der Sünder wach, seine Davidssohnschaft und seine Treue im Leben und Sterben, die sich durch die Auferweckung für alle Zeit und Ewigkeit als Grund aller Hoffnung erweist. Aus diesen Notizen allein könnte man sich kein umfassendes Bild Jesu bilden; aber sie stehen ja auch nicht allein, sondern rufen Kenntnisse wach, die auf anderen Wegen, vor allem durch mündliche und schriftliche Evangelientraditionen, den Gemeinden vermittelt worden sind. Die Vernetzungen mit diesen Überlieferungen sind für die Christologie der Paulusschule wesentlich.

c) Der Hebräerbrief: Der menschliche Hohepriester

Der Hebräerbrief ist nicht von Paulus geschrieben worden. Aber er treibt Theologie auf einer ähnlichen Höhe der Gedanken und in einer ähnlichen Nähe zu den Problemen der Kirche seiner Zeit. Es sind nicht mehr die Querelen der Anfangszeit, die Unsicherheiten und Überspanntheiten der Neugetauften, mit denen es Paulus zu tun hatte. Nun sind es die Mühen der Ebene, die Beschwernis bereiten. Der nachlassende Gottesdienstbesuch, den der (unbekannte) Verfasser beklagt (Hebr 10,25), ist ein Indiz für geringer gewordenen Eifer, für schwammig gewordene Überzeugungen und für unklar gewordene Identität. Was spricht im Alltag der Welt für die Wahrheit der Frohen Botschaft? Aus welchen Ressourcen lässt sich die Energie zum Christsein wieder aufladen? Was bedeutet es, durch den Glauben und die Taufe nicht schon in den Glückszustand der Vollendung versetzt worden zu sein, sondern aufs Neue mit den Schwierigkeiten des Lebens konfrontiert zu werden?

Der Hebräerbrief treibt kein pastorales Krisenmanagement. Er geht den Problemen auf den Grund. Kind seiner Zeit, weiß er, wo damals die eigentlichen Ursachen der Glaubensschwierigkeiten lagen. Das geistige Klima war durch eine aktuelle Spielart der Philosophie und Religion geprägt, die letztlich auf Plato zurückgeht. Sie betont die Majestät, die Einzigkeit, die Geistigkeit Gottes. Sie weiß, dass vollendetes Leben, Unsterblichkeit, absolute Wahrheit nur bei Gott zu finden sind. Damit ist ein guter Anknüpfungspunkt für die christliche Theologie gegeben. Gleichzeitig aber wird im Platonismus die „Transzendenz“, die Jenseitigkeit Gottes, seine Überlegenheit über die Welt so stark betont, dass die ernsthafte Frage auftaucht, ob er wirklich an der Welt interessiert sei und ob er ihr, ohne seine Göttlichkeit zu verletzen, überhaupt nahe sein könne. Hieraus resultiert die metaphysische Angst, von der die Adressaten des Hebräerbriefes wie viele ihrer Zeitgenossen gelähmt werden. Gott scheint in weiten Fernen zu thronen. Jesus, zur Rechten Gottes erhöht, scheint gleichfalls den Menschen, die auf Erden leben, so unendlich überlegen zu sein, dass er ihnen fremd wird.

Ist dieses damals so brennend aktuelle Problem heute so fern? Kommt es nicht auf neue Weise nah? Was ist, wenn Gott ein Gebet nicht erhört? An wen kann man sich halten, wenn Jesus, mit Würdenamen überhäuft, hoch über alle Himmel entschwindet oder sich, mit guten Wünschen überfrachtet, in die Geistigkeit hehrer Ideale verflüchtigt? Hat nicht das 20. Jahrhundert, das Jahrhundert der globalen Katastrophen, Gott ganz in die Ferne gerückt?

Der Hebräerbrief ist von großer Aktualität. Seinen Gemeinden erklärt er das Christsein als Weg. Dieser Weg ist lang und steinig – und er führt zum Ziel. Das Zweite Vatikanische Konzil hat den Grundgedanken aufgegriffen, wenn es die Kirche (in „Lumen Gentium“) das „wandernde Gottesvolk“ nennt. Das ist ein Motiv, das zwischen dem vollendeten Reich Gottes und der Kirche auf Erden klar unterscheidet und doch eine ganz wesentliche Verbindung sieht, die durch Jesus selbst gestiftet ist.[53]

(1) Der erniedrigte und erhöhte Mensch (Hebr 2,6.11.17f; 4,14f)

Der Weg der Kirche ist die Nachfolge Jesu. Dieses alte synoptische Motiv hat der Hebräerbrief erneuert. Der Weg des Heiles, den Jesus geht, ist der Weg durch die Himmel, durch den Vorhang des himmlischen Heiligtumes hindurch bis vor das Angesicht des lebendigen Gottes (Hebr 6,19f; 9–10). Menschen, die auf Erden Gottes Angesicht sähen, müssten sterben – weil Gott Gott ist und die Menschen sterblich sind. Kein Mensch kann sich allein retten, keiner seinem Leben Ewigkeit verleihen, keiner sich selbst zur Höhe Gottes aufschwingen. Einer muss für die Menschen eintreten: Gott selbst muss es sein – und er tut es in der Person Jesu.

Dass aber dieser Jesus den Menschen den Zugang zu Gott öffnet, setzt voraus, dass er sie dort abholt, wo sie stehen. Das hat der Hebräerbrief mit gleichem Nachdruck betont wie Jesu Erhöhung. Jesus ist einer von uns geworden. Er hat das menschliche Leben geteilt. Er ist auch der Unmenschlichkeit nicht entflohen. Er musste leben wie wir und sterben wie wir. Das alles ist nicht das tragische Geschick, dem er nicht ausweichen konnte; es ist nicht der Preis, den er für seine Heiligkeit zahlen musste. Es ist die denkbar intensivste Anteilnahme Gottes am Leben der Menschen. Der Hebräerbrief betont das Menschsein des Gottessohnes, weil er weiß, dass nur so das Geheimnis der Erlösung zur Sprache kommen kann.

Es sind mehrere Stellen, an denen der Brief auf Jesu Menschsein zu sprechen kommt. Alle stehen im engen Kontext mit christologischen Hoheitsaussagen. Alle zeigen, dass nur die gesamte Spannweite der Christologie – Jesu Gottheit und Menschheit – die Hoffnung auf Rettung, auf vitalen Glauben, auf authentische Gotteserfahrung bewahrheiten kann, die mit Jesus versprochen ist.

Menschwerdung (Hebr 2,6)

Der Hebräerbrief beginnt christologisch ganz oben. Jesus ist „Abglanz der Herrlichkeit und Abbild des Wesens“ Gottes (Hebr 1,3); er ist Schöpfungsmittler (Hebr 1,3), Erlöser (Hebr 1,3), Gottessohn (Hebr 1,5: Ps 2), Erhöhter (Hebr 1,13: Ps 110). Deshalb redet der Brief aber auch unverblümt von der Erniedrigung Jesu – im Wissen, dass sie nur für kurze Zeit erfolgte, aber mit allem Ernst und Nachdruck (Hebr 2,7.9). Ein Leittext, die Herrlichkeit des Menschen Jesus und das Menschsein des Verherrlichten zu entdecken, ist Ps 8. Der Hebräerbrief bezieht die Grundfrage nach dem Wert des Menschen in Gottes Augen auf den Messias und betont so, mit Hilfe des Psalms, sein Menschsein als wesentlichen Aspekt seiner Gottessohnschaft (Hebr 2,6: Ps 8,1):

> „Was ist der Mensch, dass du seiner gedenkst,
> der Menschensohn, dass du seiner dich annimmst?“

Selbst der jesuanische, apokalyptisch gefärbte Titel des Menschensohnes kommt auf diese Weise neu zu Ehren: indem seine ursprüngliche, bei Ezechiel nachzuweisende Bedeutung als Synonym für „Mensch“ aufgerufen und christologisch aufgeladen wird.

Bei Jesus Christus ist das Menschsein nicht Geschick, sondern freie Wahl. Sie entspricht dem Heilswillen Gottes. Der Hebräerbrief hat ein ausgesprochen starkes Gespür für Angemessenheit. Nicht Engel, sondern Menschen müssen erlöst werden (Hebr 2,16). Menschen können aber nur durch einen Menschen erlöst werden, sonst bliebe die Rettung ihnen fern. Da sie Menschen „von Fleisch und Blut sind“, muss auch ihr Erlöser „Fleisch und

Blut angenommen“ haben (Hebr 2,14). Erlösung kann nur durch Gott kommen; also muss Gott den Erlöser, mit dem er eines Wesens ist, als Mensch gesandt haben. Da Sünde Leid verursacht, ist allein der Weg des Leidens – des Erleidens der Sünde – der Weg des Heiles. Mithin ist es „angemessen“, dass Gott den „Urheber“ des Heiles „durch Leiden vollendet“ (Hebr 2,10) – wie genau deshalb das Leiden Jesu der Grund seiner Erhöhung durch Gott ist (Hebr 2,9). Der Hebräerbrief formuliert bündig (Hebr 2,17):

> Darum musste er in allem den Brüdern gleich werden.

Das „Muss“ ist die Logik des Heilsgeschehens, die sich seinem Ethos verdankt. Das „Muss“ drückt keinen Zwang aus, dem Jesus sich gebeugt hätte, sondern die Konsequenz des göttlichen Heilshandelns, in dem Jesus durch sein Leiden einen aktiven Part spielt, weil er auf radikale Weise menschlich ist.

Die Versuchung Christi (Hebr 2,18; 4,15)

Zur *condition humaine* gehört, dass Jesus „in Versuchung geführt“ worden ist (Hebr 2,18). Der Hebräerbrief verbindet dieses Wissen mit dem Bekenntnis des Glaubens (Hebr 4,14f). Die Moderne rechnet gerne mit sexuellen Versuchungen Jesu. Jesusromane und Jesusfilme sind voll von Spekulationen über amouröse Abenteuer, meist mit Maria Magdalena. Hinter den Machwerken mit ihren schwülstigen Geschichten steht nicht nur das kommerzielle Interesse, das Unterhaltungsbedürfnis eines Massenpublikums zu befriedigen und die Erwartungen einer „aufgeklärten“ Intellektuellenschar zu bedienen. Verheerend macht sich das tiefsitzende Vorurteil bemerkbar, im Grunde müssten alle anderen Menschen so sein wie man selbst, so mittelmäßig, so bedürfnisorientiert, so schwach; Heiligkeit sei nur Heuchelei, Askese bestenfalls Fassade, Gerechtigkeit kaum verhüllter Eigennutz. Das beste Gegengift gegen diese allgemeine Gleichmacherei ist heute vielleicht der Respekt vor dem Wert und der Würde anderer Religionen. Wenn es wirkt, können sich wohl auch die Augen wieder neu für das Unglaubliche öffnen, das sich im Herzen der ureigenen Tradition, des Christentums, ereignet, und den Horizont eigenen Gutdünkens unendlich übersteigt.

Das bedeutet keineswegs, in eine Welt zeitloser Ideen zu fliehen. Das Neue Testament ist viel radikaler als die Moderne, wenn es von Versuchungen Jesu spricht. Alle drei synoptischen Evangelien (Matthäus, Markus und Lukas) stellen an den Beginn ihrer Jesusgeschichte eine Versuchungserzählung. Alle drei bringen sie mit der Gottessohnschaft Jesu in Verbindung. Nirgends ist es so (wie fälschlich oft gedeutet wird), dass die Versuchung eine Art Bewährungsprobe sei, deren Bestehen dann mit der Verleihung der Gottessohnsohnwürde belohnt würde. Vielmehr ist es gerade umgekehrt so, dass Jesus *als Sohn Gottes* versucht wird (Mk 1,12f; Mt 4,1–11 par. Lk 4,1–13). Die Versuchung Jesu besteht darin, dass er seine Gottessohnschaft, seine einzigartige Beziehung zum Vater, ausnutzt, um sich den Weg des Leidens zu ersparen. Deshalb muss die Versuchungsgeschichte immer mit Gethsemane zusammengebracht werden: dass Jesus wirklich um die Verschonung vor dem Leiden und mehr noch um die Verwirklichung des Heilswillens Gottes gebetet hat. Ebenso muss die Versuchungsgeschichte mit den vielen Episoden aus dem Leben Jesu in Verbindung gebracht werden, die zeigen, dass Jesus um der bedürftigen Menschen willen zwar Gottes Vollmacht, zu lehren und zu heilen, in Anspruch genommen hat, aber von Anfang bis Ende den Weg der Gewaltlosigkeit, des Friedensstiftens, der Armut gegangen ist.

Die Versuchung Christi ist nach dem Hebräerbrief (unweit der synoptischen Tradition), sich den Weg des Leidens zu ersparen (Hebr 2,18). Das ist nicht irgendeine Versuchung, sondern die Versuchung schlechthin, da es darum geht, Gott in seinem Heilswillen die Ehre zu geben, auch wo er den Tod des Gottessohnes umfasst. Hebr 4,15 stellt – wie die synoptischen Versuchungsgeschichten – klar, dass Jesus der Versuchung nicht nachgegeben, sondern sie bestanden hat. Das unterscheidet sein Menschsein wesentlich von dem aller anderen Menschen. Es führt dazu, dass Jesus auch als Mensch nicht auf der Seite der Erlösten, sondern des Erlösers steht. Allerdings setzt dies voraus, dass die Versuchung wirklich eine war. Sie war es in einem letzten Sinn aber nur dann, wenn Jesus als Mensch der Sohn Gottes ist – und als Gottessohn wahrer Mensch.

Bruder Jesus (Hebr 2,11)

In der Betonung des Menschseins Jesu ist die Bruderschaft mit den Menschen entscheidend. Der Hebräerbrief scheut sich nicht, sie in patrozentrischer Perspektive so zu erschließen, dass „alle (heißt: Christus und die Christen; mehr noch: der Gottessohn und alle Gotteskinder) von Einem“ abstammen (Hebr 2,11), nämlich von Gott – wenngleich die Art der Abstammung, wie sich aus Hebr 1 ergibt, grundlegend anders ist, und er es ist, der „heiligt“, die anderen aber die sind, die „geheiligt werden“ (Hebr 2,11). Als Schriftbeleg gilt – wohl nicht von ungefähr – der Leidenspsalm, der im Hintergrund der markinischen Passionsgeschichte steht (Ps 22,23: „Ich will deinen Namen meinen Brüdern verkünden"). Der wesentliche Aspekt ist die Gleichheit. Nur als Mensch kann Jesus Christus den Menschen helfen, nur als „Bruder" kann er sie zu Gott führen (Hebr 2,17). Dass er ihr menschlicher „Bruder Jesus" geworden ist, begründet ihr Heil. (Der Hebräerbrief entwickelt mit diesem Motiv keine Soteriologie Israels, sondern eine Soteriologie der Menschheit.)

(2) Der Hohepriester

Hebr 2,17, der Satz, der konstatiert, dass Jesus den Menschen ein menschlicher Bruder werden „musste", wird fortgesetzt:

> ..., damit er barmherzig sei,
> ein treuer Hoherpriester vor Gott,
> um die Sünden des Volkes zu sühnen.

Der Titel des Hohenpriesters klingt heute altertümlich, war damals aber aktuell. Der Briefautor hat den Tempel von Jerusalem und den dort amtierenden Hohenpriester vor Augen – ob nun das Heiligtum zur Zeit der Abfassung des Briefes bereits zerstört war oder nicht. Aber er denkt weiter. Sein Blick reicht zurück bis zu Melchisedek, jenem sagenhaften Priesterkönig, dem nach Gen 14,17–20 kein geringerer als Abraham den „Zehnten" dargebracht hat (Hebr 7,1–10). An Melchisedek interessiert den Hebräerbrief, was alles über ihn nicht gewusst wird: welchen Vater und welche Mutter, welchen Stammbaum er habe, wann er geboren und gestorben sei (Hebr 7,3). Mit Ps 110 schlussfolgert er, Melchisedek repräsentiere ein ewiges Hohepriestertum (Hebr 7,3). In Übereinstimmung mit seinem Christusbekenntnis erkennt der Autor in diesem Melchisedek „ein Abbild des Sohnes Gottes" (Hebr 7,3), eine vorweggenommene Figur, die auf den Kommenden verweist.

Das unterscheidet Melchisedek vom levitischen Priestertum, das gleichfalls einen Hohenpriester kennt, aber nach dem Hebräerbrief nur eine vorläufige Institution repräsentiert, die nur immer wieder neu, Jahr für Jahr, also nie endgültig, nie ein für allemal, Sündenvergebung zu bewirken vermag und zudem nur mit dem Blut von Böcken und Stieren arbeiten kann, wie es der „ersttestamentlichen" Ordnung entsprach, durch Christus aber abgelöst wurde. Dieser Widerspruch bildet das Herzstück des Hebräerbriefes, der die Frohe Botschaft in der Sprache des Kultes zum Ausdruck bringt.

Er redet vom Priestertum der levitischen Ordnung und vom ewigen Priestertum nach der Ordnung des Melchisedek unter der Prämisse einer starken Theologie des Priesterlichen. Dahinter steckt alttestamentliche Heiligkeitstheologie, zu der es allerdings sehr viele pagane Parallelen gibt – wenngleich nicht in der glasklaren Theozentrik der Bibel. Ein Priester ist „Mittler zwischen Gott und den Menschen" (Hebr 8,1ff) – aber nicht als neutraler Schiedsmann, sondern als Repräsentant Gottes unter den Menschen. Einerseits vermittelt er den Segen Gottes, andererseits ist er Sprecher der Menschen vor Gott; einerseits steht er der heiligen Liturgie vor, andererseits gibt er göttliche Weisung – dies alles nicht nach eigenem Ermessen, sondern nach dem Willen und auf die Weise Gottes.

Der Hebräerbrief nennt die beiden Bedingungen, die erfüllen muss, wer Hoherpriester sein kann: Er muss erstens von Gott selbst eingesetzt sein, sonst könnte er nicht dem Willen Gottes entsprechen und Gott selbst repräsentieren; und er muss zweitens ein Mensch sein, sonst wäre er nicht Priester. Die erste Bedingung sieht der Hebräerbrief durch die Präexistenz und Menschwerdung Jesu Christi in einer Weise erfüllt, der Ewigkeitswert zukommt – anders als im Fall der levitischen Priester, in etwa nur vergleichbar mit Melchisedek, von dem keine Genealogie überliefert ist. Die zweite Bedingung hat er besonders betont, indem er Jesu Menschlichkeit hervorgehoben hat (4,14f):

> 14 Da wir nun einen großen Hohenpriester haben,
> der die Himmel durchschritten hat,
> Jesus, den Sohn Gottes,
> lasst uns am Bekenntnis festhalten.
> 15 Denn wir haben nicht einen Hohenpriester,
> der nicht mitfühlen könnte mit unseren Schwächen,
> sondern einen, der wie wir versucht worden ist – aber nicht gesündigt hat.

„Groß" ist der Hohepriester Jesus als der einzig wahre, der, weil ohne Sünde, nicht erst für seine eigenen Sünden opfern musste, um dann für die des Volkes opfern zu können, und nicht das Blut von Schlachttieren dargebracht hat, sondern sich selbst: sein eigenes Blut (Hebr 9,12–25). „Groß" ist er als Sohn Gottes, „groß" auch in seinem Mitgefühl, das ihn in seiner Menschlichkeit auszeichnet.

Den archaischen Verdacht, Gott könne und wolle nicht in einer letztgültigen Weise auf der Seite der Menschen stehen, sieht der Hebräerbrief auf eine letztgültige Weise durch Jesus widerlegt.

Daran hängt alle Hoffnung. Sie setzt aber voraus, dass der Sohn Gottes, der große Retter, kein anderer ist als Jesus, der Mann aus Nazareth. Das hat der Hebräerbrief ernstgenommen. Der „große" Hohepriester ist einer, der „Mitleid" hat (5,2), weil er seine göttlichen Privilegien nicht ausgenutzt hat, sondern Mensch unter Menschen geworden ist. Der Hebräerbrief steht im Zeichen der Christologie für eine radikale Humanisierung des Kultischen und deshalb im Horizont kultischer Theologie für eine Christologie radikaler Humanität.

(3) Der Leib Christi

In einer Adaption von Psalm 40,7ff^{LXX} holt der Hebräerbrief, auf dem Höhepunkt seiner Predigt angelangt, die Menschlichkeit des Hohenpriesters Jesus ein, indem er seine Leiblichkeit betont und sie mit seinem Opfer verknüpft, das alle Opfer aufhebt (Hebr 10,5ff):

> 5 In die Welt gekommen, spricht er:
> „Opfer und Gaben hast du nicht gewollt,
> einen Leib aber hast du mir bereitet.
> 6 Brand- und Sündopfer haben dir nicht gefallen.
> 7 Da habe ich gesagt:
> ‚Siehe, ich komme,
> in der Rolle des Buches ist über mich geschrieben,
> zu tun, Gott, deinen Willen'."

In der sorgfältigen Exegese, die folgt, stellt der Autor klar, dass er nicht in Abrede stellt, die Opfer seien vom Gesetz geboten. Wohl aber macht er mit den überlieferten Worten Davids klar, dass es wichtigeres gibt. Die Opfer können die eigentliche Sünde nicht überwinden. Die Opfernden sind immer Menschen, die vom Eigennutz, vom Kalkül, von Heuchelei angefochten sind. Auf „Gerechtigkeit" kommt es an (Ps 42,10). Aber menschliche Gerechtigkeit allein kann all die unmenschliche Ungerechtigkeit nicht ausgleichen. Hier kommt die Christologie zu ihrem Recht. Der Hebräerbrief versteht den Davidspsalm als Vorwegnahme des Christuswortes. Besser noch: Jesus macht sich das Davidswort zu eigen und lässt seinen christologischen Sinn entdecken. Der Hebräerbrief denkt an dieser Stelle nicht an den präexistenten, sondern an den inkarnierten Christus. Es geht um das „Kommen" Jesu, seine geschichtliche Ankunft und sein geschichtliches Wirken auf Erden. Dieses Kommen dient der Aufrichtung universaler Gerechtigkeit und der Überwindung aller Schuld. Dies geschieht durch das Selbstopfer Jesu Christi, die Hingabe seines Lebens am Kreuz. Mit Ps 40 betont der Briefautor, dass damit Jesu Leib, der Leib Christi in den Blick kommt. Die Leiblichkeit ist nach der Anthropologie der Psalmen und der gesamten Bibel ein Wesenszug des Menschen. Ps 40 sieht ihn als Organ der Gottes- und der Menschenliebe – so wie das Hauptgebot die Seele, das Herz, den Verstand, die Kraft nennt. Paulus hat dieses Motiv aufgenommen, indem er den Korinthern, die zwischen einer Tabuisierung und Sakralisierung der Sexualität schwankten, zugerufen: „Verherrlicht Gott in eurem Leib!" (1Kor 6,20). Vorausgeschickt hat er eine kurze Erinnerung an das Opfer Christi: „Ihr seid teuer erkauft" (1Kor 6,20; vgl. 1Kor 7,23; 1Petr 1,18).

Der Hebräerbrief entfaltet diesen Gedanken christologisch. Jesus selbst hat einen Leib angenommen. Genauer: Gott selbst hat ihm diesen Leib bereitet. Dass Jesus mit Leib und Seele Mensch geworden ist, wie man im Deutschen so schön sagen kann, zielt auf die Rettung derer, die um die Schwäche und Vergänglichkeit des Leibes wissen (oder nicht wissen). Dass Jesus einen „Leib" hatte, ist die Bedingung der Möglichkeit seines Lebensopfers. Seine Hingabe ist nicht ein schöner Gedanke, eine Wunschvorstellung, sondern erlittene Realität. Nur deshalb hat sie eschatologische Heilsbedeutung.

Den Bezug zur Eucharistie hat der Autor in Hebr 10 mehr angedeutet als expliziert. Er ist aber wesentlich. Der eucharistische „Leib Christi", den bereits Paulus sakramental versteht (1Kor 10,16f), ist die österliche liturgische Vergegenwärtigung des realen „Leibes" Christi, auf den Jesus seine Gabe von Brot und Wein bezogen hat.

(4) Der „Anführer und Vollender des Glaubens" (Hebr 12,2)

Die Vorstellung, die Kirche sei zeit ihres Lebens auf dem Weg, entwickelt der Verfasser im Zuge eines großen Glaubenstraktates (Hebr 11), in dem er die Geschichte des Gottesvolkes Israels als eine Geschichte großer Glaubender darstellt, die ohne die Christen nicht zur Vollendung gelangen könnte. Diese lange, generationenübergreifende Prozession hat einen Anführer: Jesus Christus. Er ist es auch, der sie zum Ziel führt: durch alle Himmel und durch den Vorhang des himmlischen Tempels bis zum Allerheiligsten, zu Gott selbst. Der christologische Schlüsselvers lautet (Hebr 12,2):

> Lasst uns schauen auf des Glaubens Anführer und Vollender,
> Jesus,

der angesichts der vor ihm liegenden Freude
das Kreuz erduldet,
die Schande geringgeachtet
und sich zur Rechten des Thrones Gottes gesetzt hat.

Es ist eine alte Streitfrage, ob Jesus nach Hebr 12 selbst ein Glaubender ist oder ob an ihn geglaubt wird. Im ersten Fall[54] wäre Jesus „Anführer" des Glaubens, weil er als Glaubender den Weg zu Gott bahnt, und „Vollender", weil er als Glaubender das Ziel der Gottesgemeinschaft erreicht hat, und zwar so, dass er die anderen Glaubenden zu ihm führt. Im zweiten Fall[55] wäre Jesus Ursprung, Grund, und Ziel des Glaubens: Der Glaube, der sich in allen Widrigkeiten an Gott hält, würde durch Jesus begründet und vollendet. Das Problem der ersten Deutung besteht darin, dass „Glaube" im Neuen Testament stark christologisch gefärbt wird. Im Hebräerbrief allerdings herrscht die Bedeutung „Treue" und „Vertrauen" auf Gott, den Vater, vor. In diesem Sinn wäre dann der Glaube an Gott ein Glaube mit Jesus – und der Glaube an Jesus würde sich im Zuge des Glaubens mit Jesus ergeben. Das Problem der zweiten Deutung besteht darin, dass der Kontext ganz auf die Haltung Jesu abgestimmt ist, in der er das Leiden annimmt. Das passt zur Gethsemane-Christologie des Hebräerbriefes. Die Schmach des Kreuzes ist so wenig geleugnet wie bei Paulus. Auch wie nach den Synoptikern nimmt Jesus das Leiden in der Hoffnung auf endgültige Errettung auf sich. Den Ausschlag gibt Hebr 2,17. Der Hohepriester ist „treu"; das griechische Adjektiv, *pistós,* entspricht dem Substantiv *pístis* in Hebr 12,2. Der „treue" ist der gläubige Hohepriester; der „Glaube" Jesu gehört zu seinem Hohepriestertum.

Bei einer Deutung als *Genitivus objectivus* würde Hebr 12,2 „nur" insoweit einen Akzent auf dem Menschsein Jesu setzen, als sein Leidensgehorsam, seine Leidensfähigkeit und -bereitschaft betont wären. Wird der *Genitivus subjectivus* ernsthaft in Betracht gezogen, kann vom Glauben des Menschen Jesus geredet werden. Er teilte sich der Patrozentrik des Sohnes mit, ohne die er nie – so oder so – „Anführer und Vollender des Glaubens" wäre.

(5) Zusammenfassung

Der Hebräerbrief betont nicht so sehr äußere Umstände und geschichtliche Kontexte des Menschseins Jesu. Im Unterschied zu Paulus ist selbst das Judesein Jesu unbetont. Betont ist aber, dass Jesus der *condition humaine* unterliegt. Er hat die Sterblichkeit der

Menschen geteilt, ihre Angst und Schwäche, ihr Leiden. Wie dramatisch dies war, zeigt die deutliche Parallele zur synoptischen Gethsemane-Tradition (Hebr 5,7; vgl. Mk 14,33–36 parr.):

> In den Tagen seines Fleisches
> hat er mit lautem Schreien und Tränen flehende Bitten vor den gebracht,
> der ihn aus dem Tode retten konnte,
> und er ist erhört worden wegen seiner Gottesfurcht.

Am nächsten liegt die Erklärung, dass der Verfasser des Briefes die Gethsemaneperikope in ihrer synoptischen Variante kannte, sei es mündlich, sei es schriftlich, und sich auf sie bezieht. Dort bittet Jesus Gott um die Verschonung vor dem Leiden – und mehr noch um die Erfüllung des Willens Gottes. Eine besondere Nähe zeichnet sich zu Lukas ab, demzufolge Jesus – nach einem textkritisch nicht ganz gesicherten Vers – Blut und Wasser geschwitzt hat (Lk 22,44). Gerade bei Lukas kann man auch an das Todesgebet Jesu am Kreuz denken: „Vater, in deine Hände befehle ich meinen Geist“ (Lk 23,46: Ps 31,6). Die Erhörung der Bitte Jesu besteht nicht in der Errettung vor dem Tode, sondern in der Auferstehung und Erhöhung – und damit in der Verwirklichung all des Heiles, um dessentwillen der Tod Jesu notwendig war, den er als Hohepriester gestorben ist, um ein für allemal das Heil zu wirken (Hebr 7,27; 9,12; 10,10).

d) Der Erste Petrusbrief: Der Gottesknecht (1Petr 2,21–25)

Der Erste Petrusbrief redet Christen an, die in der „Fremde“, in der „Diaspora“ leben (1Petr 1,1): als Minorität verdächtigt, als Dissidenten ausgegrenzt, durch ihren Lebensstil von der Umwelt unterschieden. Der Anpassungsdruck der Familien, der Freunde und Vereinskameraden, der Berufsgenossen, der Stadtbürger ist groß: Die Christen sollen mit der ererbten Kultur nicht brechen; sie sollen sich einordnen in die Welt der vielen Götter, die alle wesentlichen Bereiche des zivilisierten Lebens bestimmen. Es geht nicht gleich auf Leben und Tod. Es geht um den alltäglichen Zwang zur Konformität, um die sanfte Gewalt, einfach wieder nur mitzumachen, um die leise Ausgrenzung, die heimliche Benachteiligung, die diskrete Verleumdung der Gläubigen; es geht aber auch um die Faszination, die von einem unauffälligen, mit dem Hellenismus kompatiblen, in den Synkretismus integrierten Christsein ausgeht.

Für die Christen besteht nicht nur die Gefahr, auf Dauer dem Anpassungsdruck nachzugeben. Ebenso groß ist die Gefahr, in harten Zeiten selbst zu verhärten: sich abzukapseln von der Umgebung, in den anderen nur Feinde zu sehen und dann zur Sekte zu werden. Die Gefahr besteht auch darin, in der Repression nur ein großes Unrecht zu erblicken und nicht ebenso eine Herausforderung, den Glauben neu zu entdecken und die Gemeinschaft mit Christus. Selbst die Gefahr, als Ursache erlittenen Leides sofort die religiöse Verfolgung zu sehen und nicht zuerst nach eigenen Fehlern zu suchen, wird hellsichtig angesprochen. Es kommt darauf an, weder die Lage schönzureden noch in Depressionen oder Ressentiments zu verfallen, sondern neu die „Gnade Gottes" zu entdecken, in der die Gemeinde steht (1Petr 5,12). Dies geht nicht anders, als dass auch im Leiden um des Glaubens willen die Möglichkeit authentischer Gotteserfahrung gezeigt wird.

Wichtig ist, in der Not nicht den Mut zu verlieren, in der sozialen Zurücksetzung nicht die Freiheit des Geistes, im Leiden nicht die Hoffnung. Wichtig sind positive Vorbilder: Menschen, die Mut machen und den rechten Weg weisen. Unter dieser Rücksicht wendet sich der Petrusbrief, erstaunlich genug, an Sklaven (1Petr 2,18–25). Sie haben nur eingeschränkte Rechte. Sie werden oft genug von ihren Herren drangsaliert; ihnen wird es schwer gemacht, ihre Religion auszuüben; ihnen will der Brief Mut machen, auch als Sklaven, wenn es denn nicht anders geht, ihren Glauben zu leben. Dazu lenkt er ihren Blick auf Jesus, der am Kreuz den Tod eines Sklaven erlitten hat (1Petr 2,21–25):

> 21 Auch Christus hat gelitten und euch ein Beispiel gegeben,
> dass ihr seinen Spuren folgt.
> 22 Der keine Sünde begangen
> und in dessen Mund sich kein Trug gefunden hat,
> 23 der wurde geschmäht,
> schmähte aber nicht,
> er litt,
> drohte aber nicht,
> sondern übergab seine Sache dem gerechten Richter.
> 24 Er hat unsere Sünden selbst hinaufgetragen in seinem Leib an das Holz,
> damit wir, den Sünden gestorben, der Gerechtigkeit leben.
> Durch seine Wunden seid ihr geheilt.
> 25 Denn ihr wart wie verirrte Schafe.
> Jetzt aber seid ihr umgekehrt zum Hirten und Bischof eurer Seelen.

Der durchgängige Bezugstext ist Jes 53, das Vierte Lied vom Gottesknecht. Viele beurteilen den Abschnitt als traditionell; sie halten ihn für eine liturgische Tradition, die der Verfasser aufgreife.[56] Aber in den Versen 24c und 25 („ihr") werden die Adressaten vom Autor angeredet, der sich in Vers 24ab mit ihnen zusammengeschlossen hatte („wir"). Gattungsgeschichtlich ist der Text kein Hymnus, sondern ein christologischer Midrasch (eine Schriftmeditation). Deshalb ist es vielleicht doch besser begründet, die Verse ungeachtet ihrer traditionellen Substanz dem Verfasser des Briefes zuzuschreiben.[57]

Trost für Sklaven

Die Verse werden oft stark kritisiert, weil sie nicht zur Sklavenbefreiung aufrufen, sondern im Gegenteil auch zum Gehorsam gegenüber den ungerechten Herren. Wird so nicht das soziale Unrecht zementiert? Wird gar das Leid der Sklaven klein- und schöngeredet? Wird Unterwürfigkeit mit geistlichen Weihen versehen? Aber welche Chance hätten die Christen haben sollen, das römische Sklavenhaltersystem zu revolutionieren oder auch nur zu reformieren? Viele hatten den Verdacht, als Sklave könne man eigentlich kein freier Christenmensch sein. Deshalb ist es revolutionär und macht vieles klar, dass Petrus nicht etwa den Sklaven die Freien, sondern umgekehrt den Freien die Sklaven als Vorbild vor Augen stellt. Wenn jemand Erfahrungen im Erleiden und Ertragen ungerechten Schmerzes hat, dann sie. Mehr noch: Wenn einer in der Gemeinde Jesus Christus besonders nahe ist, dann eine Sklavin oder ein Sklave. Denn Jesus ist selbst den Tod eines Sklaven gestorben. Er hat selbst bitterstes Unrecht hinnehmen müssen. Aber in seiner Leidensfähigkeit ist er ein Vorbild – und mehr als das.

Vorbild ist der leidende Jesus gerade nicht, weil der Qual irgendein spiritueller Wert zukäme, sondern weil er – als religiös Verfolgter, seiner Freiheit Beraubter, als Gefolterter und Gequälter – die Kraft zum Ertragen bewiesen hat und diese Kraft nun den Sklaven und allen unschuldig Verfolgten angedeihen lässt.

Das macht das Bild vom Guten Hirten deutlich. Die synoptische Tradition kennt das Gleichnis vom verirrten Schaf, dem der Hirt, neunundneunzig andere Schafe zurücklassend, nachgeht, es zu retten und wieder in die Herde zurückzuführen (Lk 15,3–7 par. Mt 18,12–14). Dass Jesus „Bischof" genannt wird, klingt heute ungewöhnlich, war aber damals im Sinne von „Aufpasser", „Hüter" und „Beschützer" verständlich (und markiert die christologische Basis des später entwickelten kirchlichen Bischofsamtes).

Freilich hat sich das Bild etwas verschoben. Im synoptischen Gleichnis macht sich Jesus auf die Suche, im Petrusbrief kehren die Verirrten heim. Die Bildverschiebung aber ist nicht ohne synoptischen Anhaltspunkt. Denn als Kommentarwort Jesu zur Gleichniserzählung heißt es: „Ebenso wird auch im Himmel mehr Freude herrschen über einen einzigen Sünder, der umkehrt, als über neunundneunzig Gerechte, die der Umkehr nicht bedürfen" (Lk 15,7).

Noch näher bei 1Petr 2 steht die Selbstoffenbarung Jesu als Guter Hirte nach Joh 10. Dass er „gut" ist, erweist er durch den Einsatz seines Lebens (Joh 10,11). Dadurch rettet er die Schafe vor den Wölfen – anders als der „Mietling", der sie im Stich lässt.

Kurzgeschichte der Passion

Mitten hinein in seine Aufforderung, die Leidensfähigkeit von Sklaven nicht schlechtzureden, sondern gutzuheißen (1Petr 2,22) und umzukehren zum Guten Hirten Jesus (1Petr 2,25), stellt der Petrusbrief eine Kurzgeschichte der Passion Jesu. Jesus wird treffend beschrieben. Tiefe Übereinstimmungen mit der synoptischen und johanneischen Passionsgeschichte werden sichtbar und in einen Zusammenhang gebracht, der die existentielle Bedeutung der Leidenstheologie freilegt.

1. Jesus ist ohne Sünde. Der Hebräerbrief klärt, dies bedeute nicht, er sei ohne Schwäche und Versuchung. Aber: Jesus hat nicht im Widerspruch zu Gott gelebt, obgleich ihm dies zum Vorwurf gemacht worden ist. Das betont der Petrusbrief. Darin steht er in tiefer Übereinstimmung mit dem Jesus der Evangelien. Jesu Einsatz in Wort und Tat für die Verehrung des einen Gottes, sein Gehorsam gegenüber seinem Willen, sein Dienst an den Menschen sprechen eine deutliche Sprache. Gethsemane liegt nahe: „Nicht was ich will, sondern was du willst" (Mk 14,36). Jesus nimmt das Vaterunser ganz ernst, weil er weiß, dass es für die Menschen nichts Besseres gibt, als dass Gottes Wille erfüllt wird.

2. Jesus nimmt die Schmähung auf sich. Die tiefste Schmähung Jesu, von der die Synoptiker berichten, ist die Verspottung am Kreuz. „Hilf dir selbst, und steig herab vom Kreuz" (Mk 15,30) – „Anderen hat er geholfen, sich selbst kann er nicht helfen" (Mk 15,31) – „Messias, König von Israel! Steig herab vom Kreuz, damit wir sehen und glauben!" (Mk 15,32). All diese Worte treffen ins Mark, weil sie Jesus an seiner empfindlichsten Stelle berühren: seiner Hilfsbereitschaft, seinem Einsatz für andere, seiner Demut und Selbsterniedrigung, wie man mit der nachösterlicher Christologie sagen kann. Der Erste Petrusbrief will, dass diese Schmähun-

gen nicht in Vergessenheit geraten. Aber er setzt nicht darauf, dass die Spötter ihrerseits zu Kreuze kriechen. Ihn interessieren die Christenmenschen (und in der Konsequenz doch wohl alle Menschen), die wie Jesus verlacht, verspottet, verachtet werden. Vor allem aber hebt er die Gewaltlosigkeit Jesu hervor, die nicht aus innerer Schwäche, sondern aus innerer Stärke resultiert. Sie ist praktizierte Feindesliebe. Im Lukasevangelium wird überliefert, dass Jesus für seine Mörder gebetet habe: „Vater, vergib ihnen, sie wissen nicht, was sie tun“ (Lk 23,34). Als Geschmähter die Schmäher nicht zu schmähen – das heißt nicht nur, seinen Ärger hinunterschlucken, sondern so zu reden und zu handeln, dass Schuld verwunden wird.

3. Jesus hat gelitten. Das Maß der Erlösung hängt nicht am Maß der Grausamkeit, die Jesus erlitten hat. Aber nicht nur dass Jesus gestorben ist, sondern auch dass er gelitten hat, ist Teil des paradoxalen Heilshandelns Gottes. Der Tod Jesu hat eine Vorgeschichte; die Leidensgeschichte ist die Brücke zwischen dem Leben und dem Sterben Jesu. Die Kreuzigungsberichte schildern – in aller Zurückhaltung – so eindringlich das Leiden Christi wie kein anderer Text der Antike das grausame Ende eines Kreuzestodes zu beschreiben wagt. Dem muss die Christologie gerecht werden. Der Petrusbrief bringt die Haltung ins Spiel, die Jesus im Leiden bewiesen hat. „Er drohte nicht“ – das bestätigen die Evangelien. Zwar haben Jesu Prophetenworte vielfach durchaus einen drohenden Unterton. Die einfache Entgegensetzung von Froh- und Drohbotschaft ist eine Illusion. Aber Jesus droht, um wachzurütteln und den Ernst der Lage zu verdeutlichen – so lange er in Freiheit ist. In dem Moment aber, in dem er allen Grund hätte, durch Drohungen und Warnungen seinen Kopf aus der Schlinge zu ziehen, „übergibt er seine Sache dem gerechten Richter“ – nicht, damit der als Rächer auftrete, sondern damit er Gerechtigkeit schaffe. Das Passionslied des Petrusbriefes ruft den Glauben und Gehorsam Jesu ins Gedächtnis – und dadurch seine Liebe.

Das stärkste Seitenstück findet sich in der Meditation des Paulus über die Liebe, die eine Meditation über Gott und Christus ist: „Sie sucht nicht das Ihre, sie lässt sich nicht erbittern, sie rechnet das Böse nicht an“ (1Kor 13,5).

Heilende Wunden

Das Passionslied des Ersten Petrusbriefes, das die Gewaltlosigkeit und Feindesliebe des leidenden Christus besingt, gewinnt Tiefenschärfe, weil es sich auf das Vierte Lied vom Gottesknecht bezieht

(Jes 53). Dieses Lied, ein kostbarer Solitär in der reichen Fülle israelitischer Glaubenszeugnisse, handelt vom Schicksal eines Gerechten, eines Propheten, der nicht ankommt mit seiner Botschaft, sondern im Gegenteil von denen, die seine Hörer hätten sein sollen, verlacht, verspottet, gekränkt, gequält, getötet wird. Der Gottesknecht aber zahlt nicht mit gleicher Münze heim. „Er tat seinen Mund nicht auf" (53,7) – „Er hat kein Unrecht getan und kein trügerisches Wort war in seinem Mund" (53,9). – Er war „gerecht" (Jes 53,11).

Nach dem Vorbild dieses Gottesknechtes hat der Erste Petrusbrief den Messias Jesus als leidenden Menschen gezeichnet. Früher haben christliche Leser allzu schnell Jes 53 als christologische Prophetie interpretiert. Das sieht die Bibelwissenschaft heute weitaus differenzierter. Für Jesu Leidensgeschichte galt es eine Sprache zu finden; und Jes 53 hatte einzigartig kostbare Worte gefunden für das Leidensgeschick eines Propheten, die nicht nur die Bitterkeit der Qual beschwören, sondern auch die Größe einer Leidensfähigkeit, die in Gottvertrauen wie in Menschenliebe gründet, und einer Gerechtigkeit, die nicht bestrafen, sondern retten will. Wer immer ursprünglich als Gottesknecht vor Augen gestanden haben mag (der äthiopische Kämmerer stellt die Frage laut Apg 8,34 mit vollem Recht), für Juden und auf andere Weise für Christen wird er zu einer Gestalt unbändiger Hoffnung wider alle Hoffnung, dass Gott den Opfern Recht verschafft und den Schuldigen noch dort einen Ausweg öffnet, wo sie sich vollkommen verrannt haben und dass er nicht darauf angewiesen ist, erlittenes Leid zu bestrafen, sondern es – in tiefster Übereinstimmung mit dem Leidenden – zum Mittel der Vergebung macht.

Denn dies erst ist die Pointe des Gottesknechtsliedes: nicht schon die Ethik, sondern die ihr entsprechende Heilsmittlerschaft. „Mein Knecht, der gerechte, macht die vielen gerecht, er lädt ihre Schuld auf sich, ... denn er trug die Sünden von vielen und trat für die Schuldigen ein" (Jes 53,11f) – so lautet das abschließende Gottesurteil über den Gottesknecht.[58] Deshalb ist es kein frommer Wunsch, sondern bittere und süße Wahrheit, wenn die Gemeinde Israels, die Gemeinde der Schuldigen, bekennt: „Durch seine Wunden sind wir geheilt" (Jes 53,5).

Der Erste Petrusbrief greift diesen zentralen Aussagesatz auf (und setzt ihn als Anrede in die 2. Person: „seid ihr geheilt"). Die Theologie des stellvertretenden Sühnetodes Jesu hat Gewicht. Der neutestamentliche Text erinnert an den Kreuzestod Jesu; er bringt den Leib Christi ins Spiel und versteht ihn ganz konkret:

Der Leib ist wie ein Gefäß, in dem Jesus die Sünden fortschafft. Er schafft sie fort, indem er sie mit hinaufnimmt an das Kreuz, wo anscheinend das Böse, tatsächlich aber Gottes Güte herrscht; er nimmt sie „in seinem Leib" ans Kreuz, weil er sich, der Mensch Jesus, in seiner ganzen Existenz hat treffen lassen. Die Wundmale Christi sind nicht Schandflecken auf der weißen Weste der Menschheit, sondern Fixpunkte der Gnade Gottes.[59]

Der Erste Petrusbrief hat die Leidensgeschichte Jesu vor Augen. Er erzählt sie neu im Blick auf das Vierte Lied vom Gottesknecht. Er verbindet deshalb die Haltung mit der Wirkung Jesu, seine Sündlosigkeit mit der Sündenvergebung, seine Feindesliebe mit der Heilsvermittlung, sein Unrecht mit unserer Gerechtigkeit.

Darauf soll es am Ende hinauslaufen: Jesu Tod ist kein Freibrief zur Sünde, sondern ein Freibrief von der Sünde und deshalb ein Aufruf zur Gerechtigkeit, eine Einladung, die Haltung Jesu nachzuahmen.

e) Der Zweite Petrusbrief: Der verklärte Leib (2Petr 1,6ff)

Der Zweite Petrusbrief gehört zu den spröden Texten des Neuen Testaments. Die Exegese hält ihn für seine jüngste Schrift. Das spiegelt nicht nur die überragende Bedeutung des Petrus in der Geschichte des Urchristentums wider. Es ist auch Ausdruck der Glaubensüberzeugung, dass dem Zeugnis des Petrus, des Ersten der Zwölf, bleibende Bedeutung zukommt und dass dieses sein Zeugnis nicht aus einer fernen Vergangenheit herausgeholt und mühsam aktualisiert werden muss, sondern lebendige Gegenwart ist. Der Brief ist ein Stellvertreter des Apostels[60] – und kann es sein, weil dessen Zeugnis grundlegende Bedeutung hat und deshalb der Kirche immer gleichermaßen nahe ist.

Das Zeugnis des Petrus besteht im Wesentlichen darin, an Jesus zu erinnern, den Christus (2Petr 1,13; 3,1). Zur Zeit der Zweiten Petrusbriefes war dies besonders wichtig, weil es immer mehr Zweifel an der Verheißung Jesu gab: Die Jahre gehen ins Land – wo bleibt das Reich Gottes (2 Petr 3,3f)? Der Zweite Petrusbrief stellt sich entschieden auf die Seite Jesu. Darin liegt das theologische Recht der Verfasserangabe. Er weiß: „Bei Gott sind tausend Jahre wie ein Tag" (2 Petr 3,8). Also bleibt es bei der Verheißung und der Hoffnung Jesu. Gott schenkt den Menschen allerdings Lebens-Zeit, um ihnen Gelegenheit zur Umkehr zu geben (2 Petr 3,9).[61]

Verklärung
Diese Erinnerungen an ein zentrales Thema Jesu werden durch ein exzeptionelles Ereignis aus dem Leben Jesu abgestützt, von dem man auch bei Lektüre der Evangelien fragen kann, ob es sich überhaupt um ein Geschehen in Raum und Zeit handelt: die Verklärung (2Petr 1,16ff)[62]:

> 16 Wir sind ja keinen ausgeklügelten Fabeln gefolgt, als wir euch die Macht und die Ankunft unseres Herrn Jesus Christus kundtaten, sondern wir sind Augenzeugen seiner Majestät gewesen.
> 17 Denn er empfing von Gott, dem Vater, Ehre und Herrlichkeit,
> da von der hocherhabenen Herrlichkeit die Stimme an ihn erging:
> „Dieser ist mein geliebter Sohn, an dem ich Wohlgefallen habe."
> 18 Und diese Stimme hörten wir, als wir auf dem heiligen Berg waren, vom Himmel kommen.

Die synoptischen Evangelien erzählen (Mk 9,2–8 parr.), dass Jesus nur drei seiner Jünger, darunter Petrus, mit auf den Berg der Verklärung genommen habe; Jesus, so heißt es, wird in die Herrlichkeit Gottes verwandelt und von einer himmlischen Stimme als Sohn Gottes offenbart. Daran erinnert der Zweite Petrusbrief. Besonders nahe steht Matthäus. Bei ihm ist – anders als nach Markus, aber wie dort in der Tauferzählung (Mk 1,11) – ausdrücklich vom „Wohlgefallen" die Rede, das Gott seinem Sohne schenkt (Mt 17,5); Matthäus erwähnt auch ausdrücklich das „Hören" der Jünger (Mt 17,6).

Die Exegeten rätseln, wie sie die Verklärungserzählung deuten sollen. Ist sie eine vordatierte Ostergeschichte? Ist sie ein reines Symbol? Ist sie Erinnerung an eine Jüngervision? In jedem Fall wird auf dem Berg offenbart, dass Jesus auch zeit seines irdischen Wirkens der Sohn Gottes ist. Gleichzeitig aber wird nicht vergessen, dass der verklärte Leib der Leib *Jesu* ist. Das erste Wort der Himmelsstimme, das auch der Zweite Petrusbrief anführt, erinnert an Ps 2,7: Jesus ist als der Sohn Gottes der königliche Messias aus Davids Geschlecht. Der zweite Satzteil lässt an Jes 42,1 denken: Der Sohn Gottes ist der prophetische Gottesknecht, der Gottes Evangelium verkündet und im Namen Gottes verfolgt wird, aber durch seinen Tod Gottes Gnade vermittelt. Bei Markus ist dieser Teilvers mit der Taufe Jesu im Jordan und der Berufung Jesu zum prophetischen Gottessohn für Gottes Herrschaft verbunden (Mk 1,11ff parr.). Matthäus zieht ihn auch in die Verklärungsgeschichte (Mt 17,5).

Die synoptischen Traditionen nehmen die Christologie des Gottessohnes und des Gottesknechtes ernst. Sie schildern nicht nur den Aufstieg auf den Berg der Verklärung und nicht nur das überwältigende Gipfelerlebnis. Sie betonen auch, dass Jesus wieder vom Berg der Verklärung hinabgestiegen ist – in die Niederungen menschlichen Elends und in die Tiefen seines Leidens hinein. Das ist ein Vorzeichen von Ostern. Die Auferstehung bedeutet nicht, dass Jesus seine Haut gerettet hat. Sie ist vielmehr die Voraussetzung dafür, dass Jesus sich auf ganz neue Weise einlassen kann auf die Menschen, ihre Krankheit, ihre Sünde und ihre Not. Seine Jünger, heißt es, sollen vom Gesehenen schweigen, „bis der Menschensohn von den Toten auferstanden sei" (Mk 9,9). Jesus hatte allen Grund, weil die Jünger beim Abstieg vom Berg zu verstehen geben, dass sie – im wesentlichen – nichts verstanden haben, bevor ihnen nicht Ostern das Licht des Glaubens aufgeht.

Der Zweite Petrusbrief hat diesen ganzen Kontext vor Augen. Von der Verklärung zu erzählen, ist erlaubt, weil die Schweigefrist abgelaufen ist. Nach Markus hat Petrus versucht, den Augenblick auf dem Berg zu bannen, indem „drei Hütten" gebaut würden für Jesus, Elija und Moses (Mk 9,5); Markus sieht darin bares Unverständnis, letztlich eine Wiederholung des Einspruchs gegen Jesu Leiden nach dem Messiasbekenntnis zu Caesarea Philippi (Mk 8,27–33). Davon verlautet im Zweiten Petrusbrief allerdings nichts. Freilich kennen auch die Seitenreferenten Matthäus und Lukas nicht das Motiv des Jüngerunverständnisses bei der Verklärung. Wie Matthäus und Lukas kommt es dem Petrusbrief auf die Augen- und Ohrenzeugenschaft Petri an. Mehr noch: In seinem Zeugnis stellt „Petrus" einen präzisen Zusammenhang zwischen Vision und Audition her. Die „Herrlichkeit und Ehre" gebührt dem Gottessohn; dass er sie vom Vater „empfängt", entspricht dem Umstand, dass Gott es ist, der redet. Die Liebe Gottes zu seinem Sohn ist es, die seinen Glanz ausmacht.

Eschatologie

Von der markinischen Überlieferung an steht das eschatologische Problem im Umkreis der Verklärungserzählung. Denn der Perikope geht unmittelbar voraus ein schwieriges, mit allem Nachdruck eines einleitenden „Amen" formuliertes Wort, wonach Jesus sagt, dass „einige, die hier stehen, den Tod nicht schmecken werden, bis sie das Reich Gottes in Macht haben kommen gesehen" (Mk 9,1). Es ist dies das „härteste" Naherwartungslogion Jesu, das im Neuen Testament überliefert wird. Hat Jesus sich damit nicht gründlich geirrt? Fällt dann nicht ein Schatten auf seine gesamte Botschaft, seinen gesamten Anspruch? Die Evangelisten haben das offenbar anders gesehen. Markus gibt die Interpretationsrichtung vor. Es liegt nahe, die Verklärung, die zu erleben Jesus drei seiner Jünger auswählt, als vorweggenommene Erfüllung dieser Verheißung zu deuten. Das Reich Gottes kommt in Macht, indem der Menschensohn als Gottessohn kommt (Mk 14,61f parr). Indem aber „einige", nämlich die „nach sechs Tagen" (also am siebten Tag) ausgewählten Jünger Jesus in der Herrlichkeit Gottes auf dem Berg geschaut haben, haben sie nicht nur den gesehen, der das Reich Gottes vollenden wird; sie haben auch die Zeit gewonnen, die sie brauchen, um zu verstehen und zu bezeugen, was geschehen ist und wer Jesus ist. Das aber ist nicht weit entfernt von der eschatologischen Pointe, die der Zweite Petrusbrief markiert. Die als historisch inszenierte Erinnerung an ein irdisches Geschehen mit unüberbietbarem christologischem Gewicht gewinnt in der theologischen Eschatologie des Zweiten Petrusbriefes den entscheidenden Stellenwert.[63]

So wie Jesu Verklärung zeigt, dass es die Menschen bei Jesus mit Gott selbst zu tun haben, so zeigt sein Abstieg vom Berg, dass er sich Zeit nimmt und Zeit gibt, den Glauben an Gott zu wecken. Dies ist auch die „Lehre", die der Zweite Petrusbrief aus der Verklärung zieht. Sie führt Jesus vor Augen, wie er wahrhaft ist (2Petr 1,19):

> Und so besitzen wir dieses prophetische Wort um so fester,
> und ihr tut gut, darauf zu achten wie auf eine Leuchte,
> die am finsteren Ort scheint,
> bis der Tag anbricht und der Morgenstern aufgeht in euren Herzen.

f) Der Erste Johannesbrief: Der fleischgewordene Messias (1Joh 4,2)

Paulus betont die christologische Bedeutung des Menschseins Jesu im Horizont seiner Theologie der Erwählung Israels und der Verwirklichung universalen Segens für alle Völker. Deswegen ruft er in Erinnerung, dass Jesus ein geborener Jude ist und dass gerade dies der Verheißungstreue Gottes entspricht. „Petrus" betont sie um der Aktualität der Reich-Gottes-Botschaft Jesu willen; der Hebräerbrief, weil er die unglaubliche Nähe Gottes zu den Menschen ausdrücken will.

Der Erste Johannesbrief hat eine andere Herausforderung zu meistern. Der Brief steht nicht für sich allein, sondern muss zusammen mit dem Johannesevangelium gelesen werden (vgl. 1Joh

1,1–4). Im Prolog seines Werkes schreibt der Vierte Evangelist zwar, dass Gottes ewiges Wort „Fleisch“ geworden sei (Joh 1,14). Aber in seinem Evangelium betont er – bis tief in die Leidensgeschichte hinein – die Hoheit Jesu, die selbst unter der Folter der Soldaten und in der Kreuzigung nicht ausgelöscht wird. Das *Ecce homo* – „Seht, der Mensch“ (Joh 19,5) – ist die Schlüsselszene der Passion. Sie steht nicht nur für die Demütigung des Gottessohnes; sie steht auch für seine unantastbare Messianität und für die unveräußerliche Würde jedes leidenden Menschen, für die in Jesus Gott selbst eintritt, bis zum Äußersten.

Streit um Jesu Menschsein

Die Spannweite johanneischer Christologie zu bewahren, war und ist sehr schwer. Die Probleme zeigen sich bereits in der johanneischen Schule (1Joh 2,19) und in den christlichen Gemeinden (wahrscheinlich) Kleinasiens, in denen das Johannesevangelium (oder eine Vorform des Vierten Evangeliums) gelesen worden ist. Mit einem Problem, das sich in späterer Zeit noch weit stärker zuspitzen sollte, kämpft der Verfasser des Ersten Johannesbriefes. Er ist wahrscheinlich mit dem „Presbyter“ identisch, der den Zweiten und Dritten Johannesbrief geschrieben hat. Er sieht sich als Sachwalter johanneischer Theologie des wahren Menschseins und des wahren Gottsein Jesu Christi. In dieser Rolle muss er sich mit anderen herumschlagen, die sich gleichfalls auf Johannes berufen, aber seine Christologie anders verstanden haben. Sein christologischer Kernsatz lautet (1Joh 4,2):

> Jeder Geist,
> der Jesus als den im Fleisch gekommenen Christus bekennt,
> ist aus Gott.

Mit diesem Satz will er die johanneische Theologie auf den Punkt bringen. Er will die Basis der johanneischen Gemeinde und der gesamten Kirche im elementaren Christusbekenntnis sichern (ähnlich wie Paulus in 1Kor 12,1ff). Er will aber auch seine Gegner zurückweisen. 1Joh 4,2 ist ein Prüfstein kanonischer Christologie.

Manche meinen, dass es die Betonung der Göttlichkeit Jesu gewesen sei, die Widerspruch ausgelöst habe[64]. Dann hätte sich das Problem wiederholt, das im Johannesevangelium nach der Brotrede Jesu zur Spaltung der Jüngergemeinde geführt hat. Viele derjenigen, die erkennen, was Jesus verheißt und beansprucht, wenn er sich das lebendige Brot vom Himmel bezeichnet, wenden sich von ihm ab: „Deine Rede ist hart, wer kann sie hören?“ (Joh 6,60).

Sie verstehen, dass Jesus beansprucht, an Stelle Gottes zu handeln – und sehen darin eine Verletzung des Ersten Gebotes. Tatsächlich ist damit ein Grundproblem der johanneischen Christologie angesprochen, das sich im Sinne des Evangelisten nur trinitarisch lösen lässt: „Ich und der Vater – wir sind eins" (Joh 10,30). Sollte sich dieses Problem, etwa in judenchristlichen Kreisen, zeitgleich oder später auch im Ersten Johannesbrief widerspiegeln? Dann wäre die Antwort das konzentrierte Nachdenken über das Gottsein Gottes, das zu der Erkenntnis führt: „Gott ist Liebe" (1Joh 4,8.16) – und deshalb Gott nicht als eine einsame, in sich ruhende Wesenheit sieht, sondern als das vollendete Leben selbst in aller Dramatik der Anteilnahme an der Leidensgeschichte der Menschheit.

Es gibt aber manche Andeutungen, dass diejenigen, die der Erste Johannesbrief kritisiert, eher so sehr auf die Göttlichkeit und Geistigkeit des Gottessohnes konzentriert gewesen sind, dass sie darüber sein wahres Menschsein zu sehr relativiert haben.[65] Dann wären die Gegner Doketisten – Vorläufer jener Theoretiker eines menschlichen Scheinleibes Jesu, die im 2. Jh. den Widerspruch der Kirchenväter herausforderten. In diesem Fall wäre noch klarer, dass Jesu geschichtliches Menschsein als christologisches Faktum geltend gemacht wird. So ließe sich erklären, mit welcher Betonung gesagt wird, dass *Jesus* der Messias ist (1Joh 2,22; 5,2), und zwar der „im Fleisch gekommene" (1Joh 4,2), und dass die Christen *Jesus* bekennen (1Joh 4,3); *er* ist der Sohn Gottes (1Joh 5,5). Auch dann hat die trinitarische Theologie der Liebe ihren guten Sinn: Der Erste Johannesbrief zeigt, dass Gott im Menschen Jesus vollkommenen das Menschsein der Menschen angenommen hat – und es deshalb zu erlösen versteht.

Wasser und Blut (1Joh 5,6)

Der Erste Johannesbrief muss anscheinend einige Mühe darauf verwenden, dass im Glanz der Auferstehung nicht die Konturen des Irdischen verschwimmen. Deshalb schildert er das Menschsein Jesu von Anfang an mit höchster Realistik und geradezu anstößiger Drastik. Er spricht darin die gleiche Sprache wie das Vierte Evangelium. Auch finden sich die tiefsten spirituellen Deutungen in Anknüpfung an die materiellsten Erscheinungen: den Wein und das Brot, die Heilungen und den Seewandel, vor allem das blutige Sterben Jesu.

Zum Schluss seines Briefes handelt Johannes vom Ursprung des Glaubens. Er liegt bei Jesus von Nazareth. Genauer: Er liegt bei Gott, der sich durch Jesus in endgültiger, unüberbietbarer, umfassend heilswirksamer Weise als er selbst offenbart. *Wie* dies geschehen ist, sagt 1Joh 5,6:

> Der ist es, der durch Wasser und Blut gekommen ist:
> Jesus Christus,
> nicht im Wasser allein,
> sondern im Wasser und im Blute.
> Und der Geist ist es, der Zeugnis gibt,
> weil der Geist die Wahrheit ist.

Dass Jesus „gekommen“ sei, ist eine alte neutestamentliche Überzeugung, die mit einem ganz einfachen Zeitwort sowohl den Ursprung Jesu in Gott bzw. seine Sendung durch Gott als auch seinen Weg zu den Menschen und mit den Menschen zum Ausdruck bringt. Warum betont der Brief aber eigens, dass Jesus „durch Wasser und Blut“ gekommen sei? Weshalb schärft er überdies ein: „nicht nur im Wasser, sondern … (auch) im Blut“?

Ein Seitenblick auf das Evangelium hilft weiter. Johannes schildert mit bedrängender Genauigkeit, wie man Jesu Tod am Kreuz festgestellt habe. „Einer von den Soldaten stieß ihm seine Lanze in die Seite, und sofort trat Blut und Wasser aus“ (Joh 19,34). Blut und Wasser sind schlechterdings elementare Körperflüssigkeiten. Blut und Wasser sind Leben. Nach medizinischer Kenntnis des Altertums ist das Austreten von Blut und Wasser (nicht nur von Blut, sondern auch von Wasser) ein untrügliches Zeichen des Todes. Gerade auf diesen physiologischen Vorgang kommt es dem Evangelisten an.

Von ihm her versteht sich die Notiz des Briefes. Sie öffnet die Augen für das Ende Jesu; im Kreuz gipfelt die Geschichte Jesu auf. Aber 1Joh 5,6 schaut auch auf den Anfang der öffentlichen Wirksamkeit Jesu. Die Absicherung „nicht nur … sondern auch“ verweist auf die Taufe Jesu und ordnet sie in den Zusammenhang des ganzen Lebens Jesu einschließlich seines Sterbens ein. Es mag schon damals Vertreter einer bestimmten Sorte von Geist-Christologie gegeben haben, die unter dem geöffneten Himmel am Jordan den strahlenden Weg des göttlichen Helden gesehen haben, dem das Leiden nichts anhaben, den es nicht wirklich berühren konnte. Demgegenüber hält der Brief fest, dass der Geist Gottes gerade Zeugnis nicht nur vom herrlichen Beginn, sondern auch vom bitteren Ende Jesu ablegt – weil *dies* die Wahrheit ist, dass Jesus am Kreuz gestorben ist und dort seinen Heilsweg vollendet hat.

Das passt auch genau zur Symbolik der johanneischen Kreuzesszene. Denn was den Tod Jesu zweifelsfrei feststellt, ist ein paradoxes Bild der Hoffnung. Jesus hat nach Joh 7,38, an Ezechiel erinnernd, verheißen, dass „Ströme lebendigen Wassers aus seinem Leib quellen“ werden. Das deutet der Evangelist auf den Heiligen Geist, den Inbegriff des Lebens und der Freiheit, den Tröster und Anwalt der Glaubenden, das Medium der Gottunmittelbarkeit. Blut und Wasser verweisen nicht nur in einem allgemeinen Sinn auf die Heilsbedeutung des Todes Jesu, sondern in einem sakramentalen: Taufe und Eucharistie sind im Kreuz begründet.

Der Erste Johannesbrief stimmt dem zu. Aber während das Johannesevangelium Blut und Wasser mit dem Tode Jesu verbindet, schaut der Johannesbrief auf die Geburt. Der physiologische Vorgang des Gebärens ist immer mit Wasser und mit Blut verbunden. Davor verschließt Johannes nicht die Augen. Geburt und Tod gehören zusammen – bei Jesus nicht nur, weil er Mensch unter Menschen geworden ist, sondern weil seine Menschwerdung das Heilsereignis ist, das sich im Tode vollendet.

Die Realistik, die zu schildern in der Antike verpönt war, wird zum Zeichen der Hoffnung: In Jesus wird der Sohn Gottes ein Mensch aus Fleisch und Blut. Sein „Fleisch“ gibt er „für das Leben der Welt“ (Joh 6,51); sein „Blut“ vergießt er als „Lamm Gottes, das hinwegträgt die Sünde der Welt“ (Joh 1,29). Die Verheißung, die darin liegt, fasst die Brotrede im Blick auf die Eucharistie zusammen (Joh 6,54): „Wer mein Fleisch isst und mein Blut trinkt, hat ewiges Leben und ich werde ihn auferwecken am Jüngsten Tage.“

4. Die Johannesoffenbarung

Die Bibel beginnt und endet mit dem Paradies. Am Anfang steht die Erschaffung der Welt, die „sehr gut“ ist (Gen 1); am Ende steht das himmlische Jerusalem, das vom Himmel her die ganze Erde erfüllt und ein neues Paradies in sich birgt (Offb 21–22). Das neue Paradies ist nicht die Wiederholung des ersten, sondern seine unendliche Transzendierung. Denn der Mensch, der durch seine Schuld gefallen ist, so dass er jenseits von Eden leben muss (Gen 3), wird – so lautet die neutestamentliche Grundbotschaft – durch Jesus Christus gerettet, der sein Leben für die Sünder hingegeben hat und als Auferstandener für sie eintritt. Auf ihn richtet sich deshalb die Hoffnung der Christen.[66]

Diese Hoffnung findet in der Johannesoffenbarung, dem letzten Buch der Bibel, einen starken Ausdruck. Sie entwirft nicht nur die grandiose Vision des himmlischen Jerusalem, dessen zwölf Tore allesamt weit offen stehen, so dass ein unaufhörlicher Menschenstrom in die Stadt hineinziehen kann, in der Gott selbst gegenwärtig ist; sie ist auch eine direkte Anrede an die Kirche ihrer Zeit, repräsentiert durch die sieben Gemeinden in Kleinasien, die eigene Briefe am Anfang des Buches erhalten (Offb 2–3).

Die Johannesoffenbarung bezeugt eine farbenprächtige, symbolreiche Erhöhungschristologie. Da aber der Glanz des Auferstandenen stets auf die Durchsetzung der Herrschaft Gottes in einer Welt des Unheils bezogen ist und nicht am Leid der Opfer vorbeischaut, bleibt der Bezug zu Jesus – vielfach gebrochen und reflektiert – lebendig.

a) Die apokalyptischen Visionen

Johannes ist ein Prophet, seine Theologie ist visionär.[67] In seinem Buch begegnet die Offenbarung, die ihm zuteil geworden ist, in kunstvoller Gestaltung. Aber es besteht kein begründeter Zweifel, dass sie im Kern auf gerade die Visionen zurückgeht, die er selbst an einem „Tag des Herrn“ auf Patmos datiert, wohin man ihn als missliebigen Christuszeugen, um ihn mundtot zu machen, verbannt hatte (Offb 1,9). Die literarische Formung des Buches spricht nicht gegen die Inspiration des Verfassers, sondern ist gerade die Weise, in der sich Johannes seine Visionen angeeignet hat, um sie weiterzugeben, wie sie ihm selbst gegeben worden sind. Der erste Vers des Buches macht dies klar: „Offenbarung Jesu Christi, die Gott ihm gegeben hat, seinen Knechten zu zeigen, was schnell geschehen muss“ (Offb 1,1) ist die Eröffnung; und noch im selben Eingangsvers heißt es weiter, dass Jesus Christus die ihn betreffende und ihm zuteil gewordene Offenbarung „durch seinen Engel gesandt und seinem Knecht Johannes kundgetan hat“.

(1) Der treue Zeuge (Offb 1,5)

Johannes versendet seine „Offenbarung“, wie er beauftragt worden ist (Offb 1,11), als Brief an die sieben Gemeinden Kleinasiens, die stellvertretend für die ganze Kirche stehen. Wie Paulus leitet er diesen Brief mit einem ausführlichen Gruß ein. Der Konvention entspricht es, anfangs alles Gute zu wünschen, Glück und Gesundheit. Wie Paulus wertet Johannes aber diesen Brauch entschieden auf: „Gnade und Frieden" werden gewünscht; und wer beides schenken kann, wird in einer – etwas eigentümlichen – trinitarischen Formel geklärt: „von Ihm, der ist und der wahr und der kommt, und von den sieben Geistern vor seinem Thron und von Jesus Christus" (Offb 1,4f).

Hier hält Johannes inne und stellt Jesus Christus vor, vom dem er seine ganze Offenbarung hat (Offb 1,5)[68]:

> Er ist der treue Zeuge,
> der Erstgeborene der Toten,
> der Herrscher über die Könige der Erde.

Die drei Aussagen sind gut überlegt und gegliedert.[69] Die dritte greift das Thema des Reiches Gottes auf und schaut auf die Vollendung allen Heiles: Kein König dieser Welt wird mehr etwas zu melden haben; Gott allein ist König, er ist es in Jesu Christus. Wer das jetzt schon weiß, wird die Könige, die als Götter verehrt werden wollen, durchschauen und enorme Freiheit gewinnen. Die zweite Aussage schaut auf Jesu Auferstehung und hält – ganz in Übereinstimmung mit der paulinischen Tradition (Röm 8,29; Kol 1,15.18) – fest, dass in Jesu Auferstehung, weil er unser Bruder ist, die Auferstehung aller Menschen begründet ist. Wer das glauben kann, ist voller Hoffnung mitten im Leiden.

Die erste Aussage blickt zurück auf das Leben Jesu. Er ist „der treue Zeuge". Das Motiv des Zeugen hat eine doppelte Wurzel. Das Vierte Evangelium bezieht es auf das irdische Wirken Jesu. Jesus legt Zeugnis ab, wer Gott ist, worin sein Wille besteht und wie er seine Liebe verwirklicht (Joh 1,18; 3,32). Vor Pilatus blickt Jesus auf sein ganzes Leben zurück: „Dazu bin ich in die Welt gekommen, um für die Wahrheit Zeugnis abzulegen" (Joh 18,37). Die Passion Jesu ist die zweite Wurzel der Zeugen-Christologie: Jesus ist als Märtyrer gestorben, als Blut-Zeuge, der sein Leben gegeben hat für die Wahrheit des Evangeliums, nämlich die Rettung der Menschen. Der Zweite Timotheusbrief spricht von „Christus Jesus, der vor Pontius Pilatus das gute Bekenntnis abgelegt hat und als Zeuge dafür eingetreten ist" (1Tim 6,13f.). Eines Zeugen bedarf es, wenn ein Faktum, ein Vorgang, um den es Streit gibt, weder unmittelbar einleuchtet noch durch einen Beweis geklärt werden kann. Das ist immer dann der Fall, wenn es sich – wie sehr oft vor Gericht – um eine Erfahrungstatsache oder einen Erlebnisprozess handelt, die nicht jedermann beobachtet oder gemacht hat. Dies ist aber in Sachen Gottes, besser: bei der Offenbarung Gottes schlechterdings der Fall. Die Wahrheit Gottes ist so, dass sie bezeugt werden muss: durch Menschen und nach Menschenart, aber als Wahrheit *Gottes*.[70]

An einen Zeugen werden größte Ansprüche gestellt. Er muss die Wahrheit sagen, und nichts als die Wahrheit. Er muss das sagen, was er mit eigenen Augen gesehen und mit eigenen Ohren gehört hat; er darf nichts hinzufügen und nichts verschweigen. Er muss mit seinem Namen, mit seiner Person für die Wahrheit seines Zeugnisses eintreten. Die Hingabe des Lebens, das Martyrium, ist der äußerste Grenzfall.

Die Johannesoffenbarung greift das alte Motiv des Märtyrers, des treuen, wahrhaftigen Zeugen Jesus auf. Sie ordnet es auch in die Zusammenhänge ein, die Jesus selbst hergestellt hat (Offb 1,5):

> Er liebt uns und hat uns von unseren Sünden erlöst durch sein Blut.

Beides gehört untrennbar zusammen. Das Zeugnis Jesu ist eines aus reiner Liebe; Jesus redet nicht von Gott, um die Menschen in den Staub zu stoßen, sondern um ihnen zum aufrechten Gang unter dem geöffneten Himmel zu verhelfen. Jesus hat aber, als sein Zeugnis auf Widerstand stieß, nicht mit Hass und Gewalt, sondern, seinem Zeugnis gemäß, mit Liebe reagiert. Deshalb ist er am Kreuz gestorben; und deshalb ist dieser Kreuzestod nicht eine letzte Bewährungsprobe, die der Heilige noch abzulegen hätte, sondern die Vollendung der Heilsmitteilung, die Jesus in seinem ganzen Leben als Zeuge Gottes gemacht hat (vgl. 3,14). Die Liebe Jesu ist – durch die Auferstehung – Gegenwart; sein Tod, mit dem er die Erlösung gewirkt hat, ist vergangen, aber fortwährend wirksam.

Johannes weiß, was aus denen wird, die diesem Zeugnis folgen. Sie erfahren einen Zuspruch, der unglaublich ist, aber zeigt, welchen Stellenwert sie in Gottes Augen haben (Offb 1,6; vgl. 5,10): „Er hat uns zu Königen gemacht und zu Priestern für Gott unseren Vater." Diese Aussage, die an die Erwählung des Gottesvolkes Israel anknüpft (Ex 19,6) und an die kühnsten prophetischen Verheißungen (Jes 61,6), trifft auf jeden Christenmenschen zu: Mann und Frau, Jung und Alt, Sklave und Freier. Sie trifft auf jeden Christenmenschen zu, weil Jesus „der treue Zeuge", war, ist und bleibt.

(2) Die Hand des Menschensohnes (Offb 1,9–20)

Die Offenbarung des Johannes ist das letzte Buch der Bibel. Es schlägt den Bogen zurück zum ersten Buch, zur Genesis: Am Schluss erfüllt die heilige Stadt Jerusalem vom Himmel her die ganze Erde und umfasst ein neues Paradies, aus dem niemand mehr vertrieben wird, in das vielmehr die Völker mit ihren Königen von allen Enden der Erde einziehen können (Offb 21–22). Gleichzeitig macht der Seher Johannes noch einmal das große Thema Jesu stark: das Reich Gottes. Zu zeigen, wie sich in einer Welt der Sünde und des Todes, der Gewalt und des Schreckens die Herrschaft Gottes durchsetzt und vollendet, ist das Ziel, das Johannes – gemäß seinem Auftrag – mit der Abfassung seines Buches verfolgt. Dass es viele Schreckensbilder der Gewalt malt und auf den ersten Blick oftmals rätselhaft wirkt, hält viele vom genauen Lesen ab. Aber die Johannesoffenbarung zeigt faszinierende Christusbilder, von denen sich die Künstler aller Zeiten mehr haben inspirieren lassen als von allen anderen Texten der Bibel.

Am Anfang schildert Johannes ausführlich, wie er den Auftrag zur Abfassung des Buches erhalten hat. Es ist an einem Sonntag auf der Insel Patmos, als er „eine Stimme, laut wie eine Trompete", hört, die ihn auffordert, „aufzuschreiben", was er sieht (Offb 1,11). Johannes fährt fort (Offb 1,12–16):

> 12 Und als ich mich umwandte, sah ich sieben goldene Leuchter
> 13 und inmitten der Leuchter einen wie einen Menschensohn,
> gekleidet in einen Mantel,
> gegürtet mit einem goldenen Riemen bis an die Brust,
> 14 sein Haupt aber und seine Haare gleißten wie schneeweiße Wolle
> und seine Augen glühten wie Feuerflammen
> 15 und seine Füße wie libanesisches Gold, das im Ofen geläutert wurde,
> und seine Stimme schwoll an wie das Donnern der Sturmflut,
> 16 und in seiner Rechten hielt er sieben Sterne
> und aus seinem Mund ragte ein zweischneidiges Schwert,
> und sein Angesicht strahlte wie die Sonne in all ihrer Kraft.

Das Bild ist gewaltig. Der „Menschensohn" ist die Gestalt des endzeitlichen Richters, den Gott beauftragt hat, am Jüngsten Tag sein Urteil zu fällen. Diesen Menschensohn hat bereits der Prophet Daniel geschaut (Dan 7,9–14; 10,4–21). Jesus hat sich mit diesem Menschensohn identifiziert (vgl. Mk 13,24–27). Der Seher Johannes malt die Herrlichkeit dieses Menschensohnes (vgl. Offb 14,14) in den leuchtendsten Farben aus. Er tritt als messianischer Priesterkönig auf. Gewand und Gürtel sind Zeichen der Hohenpriesters (Ez 28); die Sonne (1,16) ist Symbol des richtenden und siegenden Gottes der Gerechtigkeit (Mal 3,20: „Sonne der Gerechtigkeit"), das gleißende Weiß der Haare und das Feuer der Augen stellen Gott in seiner unvergleichlichen Würde und Macht vor Augen (Dan 7,9f). Göttliches und Menschliches werden in eins projiziert;

die Heiligkeit des Menschensohnes wird über jedes menschliche Maß durch die Göttlichkeit Jesu gesteigert; die Präsenz Gottes auf Erden ist die des hohepriesterlichen Menschensohnes.

Angesichts des überwältigenden Glanzes, den Jesus Christus in seiner Erscheinung ausstrahlt, wirft es den Propheten um (Offb 1,17):

> Und als ich ihn sah, fiel ich wie tot zu seinen Füßen.

Dies kann nur verstehen, wer ahnt, wie heiß der Atem der Heiligkeit ist, wie absolut der Unterschied zwischen Gott und Mensch, wie radikal die Erschütterung jeder echten Gottesbegegnung. Johannes erfährt, dass er sterben muss, wenn und weil er den lebendigen Gott sieht – und sei es in Gestalt des himmlischen Menschensohnes.

Aber dieser Menschensohn ist in der Verkündigung Jesu nicht nur der gewaltige Richter am *dies irae,* dem Tag des Zornes (Offb 6,17; vgl. Ez 7,19; Zef 1,18; 2,2f.; Röm 2,5). Jesus spricht von der Vollmacht, die der Menschensohn schon auf Erden hat, um die Menschen in die Freiheit der Kinder Gottes zu führen (Mk 2,10; 2,28); und er redet vom Menschensohn, der leiden muss, bevor er auferweckt wird (Mk 8,31; 9,31; 10,32ff). Es ist der Menschensohn, der „nicht gekommen ist, bedient zu werden, sondern zu dienen" (Mk 10,45), und gekommen ist, „zu suchen und zu retten, was verloren ist" (Lk 19,10).

Fällt dieser Zug in der hohen, gewaltigen Christologie der Johannesoffenbarung aus? Das wird häufig vermutet. Aber der Eindruck täuscht. Der Prophet, dem der Menschensohn erscheint, braucht nicht zu sterben, sondern darf als neuer Mensch leben (Offb 1,17f):

> 17 Da legte er mir seine Rechte auf und sprach:
> „Fürchte dich nicht!
> Ich bin der Erste und der Letzte 18 und der Lebendige.
> Tot war ich, und siehe, ich lebe bis in an alle Ewigkeit,
> und ich habe die Schlüssel des Totenreiches und der Unterwelt."

Die Geste der Berührung sagt alles: Der Tote wird zum Leben erweckt. Die Berührung durch Jesus macht lebendig. Dies ist der einzige Sinn, den alle seine Macht und Herrlichkeit hat. Aber wäre er nicht erfüllt von Gottes Herrlichkeit, könnte er nicht wirklich helfen.

Mehr noch: Der den Propheten berührt, um ihn zu retten und durch seine Verkündigung den Menschen die Augen über die

Herrschaft Gottes in der Welt der Menschen zu öffnen, ist selbst einer, dem das Leid nicht fremd geblieben ist. Er „war tot und lebt wieder". Die jesuanische Menschensohnchristologie ist nicht vergessen; sie gewinnt eine neue Bedeutung: Damit Jesu Botschaft vom Reich Gottes neu lebendig wird, bedarf es der Begeisterung eines Propheten wie Johannes, dem der Menschensohn in allem Glanz erscheint, um durch ihn aller Welt alle Wahrheit zu offenbaren, die sie zu ihrem Heil braucht.

(3) Das Schaf als Hirte (Offb 7,17)

Nachdem auf Initiative Jesu Christi die ersten sechs Siegel des Buches mit den sieben Siegeln aufgebrochen worden sind und in einer Welle von Steigerungen das Gericht in Form apokalyptischer Plagen über die Welt gebracht haben (Offb 6), zeigt sich dem Seher das Kontrastbild: die Rettung der 144000, d. h. der übergroßen, alle Dimensionen sprengenden Vollzahl des Gottesvolkes aus allen Stämmen Israels (12 x 12 x 1000). Sie bilden sich – allen kommenden Katastrophen vorausgehend – in denen ab, die auf Erden dem Glauben die Treue bewahrt haben.

Diese 144.000 (vgl. Offb 14,3) sind die wahren Christen. In der „Drangsal", der Versuchung und Verfolgung der Glaubenden, sind sie standhaft geblieben (Offb 7,14). Sie tragen die weißen Gewänder der Seligen. In der kühnen Metaphorik (Harald Weinrich) rührt das Weiß, die Farbe der Vollkommenheit, daher, dass sie „ihre Gewänder im Blut des Lammes weiß gewaschen haben" (Offb 7,14; vgl. 6,11; 7,9.13). Sie haben durch ihr Zeugnis bewahrheit, dass Jesus in seiner Liebe für sie gestorben ist, um die Schuld zu sühnen (Offb 1,5). Sie sind Jesus im Leiden nachgefolgt (Offb 14,4). Die Kraft dazu haben sie, weil ihnen auf die Stirn ein Siegel gedrückt worden ist. Im Kontext der Johannesoffenbarung ist diese Tätowierung der Originalstempel der Zugehörigkeit zu Gott, der auf Erden von den Protagonisten des Kaiserkultes nachgeäfft wird, wenn sie diejenigen regelrecht „abstempeln", die das gebotene Opfer dargebracht haben (Offb 13,16f); als deren Siegel gilt die geheimnisvolle Zahl 666, die – wie rätselhaft sie auch bleibt – mit dem Kaiserkult in Verbindung steht. Um so wichtiger ist dann der biblisch-theologische Kontext der Besiegelung. Das Zeichen auf der Stirn verweist zurück auf Ez 9,4, wo den Gerechten vom Propheten ein hebräisches „Taw" (vermutlich, wie es der damaligen Schreibgewohnheit entsprach, in Form eines Kreuzes) auf die Stirn gezeichnet wird, auf dass sie im Strafgericht verschont bleiben. (Jes 44,5, wonach sich die Glaubenden den Namen Gottes oder Israels auf die Hand schreiben, liegt etwas weiter ab.) Im christlichen Kontext verweist dies auf das Kreuz Jesu Christi.[71] Die Heiligen sind mit dem Zeichen des Kreuzes auf der Stirne bezeichnet. Es liegt nahe, an die Taufe – und das Kreuzzeichen – zu denken.[72] Aber auch die jesuanische Forderung der Kreuzesnachfolge liegt nahe (Mk 8,34 parr.). Das Siegel bewirkt Schutz in der gegenwärtigen Bedrängnis (Offb 7,3f; 9,4) und führt zur Rettung im Endgericht (12,10f).

Die Vision stellt das Engagement der Heiligen[73] vor Augen. Sie wissen und sagen: „Die „Rettung ist bei unserem Gott, der auf dem Thron sitzt, und dem Lamm“ (Offb 7,10). Die Verheißung ewigen Friedens und himmlischen Glücks, die den Standhaften gegeben ist und unter dem Aspekt der gültigen Zusage bereit realisiert ist, da sie nie und nimmer von Gott in Frage gestellt wird, reißt an dieser Stelle der Offenbarung noch nicht den kosmischen Horizont auf, in dem nach Offb 21–22 auch die Heidenvölker ins himmlische Jerusalem einziehen werden. Die Verheißung ist aber getragen von der Regentschaft des Lammes, die der Rettung der Gerechten jene Dynamik gibt, die unwiderstehlich auf die Vollendung des Reiches Gottes drängt. Der Schlussvers, der bereits auf Offb 21,4 vorausverweist, lautet (Offb 7,17):

> Das Lamm mitten vor dem Thron wird sie weiden
> und sie den Weg zu den Quellwassern des Lebens führen,
> und abwischen wird Gott jede Träne von ihren Augen.

Die Kühnheit des Bildes ist nicht geringer als das der Gewänder, die im Opferblut des Gotteslammes weißgewaschen worden sind: Das Lamm ist der Hirt. Das Lamm ist das Leitschaf, das selbst nicht angeleitet wird, sondern anleitet, und nicht geweidet wird, sondern weidet. Die Anspielung auf den Psalter ist unübersehbar: „Der Herr ist mein Hirte, er wird mich weiden auf grüner Aue, er wird mich führen zum Ruhelager am Wasser“ (Ps 23,2). Sie wird durch den Verweis auf Ez 34,23f ergänzt: „[23]Und ich werde über sie einen einzigen Hirten setzen, dass er sie weide, meinen Knecht David, der wird ihr Hirte sein, [24]und ich werde JHWH sein, ihr Gott, und mein Knecht David wird in ihrer Mitte der Fürst sein.“ Weist Ps 23 auf Gott, so Ez 34 auf den Messias als Hirt des Gottesvolkes. Beides ist auch in Joh 10 zusammengenommen, wo Jesus sich als der Gute Hirte offenbart, der sein Leben für die Schafe gibt.

Die Kühnheit der Metapher besteht nach Offb 7,14 aber darin, dass dieser Hirt kein anderer ist – als ausgerechnet ein Lamm (das doch sonst von einem Hirten geweidet wird). Doch dieser Widerspruch macht gerade die Pointe aus: Das Opferlamm hat Gottes ganze Macht; die Christen hoffen auf keinen anderen als den getöteten Gottesknecht; die Macht, die dem erhöhten Christus eignet, ist die Kraft seiner Lebenshingabe. So schließt sich der Kreis zur Kreuzesnachfolge; so geschieht die Taufe im Zeichen des Kreuzes; so sind die 144000 von einem behütet, der ihr Geschick geteilt hat. (In den Mosaiken von San Apollinare in Classe bei Ravenna ist dieses johanneische Bild wunderbar gestaltet.)

Im Bild des Lammes zeigt sich Jesus nach Offb 7,17 als Hirte des zur Vollendung gelangenden Gottesvolkes. Dass dieses Lamm „mitten vor dem Thron" seine Herde weidet, macht sichtbar, dass es ins innerste Geheimnis Gottes selbst gehört; die Quelle des Lebens ist der Thron Gottes; zu dieser Quelle geführt zu werden, heißt, in die vollendete Gemeinschaft mit Gott zu gelangen.

(4) Das Kind und seine Mutter (Offb 12)

Offb 12–14 sind eine Apokalypse in der Apokalypse. Nachdem die siebte Posaune ertönt ist (Offb 11,15–19) und bevor die sieben Schalen des Zornes ausgegossen werden (Offb 15), erscheint „ein großes Zeichen am Himmel" (Offb 12,1), das einen Perspektivenwechsel ankündigt. Die drei mal sieben Plagen, die dem Hauptteil der Johannesoffenbarung seine Dramatik verleihen, sind – nach dem Eindruck des Sehers – Ausdruck des gerechten Zorngerichtes, das Gott über die Welt verhängt. Von den Menschen, über die es hereinbricht, ist kaum die Rede (abgesehen von den standhaften Christen, den Märtyrern). Nur in ganz kurzen Notizen heißt es, dass sie den Tod suchen (Offb 9,6), aber sich selbst durch die schlimmsten Plagen nicht vom Götzendienst, „von Mord und Zauberei, Unzucht und Diebstahl" haben abbringen lassen (Offb 9,20f), sondern sich über den – zwischenzeitlichen – Tod der Propheten Gottes freuen (Offb 11,10). Freilich heißt es auch, in einem einzigen Satz, dass die Überlebenden, „von Entsetzen gepackt, Gott die Ehre gaben" (Offb 11,13). Nur deshalb kann später stimmig prophezeit werden, dass durch die allezeit offenen Tore der himmlischen Stadt Jerusalem die Völker mit ihren Königen einziehen, um der Vollendung teilhaftig zu werden (Offb 21,24).

Offen aber bleibt in diesen Aussagen, warum die Menschen sich von Gott abwenden und einander zu Wölfen werden. Das wird in Offb 12–14 analysiert. Es ist vom Antichrist und seinem

Pseudopropheten die Rede, die dadurch die Menschen auf ihre Seite ziehen, dass sie das Heilige, das Erhabene und Huldvolle, die Majestät und Gnade nachahmen (Offb 13).[74] Damit aber die Analyse tief genug geht, muss sie in den Rahmen des gesamten Heilsgeschehens gestellt werden. Deshalb setzt die „Apokalypse in der Apokalypse" christologisch an: bei der Menschwerdung und der Auferstehung Jesu. Dies geschieht allerdings nicht in der – gegen Ende des 1. Jahrhunderts bereits eingeführten – Bekenntnissprache des Urchristentums, sondern in mythischen Bildern, deren Facettenreichtum zahlreiche Interpretationsprobleme aufwirft, aber in die Tiefe des Glaubens führt (Offb 12,1–5):

> 1Und ein großes Zeichen erschien am Himmel:
> eine Frau,
> bekleidet mit der Sonne,
> der Mond zu ihren Füßen
> und um ihr Haupt ein Kranz von zwölf Sternen,
> 2und sie war schwanger
> und schrie in den Wehen
> und gebar unter Qualen.
> 3Und es erschien ein anderes Zeichen am Himmel,
> siehe: ein Drache,
> feurig und groß,
> mit sieben Köpfen
> und zehn Hörnern
> und sieben Diademen auf seinen Köpfen.
> 4Sein Schwanz fegte ein Drittel der Sterne vom Himmel
> und warf sie auf die Erde nieder.
> Der Drache stand vor der Frau, die gebären sollte,
> um, wenn es geboren wäre, das Kind zu verschlingen.
> 5Und sie gebar einen Sohn,
> einen Mann,
> der alle Völker mit eisernem Stab weiden wird.
> Und entrückt wurde ihr Kind zu Gott und seinem Thron.

Die Vision geht weiter: Die Frau flieht in die Wüste, wo sie von Gott geschützt wird (Offb 12,6.14). Im Himmel entbrennt ein Kampf der Engel um Gottes Ehre, der mit Satans Sturz endet (Offb 12,7–12), aber die Situation auf Erden dramatisch zuspitzt. Während die Frau gerettet wird, tobt sich die Wut Satans an ihren Kindern aus. Dass er verloren hat, macht seine Attacken nur desto gefährlicher, will er doch so viele Menschen wie möglich mit in den Abgrund reißen. Wie er dies versucht, zeigt Offb 13, während nach Offb 14 – wie in Offb 7 – das Lamm sich als unbesiegbar erweist und mithin alle, die sich von ihm führen lassen, gerettet werden.

Die Mutter
Die Exegese diskutiert vor allem die Identität der Sonnenfrau.[75] Dass es sich bei dem tödlich bedrohten und in den Himmel erhöhten Sohn um das Messiaskind handelt, steht außer Diskussion. Ist die Frau also Maria? So deutet *unisono* die patristische Exegese, aber nur noch sehr vereinzelt die moderne. Dass die Frau den Messias gebärt, erklärt sich bei einer marianischen Deutung am besten. Dass die Christen, die verfolgt werden, ihre „Kinder" sind, ist ein alter marianischer Topos, der einen neutestamentlichen Anhaltspunkt in der johanneischen Kreuzigungsszene hat: „Siehe, dein Sohn – Siehe, deine Mutter" (Joh 19,27). Offb 12 wäre dann ein Zeugnis neutestamentlicher Mariologie, stärker noch profiliert als im lukanischen Kindheitsevangelium. Zum traditionell Marianischen passen aber weniger gut die dramatisch beschriebenen Geburtsschmerzen. Die Flucht in die Wüste lässt sich kaum mit der matthäischen Erzählung von der Flucht nach Ägypten korrelieren, da es bei ihr ja um die Rettung des Jesuskindes geht (Mt 2,13ff), während hier der Messias bereits in den Himmel entrückt ist. Die Messiasmutter ist überdies als Himmelsfrau eingeführt, was Maria aber selbst nach dem entfalteten Dogma erst nach ihrem Tode sein kann.

Symbolisiert die Frau dann die Kirche? So lässt sich am besten deuten, dass die Christen ihre „Kinder" sind. Aber die Geburt des Messias aus dem Schoß der Kirche wäre doch eine merkwürdige Vorstellung. Bleibt die Deutung auf Israel, zumal die „Tochter Zion" eine altehrwürdige, stets junge Figur der jüdischen Hoffnungsgeschichte ist. Dass Jesus aus dem Gottesvolk Israel stammt, ist ein wesentlicher Aspekt neutestamentlicher Christologie, wie ihn z. B. die Genealogie in Mt 1,1–17 hervorhebt. Freilich besteht dann das Problem, dass die Christen umstandslos als „Kinder" Israels gedeutet werden. Eine distinkte Unterscheidung verschiedener Deutungen wird der apokalyptischen Bildsprache nicht gerecht. Der ekklesiologische Aspekt dominiert; die Theologie Israels und der Kirche gehen ineinander über; die marianische Deutung kann sich in diesen Rahmen fügen.[76]

Das Kind
Im theologischen Zentrum steht eine radikal konzentrierte Christologie.[77] So geheimnisvoll die Frau erscheint – wichtiger ist ihr Kind. Dass es geboren wird, ist kein mythisches, sondern ein geschichtliches Ereignis. Die Geburt findet auf der Erde statt. Die Offenbarung des Johannes denkt an die Bethlehem-Tradition, die

sich bei Matthäus und Lukas in den Kindheitsgeschichten wiederfindet. Da die Sonnenfrau im antiken Kontext das Sternbild der Jungfrau imaginiert, liegt es auch nahe (wiewohl es nicht zu beweisen ist), an die jungfräuliche Geburt des Messias zu denken, wie sie aus judenchristlichen Traditionen beiden Kindheitsgeschichten des Neuen Testaments eingeschrieben ist. Die Geburt ist nicht nur der Beginn der irdischen Geschichte Jesu, sondern Menschwerdung Gottes; Jesus eignet das Gottesattribut der Ewigkeit. Offb 3,14 sieht den Präexistenten als Schöpfungsmittler. Das Kind, das von seiner Mutter geboren wird, ist seinem Wesen nach göttlich.

Vom irdischen Leben und vom Tod Jesu verlautet in Offb 12 nichts. Auf die Menschwerdung folgt direkt die Entrückung; gemeint ist die Erhöhung (2,1; 3,1) als Konsequenz der Auferstehung (2,8). Offb 12 verwendet ein Wort, das auch in Berichten über mystische Himmelsreisen begegnet (2Kor 12,4; vgl. Apg 8,39) und dort die plötzliche Distanzüberwindung und Sphärendurchquerung hervorhebt. Eine – entfernte – Sachparallele ist die Himmelfahrt Jesu bei Lukas. Allerdings erhellt Offb 12 nicht, wie die Auferstehung und Erhöhung erfolgt sind, sondern dass der Todesdrache dem Gotteskind nichts anhaben kann.

Aus der Tatsache, dass nur die Menschwerdung und die Erhöhung Jesu einander gegenübergestellt werden, lässt sich jedoch keine Geringschätzung des Menschseins und des Sterbens Jesu ableiten. Denn die Johannesoffenbarung redet vom stellvertretenden Sühnetod (Offb 1,5) und vom Kreuz Jesu (Offb 11,8). Aber in Offb 12 ist ein anderer Aspekt leitend: Die Unverwundbarkeit des Messias wird betont. Er ist als Mensch geboren, aber der gestürzte Unheilsengel, die Manifestation des schlechthin Bösen, kann ihm nichts anhaben. Das ist Grund zur Hoffnung für alle bedrängten Christen, zu deren Trost Johannes seine Schrift verfassen sollte.

Durch den Kontrast mit dem Antichrist gewinnt diese elementare Christologie weiteres Profil. Der Messias wird als Menschenkind auf der Erde geboren. Er ist ein Geschenk des Himmels. Der Antichrist hingegen steigt aus dem Meer auf (Offb 13,1), um die Erde zu beherrschen. Er tut so, als sei er getötet worden und wieder lebendig (Offb 13,3.12); aber das ist nur böser Schein. Es ist eine schlechte, aber effektvolle Kopie des christologischen Originals. Der Antichrist ist ein Raubtier-Monster aus Panther, Bär und Löwe (Offb 13,2); der Pseudoprophet, der die Menschen zur Verehrung des Bösen verführen soll, gibt sich sogar das Aussehen eines Lammes (Offb 13,11), um durch die Imitation Jesu Christi die

Menschen zu verwirren. Dem angemaßt Göttlichen des gefallenen Satans, der sich den römischen Kaiserkult zunutze macht, um Macht auszuüben, steht die wahre Menschlichkeit des Gottessohnes entgegen, der von seiner Geburt tödlich bedroht wird, dem aber die Macht des Bösen nichts anhaben kann.

Mythos und Logos

Die Vision in Offb 12,1–5 arbeitet mit dem Stoff eines elementaren, weit verbreiteten Zivilisationsmythos der hellenistischen Welt, dessen Wurzeln Ägyptisches und Griechisches verbinden.[78] Der Mythos erzählt in vielfachen griechisch-ägyptischen Variationen von der Geburt des Apoll und der Gründung des Orakels von Delphi[79]. Apoll (Horus) sei vom Typhon-(Python-)Drachen (Hesiod, theog. 820–868), der das Orakel der Gaia am Parnassos bewachte, noch vor seiner Geburt aus der Isis (Demeter), weil er von ihm als tödliche Bedrohung wusste, mit dem Tode bedroht worden, sei aber wie seine Schwester Artemis (Diana; Bubastis) von Leto auf die schwimmende Insel Chemnis resp. nach Delos versetzt worden; vier Tage nach seiner Geburt habe er in voller Waffenrüstung den Drachen besiegt und im Untergrund Delphis gefangengesetzt, so dass dessen Kraft, die er immer neu zähmen müsse, im Orakel kanalisiert werde. Im homerischen Hymnus heißt es: „Mein sei Leier und krummer Bogen, die werde ich lieben,/Und ich künde den Menschen des Zeus untrüglichen Ratschluss". Apoll muss am thessalischen Königshof acht Jahre als Sklave arbeiten, um seine Blutschuld zu sühnen. Darüber klagen bei Aischylos die Eumeniden, die archaischen Rachegöttinnen: „O, ihr neueren Götter, die alten Gesetze, ihr tratet sie nieder. Entwunden sind sie der Hand". Der Mythos von Apolls Sieg über die Schlange wird in den ursprünglich alle acht, später alle vier Jahre stattfindenden Pythischen Spielen gefeiert. An deren Beginn steht bis 342 v. Chr. ein Opfer, das die Ur-Geschichte vergegenwärtigt: Am ersten Tag nach Sonnenuntergang zielt ein Knabe mit Feuerpfeilen auf ein nachgebildetes Schlangennest und setzt es in Brand.

Der Mythos handelt vom göttlichen Ursprung und der archaischen Bedrohung der menschlichen Zivilisation: Sie beruht auf dem siegreichen Kampf gegen das Chaos, der immer neu ausgefochten werden muss. Die Einsicht in die Realität, die jener Mythos gewährt, ist von erschreckender Konsequenz: Die geordnete Welt der Menschen ist permanent bedroht durch die chaotische Todes-Macht; nur durch List und Gewalt ist das Böse zu besiegen.

Die menschliche Zivilisation nährt sich aus der blutigen Zerschlagung jener über-menschlichen Kräfte, die Verderben verbreiten wollen. In der Welt des Polytheismus, die den harten Konkurrenz-Kampf zwischen den Göttern auf die Erde übertragen sieht, gibt es letztlich keine Alternative zu dieser tragischen Welt-Sicht.

Offb 12 hingegen entwickelt eine radikal andere Sicht. Sie ist nicht dem Mythos und der Wiederkehr des immer Gleichen verpflichtet, sondern dem biblischen Logos, der einen klaren Anfang und ein klares Ende der Zeit kennt, eine klare Unterscheidung von Gott und Welt. Deshalb geht die Vision nicht nur auf die Zivilisation der Welt, sondern der Liebe, die Himmel und Erde, Zeit und Ewigkeit umgreift. Die Grundbotschaft ist an die Person des Messiaskindes gebunden. Nicht der Drache, der sich das Aussehen eines Lammes gibt, sondern das Lamm Gottes, das zu Gottes Thron gehört, besiegt das Böse: und zwar nicht durch Gewalt, sondern durch Liebe. Deshalb ist der Sieg nicht ein nur vorläufiger, der bedroht und immer wieder neu errungen werden muss, sondern ein endgültiger.

(5) Das Wort Gottes (Offb 19,11–21)

Viel Zeit braucht Johannes, um die Bilder des großen Finales anzuschauern, auszuhalten und mitzuteilen. Am Ende strahlt das himmlische Jerusalem. Aber dieses Ende kommt nicht auf einen Schlag. Das Unheil, das überwunden sein will, ist so groß, dass seine Überwindung eines längeren Prozesses bedarf – nicht, weil Gott nicht stark genug wäre, es aus der Welt zu schaffen, sondern weil alle Bosheit mit Stumpf und Stil ausgerottet werden muss, ohne dass diejenigen, die unter ihm gelitten haben, auf ein besseres Jenseits vertröstet werden. Von Anfang an steht das Ende fest; aber so groß ist die Herrlichkeit der Vollendung, dass sie sich erst Schritt für Schritt zeigt – so wie das Böse so schrecklich ist, dass es noch im Untergang die größte Gefahr ist.

Endgültig vollzieht sich die Wende nach dem Untergang der „Hure“ Babylon. Das Bild vom Auszug der vier apokalyptischen Reiter (Offb 6), mit dem die ersten Siegel gebrochen wurden, wird neu beleuchtet, da Johannes schaut, dass aus dem geöffneten Himmel an der Spitze der himmlischen Heerscharen der Sohn Gottes als Wort Gottes zieht, um die Herrschaft Gottes im Sieg über alles Böse und in er Rettung alles Guten zu vollenden (Offb 19,11–21). Dieses retardierende Element zeigt, dass die Johannesoffenbarung nicht das Drehbuch des Weltendes schreibt, in der eine Szene auf die andere folgt, sondern auch mit Wiederholungen und Intensivierungen arbeitet, die sich nicht ohne weiteres auf einer Zeitachse darstellen lassen. Im Auszug des Wortes Gottes aus dem offenen Himmel auf die Erde überlagert sich das zweifache Kommen Jesu Christi: die Parusie am Jüngsten Tage und das geschichtliche Wirken Jesu. Die Parusie ist nicht die Wiederholung der Inkarnation, aber ihre Konsequenz und ihre Vollendung unter dem Aspekt der Aufrichtung der Gottesherrschaft. Das erste Kommen Jesu, das zu seinem geschichtlichen Wirken, aber auch zu seinem Tod und seiner Auferstehung führt, ist zwar ein definitives, irreversibles Heilsgeschehen, das sich aber zeitigen muss.

Es folgt das rätselhafte „Tausendjährige Reich“ (20,1–6)[80], auf das sich frevelhafter Weise die Nazis berufen haben und das in der Geschichte der Kirche zu vielen Mythisierungen Anlass gegeben hat, das aber bei Johannes eine Phase in der Verwirklichung des Reiches Gottes vor dem endgültigen Sieg über Satan meint und das Augustinus – in genauer Erkenntnis der dialektischen Eschatologie, aber vielleicht doch etwas zu undialektisch – auf die Zeit der Kirche gedeutet hat, die dem Seher in anderen Blickwinkeln schon früher deutlich gemacht worden ist (De civitate Dei XX,6–9).

Johannes sieht den großen Auftritt Jesu am Ende aller Tage, zu Beginn der tausend Jahre (Offb 19,11–16).

11 Und ich sah den Himmel offen.
Und sieh': Ein weißes Pferd,
und der auf ihm saß, heißt: „Treu“ und „Wahr“,
und in Gerechtigkeit, da richtet er und streitet;
12 seine Augen sind wie Feuerflammen,
und auf seinem Haupte trägt er viele Kronen
und einen Namen hat er hingeschrieben,
den niemand kannte als er selbst.
13 Und gehüllt hat er sich in den Mantel, blutgetränkt,
und gerufen wird sein Name: Das Wort Gottes.
14 Und des Himmels Heere folgten ihm auf weißen Pferden,
angetan mit reinen weißen Linnen,
15 und aus seinem Munde geht ein scharfes Schwert hervor,
dass er mit ihm die Völker schlage,
und weiden wird er sie mit einem Eisenstab (Ps 2,9^{LXX}),
und er tritt die Kelter,
voll mit Wein des grimm'gen Zornes Gottes, des Allmächtigen,
16 und auf seinem Mantel und auf seiner Hüfte hat den Namen er geschrieben:
„König der Könige und Herr der Herren“.

Der Blick richtet sich auf den Auferstandenen, der zum Gericht wiederkommen wird. Der Himmel ist geöffnet – wie bei der Taufe am Jordan., als der Geist auf Jesus herabkam und die Stimme aus den Wolken ihn berufen hat, als Sohn Gottes nach Galiläa zu kommen und die Herrschaft Gottes zu verkünden (Mk 1,9–11, 14f). Auf die Gottessohnschaft spielt in Vers 15 das Zitat von Ps 2 an: der Sohn Gottes, als den Gott den König in messianischer Macht einsetzt, herrscht über das Volk Gottes: Er schützt es vor seinen äußeren und inneren Feinden; er sichert ihm den Ruheplatz am Wasser. Der Eisenstab weist auf die Härte seines Regiments – das aber im Interesse der Rettung der Seinen steht und um ihretwillen notwendig ist.

Wie ein guter König sorgt der Messias für Gerechtigkeit. Der Zorn Gottes ist sein Abscheu gegenüber der Sünde, seine Ablehnung alles Bösen, seine Leidenschaft für das Gute. Der Zorn Gottes ist kein primitives Rachegelüst; er ist heilig. Er verhilft dem Recht zum Sieg. Das Kommen des Sohnes Gottes zum Sieg über das Böse ist eine blutige Angelegenheit. Aber nicht, weil Gott Blut sehen wollte, bevor er sich gnädig stimmen ließe; sondern weil so viel unschuldiges Blut vergossen worden ist seit Anbeginn der Welt und weil dieses Blut, wie das Blut Abels (Gen 4), zum Himmel schreit. Auch weil die Übeltäter bluten müssen für ihre Schuld? Der blutbefleckte Mantel erinnert an Gottes Zorn, ohne den es keine Erlösung geben wird. Nach Jes 63,2f ist das Blut, das seinen Mantel bespritzt, das Symbol für die Sünder der Völker, die in der Kelter getreten werden, dass aus den Trauben (roter) Wein fließe.

Die Johannesoffenbarung projiziert dieses Gottesbild auf Jesus – und bricht es dadurch in doppelter Weise. Zum einen ruft es die Erinnerung an eine besonders prägnante Form jüdischer Weisheitstheologie wach. In der „Weisheit Salomos" (dem vielleicht jüngsten Buch des Alten Testaments) wird die – ursprünglich weibliche – „Weisheit" als – männliches – „Wort" Gottes portraitiert (Weish 18,14ff): „[14]Als tiefes Schweigen das All umfing und die Nacht in ihrem Lauf zur Mitte gelangt war, [15]da sprang vom Himmel dein allmächtiges Wort, vom königlichen Thron, ein wilder Krieger, mitten in das dem Untergang geweihte Land. [16]Er führte als Schwert dein unbestechliches Gebot, und er stand und erfüllte alles mit Tod, und den Himmel berührte er, da er auf Erden stand." In diesem Lied wird die Erinnerung an den Exodus beschworen: Befreit werden konnte Israel damals nur durch die Gewalt, die der Todesengel an der Erstgeburt Ägyptens verübte.

Die Weisheitsschrift sublimiert die notwendige Gewaltsamkeit der Befreiung aus Ägypten dadurch, dass sie den Exodus auf die Macht des Wortes Gottes zurückführt. Aber es bleibt dabei: Israel kann nur fliehen, weil in Ägypten unschuldiges Blut vergossen wird.

Diese Wort-Theologie greift die Johannesapokalypse auf, bezieht aber die Gewaltlosigkeit des neutestamentlichen Pascha in die machtvolle Überwindung des Bösen ein. Der Erlöser achtet nicht darauf, sich mit dem Blut der Sünder nicht zu verunreinigen, sondern hat selbst sein Blut vergossen. Dieser Erlöser ist der Menschensohn, dieser Menschensohn ist Jesus. Das Blut, das sein Gewand bespritzt, ist sein eigenes, „durch das er uns von unseren Sünden erlöst hat" (Offb 1,5). Die Künstler haben immer einen Bezug zum Purpurmantel aufgedeckt, mit dem Jesus nach dem Johannesevangelium als Judenkönig verspottet worden ist (Joh 19,2f). Sie haben mehr gesehen als viele, die nur die Augen abwenden wollen von der gewaltigen Macht des Erlösers – weil sie die Dimensionen des Unheils verkennen.

Jesus ist ein Mann des Wortes, aber auch ein Mann der Vollmacht, dem nichts widerstehen kann. Die Evangelien zeigen die göttliche Macht Jesu in seiner Vertreibung der Dämonen aus den Menschen, die sie quälen. Mitleid mit den bösen Geistern wäre unmenschlich. Jesu Mitleid ist es, das ihn zum Exorzisten werden lässt. Das Johannesevangelium ist es, das Jesus als Kritiker zeigt. Krisis – in Deutschen einseitig mit „Gericht" übersetzt – ist ein Schlüsselwort johanneischer Theologie. Der Vierte Evangelist bezieht es auf die Stunde der Passion Jesu, die Kreuzigung, die zugleich Erhöhung ist[81] (12,31): „Jetzt ist das Gericht dieser Welt; jetzt wird der Fürst dieser Welt hinausgeworfen" (vgl. Joh 16,11). Dies ist die engste Parallele zur johanneischen Vision des Wortes Gottes und seines Kommens in Offb 19 (vorbereitet in Offb 12,10ff): Der Streiter für Gottes Herrschaft ist das Opfer der Gewalt; der König ist der Gekreuzigte; der blutig Getötete ist der Retter der Welt, der allem Blutvergießen ein Ende macht.

(6) Der Morgenstern (Offb 22,16)

Wie Johannes am Beginn berufen wird, aufzuschreiben, was er gesehen hat, werden zum Schluss seine Leser eindringlich ermahnt, ernst zu nehmen, was er geschrieben hat (Offb 22,16):

Ich, Jesus, habe meinen Engel gesandt,
euch dies für die Gemeinden zu bezeugen.
Ich bin die Wurzel und der Stamm Davids,
der strahlende Morgenstern.

Die Davidssohnschaft Jesu (vgl. Jes 11,1.10) ist ein Thema nicht nur der Evangelien, sondern auch der neutestamentlichen Brieftheologie. In der Johannesoffenbarung ist es tief verwurzelt. Die Davidssohnschaft des Messias strahlt auch im Morgenstern auf (vgl. Offb 2,28). Die Vision des Sehers spiegelt wider, was der heidnische Prophet Bileam nach Num 24,17 geschaut hat: „Ein Stern geht auf in Jakob, ein Zepter erhebt sich in Israel." Bileam prophezeit den Sieg Israels über seine Feinde, Moab und die Söhne Seths. Das passt zum Thema der Apokalypse. Im Frühjudentum ist der Stern Bileams oft als Stern des Messias gedeutet worden (TestLevi 18,3; TestJud 24,1; CD 7,19f; 1Qb 5,27; 4QTest 9–13). In dieser Tradition steht Johannes (vgl. Ignatius, Eph 19,2). Als Empfänger einer Offenbarung kann er ein „Selbstportrait" des erhöhten Messias zitieren. Der „Morgenstern" verweist nicht nur auf den Messias; der Messias ist der strahlende Morgenstern, der die glückliche Zukunft des Gottesvolkes beleuchtet.

Dies eröffnet einen zweite Interpretationshorizont, auf den im Neuen Testament 2Petr 1,19 hindeutet: Der Morgenstern leuchtet auf am Jüngsten Tag. Das passt zur Parusiethematik der Apokalypse, ist aber ein merkwürdiges Bild, da in dem traditionellen Szenario die Sterne vom Himmel fallen, wenn das Ende kommt. Nicht so der Messiasstern. Er wird heller strahlen denn je. Er ist anders als alle anderen Sterne. Nach dem Zweiten Petrusbrief geht er in den „Herzen" der Glaubenden auf. Die messianische Zukunft hat schon begonnen. „Petrus" blickt auf die Verklärung zurück (2Petr 1,17f). Johannes verkündet den definitiven Heilszuspruch schon jetzt. Der messianische Morgenstern strahlt bereits – dadurch, dass Johannes bezeugen darf, was Jesus von Gott, dem Vater, offenbart.

Hier erst zeigt sich der wichtigste Referenztext des Morgensternbildes. Er findet sich am Anfang des Neuen Testaments, bei der Suche der „Weisen aus dem Morgenland" (Luther) nach dem „neugeborenen König der Juden", dessen „Stern" sie im Osten haben aufgehen gesehen (Mt 2,1–12). Die „heiligen drei Könige", wie der Volksmund sie nennt, sind Vorboten der Völker, die zum Zion strömen werden, um Gott zu huldigen (vgl. Mt 8,11f par.). Gerade dieses Hoffnungsbild Israels, die eschatologische Wallfahrt der Völker (Jes 2,1–5; 18,7; 45,14; 60,6.9; Mi 4,1ff; Ps 68,32), hat Johannes im Schlussbild seiner Offenbarung, der Herabkunft des ewigen Jerusalem aus dem Himmel auf die Erde, aufgenommen und mit christologischen Farben gefüllt (Offb 21,24: Jes 60,3.11; Ps 72,10).

Das Christusbild des Morgensterns gewinnt in der Johannesoffenbarung freilich auch politische Ausstrahlung. Auf den Münzen antiker Herrscher prangt oft über ihrem Portrait ein Stern als Zeichen ihres göttlichen Königtums.[82] Die Venus, der Morgenstern, ist den Römern die Göttin des Sieges. Statius, römischer Hofpoet, vergleicht in einem Jubelgedicht Kaiser Domitian, da er am 1. Januar 95 sein 17. Konsulat antritt, mit diesem Morgenstern. Da Johannes unter diesem Herrscher, dem Gottgleichheit attestiert werden sollte, geschrieben und in seinem Buch sich kritisch mit Erscheinungsformen des Kaiserkultes auseinandergesetzt hat, die er als teuflische Politisierung menschlicher Heilshoffnung entlarvt, kann der Kontrast nicht übersehen werden: Das Original ist Jesus Christus, der gottgleiche Sohn des Vaters. Die Herrscher-Attribute Roms und aller Könige dieser Welt sind allesamt billige Kopien. Freilich ist diese johanneische Politik im Namen Jesu, die den Kaiserkult entmythologisiert, nur möglich, weil in Jesus tatsächlich das Licht Gottes, das Licht des Heiles und des Lebens aufstrahlt. (Eph 5,14 zieht tauftheologisch die ekklesiologische Konsequenz.)

Wiederum liegen die johanneischen Evangelientraditionen besonders nahe. Auch nach den Synoptikern hat Jesus sein messianisches Amt ausgeübt, indem er Blinden das Augenlicht geschenkt hat (vgl. Lk 4,18; Mt 11,5: Jes 35,5; 61,1f). Aber nur nach Johannes sagt Jesus von sich selbst (Joh 8,12; 9,5; vgl. 12,46): „Ich bin das Licht der Welt.“ Auf derselben Reflexionshöhe der Christologie steht Offb 22,16 – nur dass die alttestamentliche Verwurzelung der Heilssendung Jesu noch deutlicher wird. In beiden Tradition ist das Licht die „Metapher der Wahrheit“ (Hans Blumenberg) – und die Möglichkeit, sie zu gebrauchen, in Jesu Wirken, seinem Tod und seiner Auferstehung begründet.

b) Die apokalyptischen Briefe

Die sieben Briefe an die sieben Gemeinden Kleinasiens sind genau auf die jeweilige Situation vor Ort abgestimmt. Aber sie sind nicht nur Gelegenheitsschreiben, sondern haben paradigmatische Bedeutung. Im Umkreis Kleinasiens zeichnen sich typische Probleme ab, mit denen die Kirche an der Jahrhundertwende vielerorts zu kämpfen hat: Ermattung (Offb 2,1–7: Ephesus), Synkretismus

(Offb 2,12–17: Pergamon; 2,18–29: Thyatira), innere Auszehrung (Offb 3,1–6: Sardes), Lauheit (Offb 3,14–22: Laodizea). Aber es zeigen sich auch die Tugenden, auf die es ankommt, wenn die Lage schwierig wird (Offb 2,8–11: Smyrna), spiritueller Reichtum (Offb 2,7), caritatives Engagement (Offb 2,19: Thyatira), Standhaftigkeit im Glauben (Offb 2,2f: Ephesus; 2,13: Pergamon; 3,7–13: Philadelphia).[83]

Dieser Paradigmatik entspricht die strenge Form. Alle Briefe beginnen mit der Zitation des Schreibbefehls, dem Johannes Folge leistet. Dann folgt eine Einleitung, die im Gewande der alttestamentlichen Botenformel den erhöhten Christus als Sprecher einführt: „So spricht er, der …". An dritter Stelle steht der gleichfalls aus der alttestamentlichen Prophetie bekannte „Botenspruch", die Diagnose der gemeindlichen Situation, verbunden mit Mahnungen und eingeleitet mit: „Ich kenne …"; gemeint ist das „Ich" Jesu Christi, dem der prophetische Briefautor Stimme leiht. Viertens folgt eine knappe Mahnung zum Hören, ein „Weckruf" („Wer Ohren hat …"). Am Schluss steht eine Verheißung für die „Sieger" der Geschichte, zu denen die Christen trotz ihrer vielen Niederlagen gehören werden und sollen. Christologische Aussagen finden sich immer am Anfang, meistens am Schluss, selten im Corpus der Briefe. Durchweg handelt es sich um Selbstprädikationen Christi durch den Mund und die Hand des Schreibers Johannes.

Die christologischen Motive sind zu einem nicht unerheblichen Teil in der Schreibvision Offb 1,9–19 vorbereitet; sie stoßen im Corpus der Apokalypse auf vielfältige Resonanz; sie stammen aus einen Arsenal judenchristlicher Hoheitstitel, Würdenamen und Christusmotive; sie sind so ausgewählt, dass jede Gemeinde die Seiten Jesu Christi vor Augen gestellt bekommt, die ihr besonders wichtig sein müssen, aber auch so, dass sich ihr Blickwinkel mit dem der anderen verbindet.

Die Sendschreiben sind besonders reich an Resonanzen der Evangelien. Es handelt sich nur in seltenen Fällen um traditionsgeschichtlich zu beschreibende Abhängigkeiten. Typisch ist hingegen, dass der Seher Johannes aus dem gleichen Reservoir apokalyptischer Theologie schöpft wie Jesus – und dass sein eigener Vorrat durch die neutestamentliche Jesustradition angereichert worden ist (mit besonders vielen Vergleichspunkten bei Matthäus). Er zitiert freilich nicht direkt Jesus, sondern eignet sich die jesuanischen Motive so frei an, wie dies bei seinem Umgang mit dem Alten Testament oft beobachtet worden ist. Die Sendschreiben führen nicht weiter von Jesus weg, sondern näher zu ihm hin.

(1) Ephesus: Die Sterne, die Leuchter, das Holz des Paradieses (Offb 2,1–7)

Ephesus ist der Vorort Kleinasiens, die drittgrößte Stadt des Imperiums, eine Hauptwirkungsstätte des Paulus, wahrscheinlich der Sitz einer Paulusschule, vermutlich die Zuflucht des Lieblingsjüngers und seines Kreises, aus dem das Vierte Evangelium hervorgegangen ist. Deshalb richtet sich der erste Brief an den „Engel der Kirche von Ephesus". Der Brief zeichnet eine differenziertes Bild: dass die Christen zwar bereits einige schwierige Herausforderungen bravourös bestanden, aber ihre „erste Liebe" verloren haben, was sich an ihrer Nachlässigkeit gegenüber den „Nikolaïten" zeige, einer christlichen Bewegung, die in den Augen des Sehers zum Synkretismus neigt.

Im Christuswort zu Beginn des Schreibens wird der kirchliche Status von Ephesus besonders betont (Offb 2,1):

> So spricht er,
> der die sieben Sterne in seiner Rechten hält,
> der einhergeht inmitten der sieben Leuchter von Gold.

Das Bild des Sternenträgers hat bereits die Schreibvision gezeigt (Offb 1,16), ebenso das der sieben Leuchter (Offb 1,12f), die an die Menora gemahnen, den siebenarmigen Leuchter, der nach Ex 25,31–40 und Ex 37,17–24 im Allerheiligsten stehen soll. Nach Offb 4,5 lodern sieben Fackeln um den Thron Gottes, die für die „sieben Geister" stehen: nämlich den Heiligen Geist, der von Gott aus die Kirche erfüllt. Die sieben Sterne und Leuchter stehen nicht nur für die sieben kleinasiatischen Gemeinden, die von Johannes Post erhalten, aber symbolisieren auch die Ganzheit der Kirche – wie auf andere Weise die Zwölfzahl, die Johannes von den Aposteln ableitet und in den zwölf Aposteltoren des himmlischen Jerusalem wiederfindet (Offb 21,12.14).

Der „Botenspruch" verbindet zwei Aspekte der Christologie in ihrem Verhältnis zur Ekklesiologie: Christus hält die sieben Sterne in seiner Rechten; er ist der Herr der Kirche; ohne ihn könnte sie nicht leben; die Kirche ist in seiner Hand. Christus wandelt aber auch inmitten der sieben Leuchter: Jesus ist in ihr gegenwärtig; er ist ihre Mitte, um seinetwillen gibt es sie.

Beide Aspekte sind wesentlich. Der erste verweist auf den Erhöhten, der als Kyrios angerufen wird, aber dann auch auf den Irdischen, der seine Jünger in die Nachfolge gerufen und dauernd an sich gebunden hat; der zweite verweist auf das Immanuel-Motiv, das bereits Matthäus sowohl auf die Geburt und irdische Existenz (Mt 1,23 – mit Jes 7,14) bezogen hat als auch auf den Auferstandenen, der seine Jünger zur Mission sendet (Mt 28,16–20). Wenn Jesus nach Mt 18,20 den Jüngern verheißt, mitten unter ihnen zu sein, so zwei oder drei in seinem Namen versammelt sind, ist dies eine Sachparallele zum Bild der sieben Leuchter. Da sie aber zugleich auf die sieben Fackeln im Thronsaal Gottes verweisen, verbindet der sich offenbarende Christus Himmel und Erde, die triumphierende und die kämpfende, leidende Kirche.

Der (erste) „Siegesspruch“ (der alle späteren präludiert) weitet den Blick (2,7) zurück an den Anfang der Schöpfung und voraus zur Vollendung der Erlösung:

> „Wer siegt, dem werde ich zu essen geben vom Holz des Lebens,
> der im Paradiese Gottes ist.“

Einerseits klingt die Geschichte vom Sündenfall an (Gen 2,8–3,24): Dass Adam vom Baum des Lebens aß, ist Ausdruck seiner Ursünde, sein zu wollen wie Gott (Gen 3,5). Die Folge des Sündenfalls ist die Vertreibung aus dem Paradies: das Leben im Zeichen des Todes, wie es die Nikolaïten nicht recht wahrhaben wollen, die Christen von Ephesus aber am eigenen Leibe erfahren. Ausdruck der vollkommenen Überwindung von Tod und Sünde ist es hingegen, dass es im himmlischen Jerusalem ganze Alleen lebendiger Bäume gibt, von deren Früchten alle allezeit essen dürfen, mehr als genug (Offb 22,2.14). Darin nimmt die Johannesapokalypse alttestamentlichte (Ez 47,12) und frühjüdische (Test Lev 18,10f; vgl. äthHen 24,4; 25,4f) Hoffnungen auf ein neues Paradies und einen Baum des Lebens ernst, von dem nicht mehr der Tod ausgehen kann.

Aber im neutestamentlichen Kontext kann doch das Holz des Paradiesbaumes nicht ohne seinen Bezug zum „Holz“ des Kreuzes gesehen werden (Apg 5,30; 10,39; 13,29; Gal 3,13; 1Petr 2,24). An ihm klebt der Fluch Gottes (Dtn 21,23), doch von ihm geht der Segen Gottes aus, da Jesus an ihm hängt (Gal 3,13; vgl. 2Kor 5,21). Die Kirchenväter haben für diese Symbolik immer offenere Augen gehabt als die modernen Exegeten.

Die Querverbindungen zur Jesustradition machen die Zusammenhänge klar. Die Speisungswunder (Mk 6,30–44 parr.; 8,1–10 parr.; Joh 6,1–13) verweisen nicht nur auf das Manna (Ex 16f; Num 11; Dtn 8,3.16; Ps 78,24; Weish 16,20–28), das Offb 2,17 direkt anspricht, und auf Elija (1Kön 19); sie stellen auch Jesus als den Ernährer seines Volkes dar, der ihm in der Wüste den Tisch des Herrn bereitet. (Paulus zieht in 1Kor 10 die Linie von der Exodustradition zur Eucharistie.) Wichtiger noch ist der Bezug zur (überlieferten) Kreuzestheologie Jesu, die Ausdruck der Auseinandersetzung mit seinem Leiden und des Rufes in die Nachfolge ist (Mk 8,34–38). Im Lukasevangelium ist ein rätselhaftes Wort überliefert, das Jesus auf dem Kreuzweg spricht, da er die Frauen Jerusalems seinetwegen weinen sieht (Lk 23,30f): „[30]Weint nicht um mich, weint um euch und eure Kinder. [31]Denn wenn dies am grünen Holze geschieht, was wird am dürren werden?" Sicher ist die Exegese, eine versteckte, von Mitleid geprägte Prophetie der Zerstörung Jerusalems und all der Tränen zu sehen, die Jerusalems Mütter um ihre Kinder weinen werden. Lukas ist sicher, dass in der grauenvollen Zerstörung Jerusalems diese Prophetie Jesu sich schrecklicherweise – trotz aller Warnungen – erfüllt hat. Unsicher ist die Exegese, worauf das grüne und das dürre Holz zu deuten sind. Meist wird gesagt: Wenn schon der Gerechte leiden muss – um wieviel mehr dann das ungerechte Jerusalem. Aber wer so deutet, verkennt die Trauer, die aus Jesus spricht und die sich bereits in den Tränen zeigte, die er angesichts des Untergangs der Stadt vor seinem Einzug weint (Lk 19,41: Dominus flevit). Tiefer in den Sinn des Jesuswortes dringt die biblische Symbolik des Holzes, die den Kirchenvätern (aus jüdischer Überlieferung) vor Augen stand. Die Weisheit Salomos denkt an die Arche Noah und sagt: „Segen ruht auf dem Holz, durch das Gerechtigkeit geschieht" (Weish 14,7; vgl. 4Makk 18,16), obgleich es selbst „wertlos" war (Weish 10,4); die Weisheit ist ein „Holz des Lebens" (Spr 3,18; vgl. Ps 1,3; Jes 65,22; Jer 17,8). Das dürre Holz hingegen ist nach den Klageliedern Ausdruck der tiefen Depression, in die – aus eigener Schuld – das besiegte und gedemütigte Israel gefallen ist (Klgl 4,8; vgl. Jes 56,3). Dass der grüne Baum verdorrt und der vertrocknete ergrünt, ist nach Ez 17,24 (vgl. 21,3) Zeichen des grundstürzenden Heilshandelns Gottes durch das Gericht.

Keine dieser Stellen ist das Passepartout für Lk 23,31. Aber in ihrem Kontext erklärt sich der Vers als dialektische Gerichts- und Heilsprophetie: Um Jesus brauchen die Jerusalemer Frauen nicht zu weinen, weil er zwar sterben, der Tod ihn aber nicht vernichten wird. Um sich selbst und ihre Kinder aber müssen sie weinen, weil es zu Mord und Totschlag in der Heiligen Stadt kommen wird. Das ist eine Katastrophe, wie sie jenseits von Eden oft geschieht, in der Heiligen Stadt aber besonders deprimiert. Trost wird es so wenig geben wie für Rachels Kinder in Rama (Jer 31,5: Mt 2,18). Aber es gibt Jesus, der den Kreuzweg geht und den Frauen sagen kann, dass dieser Weg nicht der Weg ins Nichts ist – und dass es deshalb auch für diejenigen, um die sie weinen werden, ein Jenseits des Elends gibt.

Die Johannesoffenbarung wendet diesen Zusammenhang für die standhaft Glaubenden ins unbedingt Positive: Derjenige, der vom „Holz des Lebens" zu essen geben wird, hat selbst am Holz des Kreuzes gehangen und es zum Holz des Lebens, zum grünen Holz gemacht, so wie Gott aus dem toten Holz Noah die Arche hat bauen lassen, dass nicht alles Leben in der Sintflut vernichtet werde (Gen 6–9).

(2) Smyrna: Die Auferstehung und der Kranz des Lebens (Offb 2,8–11)

Das Sendschreiben an die Gemeinde von Smyrna wird durch eine Kurzformel des Todes und der Auferstehung Jesu eingeleitet (Offb 2,8):

> So spricht er,
> der Erste und der Letzte,
> der tot war und wieder lebendig wurde.

Die Gemeinde (im heutigen Izmir) ist – obwohl sie verfolgt wird – in guter Verfassung: äußerlich arm, innerlich reich. Der Zuspruch dessen, der von den Toten auferstanden ist, muss ihr besonders viel bedeuten. Nicht nur der Kontrast ist entscheidend, sondern auch, dass Jesus tatsächlich gestorben ist. Wäre er es nicht, könnte er nicht nur der verfolgten, leidenden Christengemeinden nicht nahe sein, er könnte ihr auch nicht helfen in ihrer Not. Ebenso aber gilt: Wäre er nicht auferstanden, könnte er ihr nicht nahe sein und nicht beistehen. Offb 2,8 ist zum Schluss eine Kurzformel des Glaubens an Jesu Tod und Auferstehung im Munde des Auferstandenen selbst. Aber sie ist, auf die briefliche Mitteilung abgestimmt, in der 3. Person gehalten. Damit erinnert sie einerseits an die Menschensohnworte des irdischen Jesus, der gleichermaßen in der 3. Person von seinem Tode und von seiner Auferstehung spricht (Mk 8,31 par.; 9,31 parr.; 10,32ff parr.). Andererseits entspricht die grammatikalische Struktur derjenigen neutestamentlicher Bekenntnistexte und Predigten. Durch die Botenformel erhellt, dass im Bekenntnis nichts anderes geschieht, als dass ausgedrückt wird, was der irdische und der auferstandene Jesus Christus über sich selbst gesagt hat. Das ist der Zugang zum johanneischen Verständnis von Liturgie und Theologie.

Die Botenformel für das Schreiben nach Smyrna verbindet die Kurzformel des Glaubens an Jesu Tod und Auferstehung mit einer entschiedenen Gottesprädikation: „Der Erste und der Letzte“ ist nach Jes 44,6 und 48,12 (vgl. 41,4) Gott allein, der einzig wahre, der Schöpfer und Erlöser. So wird das Motiv auch in die Johannesapokalypse eingeführt (Offb 1,8) – aber bereits in der Schreibvision (Offb 1,17) von Jesus Christus übernommen. Das ist keine Usurpation, sondern Ausdruck der – biblisch-trinitarischen – Wirkeinheit des Vaters und des Sohnes im Geist, die von der patristischen Theologie sachgerecht als Wesenseinheit verstanden worden ist. Das christologische Bekenntnis stimmt dieser Selbstoffenbarung Jesu Christi zu. Wie dort die Geste der Berührung, verbunden mit dem Wort der Selbstoffenbarung, den Seher, der tot umgefallen war, wieder aufrichtet, so richtet sich die Offenbarung der Botenformel hier auf die Hoffnung der Christen Smyrnas mitten in der Bedrängnis.

Die soteriologische Bedeutung, die darin liegt, spiegelt die Verheißung Christi (Offb 2,10):

> „Sei treu bis in den Tod,
> und ich werde dir den Kranz des Lebens geben.“

Der Siegeskranz ist das Zeichen der endgültig Geretteten, die am Triumph Jesu Christi über Tod und Teufel teilhaben, weil sie dem Reiz des Synkretismus nicht nachgegeben und dem Druck der Verfolgung standgehalten haben (Offb 3,11; 14,14; vgl. 4,4.10; Jak 1,12; 1Petr 5,4). Johannes weiß, dass es – wie im Sport – ohne Fleiß keinen Preis gibt, dass aber – wie im richtigen Leben – der Sportler alle Anstrengung darauf richtet, mit dem Siegespreis gekrönt zu werden. (Welche Aussicht die Verlierer haben, ist im Sendschreiben nicht das Thema, ergibt sich aber aus der gesamten Apokalypse.)

Sachlich liegt eine Parallele zu Jesu Forderung vor, sein Leben zu verlieren und es dadurch zu gewinnen (Mk 8,34f parr.). Auch die Zebedaidenbitte, zur Rechten und Linken der Herrlichkeit Jesu Christi sitzen zu dürfen, führt auf ein ähnliches Themengebiet (Mk 10,35ff). Ihre Zurückweisung durch Jesus, der auf die Kreuzesnachfolge verweist, konvergiert mit der Intention des Pergamonschreibens, auch wenn Jesus, der irdische, nach der synoptischen Tradition allein Gott, dem Vater, die Bestimmung der zu Rettenden vorbehält, während nach dem johanneischen Verheißungswort der Erhöhte, der in der Vollmacht Gottes handelt, selbst für die Erfüllung der Verheißung einsteht.

Die Paradoxie des Todes und der Auferstehung Jesu prägt das Leben, den Tod und die Rettung der Christen. Darf man im Auge haben, dass Jesus selbst einen „Kranz“ trägt: die Dornenkrone

(Mk 15,17 parr.; Joh 19,2.5)? Nicht, dass Offb 2,10 sie einblenden wollte, die Jesu Königswürde am Kreuz sichtbar macht. Aber da auch der Seher Johannes weiß und immer wieder sagt, es sei kein anderer als der Getötete, der durch seinen Tod und seine Auferstehung den Verfolgten und Bedrängten das ewige Leben bringt, ist der Siegeskranz nicht die triumphale Apotheose dessen, der schon auf Erden alles gewonnen, sondern im Gegenteil die Rettung dessen, der auf Erden sein Leben verloren hat. Das ist jesuanische Kreuzestheologie im Zeichen der Auferstehung.

(3) Pergamon: Das Schwert, das Manna, der weiße Stein (Offb 2,12–17)

Die Gemeinde von Pergamon ist durch den demonstrativen Kaiserkult besonders bedroht. Einerseits hält sie stand, andererseits ist sie zu nachgiebig gegenüber den Propheten des Synkretismus. Sie wird deshalb vom einem Christus angesprochen, der scharf unterscheidet (Offb 2,12):

> So spricht er,
> das das Schwert trägt, das zweischneidige und scharfe.

In Offb 2,16 wird es als „Schwert meines Mundes" identifiziert, wie es schon vorher von Johannes in der Beauftragungsvision gesehen worden ist (Offb 1,16) und nachher in der Vision des Wort-Gottes-Kriegers gesehen werden wird (Offb 19,15).

Im Hintergrund steht die apokalyptische Tradition, die sich auch im Munde Jesu zu Wort meldet. In einem Logion, das viele zu schockierend finden, als dass sie es mit ihrem Jesusbild in Einklang bringen können, sagt Jesus seinen Jüngern, die er aussendet „wie Schafe mitten unter die Wölfe" (Mt 10,16 par. Lk 12,51): „Glaubt nicht, dass ich gekommen bin, Frieden auf die Erde zu bringen, ich bin nicht gekommen, Frieden zu bringen, sondern das Schwert." Aus dem Kontext ergibt sich der Sinn: Jesus wird nicht nur, weil einige sich ihm anschließen werden, andere nicht, zur Spaltung von Familien, Häusern, Freundeskreisen führen; er muss um des Friedens Gottes willen den menschlichen Scheinfrieden zerstören: er muss nicht nur die Friedhofsruhe beenden und Heuchelei entlarven, sondern überhaupt – Johannes hat dies in den Mittelpunkt seiner gesamten Christologie gerückt – alle Vorstellungen, die Menschen sich von Gott und vom Leben, vom Heil und vom Unheil, von Schuld und Sühne machen, in die Krise führen, um der Wahrheit die Ehre zu geben.

Gerade diese Kritik übt der Schwertträger auch nach dem Sendschreiben an Pergamon. Er unterscheidet zwischen Glaube und Aberglaube, Gott und Abgott. Die Kirche von Pergamon muss die Konsequenzen ziehen: Sie muss einen Schnitt machen, um sich von den Nikolaïten zu trennen, so schmerzlich er auch sein mag.

Das harte Bild des Anfangs spiegelt sich in einem weichen Bild des Siegesspruches (Offb 2,17):

> „Wer siegt, dem werde ich von dem verborgenen Manna geben,
> und ich werde ihm einen weißen Stein geben,
> und auf dem Stein ist der neue Name geschrieben,
> den niemand kennt, als wer ihn nimmt."

Wie so oft entsteht in einem einzigen Vers eine bunte Collage. Die Mannaspeisung mit ihren alt- und neutestamentlichen Bezügen klang bereits im Sendschreiben nach Ephesus an (Offb 2,7), wird hier aber expliziert. Johannes dringt in die jüdische Mystik ein, die das Manna mit Ps 78 als eine Himmelsspeise deutet, die den Erwählten bereitet ist (2Makk 2,4–8; syrBar 29,8; OrSib VII 149). Dass es verborgen (und geheimnisvoll) ist, erklärt sich am besten aus der allegorischen Deutung auf die Eucharistie; die Paulus in 1Kor 10 ausarbeitet und die nach Joh 6 auf Jesus zurückgeht. Wie nach 1Kor 10 steht das Manna im Gegensatz zum Götzenopferfleisch (nur dass Paulus selbst noch Manna und Eucharistie kritisch betrachtet, insofern sie nicht vor dem Götzendienst schützen, während Johannes im Pergamonbrief das eucharistische Manna – wie Joh 6 – radikal positiv einführt).

Die neue Namensgebung ist nach Jes 62,2 und 65,15 ein Akt der Rettung, der dessen eschatologische Dimensionen andeutet: Erlösung ist Neuschöpfung; sie verleiht eine neue Identität – so wie auch Jesus dem Simon Petrus (Kephas) und den „Donnersöhnen", den Zebedäussöhnen Johannes und Jakobus, neue Namen verliehen hat, die ihrer neuen Aufgabe im Dienst der Gottesherrschaft entsprechen. Allerdings ist der neue Name, von dem die Johannesapokalypse spricht, der Name Gottes, des Vaters, und der „neue" Name Jesu (Offb 3,12), wie er am deutlichsten im „Wort Gottes" zu hören ist (Offb 19,12). Die nächsten Querverbindungen gehen zur Taufe und zur Bezeichnung der Jünger als „Christen" nach Christus, wie dies nach Apg 11,26 erstmals für Antiochia bezeugt ist.

Der weiße Stein ist ein Symbol, das nicht aus der Bibel, sondern aus dem paganen Hellenismus stammt. Die weiße Farbe ist die der

Reinheit und Heiligkeit, die Farbe jenseits aller Farben, die Farbe Gottes und Jesu Christi (Offb 1,14; 19,11.15). Meist denkt die Exegese bei den Steinen an Amulette, auf denen der Name einer Schutzgottheit steht, um vor allerlei Gefahr zu feien. Dann würde Johannes sagen, dass der Christusname für die Aufhebung des Religiösen steht: seine Affirmation, Destruktion und Überhöhung. Aber es könnte sich auch um einen Stimmstein handeln, mit dem gewählt wird.[84] Dann wäre die Pointe: Christen stimmen für Christus, weil Christus für die Christen votiert. Er gibt ihnen den Stein mit seinem Namen in die Hand; in geheimer Abstimmung werfen sie diesen Stein in die Wahlurne. Das ist die einzigartige Möglichkeit, die ihnen Jesus Christus eingeräumt hat. Sie müssen sie nutzen. Wenn nicht, gehen sie durch das Elend der Gottferne.

(4) Thyatira: Feuerflammen, Silbererz, Eisenzepter (Offb 2,18–29)

Die Gemeinde von Thyatira erhält das Lob, mehr als am Anfang getan zu haben, muss sich aber die Kritik gefallen lassen, die Synkretisten, die Sympathisanten der Isebel, gewähren zu lassen. Die Botenformel verwendet, ungewöhnlich für die Sendschreiben, einen expliziten Hoheitstitel, Gottessohn, und verbindet ihn mit Motiven aus der Menschensohntradition, deren Bedeutung für die Johannesoffenbarung die Eingangsvision (Offb 1,14f) unzweideutig demonstriert (Offb 2,18):

> So spricht er,
> der Sohn Gottes,
> der Augen hat wie Feuerflammen
> und Füße wie Silbererz.

Die Feuerflammen und das Silbererz, die Daniel am Menschensohn gesehen hat, begegnen in der Vision des Wortes Gottes Offb 19,11–21. Die Bezüge zur synoptischen und johanneischen Jesustradition sind so eng wie dort. Den Christen Thyatiras wird gezeigt, wo sie nicht „Sowohl – als auch“ sagen dürfen, sondern „Entweder – oder“ sagen müssen: wo es um das Bekenntnis des einen Gottes geht.

Denen, die sich auf die Seite des Sohnes Gottes stellen, winkt die denkbar größte Belohnung. Der nach Offb 12,5 und 19,15 als messianischer Davids- und Gottessohn das eiserne Zepter der Gottesherrschaft führt, um alle Widersacher Gottes zu besiegen, wird nach Offb 2,26ff dem, der seine Mahnung beherzigt, selbst dieses Zepter übereignen, „wie ich es von meinem Vater empfangen habe“. Das Motiv ist ähnlich gedacht wie im Johannesevangelium: Der Sohn partizipiert an der Allmacht des Vaters und gibt an seiner Vollmacht den Seinen Anteil. So ist auch die parallele Aussage über den Morgenstern zu interpretieren: Der nach Offb 22,16 sich selbst als „Morgenstern“ offenbart, verheißt nach Offb 2,28 den Treuen, ihnen den „Morgenstern“ zu geben, d. h. sie an seiner Herrschaft partizipieren zu lassen. Die synoptische Tradition kennt das Motiv der Partizipation der eschatologischen Herrschaft Jesu Christi im Bild der Throne, das zum Schluss der sieben Sendschreiben aufleuchtet (Offb 3,21).

(5) Sardes: Die Geister, die Sterne, das Buch, der Dieb in der Nacht (Offb 3,1–6)

Die Gemeinde von Sardes muss sich Kritik gefallen lassen, weil sie, spirituell betrachtet, klinisch tot ist, auch wenn sie sich eines guten Rufes erfreut: Ihre anfängliche Kraft ist verbraucht. Freilich schreibt Johannes sie nicht ab, sondern ermuntert sie, neu anzufangen, in Erinnerung an den Beginn ihres Christseins und in der Kraft Gottes, die sich in der Gemeinde entfalten wird, wenn Gott keine Widerstände in den Weg gelegt werden. Die Botenformel Offb 3,1 greift das Sternenbild des Ephesusbriefes auf (Offb 2,1), das die Beauftragungsvision vorgezeichnet hatte (Offb 1,20):

> So spricht er,
> der die sieben Geister Gottes und die sieben Sterne hat.

Der ekklesiale Grundzug des Wortes ist – ähnlich wie in der Situation von Ephesus – auf die Stärkung des Glaubenslebens ausgerichtet. Im Lichte der Thronsaalvision von Offb 4,4f und 5,6f werden die „sieben Geister“ oft als Botenengel und konkret als die Schutzengel gedeutet, an welche die Briefe gerichtet sind. Aber es ist jeweils „der Geist“, der redet. Deshalb ist Eduard Lohse zu folgen, der die „sieben Geister als Ausdruck für die Fülle des Gottesgeistes“ interpretiert, „der seiner Kirche zuteil geworden ist“[85]. Die sieben Geister gehören vor Gottes Thron; sie sind mit dem Lamm Gottes verbunden und seinen sieben Augen, die für Gottes Allwissenheit stehen. Der Geist offenbart den Gemeinden, welche Verheißung denen gegeben ist, die über die Versuchung siegen (Offb 2,7.11.17; vgl. 2,29; 3,6.13.22). Es ist der Geist, durch den der Erhöhte dem Propheten die Offenbarung mitteilt (Offb 14,13; 19,10; 22,17). Er ist Medium der Offenbarung, aber als solches auch Akteur seiner Realisierung – in seiner Zugehörigkeit zum Geheimnis Gottes.

Die göttliche Allwissenheit, die der Botenspruch in Anspruch nimmt, stimmt zum Schluss, wo vom „Buch des Lebens" gesprochen wird (Offb 17,8; 22,5.12.15.19; vgl. Ps 69,29; Phil 4,3), aus dem der Name dessen nicht gelöscht wird, der treu zu Jesus steht (Offb 3,5). Den Bezug zur Jesustradition stellt die Weiterführung der Christusverheißung her (Offb 3,5):

> „Ich werde seinen Namen vor meinem Vater bekennen und seinen Engeln."

Ganz ähnlich klingt es in Lk 12,8: „Wer sich zu mir bekennt vor den Menschen, zu dem wird sich der Menschensohn bekennen vor den Engeln Gottes." Noch näher führt die in der 1. Person gehaltene matthäische Parallele (Mt 10,32): „Jeder, der sich zu mir vor den Menschen bekennt, zu dem werde auch ich mich vor meinem Vater im Himmel bekennen." Die synoptische Tradition[86] schärft die Heilsnotwendigkeit des Bekenntnisses zu Jesus ein. Sie arbeitet mit dem Kontrast des Verleugnens (vgl. Mk 8,38; Lk 9,26), der im Offenbarungsschreiben nach Sardes durch den Kontext vorgegeben ist, aber im Offenbarungswort Christi nicht eigens wiederholt wird. Die Bezüge sind so eng, dass eine direkte „Aufnahme" der Jesustradition am wahrscheinlichsten ist.[87] Jesu „Bekenntnis" zu den Seinen ist eine starke Aussage. Sie meint nicht nur die Proklamation der Namen derer, die im Buch des Lebens immer schon verzeichnet waren und aus ihm nicht getilgt sind. Es nimmt die Proexistenz (Heinz Schürmann) Jesu auf, die Hingabe des Lebens für sie – so wie umgekehrt auch diejenigen, die sich zu Jesus bekennen, dies (nach den Evangelien so gut wie nach der Johannesoffenbarung) mit ihrem ganzen Leben tun. Das Bekenntnis der Menschen zu Jesus ist Antwort auf das Bekenntnis Jesu zu ihnen; dieses Bekenntnis ist nicht nur die Adelung ihrer bestandenen Bewährung, sondern greift tiefer: zur Erschaffung der Menschen als Geschöpfe Gottes und zur Lebenshingabe des Gottessohnes für die Erlösung der Sünder. Das Bekenntnis im Endgericht ist die Konsequenz dieses Schöpfungs- und Erlösungswerk.

Offb 3,5 ist nicht sehr weit von der Rezeption des Jesusverses im Corpus Paulinum entfernt. 2Tim 2,11ff greift dieselbe Tradition auf und gibt ihr gleichfalls, freilich dialektischer, eine Wendung ins Positive. In beiden Aufnahmen und Weiterführungen kommt die Grundintention Jesu bestens heraus. Das Bekenntnis ist ein Akt der Freiheit und der Liebe von asymmetrischer Wechselseitigkeit: Weil Jesus sich zum Bekenner bekennt, ist das Bekenntnis keine blinde Unterwerfung, sondern ein Ausdruck der Erkenntnis, wer

Gott ist und dass er auf der Seite der Menschen steht; weil aber das Bekenntnis der Menschen Antwort auf das Bekenntnis Jesu Christi zu ihnen ist, kann wiederum das Bekenntnis, mit dem der Menschensohn-Richter ihr Bekenntnis beantwortet, nicht nur eine nachträgliche Feststellung dessen sein, wie die Menschen sich zu ihm gestellt haben, sondern die endgültige Bestätigung dessen, wie Jesus sich zu ihnen gestellt hat.

Das Sendschreiben nach Sardes knüpft aber die Bande zur synoptischen Jesustradition noch enger. In die Warnung vor Nachlässigkeit und Schlafmützigkeit baut es das merkwürdige Motiv vom Dieb ein (Offb 3,3): „Wenn du nicht wachen wirst, werde ich kommen wie ein Dieb, und du wirst nicht wissen, zu welcher Stunde ich zu Dir kommen werde." Das Motiv wurzelt in der Eschatologie des Neuen Testaments. Paulus kennt es (1Thes 5,2.4), aber auch Jesus (Lk 12,39f par. Mt 24,43f): „Wüsste der Hausherr, zu welcher Wache der Dieb kommt, hätte er wohl gewacht und nicht zugelassen, dass in sein Haus eingebrochen würde." Die Nähe ist so groß, dass Jürgen Roloff von einer „Paraphrase" spricht.[88] Die Pointe ist die Unvorhersehbarkeit des Endes, der Parusie; der Blick richtet sich deshalb auf die notwendige Wachsamkeit.

Wie nach der Q-Tradition ist Offb 3,3 eine Warnung. Die positive Kehrseite beleuchtet ein Makarismus im Corpus der Apokalypse (16,15): „Siehe, ich werde kommen wie ein Dieb. Selig, wer wacht und seine Kleider hütet, dass er nicht nackt gehe und man seine Blöße sehe." Hier ist ein Bild aus dem Sendschreiben nach Laodizea eingeblendet (Offb 3,18); der Ton liegt wiederum auf der Wachsamkeit – nur dass jetzt die Seligpreisung die Verheißung zum Leuchten bringt, die auch hinter der Warnung steht.

(6) Philadelphia: Der Schlüssel Davids, die Säule des Tempels (Offb 3,7–13)

Die Gemeinde von Philadelphia ist, ganz anders als die von Sardes, äußerlich schwach, aber innerlich stark, weil sie Widerstand leistet gegen Pseudo-Juden[89], die sie womöglich denunziert, jedenfalls in Bedrängnis gebracht haben. Alttestamentlich-jüdische Motive spielen deshalb eine starke Rolle in der Christologie des Sendschreibens. Der Botenspruch lässt eine apokalyptische Davidstradition aufleuchten (Offb 3,7):

So spricht er,
der Heilige, der Wahrhaftige,
der den Schlüssel Davids hat.

Der „Heilige" ist Jesus auch nach der synoptischen Tradition; es sind Dämonen, die voller Bewunderung und Entsetzen erkennen, dass ihnen in Jesus Gott selbst begegnet (Mk 1,24). Noch näher führt die johanneische Tradition, dass die Jünger durch den Mund des Petrus bekennen: „Wir sind zum Glauben gekommen und haben erkannt: Du bist der Heilige Gottes" (Joh 6,69). Dem Gottesattribut der Heiligkeit entspricht das der Wahrhaftigkeit (Offb 19,11); nach der synoptischen Jesustradition wird Jesus attestiert, dass er die Wahrheit sagt (Mk 12,14), nach der johanneischen sagt er selbst, dass er die Wahrheit ist (Joh 14,6).

Im Hintergrund des Schlüsselwortes steht Jes 22,22; dort wird Eljakim die Schlüsselgewalt über den königlichen Palast verliehen. Hier geht es um ungleich mehr: um die Zugehörigkeit zum Volk und zum Reich Gottes. Der Name Davids steht für die heilsgeschichtliche Kontinuität; er ist auf die Davidssohnschaft des Gottessohnes abgestimmt, die in der Johannesoffenbarung auf unterschiedliche Weise mehrfach anklingt (Offb 5,5; 22,16). Eine Sachparallele ist das Schlüsselwort an Petrus Mt 16,19; ohne dass eine direkte traditionsgeschichtliche Beziehung konstruiert werden müsste, beleuchtet Offb 3,7 die sachliche Voraussetzung: Der die Schlüsselgewalt verleiht, besitzt sie selbst – vom Vater. Dass er sie weiterverleiht, steht Johannes nicht vor Augen. Das ist ein klarer Unterschied zur matthäischen Jesustradition. Vielmehr besagt die Botenformel, dass Christus selbst von der Schlüsselgewalt Gebrauch macht. Der Folgevers spricht davon, dass Gott den Philadelphiern „eine Tür geöffnet" hat, die „niemand schließen kann" (Offb 3,8). Vermutlich geht es nicht um Missionschancen (wie Paulus sie in 1Kor 16,9 erwägt), sondern um den Zugang zum Reich Gottes, den niemand versperren kann. Dann spielen im Rückraum alle Texte eine Rolle, die davon handeln, dass Jesus die Tür zum Reich Gottes, zum Ewigen Leben (Mk 9,43.45, Mt 7,14; 18,9) öffnet oder den Weg dorthin bereitet. Die Synoptiker beziehen dies vorzugsweise auf das Werk des Irdischen (Mk 9,43.45, 10,23.25; Mt 7,14; 18,9; 19,24; Lk 18,24f), der Vierte Evangelist auf das des Erhöhten (Joh 14,1–6).

Die Beziehungen zu Mt 16 werden noch enger, wenn der Siegesspruch betrachtet wird. Dort begegnet nicht nur das Moment des neu verliehenen Namens, ähnlich wie im Sendschreiben nach Pergamon (Offb 2,17), sondern auch Tempelmetaphorik, wie sie –

hintergründig – im Bild des Kirchenbaus von Mt 16,18 auftaucht. Freilich geht es dort um das Fundament, hier um die Säulen. Die „Säulen“ des Kirchen-Tempels (1Kor 3,16f; Eph 2,20f; vgl. 1Tim 3,15), die nach Gal 2,9 in Jerusalem Petrus, Jakobus und Johannes sind, tragen das Dach, das für das Firmament steht. Das Wort richtet sich auf die himmlische Vollendung, hat aber auch schon Bedeutung für die Gegenwart. Die paulinische Pneuma-Ekklesiologie (1Kor 3) liegt näher als vermutet. Der jüdische Grundton der Ekklesiologie, der sich Jesus verdankt, wird dadurch desto stärker.

(7) Laodizea: Amen – Gold, Kleider und Salbe – Thron (Offb 3,14–22)

Die härteste Kritik muss sich die Gemeinde von Laodizea gefallenlassen, weil sie lau ist, unentschieden, weder kalt noch heiß. Die Botenformel setzt bereits den entscheidenden Gegenakzent (Offb 3,14):

> So spricht der Amen,
> der treue und wahrhaftige Zeuge,
> der Anfang der Schöpfung Gottes.

Die Treue und Entschiedenheit, die Wahrhaftigkeit Jesu Christi sticht von der Laxheit, der Unentschiedenheit, der Heuchelei der Laodizeer ab. Jesus ist der Zeuge Gottes, als der er sich schon in Offb 1,5 offenbart hat. Neu ist das „Amen“. Es entspricht sachlich dem „Wahrhaftig“ von Offb 3,7. Es greift das akklamatorische „Amen“ – „So sei es“ jüdischer und christlicher Bekenntnisse auf, aber auch das „Amen“ der Worte Jesu, das die Wahrheit des Gesagten unterstreicht. Jesus *spricht* nicht nur das „Amen“ (wie die meisten Übersetzungen den Eindruck erwecken), er *ist* es – so wie nach 2Kor 1,20 der auferstandene Gekreuzigte das Ja Gottes zu all seinen Verheißungen ist. Das Amen spricht der Seher ganz zum Schluss der Gemeinde vor (22,20), wie es die vier Lebewesen (Offb 5,14) und die Engel (7,12) im Himmel vorgeben und wie es nach Offb 1,7 Gott selbst ausspricht, da er den „Zeugen“ Jesus offenbart bekommen hat, der die reine Wahrheit sagt. Das johanneische Amen ist nicht nur die Zustimmung zu dem, was Jesus sagt, sondern zu ihm selbst, der mit seiner Person für seine Botschaft einsteht, ja in seiner Person diese Botschaft darstellt. Deshalb artikuliert die Botenformel nicht nur einen unverhohlenen Anspruch, sondern auch einen unerhörten Zuspruch, dessen unendliche Dimensionen die Weiterführung „Anfang der Schöpfung Gottes“ – bei allen charakteristischen Unterschieden – nahe an die Adam-Christologie des Paulus und die Bild-Christologie des Kolosserhymnus (Kol 1,15–20) heranführt.

In die Kritik der Lauheit ist eine christologische Parodie eingebaut, die zum Herz der synoptischen Jesustradition führt und in doppelter Brechung die apokalyptische Theologie koloriert (Offb 3,18): „Ich rate dir: Kaufe von mir Gold, im Feuer geläutert, dass du reich bist, und weiße Kleider, dass du angezogen bist und die Schande deiner Nacktheit nicht offenbar wird, und Salbe, auf deine Augen zu streichen, dass du siehst." Vorausgeschickt ist der Kontrast, dass die Gemeinde, die von sich selbst sagt, reich und vermögend zu sein und keinen Mangel zu leiden, sich sagen lassen muss, „elend und erbärmlich" zu sein, „blind und nackt" (Offb 3,17). Damit wird sie, so bitter es klingt, wieder zu einem Fürsorgefall. Jesus bietet ihr an, was sie dringend benötigt und nur von ihm erwerben kann. Freilich hat sie nach Offb 3,17 nichts, womit sie bezahlen könnte – das, was ohnedies unbezahlbar ist. Von Jesus zu „kaufen", was kein Laden dieser Welt feilbietet, heißt: es sich schenken zu lassen. Um dieses Geschenk zu bitten, ist die eigentliche Herausforderung.

Auf diese Weise taucht auf, was Jesus in der Synagoge von Nazareth mit Worten des Propheten Jesaja (Jes 61,1f) über seine eigene Sendung sagt (Lk 4,18) und was er gleichfalls mit jesajanischen Worten (Jes 35,5f) als Antwort auf die Täuferfrage formuliert (Mt 11,5 par. Lk 7,22): dass er den Armen die Frohe Botschaft und den Blinden das Augenlicht bringt. Das messianische Ethos dieser Proklamationen Jesu speist sich aus der jüdischen Tradition der Liebeswerke: jener Taten der Barmherzigkeit, die kein Gesetzbuch dieser Welt gebieten kann, die aber getan werden müssen, damit die Welt nicht zugrundegeht. Das Gleichnis vom Weltgericht (Mt 25,31–46) nennt auch diejenigen, die Offb 3,18 parodiert: die Unterstützung der Armen und die Kleidung der Nackten. Die Machttaten Jesu sind selbst Ausdruck dieser Barmherzigkeit; an den Heilungen der Blinden lässt sich das ablesen[90]. Man braucht nicht eigens an den Speichel zu denken, mit dem Jesus nach Mk 7,33 sowie 8,23 und Joh 9,6 die Augen von Blinden bestreicht, sie sehend zu machen, um zu schlussfolgern, dass in Offb 3,18 Jesus als Helfer, als Arzt, als Wohltäter derer vor Augen steht, die glauben, keiner Hilfe, keiner Heilung, keiner Unterstützung zu bedürfen. Offb 3,18 ist auch ohne Rekurs auf die synoptischen Traditionen verstehbar, gewinnt aber in ihrem Licht kräftigere Farben.

So ernst die Warnung, so verheißungsvoll der Schluss. Zuerst steht eine Verheißung, die das Knechtsgleichnis Lk 12,35–38 anklingen lässt und an Jesu Abendmahl erinnert, das ins Licht der jesuanischen Mahlmetaphorik getaucht wird (Offb 3,20):

„Siehe, ich stehe vor der Tür und klopfe;
wer meine Stimme hört und die Tür öffnet,
zu dem trete ich ein und esse mit ihm und er mit mir.“

Offb 3,20 ist ein Gegenbild zu Offb 3,8: Dort hat Jesus die Tür geöffnet, hier klopft er an, dass sie ihm geöffnet werde. Offb 3,30 ist auch ein Gegenbild zu Offb 3,3 (und 16,15): Kommt Jesus dort wie ein Dieb, so hier wie ein willkommener Gast. Das Hören der Stimme gemahnt an den Guten Hirten von Joh 10, dessen Stimme die Schafe genau kennen, so dass sie ihm folgen, wenn er sie ruft; nur dass im Sendschreiben wiederum eine Art Spiegelbild gezeichnet wird, weil Jesus nicht Zutritt zu guten Weidengründen verschafft, sondern ihm Eintritt gewährt wird. Diese Gegenbilder erklären sich durch den Bezug zur Eucharistie. Er ist doppelt gegeben. Zum einen ist Jesus nach der synoptischen Mahltradition beides zugleich: Gastgeber und Gast (bei jenem Jerusalemer Juden, der ihm nach Mk 14,12–16 den Abendmahlssaal zur Verfügung stellt). Zum anderen verweist die Mahlgemeinschaft Jesu mit dem, der die Türe öffnet, auf das Abendmahl und seine Vollendung im Reiche Gottes. Das wird in der matthäischen Tradition am deutlichsten, in der Jesus verheißt, im Reich Gottes „mit“ seinen Jüngern zu essen (Mt 26,29). Im Umkehrschluss erhellt der eschatologische Charakter der Eucharistie – stärker, als ihn Paulus in 1Kor 11,26 („… bis er kommt“) artikuliert, aber so, wie er der synoptischen Tradition entspricht.

Der Siegerspruch, der den Schluss nicht nur des Briefes nach Laodizea, sondern aller Sendschreiben bildet, verstärkt noch den eschatologischen Ton (Offb 3,21):

„Wer siegt, dem werde ich geben,
zu sitzen mit mir auf meinem Thron,
so wie auch ich gesiegt
und mich mit meinem Vater auf seinen Thron gesetzt habe.“

Das Motiv ist synoptisch, die Struktur johanneisch. Das eschatologische Herrschen mit dem Herrscher Jesus Christus ist in der synoptischen Tradition (aus Q) mit der Figur der Zwölf verbunden (Mt 19,28 par. Lk 22,30): „Amen, ich sage euch: Ihr, die mir nachgefolgt seid – bei der Wiedergeburt, wenn der Menschensohn auf seinem Thron sitzen wird, werdet auch ihr auf zwölf Thronen die zwölf Stämme Israels richten.“ Das Privileg, am Gericht des Menschensohnes teilzuhaben, genießen die Zwölf nicht für sich selbst, sondern für das Volk Gottes. Die ekklesiale Ausweitung nimmt Offb 2,28 vor. Das Bildfeld ist anders; wie dort ist in Offb 3,21 die Macht stärker als das Urteil betont; die apokalyptischen Traditionen, die in der Johannesoffenbarung die Christologie prägen, sind die gleichen wie diejenigen, mit denen Jesus (den Evangelien zufolge) seine Basileia-Eschatologie ausgedrückt hat. Dass dort von zwölf Thronen, hier aber von einem einzigen Thron gesprochen wird, ist eine nicht unbeträchtliche Bildverschiebung, die aber die Throngemeinschaft nur anders variiert.

So synoptisch aber das Motiv ist, so johanneisch die Struktur. Das Schlüsselglied ist das: „so wie“. Es taucht drei weitere Male in den Sendschreiben auf, einmal im Sinne eines Vorbildes das nachgeahmt werden soll (Offb 2,6), die anderen Male aber im Sinne einer Begründung: Weil Jesus gesiegt hat, siegen auch die Heiligen, denn Jesus hat nicht für sich selbst triumphiert, sondern für diejenigen, deren Blut er vergossen hat – und er liebt sie so sehr, dass er ihnen seinen eigenen Sieg zueignet. So ist auch Jesus auf dem Throne Gottes zur Rechten nicht deshalb erhöht, um sich im Glanze göttlicher Allmacht zu sonnen, sondern um den Glaubenden die vollkommene Gemeinschaft mit Gott, dem Vater, zu vermitteln. Der soteriologische Grundgedanke des Corpus Johanneum hat eine Entsprechung in der Johannesapokalypse. Sie ist durch Jesus vorgegeben.

c) Die apokalyptischen Hymnen

Bis heute werden sie im Gottesdienst gesungen: Die Johannesoffenbarung ist voller Hymnen auf den einen Gott und den Sohn Gottes, auf das Werk der Erlösung und den Sieg über das Böse.[91] Die Hymnen, die Johannes mitteilt, werden im Himmel gesungen. Dort wird die wahre, die vollendete Liturgie gefeiert. Auf Erden sollen die himmlischen Melodien nachgesungen werden. Es ist ein Ausdruck aktiver Religionsfreiheit, ein Akt des Widerstandes gegen den Kaiserkult, vor allem aber: gelebte Gottesliebe in der Hoffnung auf Vollendung.

(1) Löwe und Lamm (Off 5,5–10)

Am Beginn seiner Vision, wie Gott seine Herrschaft auf Erden verwirklicht, blickt Johannes in den geöffneten Himmel (Offb 4,1). Er sieht zuerst den Thron Gottes: die ganze Herrlichkeit dessen, dessen Heiligkeit von den himmlischen Gestalten unablässig gerühmt wird (Offb 4,6). Dann aber nimmt er teil an der großen Frage, wer das Buch „mit den sieben Siegeln“ öffnen könne (Offb 5,1). Dieses Buch ist das Drehbuch der Heilsgeschichte; es enthält den Heilsplan Gottes; in ihm sind alle Namen derer verzeichnet, die gerettet werden sollen. Es zu öffnen, heißt, den Prozess in Gang zu bringen, dass alle Menschen, die Gott retten will, aus dem Reich des Bösen befreit und ins Reich der Freiheit entlassen werden. Die Frage, wer dieses Buch öffnen könne, ist also die Frage aller Fragen: Wie wird Gott auf Erden seinen Heilswillen verwirklichen? Und durch wen? „Würdig“, dies zu tun, kann nur sein, wer ganz auf die Seite Gottes gehört. Deshalb kann sich auf die alles entscheidende Frage, die ein Engel stellt, niemand melden: Kein Mensch auf Erden und kein Engel im Himmel erfüllt die Bedingungen. Die Befürchtung des Sehers, dann komme es niemals zur vollkommenen Verwirklichung des Reiches Gottes, ist gleichwohl unbegründet. Denn es gibt Jesus. Er allein kann die Siegel des Buches lösen, d. h. Gottes Werk auf Erden vollbringen. Er kann es, weil er der Sohn Gottes ist, der Mensch geworden ist.

Einer der „Ältesten“ im Himmel, die das „Dreimalheilig“ angestimmt haben (Offb 4,8), gibt Johannes die alles entscheidende Antwort (Offb 5,5):

> „Gesiegt hat der Löwe aus dem Stamme Juda,
> der aus der Wurzel Davids.
> Er wird das Buch und seine sieben Siegel öffnen.“

Die Tempuswahl ist genau überlegt. Im ersten Satz steht das Perfekt, weil Jesus bereits Menschen geworden ist, den Tod erlitten hat und von den Toten auferstanden ist. Dies ist das christologische Grundbekenntnis. Was jetzt dem Seher – neu – offenbart wird, sind die Konsequenzen des christologischen Grundgeschehens. Sie werden im Futur beschrieben: Weil Jesus der Sieger über den Tod ist, wird er für alle Menschen und die ganze Schöpfung durch das heilsnotwendige Gericht hindurch die Vollendung bringen: das Paradies im Himmel und auf Erden nach dem endgültigen Sieg über Tod und Teufel. In Jesu Auferstehung ist definitiv die Entscheidung gefallen.

Dieser Jesus, der Siegertyp schlechthin, wird in einer alttestamentlich gesättigten Sprache beschrieben. Er ist „der Löwe aus dem Stamme Juda“. Das ist jüdische Christologie. Im Hintergrund steht der Segen, den Jakob seinem Sohne Juda spendet, aus dessen Stammbaum David hervorgehen wird: „Ein junger Löwe ist Juda.

Vom Raub, mein Sohn, wurdest du groß. Er kauert, liegt da wie ein Löwe, wie eine Löwin. Wer wagt, sie zu scheuchen?" (Gen 49,9). In der christologischen Perspektive der Apokalypse wird deutlich, dass die Aggressivität, die mit dem Bild des Löwen verbunden ist, für die Kraft steht, mit der der Messias unwiderstehlich das Böse besiegt – dadurch, dass er die sieben Siegel öffnet. Dass er „aus der Wurzel Davids" stammt, holt die messianischen Hoffnungen Israels ein, die auf der Nathan-Verheißung (2Sam 7) fußen: Der messianische Sieger ist der messianische König aus Davids Geschlecht, wie es das Weihnachtsevangelium (Lk 2) ebenso besagt wie Paulus im Römerbrief (Röm 1,3f; 15,12).

Freilich würde all dies auch in eine Apotheose sakraler Gewalt münden können, wenn es in der Thronsaalvision nicht zu einem harten Bildschnitt käme. Wo nämlich der Seher seine Augen auf den Löwen richten darf, der ihm angekündigt war, sieht er „ein Lamm stehen, wie geschlachtet" (Offb 5,6). Der Kontrast könnte schärfer nicht sein. Aber er führt zum Herzen der Christologie. Statt „Schlachten" müsste man genauer: „Schächten" sagen. Das Lamm erinnert an das Paschalamm, dessen Blut die Israeliten vor dem Tod rettet (Ex 12,6). Die Kraft Jesu ist am größten in seiner größten Schwäche: in seinem Tod am Kreuz. Denn dieser Tod ist die Summe seines Heilswirkens. Durch seine Lebenshingabe befreit Jesus Christus, das Lamm Gottes, die Menschen aus aller Welt – aus Israel und den Völkern – zur Mitgliedschaft im Gottesvolk.

Das hebt der zweite Gesang der Christusvision ins Wort, das „neue Lied", das die vier Lebewesen und vierundzwanzig Ältesten anstimmen (Offb 5,9):

> „Würdig bist du, das Buch zu empfangen und seine Siegel zu öffnen,
> denn du wurdest geschächtet
> und erkauft hast du Gott in deinem Blut aus allen Stämmen und Sprachen und dem Volk und den Heiden."

Der Loskauf durch den denkbar teuersten Preis, das unschuldig vergossene Blut des Sohnes Gottes, nimmt das Motiv aus Offb 1,5 auf (vgl. 7,14; 12,11; 19,13) und wendet es ekklesiologisch (vergleichbar dem Ersten Petrusbrief). Es entsteht das Gottesvolk von Priestern, die das Lob Gottes auf der Erde singen und den Willen Gottes verwirklichen, indem sie von Gottes Heiligkeit Zeugnis ablegen.

Im Bild des geschlachteten Lammes, das Johannes sieht, wird dies zweifach ausgedrückt. Erstens „steht" das Lamm. Das verweist auf die Auferstehung und die Macht des Erhöhten. Wie nach dem Johannesevangelium der Auferstandene noch die Wundmale trägt (Joh, 20,20.25.27), so nach der Johannesoffenbarung das im Zentrum der göttlichen Herrlichkeit stehende Lamm Gottes noch die Schächtwunde. Zweitens hat das Gotteslamm „sieben Hörner und sieben Augen“ (Offb 5,6). Die „sieben Hörner“ und die „sieben Augen“ des Lammes stehen für die Allmacht (Num 23,2) und die Allwissenheit Gottes (2Chron 16,9). Johannes deutet die Augen auf die „sieben Geister Gottes“ (Offb 1,4; 3,1; 4,5), die Fülle der lebenschaffenden Heiligkeit Gottes. Sie ist mit dem Lamm Gottes verbunden, weil der Löwe wie ein Lamm ist und das Lamm Löwenkräfte entwickelt. (Die Vision des Lammes hat eine – etwas verschleierte – trinitarische Dimension.)

(2) Satanssturz (Offb 12,11)

Die „Apokalypse in der Apokalypse“ Offb 12–14, die von der Inkarnation des Gottessohnes ausgeht, um die Mechanismen des Bösen zu analysieren und seine Entmachtung durch die Erhöhung des Gottessohnes zu feiern, arbeitet mit einem mythischen Motiv, das bereits an verschiedenen Stellen in das Alte Testament (Dan 2,35) und die jüdische Apokalyptik (äthHen 68,4; slHen 29,4f; VitAdam 15,3; 1QM 17,6ff) eingebaut worden ist: dem Sturz Satans aus dem Himmel.[92] Johannes berichtet zuerst von dem Geschehen, das er schaut (Offb 12,7ff), dann von einem Lied, das er aus dem Munde einer lauten Himmelsstimme hört. Durch sie wird das Geschehen definitiv gedeutet (Offb 12,10ff):

> „10 Jetzt ist’s geschehen:
> das Heil und die Kraft und die Herrschaft unseres Gottes
> und die Macht seines Christus;
> denn gestürzt wurde der Ankläger unserer Brüder,
> der sie anklagt vor Gott bei Tag und Nacht.
> 11 Und sie haben ihn überwunden
> wegen des Blutes des Lammes
> und wegen des Wortes ihres Zeugnisses,
> denn sie haben ihr Leben nicht geliebt bis zum Tod.
> 12 Deshalb freut euch, ihr Himmel und die in ihm wohnen,
> Wehe der Erde und dem Meer,
> den herabgekommen ist der Teufel zu euch,
> er hat große Wut
> und weiß, dass er wenig Zeit hat.“

Die Verse sind durchdrungen von Motiven aus der jesuanischen Kreuzesnachfolge (Mk 8,34–38). Sie nehmen auf kreative Weise das alte Motiv vom stellvertretenden Sühnetod Jesu auf, das häufig in der Johannesoffenbarung begegnet. Entscheidend ist jedoch der Satanssturz. Er führt zur Verfolgung der Mutter und ihrer Kinder auf der Erde, die ab dem kommenden Vers drastisch beschrieben wird; der Weheruf in Vers 12 nimmt dies vorweg (ist aber, wie oft, nicht Ausdruck einer Verwerfung, sondern einer Warnung). Aber dennoch herrscht Jubel im Himmel. Denn in der Perspektive Gottes ist schon klar, dass der Sturz Satans aus dem Himmel sein Ende besiegelt. Es ist also nicht Zynismus angesichts des menschlichen Leids, das im Himmel zu Freudengesängen führt, sondern im Gegenteil die Gewissheit, dass es mit der menschlichen Not ein Ende nimmt. Deshalb kann im Himmel der Jubel vorweggenommen werden, der im himmlischen Jerusalemer erschallen wird. Der Grund des Jubels ist die Entmachtung dessen, der die „Brüder" der Himmlischen, nämlich die Menschen, anklagt. „Heil", „Kraft" und „Herrlichkeit" sind Parallelbegriffe, die – wie Röm 14,17 und die sekundäre Doxologie des Vaterunsers – Hauptworte der Verkündigung Jesu zusammenfassen.

Die Verbindungen sind aber noch wesentlich enger. Denn es sind zwei Jesustraditionen, die am engsten mit Offb 12,7–12 verwandt sind. Die eine ist ein rätselhaftes Wort aus dem lukanischen Sondergut, nachträglich in die Aussendungsrede gestellt: „Ich sah den Satan wie einen Blitz vom Himmel fallen" (Lk 10,18). Manche Exegeten sehen darin einen Reflex der jesuanischen Berufungserfahrung[93]; die Dramatik und die Dimensionen hat der Vers. Aber der Kontext spricht eher für eine prophetische Vision, die Jesus in der Gewissheit bestärkt hat, dass er das Kommen der Gottesherrschaft verkündigen kann.[94] Entscheidend ist, dass der Satan, weil er „vom Himmel gefallen" ist, in seiner tödlichen Macht tödlich getroffen ist. Wie Jesus im Streitgespräch mit den Pharisäern, die ihm einen Teufelspakt vorwerfen, sagt: Es „ist aus" mit ihm, weil Jesus wie ein Dieb in sein Haus gedrungen ist, um ihm die armen Seelen zu rauben (Mk 3,21–28). Die Dämonenaustreibungen, auf die sich das Logion im lukanischen Kontext (u. a.) bezieht, sind, wenn Jesus sie vornimmt, nicht als schwere Kämpfe, sondern als leichte Siege beschrieben. Das macht das Leid der Besessenen nicht weniger schmerzlich, verleiht ihnen aber Hoffnung. Der Unterschied zur Johannesoffenbarung besteht allerdings darin, dass das jesuanische Wort die positiven Wirkung des Satanssturzes für die Menschen betont, während der apokalyptische Hymnus aufnimmt, dass der gestürzte Satan die Menschen bedrängt, bedroht und besiegt – um dann doch geschlagen das Feld zu räumen. Anders formuliert: Lk 10,18 ist im Ton der Himmelsstimme formuliert, die Himmelsstimme im Ton der Proklamation Jesu.

Die zweite Stelle ist das johanneische Wort zur Kreuzerhöhung 12,30f als Gericht über den Teufel. So wenig das vierte Evangelium Exorzismen Jesu erzählt, so beredt spricht es vom ganz großen Exorzismus Jesu – der Vertreibung des Widersachers: allerdings nicht aus dem Himmel, sondern vom Angesicht der Erde. Das ist die Konsequenz der „kleinen" Exorzismen Jesu in der synoptischen Tradition und des Satanssturzes in der Johannesoffenbarung.

Die Vertreibung des Teufels aus dem Himmel ist Michaels Werk. Die unheilvollen Konsequenzen auf Erden werden von Jesus Christus verwunden. Die treuen Christen sind die endgültigen Sieger der Geschichte, weil sie auf Gott setzen. Sie partizipieren am Siegeszug Jesu Christi. Das Blut, das er vergossen hat, besiegelt sein Martyrium und schützt – wie das Blut des Paschalammes – die Seinen vor der Todesgefahr des Pharao-Kaisers. Das ist jesuanisch tief verwurzelte, wenngleich ganz und gar prophetisch-johanneische Soteriologie.

(3) Die Hochzeit des Lammes (Offb 19,6ff)

Bevor das Wort Gottes auszieht, den Satan für tausend Jahre zu binden, ertönt im Himmel bereits (erneut) das Halleluja der Seligen, die wissen, was die Stunde geschlagen hat. Es ist ein ganzer Chor immer neuer Stimmen, die abwechselnd die Führung haben und sich im Gotteslob verbinden: die große Schar der himmlischen Heiligen (19,1ff), die vierundzwanzig Presbyter und Lebewesen (19,4), eine Stimme vom Thron (19,5), zum Schluss der volle Chor (Offb 19,6f):

> „6 Halleluja,
> die Herrschaft angetreten hat der Herr, unser Gott, der Allherrscher.
> 7 Lasst uns freuen und jubeln und ihm die Ehre geben,
> denn gekommen ist die Hochzeit des Lammes,
> und seine Frau hat sich bereit gemacht.
> 8 es wurde ihr gegeben, sich anzuzieh'n mit feinem reinen Leinen."

Das Echo ist einer der seltenen und immer akzentuierten Makarismen der Apokalypse: „Selig, die zum Hochzeitsmahl des Lammes geladen sind" (Offb 19,9). Im Hymnus und im Makarismus verbinden sich typisch jesuanische Motive, die ihrerseits tief im Alten Testament und Frühen Judentum wurzeln. Das Mahl der Vollendung im Reich Gottes prägt das Abendmahl, das Jesus in der Erwartung des kommendes Reiches feiert (Mk 14,22–25 parr.), und deshalb die Eucharistie der Kirche, die Jesus gestiftet hat (1Kor 11,26). Die Festlichkeit dieses Mahles wird – wie in Jesu Festmahlgleichnis nach Mt 22 – dadurch gesteigert, dass Hochzeit gefeiert wird. Von hier ziehen sich Linien nicht nur zum Weinwunder, das Jesus bei der Hochzeit zu Kana als sein erstes Zeichen gewirkt hat (Joh 2,1–11), sondern vor allem zum Bild Jesu selbst als Bräutigam. Im Streitgespräch über das Fasten nennt Jesus selbst sich „Bräutigam"; er schenkt Israel eine Zeit des Heiles, die das Fasten bricht, während erst die Trauer über seinen kommenden Tod ein christliches Fasten prägen wird (Mk 2,19f parr.). Man wird auch nicht fehlgehen, im Bräutigam des Gleichnisses von den klugen und törichten Jungfrauen ein metaphorisches Portrait Jesu zu finden (Mt 25,1–13). Nach dem Johannesevangelium ist es der Täufer, der Jesus als „Bräutigam" sieht, der Israel, die Tochter Zion, freit, während er der „Freund" ist, der sich des Glückes freut (Joh 3,29). Hier wird am deutlichsten, dass die jesuanische Christologie des Neuen Testaments aus den mystischen Quellen Israels schöpft, der prophetischen Theologie, die Gott als Bräutigam seines Volkes Israel sieht. Die Frau, von der Offb 19,7f spricht, ist die Tochter Israel – nun aber personifiziert durch die getreuen Heiligen, die ernsthaften Christen, die das weiße Hochzeitskleid als Zeichen ihrer Erlösung tragen. Im Schlussbild des Buches, der Herabkunft des himmlischen Jerusalem, taucht das Motiv wieder auf (Offb 21,2.9), das hoch christologisch und tief jesuanisch ist.

d) „Komm, Herr Jesus" (Offb 22,20)

Wie die Johannesoffenbarung als Brief beginnt, so endet sie auch: mit einem Segensgruß, wie er aus den Paulusbriefen bekannt ist (Offb 22,21).[95] Unmittelbar davor findet sich die Bitte, in der sich der Seher mit den Gemeinden, die er anredet, eins weiß (Offb 22,20):

> „Komm, Herr Jesus!"

Auch diese Bitte ist aus den Paulusbriefen bekannt. In den Schlusswendungen des Ersten Korintherbriefes begegnet sie in aramäischer Sprachform (1Kor 16,22): „Maranatha!". Dieser Ruf ist ein Zitat aus der ältesten Liturgie der Urgemeinde[96]: In der Muttersprache Jesu rufen die aramäischsprachigen Judenchristen nach der Wiederkunft Christi.[97] Die Bitte richtet sich auf den „Mare", griechisch: den Kyrios, den „Herrn". Damit könnte Gott, der Vater, gemeint sein; aber die Kyrios-Christologie des Neuen Testaments, die sehr früh ist, rät zu einer Deutung auf den Gottessohn. Die aramäische Formel dürfte den Auferstandenen und Erhöhten vor Augen haben, der zur Parusie wiederkommt.

Die Johannesoffenbarung aber bringt explizit Jesus ins Spiel. Im Bittgebet wird das Bekenntnis zum Herrn Jesus ernstgenommen. Die Bitte um sein Kommen ist die Bitte um Erlösung. Sie ist Ausdruck des Vertrauens, dass Jesu Kommen nicht der Vernichtung, sondern der Errettung dient. Dieses Vertrauen resultiert aus seinem Wirken in dieser Welt. Das erste Kommen war so eindeutig von der Mitteilung des Heiles Gottes geprägt, dass auch das zweite Kommen kein anderes Ziel verfolgen kann. Jesus ist gekommen, um „die Sünder zu rufen" (Mk 2,17) und „sein Leben hinzugeben als Lösegeld für die Vielen" (Mk 10,45), um „Gesetz und Propheten zu erfüllen" (Mt 5,17) und die Verlorenen zu retten (Lk 19,10); er ist gekommen, „damit sie das Leben haben und es in Fülle haben" (Joh 10,10); er ist gekommen, „nicht die Welt zu richten, sondern zu retten" (Joh 12,47). Dieser Jesus kann nicht wiederkommen, um Gottes glühenden Zorn zu vollstrecken, sondern um – durch das Gericht hindurch – umfassendes Heil zu verwirklichen.

In der Johannesoffenbarung ist der Zusammenhang zwischen dem ersten und dem zweiten Kommen Jesu genau beschrieben. Der Jesusname gibt die Leitlinie vor. Er wird im letzten Buch der Bibel nicht sehr oft, aber immer betont gesetzt. *Jesus* ist der treue Zeuge (1,5), der in seinem Wirken, seinem Leiden und seiner Auferstehung die Hoffnung auf ewiges Leben begründet. Er verbirgt es den Christen nicht (22,16): Die Offenbarung schafft Sicherheit in der Unsicherheit; sie schärft den Blick für das Wesentliche; sie lässt erkennen, auf wen es letztlich ankommt: auf Jesus und sein Kommen zu den Menschen.

In der synoptischen Tradition verbindet sich die Hoffnung auf das zweite Kommen Jesu mit dem Menschensohn (Mk 13,26f): „Dann wird man den Menschensohn mit großer Macht und Herrlichkeit auf den Wolken kommen sehen (vgl. Dan 7,13); und er wird die Engel aussenden und die von ihm Auserwählten aus allen vier Winden zusammenführen, vom Ende der Erde bis zum Ende des Himmels." So wie der irdische Menschensohn gekommen ist, die Verlorenen, die Gott keineswegs abgeschrieben hat, zu suchen und zu retten, so auch der himmlische Menschensohn bei seiner Wiederkunft.

Die Schlussbitte der ganzen Bibel „Komm, Herr Jesus" (Offb 22,20), zeigt, wie lebendig die Erinnerung an Jesus im Urchristentum ist, weit über die Evangelien hinaus – und wie lebendig sie in der Kirche aller Zeiten sein sollte. Die Bitte um das Kommen Jesu nimmt die Bitte Jesu um das Kommen des Reiches Gottes auf, die im Vaterunser ausgesprochen wird (Mt 6,10 par. Lk 11,2): „Dein Reich komme!" Weil das Kommen der Gottesherrschaft (Mk 1,15) untrennbar mit dem Kommen Jesu verknüpft ist, deshalb auch die Vollendung der Gottesherrschaft untrennbar mit der Wiederkunft Jesu Christi. Aus der Erinnerung an Jesu Wirken wächst die Hoffnung über alle Hoffnung, die den christlichen Glauben glaubwürdig macht: Gott „wird alle Tränen von ihren Augen abwischen: Der Tod wird nicht mehr sein, keine Trauer, keine Klage, keine Mühsal. Denn was früher war, ist vergangen" (Offb 21,4).

Die Johannesoffenbarung nimmt die Wiederkunft Jesu Christi ernst. Sie weiß, dass mit Jesu irdischem Wirken und seiner Auferstehung noch nicht alle Hoffnungen erfüllt sind; aber sie sagt, dass Vollendung durch keinen anderen kommen wird als diesen Jesus. Die Bibel endet mit einem ganz einfachen und ganz tiefen Glaubenssatz: Es kommt auf Jesus an, denn Jesus kommt von Gott; er kommt auf die Menschen zu. Am Ende werden sie ihm begegnen.

III. Jesus im Glaubensbekenntnis des Neuen Testaments

Alle Schriften des Neuen Testaments sind vom Glauben an die Gottessohnschaft Jesu Christi geprägt. Sie bewahren aber in unterschiedlicher Weise auf, wie sich das Glaubensbekenntnis der Urkirche entwickelt hat, sei es in Form von Erzählungen, sei es in Form von Bekenntnissen und Predigten. Eine Schlüsselstellung nehmen die Osterevangelien ein. Wie immer es um ihre historische Substanz bestellt ist (die Exegese ist ziemlich uneins), halten sie in erzählerischer Form fest, wie ganz am Anfang den Frauen aus Galiläa, den Aposteln und anderen aufgegangen ist, dass der Karfreitag nicht das Ende der Verheißungen Jesu bedeutet, sondern Gott ihn von den Toten auferweckt hat. Umstritten sind auch die Predigten der Apostelgeschichte, weil sie unverkennbar die Handschrift des Lukas zeigen (und deshalb ebenso gut im vorangehenden Abschnitt zusammen mit dem Lukasevangelium behandelt werden könnten), aber doch erstens als Redner mit Petrus, Stephanus und Paulus Protagonisten der entstehenden Kirche in einem Bericht über die Anfänge der Mission auftreten lassen und zweitens in der Exegese wieder mehr Aufmerksamkeit für (mögliche) Traditionen geweckt worden ist, die sich in den Predigten finden. Der Gedankengang des Abschnitts läuft auf die frühesten Glaubensbekenntnisse, Gottesdienstlieder, katechetischen Formeln zu (über die richtigen Gattungsbegriffe wird gestritten), die in den neutestamentlichen Schriften das Gedächtnis an den Glauben der Gemeinden aufbewahren, der seinerseits die Christologie der neutestamentlichen Texte entscheidend mit geprägt hat. Die neuere Exegese hat gezeigt, dass die Grenzen zwischen Tradition und Redaktion fließend sind. Das eingerechnet, wird um so deutlicher, wie früh der Glaube an die Gottessohnschaft Jesu sich konfessorisch artikuliert hat und wie sehr die Identität des Auferstandenen mit dem Irdischen, dem Gekreuzigten, mit Jesus von Nazareth betont worden ist.[1]

1. Jesus im Spektrum der Osterevangelien

Der Osterglaube der Urgemeinde hat zwei historische Anhaltspunkte. Nach den Evangelien ist der erste die Auffindung des leeren Grabes durch die „Leichensalbfrauen“ (wie Peter Handke sie nennt).[2] Der historische Wert der Überlieferung ist umstritten.[3] Häufig heißt es, es handle sich um eine Legende. Der entscheidende Grund für diese Vermutung besteht darin, dass man keine naturwissenschaftliche Erklärung für das hat, was die Evangelien berichten. Manche urteilen deshalb, die Urgemeinde habe den Ort des Begräbnisses gar nicht gekannt; die Geschichte solle den Glauben an die leibliche Auferstehung Jesu illustrieren. Früher hieß es häufig, die Grabeserzählung sei ein Ammenmärchen, von Priestern zur Volksverdummung erfunden. (Wer im Internet surft, stößt heute noch in tausend Varianten auf diese These.) Aber die Überlieferung ist alt. Sie verbindet sich mit den Frauen aus Galiläa, die unter dem Kreuz standen (Mk 15,40f) und Jesu Begräbnis beobachtet haben (Mk 15,46). Hätte man mit der Erzählung von der Auffindung des leeren Grabes ein „Dogma“ stützen wollen, hätte man alles tun dürfen, nur eines nicht: unbekannte Frauen aus Galiläa zu Kronzeugen zu machen. Die Evangelien verschweigen denn auch mit keiner Silbe, wie groß die Schwierigkeiten sind, die der Umstand des leeren Grabes macht. Nach Markus verstummen die Frauen vor Entsetzen (Mk 16,8), nach Lukas halten die Apostel ihre Berichte für dummes Geschwätz (Lk 24,11); nach Johannes sind weder Petrus noch der Lieblingsjünger durch die Besichtigung des leeren Grabes schon zum vollen Glauben gekommen (20,9). Ist der Leichnam gestohlen worden? Hat man ihn umgebettet? Oder ist das Grab leer, weil eingetreten ist, was keiner für möglich gehalten hat: dass Jesus tatsächlich von den Toten auferstanden ist?

Viele schließen das aus, weil einem die Biologie solches zu denken verbiete. Aber die Gesetze der Physik und Chemie gelten für das Leben in diesem Kosmos; die Auferstehung Jesu ist aber ein absolut exzeptioneller Fall, für den es *per definitionem* keine Analogien geben kann. Das zu erkennen und die historisch ziemlich verlässliche Nachricht vom leeren Grab in ihre Theorien einzubauen, ist die eigentliche Provokation, die vom Osterglauben auf die Naturwissenschaft ausgeht.[4]

Klarheit bringt für Maria Magdalena, für Petrus und die Zwölf, für die Emmausjünger und alle Apostel erst die Erscheinung des Auferstandenen. Von ihnen selbst her betrachtet, kann man von Visionen reden. So fragt Paulus: „Bin ich nicht frei? Bin ich nicht

Apostel? Habe ich nicht Jesus, unseren Herrn, gesehen?" (1Kor 9,1). Gerhard Lohfink hat schon vor einiger Zeit darauf hingewiesen, dass die Theologie keinerlei Scheu zu haben braucht, die Psychologie zu Rate zu ziehen, wenn es um Erklärungen geht (soweit man etwas erklären kann).[5] Wer wollte leugnen, dass die Seele der Menschen durch das, was sie in den Erscheinungen Jesu erlebt haben, zutiefst aufgewühlt, erschüttert, verändert worden wäre? Es sind und bleiben ja für sie menschliche Vorgänge, die ihr ganzes Leben verändert haben, weil sie glauben, Gott erfahren zu haben.

Allerdings folgt daraus keineswegs, dass es sich bei den österlichen Visionen um Einbildungen handelte. Das ist der Fehlschluss der Rationalisten. Wer sich die Biographien des Paulus und des Petrus oder des Jakobus und der Maria Magdalena anschaut (um nur sie zu nennen), wird auf derart starke Unterschiede stoßen, dass die angeblich „aufgeklärte", in Wahrheit aber ziemlich engstirnige Lösung die historisch unwahrscheinlichste ist: alle hätten nur ihren uneingestandenen Schuldgefühlen, ihren unbewussten Sehnsüchten, ihren unaufgearbeiteten Konflikten Raum gegeben, um dann einer selbstproduzierten Illusion zu verfallen. Am historisch plausibelsten ist vielmehr, dass eine wirkliche Offenbarung stattgefunden hat (auch wenn dies noch kein Beweis für die tatsächliche Historizität ist).

Darauf legen die ältesten Zeugnisse den Akzent: Nicht dass Petrus und die Zwölf jemanden gesehen haben, den sie als Jesus erkannten, steht im Vordergrund, sondern dass Jesus sich hat sehen lassen. Er ist in Erscheinung getreten. Die Auferstehung erhöht ihn zur Rechten Gottes. Aber er zieht sich nicht, etwa aus Enttäuschung und Wut über die Ungläubigen und Unfähigen, in majestätische Einsamkeit zurück, sondern kommt auf seine Jünger zu; er begegnet ihnen neu. Diese alles entscheidende Bewegung des Auferstandenen von Gott her auf die Menschen zu ist die Wiederholung und mehr noch: die endgültige Bestätigung und universale Ausweitung des Weges, den der irdische Jesus gegangen ist, um zu „suchen und zu retten, was verloren ist" (Lk 19,10).[6]

a) Markus: Das Evangelium im leeren Grab (Mk 16,1–8)

Das Markusevangelium endet in 16,1–8 mit der Auffindung des leeren Grabes und dem rätselhaften Schweigen und Entsetzen der Frauen, die so beeindruckt sind, dass sie verstummen. Der kanonische Markustext fügt nach sehr vielen, aber nicht den ältesten und besten Handschriften, einen regelrechten Erscheinungsbericht an, der einen universalen Missionsbefehl enthält (Mk 16,9–20). Wirkungsgeschichtlich ist er sehr einflussreich geworden – bis hin zu Franziskus, der aus Mk 16,15 („Predigt allen Geschöpfen") die Schlussfolgerung gezogen hat, auch den Tieren das Evangelium nicht vorzuenthalten. Dieser längere Bericht basiert erkennbar auf den Erscheinungserzählungen bei Lukas und Matthäus. Er gehört nicht ursprünglich zum Markusevangelium. Ob es je einen Erscheinungsbericht kannte oder mit der Erzählung vom leeren Grab endete, ist strittig. Am Ende des sicher überlieferten Markustextes steht die Notiz von Schweigen der Osterfrauen, denen es vor Staunen und Entsetzen die Sprache verschlägt (Mk 16,8).[7] Das ist als ursprünglicher Schluss des Evangeliums schwer vorstellbar – aber nicht unmöglich, weil die Perspektive vorher schon geweitet ist durch das Wort des Engels, das die Frauen im leeren Grabe hören.[8] Dieses Engelwort ist das Evangelium im Osterevangelium (Mk 16,6f):

„6 Fürchtet euch nicht!
Jesus sucht ihr, den Nazarener, den Gekreuzigten.
Er ist auferweckt worden.
Er ist nicht hier.
Seht den Platz, wohin sie ihn gelegt haben.
7 Aber geht, sagt seinen Jüngern und dem Petrus:
Er geht euch voran nach Galiläa.
Dort werdet ihr ihn sehen,
wie er es euch gesagt hat."

Die Frauen sind zum Grab gegangen, um dem Toten einen letzten Dienst zu erweisen: ihn zu salben. Es sind (im wesentlichen) dieselben Frauen, die auch unter dem Kreuz gestanden haben (anders als die Zwölf, die geflohen sind) und von denen es hieß, dass sie Jesus „schon in Galiläa nachgefolgt" seien (Mk 15,40f). Sie finden den Stein vom Grabe weggewälzt, und im Grab finden sie einen Engel, der sie anspricht und ihnen deutet, was geschehen ist und sie sehen können.

Das Engelwort ist sorgfältig gestaltet. Seine Struktur entspricht dem ältesten Glaubensbekenntnis der Urgemeinde (1Kor 15,3–5). Wie dort folgen Tod, Begräbnis, Auferweckung und Erscheinung aufeinander. Allerdings ist Mk 16,6f Teil einer Erzählung. Das Engelwort nimmt die Erfahrungen der Frauen auf; es bezieht sich auf das im Evangelium Erzählte zurück. Der Text gestaltet die Erinnerung an die Angelophanie der galiläischen Frauen so, dass die Übereinstimmung mit dem urchristlichen Credo deutlich wird.

Am Anfang steht eine genaue, geradezu umständliche, bewusst langsame Identifizierung des Gestorbenen, den die Frauen suchen und der ihnen als Auferstandener verkündet wird.

Das erste ist sein Name: „Jesus“. Bei Markus wird er nicht eigens ausgedeutet, wohl aber bei Matthäus (während Lukas in seiner Parallele der Grabeserzählung den Jesusnamen nicht nennt). Dort ist Jesus – „Gott hilft“ – der, der „sein Volk von seinen Sünden erlöst“ (Mt 1,21). Bei Markus kommt es auf die Identifizierung an. *Jesus* wird gesucht – und im Auferstandenen neu gefunden werden.

Das zweite ist der Hinweis auf Nazareth. „Jesus von Nazareth“ (Mk 1,24; 10,47) wird er wegen seiner Herkunft genannt (Mk 1,9). Nazareth ruft die Geschichte seiner Verkündigung wach – auch die negativen Erfahrungen, die Jesus gemacht hat (Mk 6,1–6); Nazareth verweist zurück auf Galiläa, wo Jesus mit seiner Verkündigung begonnen hat (Mk 1,14f) und woher die Frauen stammen, denen der Engel die Osterbotschaft verkündet.

Das dritte ist der Hinweis auf das Kreuz. Markus erzählt die ganze Geschichte Jesu von Nazareth so, dass sie auf das Kreuz zuläuft und von ihm her ihren eigentlichen Sinn erfährt. Im Osterevangelium bleibt der Kreuzestod präsent.

Mit diesen drei Hinweisen bleibt der Engel auf der Ebene der Frauen und ihrer Motivation, das Grab zu besuchen. Sie trauern um Jesus von Nazareth; sie haben ihn am Kreuz sterben gesehen, deshalb haben sie sich in aller Herrgottsfrühe aufgemacht zum Grab Jesu.

Das entscheidende Wort, das der Engel sagt, besteht auf Griechisch in einem einzigen Wort: „Er ist auferweckt“. Dies hätten die Frauen am wenigsten erwartet, obgleich Jesus in der Hoffnung auf seine Auferstehung das Letzte Abendmahl gefeiert hat (Mk 14,25) und zuvor mehrfach sein Leiden nicht nur, sondern auch seine Auferstehung angekündigt hat (Mk 8,31; 9,31; 10,32ff). Deshalb müssen sie sich nach Lukas tadeln lassen: „Was sucht ihr den Lebenden bei den Toten?“ (Lk 24,5). Zwischen Tod und Leben besteht der denkbar größte Kontrast. Er ist in dieser Welt unüberbrückbar. Gott aber hat Jesus nicht im Grabe gelassen; er hat ihn auch nicht in sein bisheriges irdisches Leben zurückgeschickt; er hat ihn, wie Jesus selbst mit Rekurs auf Ps 110 gelehrt hat (Mk 12,35ff), zu seiner Rechten erhöht.

Zur Bekräftigung dieser Botschaft gibt der Engel zwei weitere Hinweise. Zunächst deutet er das leere Grab. Der „Ort“, an dem der Leichnam gebettet worden war, ist leer. Was der Engel sagt, entzieht sich jeder vernünftigen Erklärung: Der Ort ist leer, weil Jesus – leibhaftig – von den Toten auferstanden ist. Ohne dass dies expliziert wäre, ist ein ähnlicher Gedanke vorausgesetzt, wie er bei Paulus erscheint: dass der irdische Leib in einen pneumatischen verwandelt wird (1Kor 15,40–46). In diesem Sinne ist die Auferweckung Neuschöpfung.[9]

Sodann erinnert der Engel an ein Wort des Irdischen. Auf dem Weg vom Abendmahlssaal nach Gethsemane hat Jesus nicht nur allen seinen Jüngern, auch dem in Mk 16,7 eigens hervorgehobenen Petrus, vorausgesagt, dass sie ihn Stich lassen würden, sondern auch angekündigt, ihnen nach Galiläa voranzugehen, damit sie ihn dort sehen würden (Mk 14,28). Genau dieses Wort zitiert der Engel. Es wird auch ausdrücklich vermerkt, dass es sich um ein Jesuszitat handelt. Die Osterbotschaft ist nach Mk 16,6f im Kern eine Wiederholung der vorösterlichen Prophetie Jesu – die sich nun bestätigen wird. Dem Vorangehen Jesu entspricht die Nachfolge der Jünger (Mk 10,32ff). Jesu Auferstehungsweg nach Galiläa ist ein Weg *back to the roots,* zurück zu den Anfängen seines Verkündigungswirkens, weil dieses Wirken durch seine Auferstehung nicht überholt ist, sondern in seiner eschatologischen Bedeutung offenbart wird. Auch der Weg des Glaubens, der vom Jordan nach Golgatha geführt hat, führt von Jerusalem wie nach Galiläa und neu in die Geschichte Jesu hinein und wieder zum Ende und über dieses Ende hinaus.

Die Christologie der Auferstehung, die Mk 16,1–8 erzählt, ist tiefschürfend. Die Schwierigkeiten, an die Auferstehung Jesu zu glauben, werden nicht verschwiegen; ebensowenig wird behauptet, es sei einfach, das leere Grab richtig zu deuten. Im Zentrum steht die Identifizierung Jesu als des Auferstandenen und des Auferstandenen als des gekreuzigten Jesus von Nazareth. Die Frauen, die sich auf die Suche nach Jesus gemacht haben, den Gekreuzigten, werden ihn finden – als Auferstandenen; denn der Auferstandene wird sich Petrus und den Zwölf, aber nicht nur ihnen, zeigen: als gekreuzigter Jesus von Nazareth.

b) Matthäus: Die Aussendung in alle Welt (Mt 28,16–20)

Markus lässt sein Evangelium mit dem Bericht vom leeren Grab enden. Dass Jesus Petrus und den Zwölfen erscheinen werde, wird zwar vom Engel angekündigt (Mk 16,7f), aber (im erhaltenen Ursprungstext) nicht mehr erzählt. Anders Matthäus.[10] Er berichtet von einer Erscheinung Jesu auf dem Berg in Galiläa. Sein Bericht ist sehr knapp; er ist auf das Wesentliche konzentriert. Der Evangelist füllt die Lücke, die Markus gelassen hat, nicht mit eigener Phantasie aus, sondern greift weit zurück in die älteste Osterverkündigung der Urgemeinde. Erscheinungen Jesu in Galiläa sind ein entscheidendes Ereignis, das zur Entstehung des Auferweckungsglaubens geführt hat:

16 Die elf Jünger gingen nach Galiläa auf den Berg, den Jesus ihnen gewiesen hatte.
17 Und als sie Jesus sahen, fielen sie vor ihm nieder, zweifelten aber.
18 Da trat Jesus auf sie zu und redete sie an und sagte:
„Mir ist alle Macht gegeben im Himmel und Erden.
19 Geht nun und macht alle Völker zu Jüngern,
indem ihr sie tauft
auf den Namen des Vaters und des Sohnes und des Heiligen Geistes,
20 und sie lehrt, alles zu halten, was ich euch aufgetragen habe.
Und siehe, ich bin mit euch alle Tage bis ans Ende der Welt.“

Mt 28,16–20 kann man als Zeugnis klaren, freien, profilierten Osterglaubens lesen. Von der Erhöhung Jesu ist die Rede, seiner Anteilgabe an der Vollmacht Gottes selbst; der Vater hat sie ihm gegeben; 1Kor 15,20–28 ist die engste Sachparallele. Die Gegenwart des Auferstandenen wird deutlich, seine „Realpräsenz“ in der Kirche, die durch die Zwölf (von denen elf noch übrig geblieben sind) repräsentiert wird. Die österliche Aussendung der Jünger wird zum Thema, der Beginn weltweiter Mission.[11] Diese Mission braucht die verbindliche und verständliche Lehre der Jünger, die das Wissen und den Glauben der Völker begründen sollen. Nicht zuletzt wird von der Taufe „auf den Namen des Vaters und des Sohnes und des Heiligen Geistes“ gesprochen – in der vollen Form, die aus der Liturgie der Kirche heraus die Trinitätstheologie bearbeiten wird.

Mt 28,16–20 ist aber in den entscheidenden Punkten eine Vergegenwärtigung des Irdischen. Der jetzt sagt, ihm sei „alle“ Macht gegeben, hat auch während seines irdischen Lebens in der Vollmacht Gottes die Menschen gelehrt und sie geheilt (Mt 7,23). Der jetzt sagt, er bleibe „mit“ den Seinen „bis ans Ende der Welt“, ist kein anderer als der Immanuel, der „Gott mit uns“, von dem bereits die matthäische Verkündigungsgeschichte im Rückgriff auf Jesaja (7,14–LXX) erzählt hatte (1,23) und der nach Mt 18,20 den Jüngern verheißen hatte: „Wo zwei oder drei in meinem Namen versammelt sind, bin ich mitten unter ihnen“. Die Aussendung zu allen Völkern ist die österliche Ausweitung der Jüngersendung, die „den verlorenen Schafen des Hauses Israel“ galt (Mt 10,5).[12] Dem entspricht es, dass die Lehre der Jünger (und damit der Kirche) im Wesentlichen darin bestehen soll, den Völkern all das nahezubringen, was Jesus selbst ihnen „gewiesen“ hat – mit der Bergpredigt (Mt 5–7) als Höhepunkt. Die Erscheinung findet in Galiläa statt: Dort wo die öffentliche Verkündigung Jesu begann, im „Galiläa der Heiden“, wie Matthäus im Rückgriff auf Jesaja (8,23–9,1) reflektiert (4,12–17), beginnt auch sein österliches Wirken, das auf die Fortführung seines Werkes zielt.

Der Erhöhte ist und bleibt Jesus. Sein österliches Manifest, das diese Identität festhält, wird durch eine kleine Geste vorweggenommen, die zeigt, wie sehr der Auferstandene dieser Jesus ist, dessen Leben und Sterben Matthäus erzählt hat. Die Jünger, die ihn auf dem Berg in Galiläa sehen, zweifeln. Aber Jesus wendet sich nicht ab, er geht auf sie zu und redet sie an. Seine ganze Vollmacht ist reine Liebe. Und seine Liebe ist voller Kraft. Wer das erkennt, hat am Ostergeheimnis teil; wer es glaubt, tritt in die gleiche Nähe zu Jesus wie seine Jünger und weiß sich selbst gesendet.

c) Lukas: Die Vorbereitung für den Weg der Kirche (Lk 24; Apg 1)

Das lukanische Osterevangelium bildet die Brücke zwischen der Zeit Jesu und der Zeit der Kirche. Sie zeigt, dass und wie beides zusammengehört. Der Schluss des Evangeliums überschneidet sich mit dem Anfang der Apostelgeschichte. Charakteristische Unterschiede erklären sich aus dem Kontext. Nach Lk 24 finden die Erscheinungen des Auferstandenen und die Himmelfahrt an einem einzigen Tag statt; auf diese Weise wird die Jesusgeschichte bündig abgeschlossen. Gleichzeitig wird die Verheißung des Geistes in den Raum gestellt, die den Weg der Apostel und dann der ganzen Kirche nach Ostern in der Verkündigung des Evangeliums vorzeichnet. Zu Beginn der Apostelgeschichte wird hingegen der eine Ostertag ausgefaltet: über vierzig Tage erscheint Jesus den Seinen, dann wird er in den Himmel aufgenommen und weitere zehn Tage später ist Pfingsten, wenn der Geist auf die Jünger herabkommt und sie zum ersten Glaubenszeugnis aus dem Mund des Petrus befähigt.

Anders als nach Markus und Matthäus, die Galiläatraditionen aufnehmen, spielt sich bei Lukas das wesentliche Ostergeschehen in Jerusalem und der unmittelbaren Umgebung ab. Das ist theologisch programmatisch. Der Evangelist verfolgt eine Theologie des Weges, deren Dreh- und Angelpunkt Jerusalem ist. Auf Jerusalem richtet Jesus sein Angesicht, weil sein gesamter Lebensweg im Zeichen des Kreuzweges steht (Lk 9,51); in Jerusalem stirbt er, in Jerusalem wird er begraben, in Jerusalem erscheint er den Jüngern. Von Jerusalem nimmt die Verkündigung des Evangeliums ihren Ausgangspunkt, in Jerusalem enden alle paulinischen Missionsreisen. Diese stilisierte Geographie ist Ausdruck eines theologischen Programms. Jerusalem steht für den Zusammenhang zwischen der vor- und der nachösterlichen Evangeliumsverkündigung, für die Treue der Kirche zu Jesus und nicht zuletzt für die jüdischen Wurzeln der Kirche. Das lukanische Osterevangelium erzählt, wie die Urgemeinde in Jerusalem durch den Auferstanden gesammelt worden und in der Kraft des Geistes ans Werk gegangen ist.[13]

(1) Die Emmausjünger: Weggemeinschaft – Mahlgemeinschaft (Lk 24,13–35)

Nachdem Lukas, weitgehend in Übereinstimmung mit Markus, von der Auffindung des leeren Grabes erzählt hat (Lk 24,1–12), folgt ein Kranz charakteristisch lukanischer Erscheinungsberichte. In allen geht es um die Erkenntnis des Auferstandenen: sowohl dass Jesus von den Toten auferstanden, als auch dass der Auferstandene kein anderer als Jesus ist.

Die erste dieser Erzählungen ist die Emmausgeschichte. Lukas hat sie theologisch und sprachlich ganz in sein Evangelium eingeordnet, aber nicht erfunden, sondern in alter judenchristlicher, judäischer Überlieferung gefunden.[14] Der eine Emmausjünger, dessen Name Kleopas ist (Lk 24,18), könnte mit dem Klopas von Joh 19,25 identisch sein, dessen Frau unter dem Kreuz gestanden hat; nach Hegesipp gehörte er zur Familie Jesu (Eusebius, Kirchengeschichte III 11). Emmaus wird das Heimatdorf der beiden Jünger gewesen sein; es liegt in der Nähe von Jerusalem (ist aber nicht eindeutig identifiziert).[15]

Sie verschweigt nicht das Problem so vieler lukanischer und johanneischer Ostertexte: Die Jünger „waren wie mit Blindheit geschlagen und erkannten ihn nicht" (Lk 24,16). Ihr Problem liegt tief; sie sind auf der Flucht aus Jerusalem. Die Erzählung wird erhellen, dass sie zutiefst deprimiert sind, weil der Tod Jesu all ihre Hoffnungen auf den Messias und auf die Rettung Israels zunichtegemacht hat und sie auch den Berichten der Frauen, die das Grab leer gefunden haben, nichts abgewinnen können.

Die Emmausgeschichte erzählt in sieben Schritten, wie es zur Erkenntnis kommt, dass der Fremde, der ein Stück des Weges mit den Jüngern geht, kein anderer als Jesus ist. Jedes Detail ist wichtig. Jedes erinnert an Jesus: an das, was er getan, gedacht, gelebt hat. Die Emmausgeschichte ist eine Kurzversion des ganzen Evangeliums.

1. Jesus begleitet die Emmausjünger. Das ist keineswegs selbstverständlich. Denn sie laufen in die falsche Richtung. Sie fliehen aus Jerusalem – und müssten doch dort ausharren, wo Jesus gestorben ist und den Seinen erscheinen wird. Jesus aber geht den Weg der Emmausjünger mit – wie der Hirt im Gleichnis vom verlorenen Schaf sich aufmacht, das Schaf zu suchen, dass sich verirrt hat (Lk 15,3–7 par. Mt 18,12ff; vgl. Joh 10,11–15)

2. Jesus fragt sie nach dem Grund ihrer Trauer. Er spielt ihnen nicht seine eigene Unwissenheit vor, sondern gibt ihnen die Gelegenheit, die Geschichte ihrer Enttäuschung zu erzählen. Er nimmt ihre Irritation ernst, dass der, den sie für den Messias gehalten haben, so jämmerlich am Kreuz gestorben ist. Ähnlich hatte Jesus der blutflüssigen Frau nach Lk 5,44–48 (par. Mk 5,25–34) Gelegenheit, ihm die ganze Wahrheit ihres Lebens, auch alles Leid und alle Enttäuschung und selbst noch ihren verzweifelten, heimlichen letzten Heilungsversuch, anzuvertrauen.

3. Jesus verkündet ihnen das Evangelium. Er erinnert sie an die Geschichte Jesu, an seine Leidensweissagungen und seine Auferstehungshoffnung; – und sagt ihnen, dass er damit nicht an seine eigene Rettung, sondern an ihre Rettung gedacht hat: so wie er seine Leidens- und Auferstehungsprophetien (Lk 9,22.44; 17,25; 18,31–33) nicht als Selbstbestätigung, sondern als Einführung der Jünger in Gottes Heilsplan verkündet.

4. Jesus erschließt ihnen die Schrift. Er vergegenwärtigt ihnen die unglaubliche und glaubwürdige, die alte und immer neue Messiashoffnung Israels, die einlädt, im tiefsten Unheil an das endgültige Heil zu denken – so wie Jesus auch nach der Erzählung des Evangeliums zeit seines Lebens aus der Bibel Israels und mit ihr gelebt hat, angefangen von seiner Antrittspredigt in Nazareth (Lk 4,18f; vgl. 7,23), die Jes 61,1f appliziert, über das Doppelgebot der Gottes- und der Nächstenliebe (Dtn 6,4f; Lev 19,18), das er mit der Beispielgeschichte vom barmherzigen Samariter auslegt (Lk 10,25–37), bis zu den Streitfragen über die Auferstehung der Toten (Lk 20.27–40 par. Mk 12,18–27), die er mit Rekurs auf die Jahweoffenbarung im brennenden Dornbusch (Ex 3,6–14), und über die Gottessohnschaft des Messias (Lk 20,41–44 par. Mt 12.35ff), die er mit Verweis auf Davids Psalmwort (Ps 110,1) beantwortet.

5. Jesus bleibt bei ihnen, da es Abend wird. Er lässt sie nicht allein in der Unruhe ihres brennenden Herzens, sondern schenkt ihnen seine Gemeinschaft – so wie Jesus seine Gemeinschaft schon vorösterlich den Jüngern geschenkt hat, die er berufen hat (Lk 5,1–11; 6,12–16), einschließlich der Frauen, die ihm nachfolgen (Lk 8,1ff), und wie er, angefangen mit Levi (Lk 5,27–32) bis hin zu Zachäus (Lk 19,1–11), auch mit Sündern Gemeinschaft sucht, um sie für Gottes Reich zu gewinnen.

6. Jesus hält mit ihnen Mahl und bricht ihnen das Brot. Eingeladen, zu bleiben, handelt er selbst als ihr Gastgeber; mit der einfachen Geste des Brotbrechens weckt er die Erinnerung an das Letzte Abendmahl; das Brot, das er ihnen bricht, ist das Brot des Lebens, das die Jünger vom Messias erhofft haben. Das alles ruft die Erinnerung an das Letzte Abendmahl wach, das Jesus – Lukas betont es – als Paschmahl feiert, bei dem er, selber Gast, der Gastgeber ist (Lk 22,7–38).

7. Jesus entzieht sich ihren Blicken. Er klammert sich nicht an sie und verhindert, dass sie sich an seine leibliche Gegenwart klammern. Er gibt sie frei, den Weg zu gehen, den sie sie jetzt gehen können: den Weg der Erkenntnis, den Weg nach Jerusalem. Er ist der Auferstandene, der bei ihnen bleibt als der zur Rechten Gottes Erhöhte. Das greift auf seine mehrfache Ankündigungen seiner Kreuzigung und Auferstehung zurück – und gibt ihnen einen ganz neuen Sinn.

Die Emmausjünger, die auf diesen sieben Schritten zum Glauben an den Auferstandenen gelangt sind, weil sie den Fremden, der mit ihnen geht, ihnen die Schrift erklärt und ihnen das Brot bricht, als auferstandenen Jesus erkennen, kehren nach Jerusalem zurück. Dort hören sie von den Elf und den anderen versammelten Jüngern (Lk 24,34): „Der Herr ist wahrhaft auferstanden und dem Simon erschienen.“ Das entspricht im wesentlichen dem alten Credo 1Kor 15,3ff[16] (das weiter unten besprochen wird). Ohne dass Lukas eine spezielle Erscheinung vor Petrus erzählt (was nirgends im Neuen Testament geschieht), ist damit ein Rahmen geschaffen, in den die Emmausjünger ihren farbigen Bericht stellen können.

(2) Die erste Erscheinung in Jerusalem: Identifizierung (Lk 24,36–53)

Das Schlüsselwort der lukanischen Erscheinungserzählung (Lk 24,36–53) ist ganz kurz und knapp. Der Auferstandene sagt (Lk 24,39): „Ich bin es selbst.“ Bevor noch von einem Auftrag, bevor von der Verheißung des Geistes, bevor von der Erinnerung an

Jesu Verkündigung die Rede ist, geschieht diese Identifizierung. Der Auferstandene stellt sich vor: als Jesus. Das hat seinen tiefen Grund. Denn die Jünger, die nach dem Karfreitag in Jerusalem versammelt sind, glauben, ein Gespenst zu sehen, da Jesus in ihre Mitte tritt und sich ihnen als Auferstandener offenbart. Sie sind verwirrt; Jesus bringt sie zur Vernunft.[17] (Häufig hingegen wird eine apologetische Tendenz vermutet: eine Zurückweisung des Vorwurfes, die Jünger hätten nicht Jesus gesehen, sondern ein Gespenst.[18]) Sein Friedensgruß, mit dem er sich vorstellt: „Der Friede sei mit euch!" (Lk 24,36), reicht noch nicht, ihnen die Zweifel zu nehmen. Jesus zieht sich deswegen aber nicht zurück, sondern öffnet ihnen die Augen dafür, wie absolut präsent er ist (Lk 24,39):

> „Seht meine Hände und meine Füße: dass ich selbst es bin."

Lukas betont in seinem ganzen Evangelium ebenso wie in der Apostelgeschichte die sichtbaren Zeichen des Heiles: das Wasser, mit dem getauft wird; die Krankheit, die geheilt wird; den Himmel, der sich öffnet, und den Geist, der sichtbar auf Jesus herabkommt (Lk 3,20f); die Wolke, die im göttlichen Licht erstrahlt (Lk 9,28–36); die Tränen, die Jesus weint (Lk 19,41), und das Blut, das er schwitzt (Lk 22,44). Lukas ist – wie das Alte Testament – davon überzeugt, dass Gott in der Geschichte handelt. Er denkt an Propheten wie Jeremia, in deren Physiognomie sich die Spuren des Wortes Gottes tief eingegraben haben.

Deshalb erzählt er – als ein christlicher Historiker und Biograph – die Geschichte des Lebens und Sterbens Jesu. Er sieht aber auch die Auferweckung als geschichtliches Ereignis. Gewiss ist es ein Ereignis, das die Grenzen des geschichtlichen Zeitraumes sprengt. Die Auferweckung ist schließlich die Erhöhung Jesu zur Rechten Gottes. Aber zur Realität der Auferweckung gehört, dass sie nicht nur im Himmel, sondern auch auf Erden sich ereignet. Die Geschichte des Lebens und Sterbens Jesu wird hineinverwandelt in die Geschichte seiner Auferstehung; Jesus selbst – der Mensch aus Fleisch und Blut – wird hineinverwandelt in das ewige Leben Gottes. Deshalb spricht das Neue Testament wie das Bekenntnis des Glaubens mit solchen Nachdruck von der Auferstehung des „Leibes" oder – noch zugespitzter – des „Fleisches". Die Auferstehung ist Neuschöpfung. Aber die neue Schöpfung ist nicht die Negation, nicht die Vernichtung der ersten Schöpfung, sondern ihre Verwandlung in Unsterblichkeit (1Kor 15). Die „Auferstehung des Fleisches" ist die Voraussetzung dafür, dass der Auferstandene nach wie vor Jesus ist: der, durch dessen Heilungen,

Gleichnisse und Weisheitsworte, aber auch durch dessen unschuldiges Leiden und Sterben sich Gott als er selbst offenbart hat.

Nach Apg 2,31 verkündet Petrus mit Worten aus Ps 16,8–11, dass Gott den Seinen „nicht der Unterwelt preisgab und seinen Leib die Verwesung nicht schauen" ließ (vgl. Apg 13.35). Mag damit auch im ursprünglichen Wortsinn „nur" die Hoffnung auf ein verlängertes irdisches Leben gemeint sein, gewinnt der Psalm bei Lukas durch seinen Bezug auf Ostern eine eschatologisch-christologische Bedeutungsdimension. Petrus gelingt es damit, den theologischen Sinn der Erscheinungsgeschichte unter einem wesentlichen Aspekt darzustellen, während umgekehrt gerade Lukas in seinem Osterevangelium die Auferstehung des Fleisches betont.

Jesus zeigt seine Hände und Füße. Sollen die Jünger sie betrachten, weil sie noch die Wundmale des Kreuzes tragen? Das ist die johanneische Pointe (Joh 20,20.24–29). Womöglich hat Lukas etwas Ähnliches im Sinn. Aber die Wunden werden nicht erwähnt. Vielleicht sollen die Jünger die Füße sehen, die Jesus auf seinen Wanderungen in Galiläa und nach Jerusalem getragen haben, „um zu suchen und zu retten, was verloren ist" (Lk 19,10), und die Hände, mit denen er Aussätzige berührt hat, sie rein zu machen (Lk 5,13), und Tote angefasst, sie aufzuwecken (Lk 8,54). Der Auferstandene hat „Fleisch und Knochen" (24,39); das sollen die Jünger – im doppelten Wortsinn – „begreifen", und sie sollen folgern, dass *Jesus* leibhaftig vor ihnen steht. Die abschließende Himmelfahrt (Lk 24,51) wird zeigen, dass Jesu Auferstehungsleib nicht der Klon seines irdischen Leibes ist; er ist an die Grenzen von Raum und Zeit nicht mehr gebunden, auch wenn Lukas anscheinend bemüht ist, alles Wunderbare zu reduzieren und stattdessen die Realistik der Auferstehung zu betonen.[19]

Der auferstandene Jesus aber geht nach Lukas noch weiter, als sich zu zeigen und anfassen zu lassen. Er lässt sich „ein Stück gebratenen Fisch" geben und isst es „vor ihren Augen" (Lk 24,43). Es ist einbeschlossen, dass er *mit* ihnen isst. So erinnert sich Petrus nach der Apostelgeschichte vor Kornelius (vgl. Apg 10,41). Fisch ist – auch in Jerusalem – ein übliches Gericht. Insofern ist das Erkennungszeichen klar: Jesus isst mit den Jüngern als Ausdruck der Gemeinschaft mit ihnen – so wie auch zu seinen Lebzeiten. Freilich betont Lukas durchaus das Demonstrative. Geht es darum, jede Idee, Jesus sein nur *scheinbar* auferstanden, abzuweisen? Die Kirchenväter haben den Fisch – wegen der wunderbaren Speisung des Volkes – symbolisch auf die Taufe und die Eucharistie gedeutet. Soll man sich an den „wunderbaren Fischfang" erinnern, mit dem die Nachfolge begonnen hat (Lk 5,1–11)? Dann würde der Auferstandene, indem er von den Seinen Fisch verlangt, einen Bogen zurück schlagen dorthin, wo alles begann, und an das anknüpfen, was er selbst als Zeichen des überfließenden Heiles geschenkt hat.

Sein Wort entspricht seiner Tat. Wie in der Emmausgeschichte erinnert Jesus die Jünger an die Worte der Heiligen Schrift. Wie dort hebt er hervor, dass die Schrift einen Schlüssel liefert, das Leiden Jesu zu verstehen – als etwas, was geschehen *musste,* weil die Menschen, die Jesus gekreuzigt haben, in einem tragischen Irrtum befangen waren, und mehr noch, weil Gott auf dem Weg der Gewaltlosigkeit und der Hingabe das Heil verwirklicht, Jesus aber sich ganz in den Dienst der Menschen gibt. Der Auferstandene ist der Lehrer seiner Kirche; er lehrt, wie der Irdische gelehrt hat, und er lehrt, welche Bedeutung der Irdische noch in seinem Tode hat.

(3) Vierzig Tage bis zur Himmelfahrt: Das Reich Gottes (Apg 1,1–8)

Während das Lukasevangelium Ostern und Himmelfahrt an einem Tag zusammenzieht, entfaltet die Apostelgeschichte beides in einem Zeitraum von vierzig Tagen. Der Auferstandene ist aktiv, der Blick richtet sich auf seine Jünger (Apg 1,3):

> Ihnen stellte er sich nach seinem Leiden in vielen Bezeigungen als lebendig vor,
> vierzig Tage lang erschien er ihnen und sprach vom Reich Gottes.

Die „Bezeigungen" – viele Übersetzungen sagen: Beweise, die Vulgata hat: *argumenta* – bestehen in den Erscheinungen, die nach Lk 24 die Realität der Auferstehung Jesu den Jüngern erschließen. Das Wort, das Lukas wählt, stellt auf die Überzeugungskraft ab; Jesus zwingt nicht zum Glauben, aber der Glaube wird plausibel für diejenigen, von denen Jesus sich sehen lässt. In Lk 24 ist die Darstellungsperspektive, dass sie – inmitten all ihrer Trauer, all ihres Zweifels und all ihrer Skepsis – erkennen, dass der Auferstandene kein anderer als Jesus ist, der ihnen leibhaftig erscheint; in Apg 1 hingegen ist der leitende Aspekt, dass Jesus *lebt.* Die „vierzig Tage", die er seinen Jüngern erscheint, verweisen zurück auf die vierzig Tage, an denen Jesus, vom Geist geführt, vor Beginn seines öffentlichen Wirkens fastet (Lk 4,1) – und stehen dann im heilsgeschichtlichen Kontext der vierzigjährigen Wüstenwanderung Israels sowie des vierzigtägigen Fastens Moses (Ex 24,18; 34,28) und Elijas (1Kön 19,8). Nach der frühjüdischen, nicht in den Kanon aufgenommenen Esraapokalypse fastet der Seher gleichfalls vierzig Tage in der Wüste, während der Geist in ihm zu brennen beginnt und er in einem Zug vierzig Schreibern die ganze heilige Schrift diktiert – nicht nur die kanonischen, sondern auch die apokryphen, von denen gerade das Esrabuch als das eigentlich heiligste und wichtigste gilt (4 Esr 14). Die vierzig Tage sind eine heilige Zeit, sie sind auch biblisch als *ein* Zeitraum vorgegeben – lang genug, hinreichend Wissen zu vermitteln, überschaubar genug, um als Vorbereitungszeit abgeschlossen werden zu können.

Thema der Reden, die Jesus als Lehrer bei seinen Erscheinungen hält, ist das Reich Gottes. Das braucht nicht im Widerspruch zu den Inhaltsangaben des Lukasevangeliums zu stehen, wonach Jesus vor allem die Notwendigkeit seines Leidens erklärt hat, setzt aber deutlich andere Akzente. Zum einen wird die künftige Aufgabe der Jünger begründet: Sie sind zwar, wie sich zeigen wird (Apg 1,6), immer noch in Kategorien eines politischen Messianismus befangen, werden aber von Jesus auf die vor ihnen liegende Mission hingewiesen, zu der sie der Heilige Geist befähigen wird (Apg 1,7f); ab dem Pfingstfest (Apg 2) wird dies Realität werden. Noch im letzten Satz der Apostelgeschichte wird Lukas berichten, dass Paulus in Rom das Reich Gottes verkündet (Apg 28,20).

Die Bedeutung, die das Thema des Reiches Gottes – auch implizit – für die Mission hat, erklärt sich aber aus der Bedeutung, die es für Jesus hat. Das ist der zweite Akzent, den Apg 1,3 setzt. Zum anderen erinnert der Vers an die Verkündigung Jesu. Genauer: Er sagt, dass der Auferstandene in seiner Verkündigung und Lehre die Erinnerung an die Reich-Gottes-Botschaft des Irdischen schärft. „Die Sache Jesu geht weiter“ (Willi Marxsen) – aber weil er, der gelitten hat und gestorben ist, in Gottes Ewigkeit lebt und in Gottes Macht wirkt. Apg 1,3 stellt fest, dass durch die Auferstehung die entscheidende Verkündigung Jesu nicht obsolet, sondern neu aktuell geworden ist – weil der Auferstandene kein anderer als der Irdische ist und weil seine Intentionen, seine Botschaft, sein Heilsdienst durch die Auferstehung gerade definitiv bestätigt werden. Im Evangelium hat Lukas solche Traditionen akzentuiert, die das Kommen der Gottesherrschaft (Lk 10,9.11; 11,2) an das Wirken (Lk 11,20) und die pure Präsenz Jesu (Lk 17,20) gebunden haben, die durch seine Proexistenz geprägt ist. Nachösterlich wird dieser Zusammenhang nicht aufgelöst, sondern verwandelt. In den vierzig Tagen vor der Himmelfahrt ist Jesus noch leiblich unter ihnen, wenngleich als Auferstandener. Am Pfingstfest wird ihnen der Geist verliehen, den Jesus ihnen verheißen hat.

d) Johannes: Die Gemeinschaft mit dem Auferstandenen (Joh 20–21)

Das Johannesevangelium hat die umfangreichsten, vielleicht die intensivsten Ostergeschichten. Es verbindet die Grabes- sehr eng mit der Erscheinungstradition; es kennt Jerusalem- und Galiläa-Traditionen; es spricht von der Erscheinung und Erkenntnis Jesu, der Sendung und Geistbegabung der Jünger – aber dies alles in ganz spezifischer, besonders eingehender Weise, meisterhaft erzählt und theologisch tiefsinnig.

Zwischen den johanneischen Ostergeschichten läuft ein literarischer Schnitt. Denn nachdem von der Auffindung des leeren Grabes und den Erscheinungen des Auferstandenen, zuletzt vor Thomas, in Jerusalem erzählt worden ist, findet sich eine Schlussnotiz, die auf die gesamte Jesusgeschichte zurückblickt und die Intention des Erzählers verrät, den Glauben an Jesus als den Christus, den Sohn Gottes, zu bezeugen und neu zu begründen (Joh 20,30f). Auf diese Schlussnotiz folgt jedoch in Joh 21 eine weitere Erscheinung, die in Galiläa am „See von Tiberias“ (Joh 21,1) spielt und ausdrücklich als „dritte“ gezählt wird (Joh 21,14). Vermutlich handelt es sich um ein Nachtragskapitel, das den ursprünglichen Johannestext ergänzen sollte, um erstens die (fragmentarisch aus Markus und Matthäus bekannten) österlichen Galiläa-Traditionen einzuholen (die bei Matthäus allerdings auf dem Berg, nicht auf dem See spielen) und um zweitens zu klären, wem das Glaubensbuch des Evangeliums verdankt ist und welche Stellung der Lieblingsjünger, der ideale Autor (Joh 21,24f) nach Jesu Vorstellung in der Kirche einnehmen soll, vor allem im Verhältnis zu Petrus.[20]

(1) Maria Magdalena: „Rabbuni“ (Joh 20,1f. 11–18)

Je jünger die Osterevangelien, desto größer die Bedeutung der Frauen. Bei Markus schweigen sie vor lauter Furcht (Mk 16,8); bei Lukas berichten sie den Aposteln, die es aber für dummes Geschwätz halten, was sie hören (Lk 24,10f); bei Matthäus sehen sie auf dem Weg vom Grab zurück den Auferstandenen (Mt 28,9f). Die Krönung ist Johannes.[21] Er weiß um Maria Magdalena. Sie ist bei denen, die Jesu Begräbnis beobachtet haben. Sie ist als erste, „als es noch dunkel war“, am Grab. Sie berichtet Petrus und dem „Jünger, den Jesus liebte“, dass der Stein weggewälzt sei. Sie vermutet, der Leichnam sei umgebettet worden (Joh 20,1f). Sie geht aber zurück zum Grab und weint vor dem Eingang (Joh 20,12); sie schaut hinein und sieht zwei Engel; sie kann sich nicht von dem Gedanken lösen, der Leichnam sei fortgeschafft worden (Joh 20,13):

> „Sie haben meinen Herrn weggenommen,
> und ich weiß nicht, wohin man ihn gelegt hat."

An diesem Punkt geschieht die Wende – buchstäblich und übertragen. Patrick Roth hat ihr kürzlich eine Novelle gewidmet, in der Schauspielschüler aus Hollywood die Szene nachspielen und dadurch nicht nur in eine Liebesgeschichte verwickelt, sondern auch in das Ostergeschehen verstrickt werden.[22] Seine Schauspielschüler entdecken eine Leerstelle im Text. Nach Vers 11 schaut Maria ins Grab und sieht dort zwei Engel (Joh 20,12); nach Vers 14 wendet sie sich um und sieht Jesus, den sie für den Gärtner hält und anspricht; in Vers 16 ist aber von einer erneuten Wendung Marias die Rede, bevor sie den Auferstandenen, der sie bei ihrem Namen gerufen hat, anspricht (Joh 20,16). Heißt das, sie habe sich von ihm abgewendet?[23] Oder dass sie – ohne dass der Text dies sagte – an dem vorbeigegangen war, den sie für den Gärtner hielt? In beiden Fällen würde das entscheidende Wort Jesu einer gesagt sein, die ihre Hoffnung verloren hatte.

In der Begegnung Marias mit Jesus, dem Auferstandenen – oder genauer noch: dem Auferstehenden – ereignet sich kein Spektakel, kein Getöse, kein Sturm, kein Erdbeben. Alles, was der Evangelist beschreibt, ist ganz menschlich, ganz konzentriert, ganz leise und deshalb ganz göttlich, ganz weit und ganz vielsagend.

Der Gärtner

Zuerst führt Johannes das Motiv der fehlenden Erkenntnis ein, das sich in vielen Osterevangelien findet. Das geschieht mit hintergründigem Humor. Maria, von ihrer Trauer umfangen, hält den, der hinter ihr steht und sie nach dem Grund ihrer Tränen fragt, für den Gärtner. Johannes ist so souverän, den tödlichen Verdacht, der Leichnam Jesu sei über Nacht weggeschafft worden, Maria Magdalena in den Mund zu legen. Dies geschieht nicht, um sie – nach dem Motto: „typisch Frau!" – als leichtgläubig und begriffsstutzig zu denunzieren, sondern um sie den Zweifel aussprechen zu lassen, der von Anfang an im Herzen vieler Christen am Gottvertrauen nagt.

Der Gärtner wird später zu einer Symbolfigur Jesu; viele Bilder und Kapitellskulpturen werden ihn als Gärtner darstellen. Diese Ikone nimmt den johanneischen Text sehr ernst. Der Gärtner passt genau zu Szenerie von Joh 19,41, dass Jesu Grab in einem

„Garten" lag.[24] Aber wie immer bei Johannes wohnt dieser Realistik eine tiefe Symbolik inne. Der Garten erinnert an das Paradies. Der Gärtner, der ihn pflegt, verweist auf den Schöpfer (Gen 2,8; 3,8). Der Gärtner ist eine Gestalt hintergründiger Hoffnung auf Leben. Indem Maria glaubt, den Gärtner zu sehen, erkennt sie Jesus schon – und weiß es doch noch nicht.

Die Magdalenensekunde

Dies genau ist der Augenblick der wahren Empfindung. Patrick Roth spricht von der „Magdalenensekunde"[25]. Johannes reduziert das Ostergeheimnis auf das schlechterdings Elementare. Nachdem Jesus ihr Gelegenheit gegeben hat, ihre Sorge loszuwerden, spricht er sie einfach nur mit ihrem Namen an: „Maria" (20,16). Das reicht. Jedes weitere Wort wäre zuviel. Jesus identifiziert sich, indem er an Vergangenes anknüpft und eine persönliche Beziehung wiederum stiftet, von der Maria meinte, sie könne sich nur noch in Pietät äußern. Der Name steht für die Person. „Ich habe dich bei deinem Namen gerufen, du bist mein" – das ist nach Jes 43,1 Gottes Verheißung und Trost für Israel nach der Katastrophe des Exils. In Joh 20 steht der Name für das neue Leben, das Marias Tränen trocknet und ihre Trauer in Freude verwandelt und so schon zum Vorzeichen des ewigen Lebens wird.

Von Maria Magdalena war zuvor im Evangelium nie die Rede, mit Ausnahme der kurzen Notiz, dass sie unter dem Kreuz stand (Joh 19,15; vgl. Mk 15,40 par.). Sie wurde zwar später mit der Frau identifiziert, die Jesus in Bethanien die Füße gesalbt hat; aber nach Johannes handelt es sich um die Schwester des Lazarus (Joh 11,2; 12,3); ebenso hat man sie mit der Sünderin gleichgesetzt, die mit ihren Haaren Jesu Füße abtrocknet (Lk 7,37f); aber das ist eine Interpolation. Nur bei Lukas erfährt man von Maria Magdalena, dass sie Jesus aus seinen galiläischen Wanderungen nachgefolgt sei, nachdem Jesus „sieben böse Geister" aus ihr ausgetrieben hatte (Lk 8,2). Ob der Evangelist diese Tradition kannte (und voraussetzte, auch seine Leser hätten sie im Gedächtnis), muss offenbleiben. Vorausgesetzt ist allerdings eine Vorgeschichte aus dem Leben Jesu, die der Vierte Evangelist nicht erzählt. Nur so macht die persönliche Anrede Sinn.

Auch Maria Magdalena reagiert mit einem einzigen Wort. Der Evangelist notiert eigens, dass sie es auf Hebräisch sagt – nicht im umgangssprachlichen Aramäisch, sondern in der Sprache der Heiligen Schrift (20,15): „Rabbuni". Johannes spart das volle Christusbekenntnis für Thomas auf (20,28: „Mein Herr und mein Gott!").

Hier reicht die zurückgenommene Anrede als Rabbi und Lehrer, die frei ist von plumper Vertraulichkeit und doch voll von der Liebe, die Maria bis unter das Kreuz und ans Grab geführt hat. Alle modernen Spekulationen über eine sexuelle Beziehung bedienen nur das Vorurteil der angeblich Gebildeten. In Wahrheit schafft es Johannes durch seine erzählerische Konzentration, im Auferstehenden, der noch auf dem Weg zum Vater ist und deshalb nicht berührt werden darf, den Jesus kenntlich zu machen, der zeit seines Lebens und aufgipfelnd in seinem Sterben geoffenbart hat, dass Gott Liebe ist (1Joh 4,16).

Die Anrede als „Rabbuni“ ist kein Indiz für eine eingeschränkte Glaubenserkenntnis Marias, sondern für die lebendige Erinnerung an die Erdenzeit Jesu in Galiläa und Jerusalem. Maria sagt nicht: „Jesus“, weil sie weiß, dass er ihr Meister ist, sie aber seine Jüngerin. Deshalb sagt sie auch nicht einfach „Rabbi“ (Joh 1,38.49; 3,2; 4,31; 6,25; 9,2; 11,8), sondern wählt das ehrfurchtsvollere und zugleich persönlichere „Rabbuni“ („Mein Meister“; „Mein Lehrer“), das nach Mk 10,51 auch der blinde Bartimäus verwendet, da er Jesus, den Davidssohn, um Heilung bittet (Mk 10,46–52 parr.). Der „Rabbuni“ ist der Lehrer, dem Marias ganze Liebe galt – und den sie jetzt, ganz unverhofft, im Tiefpunkt ihrer Depression und Irritationen zu Gesicht bekommt.

Noli me tangere

Die Geschichte der österlichen Erkenntnis ist noch nicht zu Ende. Zur Stunde der wahren Empfindung gehört eine Zurückweisung, die sich Maria gefallen lassen muss, da sie nur eine neue Form der Zuwendung ist. Denn Jesus antwortet ihrem „Rabbuni“ mit einer Aufforderung und einer Erklärung, die schwer zu verstehen sind. Schon die Übersetzung ist strittig. Das Verbot steht im Imperativ Präsens und setzt damit eine bereits geschehene oder versuchte Haltung voraus. Die Einheitsübersetzung schreibt mit vielen Kommentaren: „Halte mich nicht fest!“. Dann wäre ein leichter Tadel aus der Stimme Jesu herauszuhören. Vorausgesetzt wäre eine Proskynese mit einem Umklammern der Füße, wie Matthäus es erzählt (Mt 28,9).[26] Doch davon steht bei Johannes nichts. Der Text erweckt eher den Eindruck, Jesus und Maria kommunizierten auf gleicher Augenhöhe. Außerdem heißt das griechische Verb *(haptesthai)* nicht „halten“ oder „festhalten“, sondern „berühren“. Deshalb ist die Übersetzung Martin Luthers vorzuziehen, die der Vulgata entspricht (Joh 20,17a): „Rühr’ mich nicht an!“ Vorausgesetzt wäre dann (wegen der grammatikalischen Konstruktion), dass es eine Bewegung von Seiten Marias gegeben hätte, Jesus zu berühren – doch nicht, um ihn festzuhalten, sondern um mit ihm in leiblichen Kontakt zu treten. Jesus wehrt diesen Versuch ab – nicht tadelnd, sondern klärend. Denn er begründet sein Verbot damit, dass er „noch nicht zum Vater hinaufgegangen ist“ (Joh 20,17b). Die Vorstellung scheint merkwürdig, klärt aber den scheinbaren Widerspruch auf, dass später Thomas, der doch ein viel massiveres Begehren hegt, Jesu Wundmale – vielleicht nicht tatsächlich berührt, aber doch – ausdrücklich berühren darf. Darin spiegelt sich nicht der Unterschied zwischen einem Mann, der Jesus berühren darf, und einer Frau, die er sich vom Leibe hält. Der einzige Unterschied, den das Johannesevangelium zu erkennen gibt, besteht darin, dass Jesus, da er Maria begegnet, noch auf dem Wege zum Vater ist, während er, da er den Aposteln und Thomas erscheint (Joh 20,19–29), vom Vater her kommt.

Der Seitenblick aufs Lukasevangelium zeigt, dass – in einem wesentlich anderen Konzept – zwischen der Auferweckung und der Erhöhung (für die bei Lukas die Himmelfahrt steht) durchaus unterschieden werden konnte, und zwar so, dass der Zeitfaktor integriert wird. Johannes versteht die gesamte Auferstehung – wie schon das Leiden und das Leben Jesu – als Weg (vgl. Joh 14,6); auf diese Weise betont er die Einheit mehr als den Einschnitt, die Kontinuität mehr als die Diskontinuität. So sehr ihm dies die Möglichkeit gibt, den wesentlichen Zusammenhang zu betonen, der in den Augen Gottes zwischen der Präexistenz, der Inkarnation, dem Wirken und dem Pascha Jesu (Joh 13,1f) besteht, so wenig hindert ihn dies, die Stationen zu unterscheiden und ihr unumkehrbares Nacheinander zu betonen: zuerst die Präexistenz, dann die Inkarnation, zuerst das Leben, dann das Sterben, zuerst der Tod, dann die Auferstehung, zuerst die Befreiung aus dem Grabe, dann der Aufstieg zum Vater, zuerst die Erhöhung, dann die die Erscheinung – aber dies alles untrennbar zur Einheit verbunden durch die Person Jesu Christi.

Maria genießt das Privileg, Jesus im Aufstieg zum Vater zu sehen; das verlangt den Abstand. Er ist Ausdruck größter Nähe. Die Künstler, die sich der Magdalenerin liebend gerne annehmen, machen die Erotik der österlichen Begegnung sichtbar – und wenn sie sehr gut sind, die Agape, die von Gott geprägte und geschenkte Liebe, die den Eros aufhebt. Die Jünger später hingegen sehen Jesus wieder im Abstieg; das ermöglicht die körperliche Berührung, so wie die Inkarnation des Präexistenten das Leben mit ihm ermöglichte. Die körperliche Berührung ist aber, wie Jesus mit der

Seligpreisung derer, die nicht sehen und doch glauben (Joh 20,29), feststellt, ein Notbehelf, dessen nicht bedarf, wer nach Ostern glauben will.

Apostola Apostolorum
Maria Magdalena erhält den Auftrag Jesu, seinen „Brüdern" zu verkünden, er gehe zum Vater, „zu meinem Gott und zu eurem Gott" (Joh 20,17c). Maria erfüllt diesen Auftrag. Sie geht zu den „Jüngern" und „verkündet" ihnen (Joh 20,18): „Ich habe den Herrn gesehen." Dass sie jetzt „Kyrios" sagt, wahrt die Intimität der Begegnung im Garten und zieht die Lehre aus der Geschichte: „Kyrios" ist der Auferstandene; dass der „Herr" der „Rabbuni" Marias ist und bleibt, werden spätestens die Leser des Evangeliums erfahren. Dass aber Maria den „Kyrios gesehen" hat, macht sie zur ersten Auferstehungsbotin des Johannesevangeliums. Die Historizität der Szene steht vielen im Zweifel, da die Synoptiker keinen Hinweis geben oder deutlich anders erzählen und Johannes der Szene zweifellos den Stempel seiner Theologie aufgeprägt hat. Aber das Vierte Evangelium scheint eine Fülle von Jesustraditionen aufgenommen zu haben, die Jerusalemer Lokaltraditionen sind. Matthäus berichtet von einer Erscheinung Jesu vor Frauen, darunter Maria Magdalena, in Jerusalem (Mt 28,9f). Das sind starke Indizien dafür, dass die johanneische Mariageschichte sich nicht als nachträgliche Steigerung der Angelophanie Mk 16,1–8 erklärt, sondern auf eine originäre Überlieferung zurückgeht.

Hippolyt von Rom nennt in seinem Kommentar zum Hohenlied (um 200) Maria Magdalena „Apostola Apostolorum". So wird sie in der Kunst häufig dargestellt. Sie legt Zeugnis ab von einer einzigartigen Ostererscheinung, wie sie so nur zwischen einem Mann und einer Frau, *diesem* Mann und *dieser* Frau, zwischen Jesus und ihr, Maria Magdalena, möglich ist.

(2) Petrus und der Lieblingsjünger: Das Leichentuch (Joh 20,2–10)

In das Osterevangelium der Maria ist eine Episode eingeschoben, die ein Stück Kirchenpolitik in die Auferstehungstheologie integriert, aber die Politik ihrerseits in den Dienst der Theologie stellt. Maria, verwirrt, weil sie zusammen mit anderen (unerwähnt bleibenden) Frauen den Leichnam Jesu nicht findet, wendet sich an „Petrus und den Jünger, den Jesus liebte", um ihnen zu erzählen, was sie gesehen – oder nicht gesehen – hat (Joh 20,1f). Bevor Johannes die Magdalenengeschichte weitererzählt, bleibt er bei den beiden Jüngern. Im Vierten Evangelium bieten sie einen reizvollen Kontrast. Petrus ist auch aus den anderen Evangelien als der Erste der Zwölf bekannt; nach Johannes hingegen ist er weder der Erstberufene noch der Erstzeuge der Auferstehung, wohl aber „Kephas", der „Fels", der Sprecher derjenigen, die auch noch nach der Brotrede Jesus treu bleiben (Joh 6,67: „Herr, wohin sollen wir gehen? Du hast Worte ewigen Lebens!"), und nach Joh 21 – als Stellvertreter – der Hirt, der Jesu Herde weidet. Gleichzeitig aber hat auch Johannes nicht verschwiegen, dass Petrus Jesus in der Passion verleugnet hat (Joh 18,25ff). Der Lieblingsjünger hingegen, den nicht wenige für eine reine Symbolgestalt halten, der aber doch eine historische Figur aus einem Jerusalemer Priestergeschlecht sein dürfte, ist nach dem Johannesevangelium – die anderen Evangelien kennen ihn nicht – der Jünger, der beim Letzten Abendmahl an der Brust Jesu ruhte und ihn, von Petrus aufgefordert, nach dem Verräter zu fragen wagt (Joh 13,23ff), und der zusammen mit Maria, der Mutter Jesu, unter dem Kreuz steht (Joh 19,26f).

Beide laufen zum Grab, der Lieblingsjünger ist schneller, lässt aber Petrus den Vortritt, schaut jedoch auch selbst ins Grab – und nur von ihm heißt es, dass er „sah und glaubte" (Joh 20,6f). Was sie sehen, sind die Überreste des Begräbnisses; das Leichen- und das Schweißtuch. Petrus sagt es – noch – nichts; dem Lieblingsjünger hingegen reichen die Relikte des vollen Grabes, um das leere Grab als Zeichen der Auferstehung zu deuten.

Dadurch ist die johanneische Grabesgeschichte hintergründig mit den Erscheinungsberichten verbunden, in denen der „geistliche Evangelist", wie er seit alters genannt wird, die Körperlichkeit der Auferstehung stark betont. Dass Jesus leibhaftig auferstanden ist, zeigt, dass *Jesus* auferstanden ist. Leichen- und Schweißtuch sind der Ausdruck frommer Pietät. Im leeren Grab zurückgeblieben, erinnern sie nicht nur an das Begräbnis als definitives Ende des irdischen Lebens Jesu, sondern sind stumme Zeugen seiner Auferstehung.

(3) Die Jünger: Die Gabe des Geistes (Joh 20,19–23)

Die erste Erscheinung vor seinen Jüngern erzählt der Vierte Evangelist sehr konzentriert:

> 19 Es war Abend an jenem ersten Tag der Woche; und die Türen waren verschlossen, wo die Jünger aus Furcht vor den Juden versammelt waren.

Da kam Jesus und stellte sich in die Mitte und sagte ihnen:
„Der Friede sei mit euch."
20Und nachdem er dies gesagt hatte, zeigte er ihnen seine Hände und seine Seite.
Da begannen die Jünger sich zu freuen, weil sie den Herrn sahen.
21Darauf sagte ihnen Jesus wiederum:
„Der Friede sei mit euch!
So wie mich der Vater gesandt hat, so sende ich euch."
22Und nachdem er dies gesagt hatte, hauchte er sie an und sagt ihnen:
„Empfangt den Heiligen Geist.
23Wem ihr die Sünden nachlasst, denen sind sie nachgelassen,
wem ihr sie festhaltet, denen sind sie festgehalten."

Jedes Wort ist auf die Goldwaage gelegt. Die Jünger haben die Angst, die Jesus in seinen Abschiedsreden zu beruhigen versucht hatte, noch nicht abgelegt. Nach Jesu Kreuzigung fürchten sie um ihr Leben. In dieser Situation ist jede Aktion, jedes Wort Jesu wichtig.

1. Jesus kommt zu den Jüngern. Er bleibt nicht als Erhöhter beim Vater, sondern sucht die Nähe seiner Jünger, um sie von ihrer Angst zu befreien. Während seines Erdenlebens hatte er geoffenbart: „Ich bin im Namen meines Vaters gekommen" (Joh 5,44; vgl. 7,28; 8,42); „um die Blinden sehend und die Sehenden blind zu machen" (Joh 9,39; vgl. 12,46); „damit sie das Leben haben und es in Fülle haben" (Joh 10,10); „um die Welt zu retten" (12,46). Das Kommen Jesu zu den Seinen besiegelt den Sinn dieses geschichtlichen Kommens; was er getan hat, verliert nicht seine Bedeutung, sondern erschließt sie neu. Dass er zu seinen Jüngern kommt, weist auf die Bedeutung der Kirche voraus: Weil die Auferstehung eine Sache des Glaubens ist, müssen es Glaubende sein, die Kunde von Jesus geben; da die Auferstehung die Jünger wieder zusammenbringt, sind es nicht nur Vereinzelte, die zum Glauben gelangen, sondern persönlich Angesprochene, die im Glauben Gemeinschaft bilden.

2. Jesus stellt sich in die Mitte der Jünger. Er geht durch die Wände des verschlossenen Raumes, weil er als Auferstandener zwar einen Leib hat, aber nicht mehr an Raum und Zeit gebunden ist. Sein Ort in ihrer Mitte erläutert einen wesentlichen Aspekt der „Immanenzformeln": Vom Tag der Auferstehung, der schon den Tag der Heilsvollendung vorwegnimmt, sagt Jesus in seiner ersten Abschiedsrede, dass die Jünger erkennen würden: „Ich bin in meinem Vater, ihr seid in mir, und ich bin in euch" (Joh 14,20). Der Auferstandene macht dies anschaulich. Dass er „in" seinen Jün-

gern ist, zeigt die unbedingte Zuneigung, die ganz starke Liebe, die er zu ihnen hegt, so dass sie sich nur von ihm her verstehen können, aber auch tatsächlich in der Lage sind, sich selbst zu verstehen und sie selbst zu sein. Dies setzt voraus, dass Jesus „in" Gott, seinem Vater, ist, weil er vollkommenen Anteil an seiner Gottheit hat und reine Liebe zwischen beiden herrscht (vgl. Joh 17).

3. Jesus wünscht und schenkt den Jüngern den Frieden. Es ist der Friede mit Gott, der die Vergebung der Schuld voraussetzt und in der radikalen Erneuerung der Gotteskindschaft (Joh 1,12f) besteht. Von diesem Frieden hat der Irdische bei seinem Abschied von den Seinen gesprochen: „Frieden hinterlasse ich, meinen Frieden gebe ich euch" (Joh 14,27). Es ist ein Friede, den „die Welt nicht geben kann", weil er von Gott kommt. Nach der Abschiedsrede ist es ein Glaubensfriede: Er entsteht, wenn die Angst überwunden wird, letztlich von Gott im Stich gelassen zu werden, und das Vertrauen wächst, unendlich von Gott geliebt zu sein. Dafür steht Jesus – als Irdischer und als Auferstandener (vgl. Joh 16,33).

4. Jesus zeigt ihnen seine Hände und seine Seite. Die Thomas-Perikope wird dieses Motiv ins Zentrum rücken. An dieser Stelle dient es der Identifizierung und der Ankündigung von Kommendem. Dass die Hände und die Seite des Auferstandenen noch die Wundmale tragen, ist nicht erwähnt, aber vorausgesetzt. Die Jünger erkennen ihn daran. Im Passionsbericht sind Jesu Hände nicht eigens erwähnt. Wohl aber ist die Seitenwunde wichtig. Nach Joh 7,37 prophezeit Jesus am letzten Tag des Laubhüttenfestes mit Verweis auf die Schrift (Ez 47,1 resp. Sach 14,8): „Ströme lebendigen Wassers werden aus seinem Leibe fließen" (Joh 7,38). Dies deutet der Evangelist auf den Heiligen Geist, den er seinen Jüngern in den Abschiedsreden verheißt. Beim Tod Jesu heißt es, dass Blut und Wasser aus der Seitenwunde getreten seien, mit der durch einen Lanzenstich der *exitus* Jesu festgestellt werden sollte; die johanneische Symbolik ist: Das Leben geht vom Kreuz aus. Der indirekte Rückverweis des Auferstandenen auf seinen Kreuzestod eröffnet den impliziten Vorverweis auf die Geistsendung. Die Bezüge sind aber noch enger. Im Anschluss an den Tod Jesu zitiert der Evangelist, um die Heilsbedeutung des Kreuzes zu betonen, Sach 12,10: „Sie werden auf den schauen, den sie durchbohrt haben" (Joh 19,37). Dieses Schauen wird zwar von einigen Kommentatoren negativ gedeutet: als bittere Erkenntnis des angerichteten Unheils, aus dem es für die Täter kein Entrinnen mehr gebe. Aber das passt nicht dazu, dass Jesu Kreuz nach Johannes die Quelle allen Lebens ist – wie das Blut des Kreuzes

anzeigt. Insofern liegt es näher, das Schauen als ein – letztlich – heilsames zu sehen.[27] Dann aber liegt ein Bezug auf Joh 20 nahe: Die ersten, die den Auferstandenen sehen, sehen ihn als den Durchbohrten; und dieses Sehen begründet ihrem rettenden Glauben. Nicht weniger werden diejenigen vom Schauen profitieren, die ihn durchbohrt haben – wenn sie ihren Blick für das wirkliche Kreuzesgeschehen öffnen lassen.

5. Jesus sendet seine Jünger. Das Vierte Evangelium kennt weder einen allgemeinen Missionsbefehl wie Mt 28,18ff oder Apg 1,8 noch eine vorösterliche Aussendung der Jünger wie Mk 6,6–13 parr. Aber es zeichnet Jesus selbst mit einzigartiger Betonung als Gesandten des Vaters, der Kunde von Gott bringt, indem er für Gottes Heiligkeit eintritt.[28] Das Osterevangelium zeigt, dass der Auferstandene diese seine Sendung fortsetzt. Dass er selbst vom Vater gesandt worden ist, begründet die österliche Sendung der Jünger. Anders formuliert: Die Aussendung der Jünger ist die Konsequenz der Sendung Jesu durch Gott, den Vater. Die Jünger haben Teil an der Sendung Jesu. Im Corpus des Evangeliums ist dies vorbereitet, auch ohne Aussendungsrede. Denn da Jesus seine Fußwaschung erläutert, den Sklavendienst, den er, der Meister, ihnen, seinen Schülern, leistet, redet er seine Jünger als Apostel, Gesandte, an: „Der Knecht ist nicht größer als sein Herr und der Apostel nicht größer als, der ihn gesandt hat" (Joh 13,16). Das gilt für den Sohn, der erklärt, der Vater sei größer als er (Joh 14,28); es gilt erst recht für die Apostel, die nur wirken können, weil Jesus sie wirken lässt, indem er durch sie wirkt. Dass dies nicht im mindesten ihre Möglichkeiten beschneidet, sondern im Gegenteil gerade erst schafft, hat Jesus schon in seiner ersten Abschiedsrede angekündigt: „Wer an mich glaubt, wird die Werke, die ich vollbringe, auch vollbringen, und größere als diese; denn ich gehe zum Vater" (Joh 14,12). Selbstverständlich geht es nicht um *das* Werk (im Singular), das Jesus vollbringt, die Rettung der Welt, sondern um *die* Werke (im Plural), die aufgrund des Heilswerks Jesu möglich geworden sind, vor allem in der Mission.

6. Jesus spendet den Jüngern den Heiligen Geist. Dem Sendungswort entspricht die Geistverleihung. Nur als Geistbegabte können die Jünger als Gesandte Jesu wirken. Die Verleihung des Geistes ist eine Wirkung des Pascha Jesu: seines Hinüberganges zum Vater durch Kreuz und Auferstehung (Joh 13,1ff). Darin erst ist Jesu Weg und Werk „vollendet" (Joh 19,30). Zuvor hatte der Evangelist erklärt, dass, bevor die Stunde Jesu gekommen ist, der Geist „noch nicht gegeben" wurde, weil Jesus „noch nicht verherr-

licht war“ (Joh 7,39). In diesen Abschiedsreden aber hatte er nicht nur diesen Geist als Folge seiner Auferstehung verheißen, sondern auch als „Paraklet“, als Anwalt und Tröster, gekennzeichnet, der seinen Jüngern die Erinnerung an Jesus frischhält und ihnen den Sinn seines Wirkens erschließt (Joh 14,16.26; 15,26; 16,4–15).[29] Es ist erst der Auferstandene, der den Geist verleiht; aber er verleiht ihn in der Konsequenz seines irdischen Wirkens, um die Sendung zu vollenden, die schon seine Menschwerdung geprägt hat. Das Anhauchen erinnert an Gen 2,7: Indem Gott den Menschen anhaucht, haucht er ihm Leben ein. So werden die Jünger vom Auferstandenen neu erschaffen und zu seinen Aposteln gemacht.

7. Jesus beauftragt die Jünger mit der Vergebung der Sünden. Vorausgesetzt ist der stellvertretende Sühnetod Jesu (1,29.36; 10,11.15.17f; 11,47ff; 12,24; 18,14), den Johannes als äußersten Erweis der Liebe Gottes zur Welt (3,16) und der Liebe Jesu zu den Seinen (13,1f) interpretiert. Die Vollmacht der Jünger ist die Vollmacht Jesu; Jesus aber vergibt Sünden durch die Sündenvergebung der Jünger, die er sendet.[30] Joh 20,23 kann die gesamte Sendung der Jünger unter den Aspekt der Sündenvergebung rücken, weil er *die* Sünde, die sich in *den* Sünden zeigt, als die alles tötende Unheilsmacht des Kosmos sieht (8,14–21).[31] Sünden vergeben kann aber nur, wer sie auch „behalten“ kann. Dieses „Behalten“ ist aber nicht gleichgewichtig mit dem Vergeben, sondern die Bedingung der Möglichkeit einer Vergebung, die nicht auf einer Relativierung, sondern einer Radikalisierung sowohl der Sünde wie auch der Sündenvergebung beruht. [32]

(4) Thomas: Die Wundmale Christi (Joh 20,24–29)

Thomas gilt als der Ungläubige unter den Aposteln. Das ist nur in einem bestimmten Sinn richtig. Als Jesus ernst macht, Lazarus aus dem Tode zu erretten, obgleich es für ihn lebensgefährlich ist, erklärt Thomas: „Lasst uns mit ihm gehen und mit ihm sterben“ (Joh 11,16). Bei der ersten Abschiedsrede bekennt er: „Herr, wir wissen nicht, wohin du gehst. Wie können wir den Weg kennen?“ (14,5). Nach Joh 21 wird er bei der dritten Erscheinung Jesu am See von Tiberias den reichen Fischfang mitmachen und von Jesus zum Mahl eingeladen werden.

Nach Joh 20 richtet sich der Scheinwerfer auf ihn, weil er, wie der Evangelist nachträglich klarstellt, nicht dabeigewesen war, als Jesus den Jüngern ein erstes Mal erschienen war (Joh 20,24). Das ist ohne jeden Vorwurf gesagt. Es ist die Rolle, die er im johanneischen Osterevangelium zu spielen hat. Er ist Stellvertreter all derjenigen, die „nicht sehen“ und doch auch zum Glauben kommen können (20,29). Er steht für die vielen Generationen von Christenmenschen bis heute, die weder dem irdischen Jesus begegnet sind noch Zeugen seiner Erscheinungen sind, aber dennoch eingeladen werden, an Jesus zu glauben.

Dass diese Möglichkeit nachösterlichen Christusglaubens gegeben ist und worin sie besteht, macht das Johannesevangelium an Thomas deutlich. Es verschweigt seinen Zweifel nicht. Thomas reicht es nicht, dass ihm die anderen Jünger sagen: „Wir haben den Herrn gesehen“ (Joh 20,25). Er bleibt skeptisch. Er stellt nicht die Möglichkeit in Frage, dass Jesus von den Toten auferstanden sein könnte. Er will aber nicht anderen Glauben schenken. Er will sich persönlich überzeugen. Er will eine eigene Erfahrung machen (Joh 20,25): „Wenn ich nicht die Male der Nägel an seinen Händen sehe und wenn ich meinen Finger nicht in das Mal der Nägel und meine Hand nicht in seine Seite lege, werde ich nicht glauben“. Was Thomas verlangt, ist unverschämt. Die Unverschämtheit liegt darin, dass es nichts Intimeres gibt als die Wunden, die ein Mensch davonträgt. Kein anderer darf verlangen, dass er sie vorzeigt. Es gibt ein Menschenrecht auf Diskretion. Die Theologie spricht von „Stigma“. Wer stigmatisiert ist, ist für sein Leben gezeichnet, und häufig genug wird er deswegen gemieden, ausgegrenzt, abgelehnt. Jes 53 singt ein Lied davon, das Vierte Lied vom Gottesknecht, das den Hintergrund der neutestamentlichen Passions- und Ostergeschichte bildet. Wenn Heilige „stigmatisiert“ sind, kann man ihre Heiligkeit und Menschlichkeit gerade daran erkennen, dass sie (wie Franziskus) ihre Wunden nicht jedermann zeigen wollen, sondern sie zu verbergen suchen. Bei Jesus stehen die Wundmale für seine tiefste Erniedrigung, seine schlimmste Qual, seine (scheinbar) endgültige Niederlage.

Was Thomas sagt, ist aber auch ein Hilfeschrei. In der Einheitsübersetzung heißt es platt: „…, glaube ich nicht“. Das könnte an eine infantile Trotzreaktion denken lassen. Luther übersetzt: „…, kann ich's nicht glauben“. Aber geht es um Können und Wollen? Im Urtext steht eine Verbform (Aorist Konjunktiv), die etwas bezeichnet, das noch nicht eingetreten ist: „… werde ich nicht glauben“. Es geht aber nicht eigentlich um eine Prognose („Es wird mir nicht möglich sein, zu glauben, wenn ich nicht …“), sondern um ein Eingeständnis („Ich könnte nur glauben, wenn …“) und eine verzweifelte Hoffnung („Ich würde ja glauben, wenn ich nur …“).[33]

Das johanneische Osterevangelium erzählt, dass Jesus seinen Jünger nicht im Stich lässt. So wie er nach Joh 20,20 schon zuvor – unaufgefordert – den Jüngern seine Hände und seine Seite gezeigt hatte, so zeigt er sich auch Thomas mit den Wunden, die ihm das Leben geschlagen hat. Ob es zur Berührung kommt, wird in diesem Moment zweitrangig. Der Evangelist schweigt. Die Künstler lassen es lange offen, einige bejahen es, wieder andere (Caravaggio zum Beispiel) stellen sie so drastisch dar, dass sie wieder zweifelhaft wird. Tatsächlich kommt es nicht darauf an, ob Thomas seinen Wunsch erfüllt bekommt. Es kommt nur darauf an, dass Jesus wieder in die Mitte der Seinen tritt und Thomas nicht demütigt, schilt oder straft, sondern ihn seine Wundmale sehen lässt.

Zwei Momente sind daran wesentlich. Zum einen: Der Auferstandene trägt noch die Wundmale. Die Auferstehung wischt das Kreuz nicht weg, sondern macht es in neuem Lichte, im Licht des ewigen Lebens sichtbar. Der Auferstandene ist und bleibt der Gekreuzigte. Sein wahres Menschsein hört nicht mit dem Kreuzestod auf, sondern kommt im Geheimnis seiner Gottheit zur Geltung. Johannes verweist im Zentrum des Osterevangeliums zurück ins Leben und Sterben Jesu von Nazareth. Zum anderen: Jesus entzieht sich seinem Jünger nicht, sondern gibt ihm, was der zum Glauben braucht, und sei es das Teuerste: die unvernarbten Wunden seines Kreuzestodes. Diese Zuwendung aber ist genau die des Jesus, von dem alle Evangelisten in ihren Berichten von seinem öffentlichen Wirken handeln.

Diese Frohe Botschaft ist es, die nachösterlich auch diejenigen zum Glauben führen kann, die nicht sehen, aber doch (z. B. das Vierte Evangelium) lesen können: In Jesus von Nazareth begegnet den Menschen kein anderer als der menschgewordene Sohn Gottes; und der auferstandene Kyrios, der Herr allen Lebens, der ewige Sohn des Vaters, ist kein anderer als Jesus von Nazareth. Das Bekenntnis des Thomas: „Mein Herr und mein Gott“ (Joh 20,28) bringt diesen Zusammenhang zum Ausdruck. Es ist die christologische Klimax des Vierten Evangeliums.[34] Deshalb ist es das christologische Grundbekenntnis aller Christen. Das trinitarische Dogma wird es breit entfalten; es stellt sich auf die Seite des gläubig gewordenen Thomas.

(5) Sieben Fischer: Der reiche Fang (Joh 21,1–14)

Nach Mk 1,16–20 hat Jesus früh am Morgen die ersten Jünger von den Booten und Netzen wegberufen, um sie zu Menschenfischern zu machen. Nach Lk 5,1–11 hat Jesus bereits eine Reihe von Heilungen vollbracht, bevor er Simon auffordert, auf den See hinauszufahren und die Netze auszuwerfen, um ihn nach dem wunderbaren Fischfang zu seinem ersten Jünger zu machen. Joh 21,1–14 ist eine Parallelüberlieferung, die (wahrscheinlich) von der johanneischen Schule an den ursprünglichen Schluss des Evangeliums (Joh 20,30f) angehängt worden ist. Sie ist durch und durch johanneisch gestaltet, dürfte aber auf eine alte galiläische Ostertradition zurückgehen.[35] Dass sieben Jünger zugegen sind, von denen fünf mit Namen genannt werden (und ein weiterer der Lieblingsjünger sein dürfte), erklärt sich am leichtesten aus einer Erinnerung, die keinen Niederschlag in 1Kor 15,3–11 gefunden hat. Die Symbolik der Siebenzahl ist nicht betont. Die Erklärungsalternative wäre eine gezielte Erzeugung von Authentizität; das ist nicht ausgeschlossen, aber nicht wahrscheinlicher als die Annahme einer Tradition. Joh 21 gibt eine durch und durch johanneisch geprägte, mit Seitenblick auf Lk 5 geschriebene Ostererscheinung aus Galiläa vor den genannten und ungenannt bleibenden sieben Jüngern wieder, die Lukas – ob selbst oder im Zuge seiner Tradition – vordatiert hat.

Mission

Das Vierte Evangelium kennt keine vorösterliche Jüngermission, weil es den Geist, der das Verstehen und die Überzeugungskraft schenkt, erst mit der Erhöhung Jesu am Kreuz gegeben sieht.[36] Joh 20 hatte die Jüngersendung auf die Sündenvergebung konzentriert. Joh 21 weitet das Bild. Es bedarf keines Menschenfischerwortes, das die Berufung bedeutet, weil nicht nur die Jüngersendung nach Joh 20 vorausgesetzt ist, sondern auch das Bild des wunderbaren Fischzuges mehr als tausend Worte sagt (Joh 21,6). Den Jüngern, die „nichts zu essen" haben (Joh 21,5), sagt Jesus: „‚Werft das Netz an der rechten Seite des Bootes aus, so werdet ihr finden.' Da warfen sie es aus und konnten es nicht wieder einholen, so viele Fische waren es." Später wird gesagt, dass nicht weniger als 153 Fische gefangen wurden und das Netz doch nicht zerriss (Joh 21,11). Schon die Kirchenväter diskutieren, wie die Zahl zu verstehen sei.[37] Stimmig ist, sie als Sinnbild überreichen Missionserfolges zu deuten, der in der weltumspannenden Kirche eingeborgen werden wird.[38] Die dicken Fische, die den Jüngern ins Netz gehen, sind die Christen aus Juden und Heiden. Die Unzerreißbarkeit des Netzes – da sind sich die alten und neuen Ausleger ziemlich einig – verweist auf die Einheit der Kirche. Um diese Einheit hatte Jesus nach Joh 17 beim Abschied von seinen Jüngern gebetet. Sie ist eine – von Jesus erflehte – Gabe Gottes, die zu einer – von Jesus gestellten und zur Erfüllung gebrachten – Aufgabe der Jünger wird. In der zweiten Abschiedsrede hatte Jesus den Jüngern gesagt, dass sie ohne ihn „nichts tun können", aber „in" ihm „viel Frucht" bringen (15,5). Der Kontrast zwischen dem vergeblichen Bemühen der Jünger in der Nacht, die natürlicherweise günstiger wäre, und dem überaus erfolgreichen Fischzug während des Tages, der allein der Wundermacht Jesu verdankt ist, erhellt den Sinn dieses Wortes.

In kanonischer Lektüre ist der Rückverweis von Joh 2 auf Lk 5 signifikant: Der Auferstandene knüpft an das an und führt das fort, was der Irdische begonnen hat. Dass dieser Bezug im Sinn des Evangelisten resp. des Editors war, der – wie seine Gemeinde – das Lukasevangelium gekannt haben dürfte, sollte nicht zu schnell abgewiesen werden. Bleibt man aber ganz beim Text des Johannesevangeliums, so zeigt die Szene, dass es durch Ostern substantiell Neues gibt, hier die Völkermission, die in der Wirkung der gesamten Heilssendung Jesu steht.

Brot und Fisch

Die reiche Fischfang steht in Joh 21 nicht allein, sondern ist (anders als in Lk 5) mit einem Mahl verbunden, zu dem Jesus die sieben Jünger einlädt. So wie Jesus nach Joh 6 am See von Tiberias das Volk mit Brot gespeist hat, um ihm zu zeigen, dass er das wahre Lebensbrot ist, so lädt er hier sieben seiner Jünger zum Mahl. Während aber die Brotrede zur Spaltung selbst im Jüngerkreis geführt hat und nur die Zwölf zu ihm halten (Joh 6,60–71), finden jetzt sieben Jünger, unter ihnen Petrus und der Lieblingsjünger, durch das Mahl mit Brot und Fisch zur Gemeinschaft mit dem Auferstandenen. Das Volk litt damals keinen Hunger; Jesus schenkte das Brot aus freien Stücken. Jetzt aber haben die Jünger „nichts zu essen" (Joh 21,5), weil sie die ganze Nacht hindurch nichts gefangen haben (Joh 21,3f).

Der wunderbare Fischzug ist – anders als in Lk 5 – von vornherein in den Mahlbericht eingebunden. Denn Jesus sendet die sieben aus, die Netze auszuwerfen, da sie nichts haben, was er zum Essen mit ihnen teilen könnte. Der reiche Fischzug, den sie auf sein Geheiß hin unternehmen, dient dazu, mit Jesus (den sie zunächst nicht erkennen) österliches Mahl zu halten. Jesus bleibt der Aktive – wie bei der wunderbaren Speisung des Volkes. Damals hat Philippus die Schwierigkeit genannt, mit Geld genügend Brot zu kaufen, und Andreas hatte den kleinen Jungen gefunden, der fünf Gerstenbrote und zwei Fische hatte (Joh 6,5–9). Beide Jünger sind jetzt nicht dabei (wenn sie sich nicht hinter den beiden „weiteren" Jüngern verbergen). Neben dem Lieblingsjünger spielt Petrus die Hauptrolle. Denn als Jesus die Jünger auffordert, ihm von den Fischen zu bringen, die sie gefangen haben (Joh 21,10), ist es Petrus, der das Netz an Land zieht (Joh 21,11), Jesus die Fische zu bringen.

Jesus fordert die Jünger auf (Joh 21,12): „Kommt und esst." Johannes berichtet nicht wie die Synoptiker, dass Jesus zeit seines Lebens öffentliche Mähler mit seinen Jüngern und mit Menschen aus dem Volk gefeiert hat. Die Hochzeitsfeier zu Kana (Joh 2,1–12) reicht aber in Verbindung mit der wunderbaren Speisung, um auf ein ähnliches Motiv bei Johannes zu schließen. Die Einladung zum Essen erinnert an die Aufforderung des Gastgebers im Gleichnis vom Festmahl: „Kommt, es ist alles bereit!" (Lk 14,17), die ihrerseits auf Jesu prophetischen Ruf abgestimmt ist, umzukehren und zu glauben, weil, die Zeit erfüllt und Gottes Herrschaft nahegekommen ist (Mk 1,15).

Das Brot, das Jesus nimmt und ihnen gibt (Joh 21,13), hat er nicht von seinen Jüngern bekommen; er hält es selbst bereit, da die Jünger vom Fischfang zurückkommen. Ist es überinterpretiert, zu sagen, dass er selbst dieses Brot ist? Dann wäre der Bezug zur Eucharistie noch deutlicher, auch wenn er ohne synoptische Kenntnisse nicht so klar wäre. Vom Fisch aber, den Jesus ihnen reicht, ist nicht klar, ob es nur der Fisch ist, den Petrus aus dem Netz geholt hat, oder ob auch der Fisch dabei ist, den Jesus auf dem Kohlenfeuer – woher auch immer – schon zusammen mit dem Brot bereithält. Soll es überhaupt klar werden? Oder liegt nicht viel daran, dass Jesu und der Jünger Fische (die letztlich auch Jesu Fische sind) vermischt werden? Jesus nimmt von seinen Jüngern, vertreten durch Petrus, die Gaben an, die er selbst ihnen geschenkt hat. Besser kann man den theologischen Sinn der Eucharistie und des ganzen Christseins nicht treffen.

Die Bedeutung des Fisches führt dazu, die eucharistische Bedeutungsdimension des Mahlberichtes ekklesiologisch einzuordnen. Jesus stiftet durch das österliche Mahl die Gemeinschaft der Jünger. Wenn später der Fisch zu einem der ältesten Symbole der

Christen wird, ist der Sinn von Joh 21,1–14 aufgenommen. Die griechische Bezeichnung für den Fisch, ΙΧΘΥΣ *(ichthýs)*, hat man gerne aufgelöst:

Ι	–	ΙΗΣΟΥΣ	*Iêsoûs*	Jesus
Χ	–	ΧΡΙΣΤΟΣ	*Christós*	Christus
Θ	–	ΘΕΟΥ	*Theoû*	Gottes
Υ	–	ΥΙΟΣ	*Hyiós*	Sohn
Σ	–	ΣΩΤΗΡ	*Sotêr*	Retter

Im Namen der Christen schwingt Christus mit; wenn sie wie die Fische im Wasser des Lebens schwimmen, dann weil Jesus von den Toten auferstanden ist und sie leben lässt.

Die Erkenntnis Jesu

Wie im lukanischen Osterevangelium betont Joh 21 – mit anderen Akzenten als Joh 20 – das Problem der Glaubenserkenntnis. Als ob es die Erscheinungen in Jerusalem nicht gegeben hätte, erkennen die Jünger – zunächst alle – Jesus nicht, da er am Ufer steht (Joh 21,4). Erst draußen auf dem See ist es der Lieblingsjünger, der Petrus bezeugt (Joh 21,7):

> „Es ist der Herr."

Es ist der reiche Fischfang, der ihn zu dieser Glaubenseinsicht führt. Die Anrede „Kinder" (Joh 21,5) und die Aufforderung, wieder hinauszufahren, um zu fischen (Joh 21,6), geben sich erst im Rückblick als Herrenworte zu erkennen. Dass es der Lieblingsjünger ist, der zuerst die Erkenntnis hat, entspricht seiner in Joh 1–20 vorbereiteten Rolle. Dass er es Petrus sagt, greift auf die spannende Rollenverteilung in Joh 20 beim Wettlauf zum leeren Grab zurück und dürfte die Position der johanneischen Gemeinde in der durch Petrus personifizierten Gesamtkirche markieren. Der Lieblingsjünger erkennt den Auferstandenen als „Kyrios" – wie Thomas (Joh 20,28); aber zugleich erkennt er den Kyrios als den auferstandenen Jesus.

Petrus „wirft sich" auf das Zeugnis des Lieblingsjüngers hin „ins Wasser", um als erster bei Jesus zu sein (Joh 21,7). Die Stelle erinnert von Ferne an Seewandel des Petrus, von dem Matthäus erzählt (Mt 14,28–32). Beidemale geht es um einen besonderen Eifer des Petrus, der ihn vor Schwäche nicht feit und in Jesu Augen dennoch auszeichnet.

Noch beim folgenden Mahl ist die Befangenheit nicht gewichen. Sie „wussten, dass es der Herr ist“ (Joh 21,12b) und „wagten“ deshalb „nicht, ihn zu fragen: ‚Wer bist du?‘“ (Joh 21,12a). In dieser eigentümlichen Spannung spiegeln sich (wie spätestens aus dem folgendem Gespräch hervorgeht) die Schuld und die Scham der Jünger. Sie können nicht unbefangen sein, weil sie – ungeachtet der beiden vorangehenden Erscheinungen – gerade dort, am See von Tiberias, ihres Versagens innewerden müssen, wo sie sich einst mit Petri Worten zu Jesus bekannt haben. Dass Jesus reagiert, indem er „kommt, das Brot nimmt und es ihnen gibt“ (Joh 21,13), wird zum denkbar tiefsten Zeichen ihrer Aufnahme in die Gemeinschaft mit dem Auferstandenen. Anders als in der Emmausgeschichte ist es nicht erst das Brotbrechen, da es den Jüngern wie Schuppen von den Augen fäll; aber die durch das Zeugnis des Lieblingsjüngers erkannt haben, dass Jesus der von den Toten auferstandene Kyrios ist, erfahren durch die Mahlgemeinschaft, dass Jesus sie nicht abweist, sondern annimmt.[39]

Das Mahl, in das die Glaubenserkenntnis hineinführt und das sie als heilstiftend offenbart, ist – ähnlich wie die Erscheinungsgeschichte Joh 20,19–23, aber farbiger als sie – eine narrative Ausgestaltung der reziproken Immanenzformeln, die in den Abschiedsreden die denkbar innigste Gemeinschaft zwischen Jesus und den Jüngern in der denkbar innigsten Gemeinschaft Jesu mit dem Vater begründen (Joh 14,20f). Besonders nahe steht wiederum das Bildwort vom Weinstock und seinen Reben aus der zweiten Abschiedsrede (Joh 15,1–7). Dort sagt Jesus seinen Jüngern zu, als der auferstandene Gekreuzigte „in“ ihnen zu „bleiben“, d. h. ihnen für immer und alle Zeit die rettende Gemeinschaft mit Gott zu vermitteln; deshalb können und sollen die Jünger „in“ Jesus „bleiben“, um so reiche Frucht zu bringen.

(6) Petrus: Die Liebe zu Jesus (Joh 21,15–23)

Zum dunklen Geschehen der Passionsnacht Jesu gehört die Verleugnung durch Petrus. Kein Evangelium erspart den Lesern die Erinnerung an das, was der Erste der Zwölf getan und unterlassen hat. An seiner Absicht, Jesus notfalls bis in den Tod nachzufolgen, gibt es keinen Zweifel. Als Jesus den Seinen auf dem Weg vom Abendmahlsaal zum Garten Gethsemane nicht nur seine baldige Verhaftung, sondern auch ihrer aller Flucht voraussagt, erwidert Petrus: „Auch wenn alle an dir irre werden, ich nicht! ... Und wenn ich mit dir sterben müsste – ich verleugne dich nicht“ (Mk

14,29.31). Johannes steigert gar noch: „Mein Leben werde ich für dich einsetzen“, verspricht er dort (Joh 13,37).

Trotz aller guten Vorsätze, die Petrus hat, bewahrheitet sich nur zu bald, was Jesus darauf prophezeit: „Noch diese Nacht, ehe der Hahn zweimal kräht, wirst du mich dreimal verleugnet haben!“ (Mk 14,30). Oder nach Johannes: „Dein Leben willst du für mich einsetzen? Bevor der Hahn kräht, wirst du mich dreimal verleugnet haben“ (Joh 13,38).

Die Schuld des Petrus

Die Passionsgeschichten erzählen nüchtern, hart und präzis: Als es zum Schwur kommt, verleugnet Petrus seinen Herrn, und gleichzeitig verleugnet er sich selbst. Zuerst streitet er ab, ein Jünger Jesu zu sein, dann flucht er schließlich: „Ich kenne diesen Menschen nicht!“ (Mk 14,71). Härter kann man sich von Jesus nicht lossagen. Markus stellt es so dar, dass Petrus in genau demselben Moment, seinen ganzen bisherigen Nachfolgeweg dementierend, ein hartes Nein zu Jesus sagt, da dieser sich vor dem Hohen Rat zu seiner messianischen Sendung bekennt, und koste es ihn das Leben (Mk 14,62f). Nach Johannes verleugnet Petrus dreimal sich selbst, um nicht als Jesu Jünger identifiziert zu werden: „Nicht ich“ (Joh 18,17.25), sagt er, nach seiner Jüngerschaft gefragt, als Jesus im Haus des Hannas verhört wird und sich zu seiner Sendung bekennt (Joh 18,12–27). Daran, dass Petrus durch die Verleugnung schwere Schuld auf sich geladen hat, indem er seinem Glauben, seiner Hoffnung und seiner Liebe untreu geworden ist, lassen die Evangelien keinen Zweifel.

Die Paulusliteratur des Neuen Testaments ist voll von Erinnerungen an die unrühmliche Vergangenheit des Apostels: dass er in blindem Wahn die Kirche Gottes mit Gewalt zu zerstören versucht habe und in einer dramatischen Kehre seines Lebens zum Völkermissionar geworden sei. Auch die Paulusbriefe, die von der heutigen Exegese nicht dem Apostel selbst, sondern seiner „Schule“ zugeschrieben werden und die Heiligkeit des verehrten Lehrers ins hellste Licht rücken, stellen in Paulus den Typ des begnadigten Sünders vor Augen.

Anders die Petrusbriefe. In ihnen ist vom Nein des Petrus nicht die Rede. Zwar erzählen die Evangelien von seinem Versagen. *De facto* umschließt auch die Erscheinung des Auferstandenen vor Petrus (1Kor 15,5; Lk 24,34) die Vergebung seiner Schuld. Aber thematisiert wird das nicht. Die Evangelien halten nur den menschlichen Anhaltspunkt der österlichen Wende fest: die Scham und

Reue des Petrus: „Gleich darauf krähte der Hahn zum zweiten Mal, und Petrus erinnerte sich des Wortes, das Jesus zu ihm gesagt hatte: ‚Ehe der Hahn zweimal kräht, wirst du mich dreimal verleugnen.' Und er begann zu weinen" (Mk 14,72). Hierin sieht die theologische Tradition den eigentlichen Unterschied zu Judas: nicht in der Schwere der Schuld, sondern im Faktum der Reue, wo es Grund zur Verzweiflung gäbe.[40] Johannes sieht den Teufel von Judas Besitz ergreifen (Joh 13,2.27); anders kann er sich den Verrat nicht erklären. Von Petrus berichtet er nach seinem Verrat nicht weiter, bis er ihn beim Lauf zum leeren Grabe zeigt.

Liebst du mich?

Bei den ersten Erscheinungen bleibt die Verleugnung unerwähnt. Die Antwort Jesu, des Gekreuzigten und Auferstandenen, steht noch aus. Erst im zweiten Osterkapitel des Johannes, vermutlich einem Nachtrag, kommt sie zur Sprache (Joh 21,15–19). Petrus muss sich keine Standpauke anhören; Jesus präsentiert ihm nicht die Quittung für sein Versagen; er macht es auch nicht zum Gegenstand einer psychologischen Analyse. Jesus stellt dreimal dieselbe Frage: „Liebst du mich …?" So wie Petrus Jesus früh am Morgen dreimal verleugnet hat, so fragt ihn Jesus wiederum am frühen Morgen dreimal nach seiner Liebe.

Mehr braucht es nicht. Aber diese dreifache Frage braucht es schon. Jesus treibt Petrus mit seinen Wiederholungen nicht zur Verzweiflung. Er gibt ihm die Möglichkeit, seinem Versagen ins Auge zu sehen – und mit seiner Schuld Jesus in die Augen zu sehen. Die Dramatik ist kaum zu überbieten – wiederum, weil Johannes alles aufs Innigste konzentriert. Im Kern war die Verleugnung durch Petrus ein Verrat an seiner Liebe zu Jesus. Deshalb fragt Jesus ihn nach dieser Liebe. Sie soll wieder aufflammen – aber nicht, als ob nichts geschehen wäre, sondern so, dass sie die Schuld verbrennt. Jesus ist am Kreuz gestorben – so wie die Christusliebe seines Jüngers in der Verleugnung zerbrochen war. Jesus ist von der Toten auferstanden – und so kann und soll auch die Christusliebe seines Jüngers wieder aufleben. Jesus belässt es aber nicht bei der Beteuerung seines Jüngers, ihn zu lieben. Jedes Mal redet er ihn mit seinem Geburtsnamen an: Simon. Und jedes Mal antwortet Jesus auf die Liebesbeteuerung mit dem Auftrag, die „Schafe" und „Lämmer" Jesu, d. h. die Kirche Gottes zu weiden. Das entspricht dem Jüngernamen, den Jesus ihm verliehen hat: Petrus, Fels.

Der Auferstandene ist und bleibt Jesus. Zum Osterglauben gehört die Erinnerung an die Geschichte Jesu und zumal deren Verstrickung in menschliche Schuld und Schwäche, von der auch Petrus und die Zwölf nicht ausgenommen sind. Deshalb hat die Christusliebe heilende Kraft. Sie ist und bleibt echte Jesusliebe, die Jesus als dem Menschen gilt, den Gott zu Rettung gesandt hat. Indem die Liebe zu Jesus aber ganz und gar ihm persönlich gilt, ist sie Christus- und Gottesliebe.

Der Hirte

Die Frage Jesu, ob Petrus ihn liebe, „mehr als diese" (also intensiver, da er stärker versagt hat), zielt auf eine Antwort, die sich im Martyrium bewähren wird. Johannes weiß vom Tod des Petrus um des Evangeliums willens.[41] Der Evangelist ist überzeugt, dass sich in ihm seine Gemeinschaft mit Christus aufs höchste verdichtet hat. Er deutet ihn als Ausdruck denkbar größter Christusliebe. Nachdem Jesus, der gute Hirt (Joh 10) und der gute Freund (Joh 15), sein Leben für ihn eingesetzt hat, kann er, Petrus, wie versprochen, sein Leben für Jesus einsetzen – als Märtyrer des Christusglaubens, der noch in seinem Sterben bezeugt, dass kein anderer als der menschgewordene Gottessohn „Worte ewigen Lebens" hat (Joh 6,68).

Jesus, der auferstandene, fragt Petrus nach seiner Liebe, um ihm die Kirchenherde anzuvertrauen. Petrus ist der Stellvertreter Christi.[42] „Hirt" ist in spätneutestamentlicher Zeit als kirchlicher Amtsname belegt, der zugleich die pastorale Funktion, das Leiten, Sorgen und Behüten bezeichnet (Eph 4,11; vgl. Apg 20,28; 1Petr 5,2f sowie Ignatius, Röm 9,1)[43] Das Stichwort „Hirt" fehlt zwar in Joh 21, aber die Sache ist klar. Petrus soll „weiden". Seine Aufgabe bezieht sich nicht nur auf eine einzelne Gemeinde oder bestimmte „Schafe", sondern auf die ganze Herde, die eine Kirche, wie sie im Netz mit den 153 Fischen symbolisiert wird, das Petrus für Jesus an Land zieht. Diese Aufgabe ist ohne den Rückbezug auf die Rede, in der Jesus selbst sich als Guter Hirt offenbart (Joh 10), nicht zu verstehen. Sie macht den Unterschied und Zusammenhang klar. Jesus ist und bleibt der eine, der gute Hirt, der – wie Gott (Ps 23) und anders als die schlechten Hirten (Ez 34,11–31) – durch den Einsatz seines Lebens nicht nur die Schafe vor dem bösen Wolf rettet, sondern sie auch mit denen aus dem anderen Stall zusammenbringt, so dass dem einen Hirten die eine Herde entspricht (vgl. 1Petr 2,25; Hebr 13,20). Die Einsetzung des Petrus ins Hirtenamt nach Joh 21 ist eine Konsequenz der Hirtensorge, die der Auferstandene in der Kontinuität seines irdischen Dienstes, der ihn das Leben gekostet hat, als Auferstandener nach wie vor und für alle Zeit zeigt. Es sind die Schafe und Lämmer *Jesu*, die Petrus weiden soll, bis er selbst das Martyrium erleidet. Er muss und wird sich in der Nachfolge Jesu als ein guter Hirte seiner Herde erweisen – weil der Auferstandene ihn in die Nachfolge beruft, die immer Nachfolge auch des irdischen ist und bleibt. Ein schlechter Hirt wäre einer, der bei Gefahr seine Herde im Stich lässt – am Ende dadurch, dass er das Bekenntnis zum einen Gott verrät.

e) Die Auferstehungshoffnung Jesu

Die Osterbotschaft der Evangelien gäbe es nicht, wenn nicht Jesus selbst für die Auferstehung von den Toten Zeugnis abgelegt hätte. Er tut dies in einem allgemein anthropologischen, aber auch in einem explizit christologischen Sinn. Das anthropologische Zeugnis, das Jesus gegen die Sadduzäer ablegt, ist historisch unbestritten, das christologische, das er in einem kurzen Statement als Lehrer in Jerusalem ablegt (Mk 12,35ff), hingegen sehr, weil die „neue" Rückfrage nach Jesus aus Gründen methodischer Vorsicht christologisch relevante Jesustexte, da sie den Interessen des Urchristentums dienen könnten, prinzipiell aus der Rückfrage ausgeschlossen hat. Unter Verdacht stehen auch die direkten Leidens- und Auferstehungsansagen (Mk 8,31; 9,31; 10,32ff), weil sie als österliche Rückprojektionen beurteilt werden. Dies überzeugt allerdings desto weniger, je unausgesprochener die Christologie ist, die sich mit der Auferstehungshoffnung verknüpft. Jesus spricht nach den Synoptikern nicht nur vom kommenden und künftig vollendeten Reich Gottes, sondern auch vom „ewigen Leben". Johannes macht daraus den theologischen Leitbegriff Jesu (vgl. Joh 3,3ff). Vom ewigen Leben kann Jesus nur sprechen in der Hoffnung auf die Auferstehung der Toten, die einhergeht mit der Vollendung des Reiches Gottes. Da aber Jesus die Gegenwart der Gottesherrschaft verkündet und vermittelt, muss auch die Vollendung mit seiner eigenen Auferstehung zu tun haben. Wie explizit dies Jesus bereits vorösterlich besprochen hat, wird kontrovers diskutiert.

(1) Die Auferstehungstheologie Jesu (Mk 12,18–27)

Zu den Jerusalemer Streit- und Lehrgesprächen, die nach Markus abschließend zeigen, wofür Jesus in seiner Basileia-Verkündigung öffentlich eintritt, was ihn von anderen Protagonisten des Judentums unterscheidet und wo substantielle Gemeinsamkeiten bestehen, gehört ein Disput, den Jesus mit den Sadduzäern, den Vertretern des Jerusalemer Priestertums, gleichzeitig Mehrheitsfraktion im Synhedrion, über die Auferstehung der Toten führt (Mk 12,18–27). Die Sadduzäer glauben nicht an die Auferstehung der Toten – mit einer gewissen Konsequenz, da sie nur die Tora, nicht aber auch die Propheten und Psalmen für kanonisch erachten. Denn die Religionsgeschichte lehrt, dass die Auferstehungshoffnung erst recht spät in Israel erwacht ist und sich gerade in prophetische und weisheitliche Texte eingeschrieben hat, die recht jungen Datums sind. Die Quelle der Auferstehungshoffnung ist das Vertrauen in die Gerechtigkeit Gottes, das angesichts der Ungerechtigkeit dieser Welt auf eine harte Probe gestellt wird und – ohne damit die Theodizeefrage stillzulegen – darauf setzt, dass Gott im Jenseits dieser Geschichte nach dem Gericht (wenigstens) den Gerechten eine unendliche Zukunft in einem neuen Himmel und einer neuen Erde eröffnet (Jes 65,17; 66,22; vgl. Offb 21,1; 2Petr 3,13).

Die Sadduzäer hingegen bleiben dabei, dass es des Menschen höchstes Ziel nur sein kann, alt und lebenssatt zu sterben. Um die Auferstehungshoffnung, die Jesus mit den Pharisäern teilt, *ad absurdum* zu führen, tragen die Sadduzäer den grotesken Fall einer Frau vor, die nacheinander sieben Brüder zum Mann gehabt hat, da alle, dem sozialen Institut der Leviratsehe folgend, sie nach dem Tode ihres früheren Mannes, um sie nicht unversorgt zu lassen, *pro forma* ehelichen.[44] Da Jesus die Frage nicht beantworten könne, wem sie im Himmel angehören solle, wäre es besser, überhaupt von der Auferstehung zu schweigen.

Jesus kontert in zwei Schritten. Zuerst argumentiert er mit der Vernunft, dann mit der Heiligen Schrift. Im ersten Schritt zeigt er auf, was unwiderleglich ist: Es wäre eine Karikatur, die himmlischen Verhältnisse als unendliche Verlängerung und Steigerung irdischer Zustände zu begreife, und ginge es auch um das Glück der Ehe, die nach Jesus der Schöpfungsordnung entspricht (Mk 10,1–12 parr.). Wer so dächte, unterschätzte die „Macht Gottes" (Mk 12,24). Gott macht alles neu. Die „Engel im Himmel" sind nicht verheiratet – so werden es auch die auferstandenen Seligen nicht sein. Die Ehe gehört zur Schöpfungsordnung; die Erlösung wird die eheliche Liebe ins Unendliche steigern.

Der zweite Schritt führt zurück in die Schrift und stellt wiederum Gottes Gottsein ins Zentrum. Jesus kann nicht mit Jesaja oder einem anderen Propheten argumentieren, weil die Sadduzäer deren Kanonizität im Zweifel nicht anerkennen würden. Deshalb muss er zurück auf die Tora gehen. Er sucht sich keine abgelegene Stelle aus, der man mit größtem allegorischem Aufwand einen Fingerzeig in Richtung Auferstehungshoffnung ablesen könnte, sondern zitiert die zentrale Stelle „im Buch des Moses vom Dornbusch" (Mk 12,26), also die Schlüsselszene des Exodusbuches, dass Moses berufen wird, sein Volk aus der Sklaverei in Ägypten zu befreien. Jesus zitiert (Mk 12,26), wie Gott sich zuerst vorstellt (Ex 3,6): „Ich bin der Gott Abrahams und der Gott Isaaks und der Gott Jakobs." Das Argument Jesu: Wenn Gott sich vorstellt (und anrufen lässt) als Gott Abrahams, Isaaks und Jakobs, können die Patriarchen für ihn nicht tot sein; sie müssen leben. Anders formuliert: Gottes Zusage, der Befreier Israels zu sein, gilt so unbedingt, dass sie an der Grenze des Todes nicht endet. Deshalb kann Jesus schlussfolgern (Mk 12,27): „Er ist nicht ein Gott der Toten, sondern der Lebenden." Gemeint ist nicht, dass Gott sich nicht um Tote kümmerte, sondern im Gegenteil: Er ist der „lebendige Gott" (vgl. 1Thess 1,9), der Tote auferweckt.

Paulus nennt Gott im Römerbrief, da er den Glauben Abrahams charakterisiert, den, „der die Toten lebendig macht" (Röm 4,17). Das ist ein Satz, der sich ganz ähnlich auch im pharisäisch geprägten Achtzehnbittengebet findet. Paulus zitiert den Grundsatz im Kontext seiner Rechtfertigungslehre; denn er weiß, dass die Rechtfertigung der Glauben ein Akt eschatologischer Neuschöpfung ist. Dies erinnert an das Gleichnis vom verlorenen Sohn (Lk 15,11–32). Der Vater erklärt: „Mein Sohn war tot und lebt wieder; er war verloren und ist wiedergefunden" (Lk 15,24; vgl. 15,32). Um solche Geschichten möglich werden zu lassen, wie dieses Gleichnis sie erzählt, setzt Jesus ganz auf den Gott, der die Toten lebendig macht.

(2) Die Erhöhung des Messias (Mk 12,35–37a)

In einem kurzen Statement klärt Jesus nach Mk 12,35–37 seine Christologie.[45] Dass der Text historische Substanz habe, wird meist in Abrede gestellt – freilich mit den wenig überzeugenden Argumenten, Jesus sei keine schriftgelehrte Argumentation und keine Stellungnahme in den christologischen Debatten seiner Zeit zuzutrauen. Im Zentrum der Argumentation steht Ps 110. Die Christologie, die ihm nach neutestamentlicher Lesart eingeschrieben ist, bleibt nach Mk 12 eher implizit. Die Spannungen zur relativen Prominenz des Davidssohntitels in den synoptischen Evangelien und zahlreichen anderen Schriften des Neuen Testaments, werden nicht ausgeglichen. Vorsichtig formuliert, müsste man sagen, dass Mk 12,35–37a der markinische, durch die nachösterliche Überlieferung geprägte Reflex einer Stellungnahme Jesu zu den messianischen Debatten seiner Zeit und damit indirekt ein christologisches Selbstportrait ist, das freilich nur noch „wie durch einen Spiegel in einem dunklen Bild“ (1Kor 13,12) angeschaut werden kann (Mk 12,35–37a):

35 „Wie sagen die Schriftgelehrten,
dass der Christus der Davidssohn sei?
36 David selbst sagt im Heiligen Geist:
Es sprach der Herr zu meinem Herrn:
‚Setze dich mir zur Rechten,
bis ich deine Feinde unter deine Füße lege.‘
David selbst nennt ihn ‚Herr‘,
woher ist er dann sein Sohn?“

Dass Jesus sich nicht nur auf das Wort der Schrift beruft, sondern unter dieses Wort stellt, indem er es auf sich bezieht, scheint typisch. Dann aber ist die Rezeption von Ps 110 im Urchristentum jesuanisch geerdet. Dass Jesus nach Mk 12,36 von der Inspiration Davids ausgeht, verbindet ihn mit den Pharisäern, die gleichfalls die Entstehung der Heiligen Schrift unter der Einwirkung des Heiligen Geistes angenommen haben. Jesus argumentiert nach Mk 12,36 mit dem Literalsinn: Gott, der Herr, redet den an, den David seinerseits als Herrn anredet. Wenn aber Ps 110 messianisch-eschatologisch zu deuten ist, wie es vom Wortsinn her naheliegt und verbreitete Ansicht zur Zeit Jesu war, muss vom königlichen Messias die Rede sein, dem David nicht über-, sondern untergeordnet ist. Der Messias, so die unausgesprochene Konsequenz, ist der Sohn Gottes. Freilich ist der Davidssohntitel damit nicht einfach abgelehnt. Die Frage „Woher“ (lat.: *unde*) steht im Raum. Die naheliegende Antwort lautet: von Gott. Es ist Gottes Sohn, der als Davidssohn auftritt; also muss im Davidssohn der Gottessohn entdeckt werden.

Dann wird auch die Logik der Kritik deutlich. Jesus will sich nach Mk 12,35ff ja nicht aus der messianischen Davidstradition Israels ausklinken, sondern sie im Licht der Heiligen Schrift vertiefen. Das geschieht durch den – indirekt – bleibenden Bezug auf sich selbst. Der Auferstehungsglaube, den das Streitgespräch mit den Sadduzäern in allgemeiner Form vertritt, wird in Mk 12,35ff messianisch konkretisiert: Auferstehung bedeutet Erhöhung; die Throngemeinschaft mit dem Vater, der seinerseits – was Paulus in

1Kor 15,20–28 detaillierter ausführt – die Feinde Gottes und der Menschen dadurch entmachtet, dass er sie, bildlich, dem Erhöhten zu Füßen legt. Diese Eschatologie kann aber nur stimmig sein, wenn der Davidssohn der Sohn Gottes ist. Das zu verkennen, ist Jesu Vorwurf an die Schriftgelehrten.[46]

(3) Das Gewächs des Weinstocks (Mk 14,25)

Die Rezeptionsgeschichte hat das letzte Wort, das Jesus dem Markusevangelium zufolge im Abendmahlssaal gesagt hat, weit in den Hintergrund treten lassen (Mk 14,25):

> „Amen, ich sage euch:
> Ich werde nicht mehr vom Gewächs des Weinstocks trinken,
> bis ich wieder trinken werde im Reich Gottes."

Matthäus fügt ein „mit euch" (Mt 26,29). Lukas stellt den eschatologischen Ausblick in die Eröffnung und verbindet sie mit der Thematik des Paschamahles (Lk 22,16):

> „Ich sage euch:
> Ich werde es nicht mehr essen,
> bis es erfüllt wird im Reich Gottes."

Paulus begnügt sich mit einem allgemeinen Hinweis auf die Verkündigung des Todes Jesu durch die Feier, „bis er kommt" (1Kor 11,26). In der Exegese wird sogar erwogen, in Mk 14,25 das ursprüngliche Wort Jesu über den Becher zu sehen.[47] Auch wenn das unsicher bleibt, ist doch die Authentizität des Wortes kaum zu bestreiten. Der Wortlaut setzt das Letzte Abendmahl voraus. Das Wort ist einerseits eine Todesprophetie, derer es viele in den Evangelien gibt; sie verdichten sich, je näher Jesus Jerusalem kommt; das ist literarische Gestaltung von hoher Plausibilität. Andererseits ist Mk 14,25 Ausdruck einer starken Auferstehungshoffnung, ja -gewissheit Jesu. In der matthäischen Fassung wird noch deutlicher, was auch in der markinischen angelegt ist: dass Jesus nicht nur für sich selbst darauf setzt, durch den Tod hindurch von seinem Vater gerettet zu werden, sondern auch für seine Jünger. Wie die Abendmahlsgemeinschaft das himmlische Gastmahl vorabbildet, so ist es umgekehrt die Vollendung des Letzten Abendmahles Jesu.

Der Auferstehungsglaube Jesu bezieht seinen Tod mit ein. Dass Jesus erklärt, nicht mehr „vom Gewächs des Weinstockes zu trinken", lässt sich nur verstehen im Kontext des eucharistischen Becherwortes, das Jesu Tod in seiner Heilsbedeutung verkündet. Die

Auferstehung der Toten, begründet in der Auferstehung Jesu, ist eine essentielle Folge. Ohne sie könnte letztlich nicht von einer Heilsbedeutung Jesu Christi gesprochen werden – und nicht von einer Verheißung Gottes, die die Schwelle des Todes übersteigt.

f) Zusammenfassung

Dass Jesus, der gestorben und begraben wurde, von den Toten auferstanden ist, bildet das Herz des Christentums. Paulus hat im Ersten Korintherbrief erklärt, dass die Verkündigung leer und der Glaube absurd wären, wäre Jesus nicht von den Toten auferstanden (1Kor 15,14). Jesus selbst hat die Auferstehungshoffnung, die er mit den Pharisäern teilt, im Gottsein Gottes begründet (Mk 12,18–27 parr.), aber in neuer Weise auf das Reich Gottes bezogen (Mk 14,25) und mit seiner eigenen Person, dem messianischen Gottessohn (Mk 12,35ff), wie seinem eigenen Geschick, dem Märtyrertod, verbunden (Mk 14,25; vgl. Mk 8,31; 9,31; 10,32ff).

Dass der Auferstandene kein anderer als Jesus von Nazareth ist, setzen die ältesten Bekenntnistexte voraus und machen die Erscheinungsberichte der Evangelien an vielen Details deutlich. Ohne diese Klärungen verlöre sich die theologische Bedeutung der Geschichte Jesu im Vagen. Mit ihnen gewinnt der Auferweckungsglaube an Kraft; er reduziert sich nicht auf ein punktuelles Ereignis, sondern integriert alles, was von Jesus zu berichten war. Die Geschichten seiner Verkündigung, seiner Wunder, seiner Liebestaten zeigen sich in ihrer eschatologischen, end-gültigen Bedeutung.

Entscheidend sind die Worte und Taten des Auferstandenen selbst. Mitten im Osterevangelium steht nach Mk 16,6f die Erinnerung an das Wort, die Verheißung des Irdischen. Auf dem Berg der Erscheinung weist der Auferweckte nach Mt 28,16–20 an die Lehre zurück, die er zeit seines Lebens den Jüngern erteilt hat. Nach Apg 1,3f verkündet er den Jüngern während der vierzig Tage seiner Erscheinungen das Reich Gottes. Der Geist, den der Auferstandene seinen Jünger sendet, wird sie nach Joh 14,26 „alles lehren und an alles erinnern“, was Jesus ihnen „gesagt“ hat. Nach Mk 16,6f wird er den Jüngern nach Galiläa „vorangehen“, wie er es auch in seinem Leben getan hat, um die Jünger zu seinen Nachfolgern zu machen (Mk 10,32ff) Nach Mt 28,16–20 geht er auf die zweifelnden Jünger zu, wie er auch in seinem Leben die „verlorenen Schafe des Hauses Israel“ (Mt 10,4) gesucht und seinen Jüngern nicht die

Treue aufgekündigt hat, obgleich sie ihn verlassen und verleugnet haben. Lukas betont, dass er leibhaftig auferstanden sei und dass sie ihn an seinen Händen und Füßen wiedererkennen können. Johannes unterstreicht, dass Jesus sogar bereit ist, sich vom zweifelnden Thomas an seinen Wunden berühren zu lassen.

Auf Seiten der Menschen wird nirgends verschwiegen, wie schwer es ist, zum Glauben an die Auferstehung zu gelangen. Nach Mk 16,8 verstummen die Frauen vor Schrecken, nach Mt 28 zweifeln die Elf, da Jesus ihn erscheint. Besonders Lukas und Johannes arbeiten als Problem heraus, den Auferstandenen zu erkennen. Die Emmaus-Jünger glauben, mit einem unwissenden Fremden des Weges zu ziehen; die Zwölf meinen, ein Gespenst zu sehen (Lk 24,36f); Maria Magdalena hält den Auferstehenden für den Gärtner (Joh 20,15); am See von Tiberias wissen die Jünger nicht, dass der geheimnisvolle Mann am Ufer, der sie, da es hell wird, wieder zum Fischen schickt, Jesus ist (Joh 21,1–6) – bis der Lieblingsjünger im Boot zu Petrus sagt: „Es ist der Herr!" (Joh 21,7). Die Erkenntnis des Auferstandenen muss aber Wiedererkenntnis sein: Denn es ist ja *Jesus,* den Gott von den Toten auferweckt hat, und umgekehrt ist die Vorstellung, dass ein Mensch, der gestorben und begraben ist, von den Toten aufersteht (und nicht lediglich reanimiert wird wie nach dem Vorbild von Ez 37 und Offb 11,7–12 sowie Joh 11) und in dieser Zeit als Auferstandener in Erscheinung tritt, ein Bruch selbst mit den kühnsten Auferstehungshoffnungen von Juden und Griechen.[48] Der Auferstandene *muss* als Jesus wiedererkannt, Jesus muss als Auferstandener wiedererkannt werden – sonst gibt es keinen Osterglauben. Die Erkenntnis bildet deshalb immer wieder den Höhepunkt vieler Ostergeschichten.

Aber die Erkenntnis stellt sich nicht ohne weiteres ein. Sie stößt im Gegenteil auf sehr viele Probleme. Was ist der Grund? Die Osterevangelien geben eine klare Antwort: Dass die Jünger den Auferstandenen nicht erkennen, liegt nicht daran, dass er sie in die Irre führte oder dass er sich verstecken, verkleiden, verbergen würde. Das Gegenteil ist richtig: Die Jünger erkennen den Auferstandenen deshalb nicht, *weil* es Jesus ist – er und kein anderer. Damit hatten sie am wenigsten gerechnet: dass mit den Tod am Kreuz *nicht* alles aus war. Das überstieg all ihre Hoffnungen: dass die Fesseln des Todes ihn nicht halten konnten. Das können sie nicht fassen: dass der Jesus, der sie in die Nachfolge gerufen hat, ihnen ganz neu als der Lebendige begegnet und sie aus dem Geheimnis Gottes heraus neu zur Verkündigung des Evangeliums sendet.

Analogien kennen die meisten Menschen: „Du hier? Das kann doch nicht wahr sein!“, so heißt es, wenn man einen Menschen an einem Ort und zu einer Zeit trifft, da man es nie und nimmer erwartet hätte. Diese Irritation löst nicht die Begegnung mit einem Unbekannten aus, sondern gerade mit einem Bekannten, der einem unversehens über den Weg läuft. Manchmal ist die Begriffsstutzigkeit so groß, dass man in der ungewohnten Umgebung den Namen nicht mehr weiß oder den Anderen für einen Moment gar nicht erkennt. Dies ist in stärkster Steigerung die Erfahrung der Jünger in der ersten Begegnung mit dem Auferstandenen.

Ihr Erkenntnisproblem spiegelt die Krise des Karfreitages wider und nimmt ernst, dass Jesus wirklich tot und begraben war, wie es das vielleicht älteste Glaubensbekenntnis der Urgemeinde formuliert (1Kor 15,3–5). Das Erkenntnisproblem spiegelt aber auch wider, dass der Auferstandene kein anderer ist als Jesus: der Jesus, den seine Jünger zu kennen glaubten, an dem sie zum Schluss schier irregeworden waren und der sich ihnen nun im Glanz des Ostermorgens als der von den Toten auferweckte Gottessohn zeigt.

2. Jesus in den Reden der Apostelgeschichte

Die Reden, die in der Apostelgeschichte gehalten werden, sind nach lukanischer Darstellung das entscheidende Medium der Mission. Zwar spielen auch Machttaten, Wunder und Zeichen eine Rolle. Aber wesentlich ist, dass die Boten des Evangeliums zur rechten Zeit am rechten Ort das rechte Wort finden. Die Hauptredner der Apostelgeschichte sind Petrus und Paulus. Sie reden vor Gericht, im Haus und in der Synagoge, auf Straßen und Plätzen, vor Tausenden von Hörern und im kleinen Kreis. Petrus redet als Erster der Zwölf, Paulus als der nach den Aposteln berufene Zeuge des Evangeliums vor den Heiden. Die Petrusreden bestimmen den ersten Teil der Apostelgeschichte: die Mission in Jerusalem und Judäa; die Petrusreden den zweiten Teil: die Mission bis an die Grenzen der Erde.

In den Reden kommen immer wieder der Tod und die Auferstehung Jesu zur Sprache; an gezielten Stellen wird aber auch die Erinnerung an Jesu Leben gepflegt. Nicht selten spielt die Geschichte Israels eine Rolle, wie sie in der Stephanusrede Apg 7 dominiert (in der es aber auch eine kurze Passage über Jesus von Nazareth gibt). Die Reden tragen stark die Handschrift des Lukas (der auch die Jesusstoffe des Evangeliums sprachlich stark überarbeitet hat). Die redaktionelle Prägung ist so stark, dass es methodisch fragwürdig, ja unzulässig wäre, aus den Reden der Apostelgeschichte eine urchristliche Theologie vor Abfassung der Paulusbriefe rekonstruieren zu wollen. Allerdings ist die zwischenzeitlich favorisierte These, die Reden seien durchweg lukanische Imaginationen, gleichfalls überzogen. Petrus und Paulus reden bei Lukas so, wie sie an Ort und Stelle hätten reden müssen und nicht besser hätten können; ob dies nur seiner schriftstellerischen Kunst verdankt ist, steht dahin.

a) Die Pfingstpredigt des Petrus: Der Geist des Nazoräers (Apg 2,22–36)

In den vierzig Tagen bis zur Himmelfahrt, in denen Jesus nach Apg 1 seinen Jüngern erschienen ist, hat er ihnen vom „Reich Gottes" erzählt (Apg 1,3). Das große Thema des irdischen Jesus ist auch das große Thema des Auferstandenen. Gottes Herrschaft ist der Inbegriff allen Heils. Jesus hat sich auf die Seite der Propheten Israels gestellt, die dem Volk Gottes Hoffnung über den Tod und das Ende der Geschichte hinaus gemacht haben. Lukas sieht diese Hoffnung durch Jesu ureigenen Tod und ureigene Auferstehung bestätigt und in neuen Dimensionen begründet. Ihm ist wichtig, dass in der Predigt der Kirche nichts wichtiger ist als das, was Jesus wichtig gewesen ist. Die Frohe Botschaft Jesu vom Reich Gottes soll weiter tradiert werden; im Namen Jesu soll auch das Zeugnis der heiligen Schriften Israels „bis ans Ende der Welt ausgebreitet" werden; beides gehört jetzt in den Zusammenhang des Ostergeheimnisses, in dem es sich zuspitzt und neu öffnet.[49]

Reden in der Kraft des Geistes

Die Jünger Jesu können nicht aus eigener Kraft so von Gott reden, dass Glauben entsteht. Aber sie sind auch nicht auf sich allein gestellt. Jesus verheißt ihnen den Heiligen Geist. Zu Pfingsten[50] kommt er auf die gesamte Gemeinde herab und bewirkt das Wunder gelingender Kommunikation: Juden aus aller Herren Länder, die in Jerusalem versammelt sind, können in ihrer eigenen Muttersprache verstehen, dass „Gottes große Taten" verkündet werden (Apg 2,11). Der lukanische Humor zeigt sich darin, dass die Wirkung des Wunders ambivalent bleibt. Einige fragen nach: „Was hat das zu bedeuten?" Andere spotten: „Sie sind voll des süßen Weines" (Apg 2,12f).

Das ist die Stunde des Petrus. Er spricht das rechte Wort zur rechten Zeit.[51] Er predigt in der Kraft des Geistes. Die Predigt, die nach herrschender Forschungsmeinung von Lukas gestaltet worden ist, aber alte Traditionen verarbeiten dürfte, verbindet drei Punkte miteinander: die gegenwärtige Situation, die geklärt werden muss; das Zeugnis der Heiligen Schrift (des „Alten" Testaments), das auch bei den Adressaten unstrittig anerkannt wird; und die Jesusgeschichte, von der her sich nicht nur die Schrift neu erklärt, sondern auch die Gegenwart.

Der erste Schritt der Petruspredigt (Apg 2,14–17): Er deutet die gegenwärtige Situation, die zu den Fragen und zum Spott geführt hatte, im Licht einer prophetischen Verheißung des Joël, die im Alten Testament als eines der farbenreichsten Hoffnungsbilder ausgemalt worden ist (Joël 3,1–5). Der Geist Gottes wird, wenn der Tag des Herrn kommt, im Volk Gottes aus Männern und Frauen, Jungen und Alten, Sklaven und Freien Prophetinnen und Propheten machen, um das Gottesvolk aus dem Schlaf der Sicherheit zu wecken und die Völker zum Zion zu locken, damit gelten kann: „Jeder, der den Namen des Herrn anruft, wird gerettet werden!" (vgl. Röm 10,13).

Damit fällt das Stichwort, um den zweiten Schritt zu machen (Apg 2,22–36): Wie Gott sich als der Herr erweist und durch wen er rettet, zeigt sich – wider alle Erwartung – definitiv an Jesus. Der Apostel scheut sich nicht, den Finger auf den wunden Punkt zu legen: dass Jesus gekreuzigt worden ist – zwar unter Pontius Pilatus, aber nicht ohne dass die Hohenpriester und dann die aufgeputschte Menge seinen Tod gefordert hätten. Das Ziel dieser schmerzlichen Erinnerung ist es nun aber nicht, „die Juden", wie es antijüdische und antisemitische Polemik später, Gott sei's geklagt, allzu oft getan hat, als „Gottesmörder" anzuklagen und sie als – angeblich – Verworfene zu brandmarken. Das Ziel besteht vielmehr darin, ihnen angesichts des Kreuzestodes Jesu das Heil Gottes neu zuzusagen. Dies geschieht sowohl durch das Zeugnis der Auferstehung als auch durch die Erinnerung an das Wirken Jesu.

Der Nazoräer

Beides gehört zusammen, und zwar unter dem Blickwinkel Gottes: Gott ist der, der Jesus von den Toten auferweckt hat; Gott ist aber auch der, wie jetzt neu bezeugt werden kann, der durch Jesus „in eurer Mitte", d. h. inmitten des von ihm erwählten und nie verstoßenen Gottesvolkes, „Machttaten, Zeichen und Wunder" gewirkt hat (Apg 2,22):

> „Jesus, den Nazoräer, hat Gott euch offenbart
> durch Machttaten, Zeichen und Wunder,
> die Gott durch ihn in eurer Mitte getan hat."

Petrus wirft ein Schlaglicht auf das Evangelium. Er ruft nicht alles in Erinnerung, sondern das, was ziemlich spektakulär, faszinierend und umstritten war: die Wunder, die Jesus getan hat, um Kranke zu heilen und Besessene zu befreien. Manche hatten vermutet, Jesus sei mit dem Teufel im Bunde; Petrus stellt im österlichen Lichte klar: Jesus ist mit Gott im Bunde. Seine Wunder sind *Machttaten*, weil in ihnen Gottes Kraft der Schöpfung und Erlösung konzentriert zum Ausdruck kommt; sie sind *Zeichen,* weil sie auf die Vollendung des Reiches Gottes hinweisen; denn an ihnen kann abgelesen werden, was in unendlicher Steigerung auf die Menschen zukommt, wenn der Menschensohn wiederkommt. Die Einheitsübersetzung redet von „Beglaubigung"; das ist schwach; Jesus hat doch gerade Beglaubigungswunder abgelehnt. Tatsächlich geht es um einen „Ausweis" (Lutherbibel), einen „Erweis" (Elberfelder Bibel), oder, noch elementarer: um ein demonstratives Zeigen, also um Offenbarung. Gott offenbart Jesus als Heiland. Dies geschieht durch seine „Machttaten, Zeichen und Wunder", weil in ihnen Gottes Macht und Güte zum Vorschein kommt. Wer Einzelheiten wissen und Zusammenhänge sehen will, muss das Evangelium selbst lesen. Aber wer den Auferstandenen verkünden will, muss auch vom Irdischen sprechen; denn der Erhöhte ist kein anderer als Jesus von Nazareth.

Auffällig ist, dass Jesus als „Nazoräer" bezeichnet wird (vgl. Apg 3,6; 4,10; 6,14; 22,8; 26,9, Joh 19,19). Damit wird auf Nazareth verwiesen, wo er aufgewachsen war (vgl. Lk 18,37: Nazoräer par. Mk 10,47: Nazarener); nach Lk 4,14 heißt der Ort „Nazara"; das erklärt die sprachliche Form etwas leichter. Sie eröffnet zwei Bezugsebenen: Zum einen eröffnet sich der Horizont der Vergangenheit. Nach Mt 2,23 ist es ein – unsicheres – Schriftzitat, das den Titel „Nazoräer" führt. Meist denkt man an Ri 13,5.7 in der Fassung der Septuaginta.[52] Dort ist das Geburtsorakel für den zwölften Richter, Simson, überliefert, von dem es heißt, er werde damit beginnen, „Israel aus der Gewalt der Philister zu befreien".[53] Er ist „Nasiräer", ein gottgeweihter Mann mit göttlicher Kraft. So auch Jesus, wenngleich in eschatologischer Steigerung.[54] Zum anderen eröffnet sich der Horizont der Zukunft: „Nazoräer", so heißt in den Worten der jüdischen Ankläger die „Sekte", in deren Dienst Paulus sich gestellt hat (Apg 24,5). Das Wort liegt ähnlich wie „Christianer" resp. „Christen" in Apg 11,26: Es ist eine Fremdbezeichnung, die zum Kern führt – hier zum Christus, dort zum Mann aus Nazareth. Das Bekenntnis zu Jesus dem Christus – nichts sonst, aber alles, was damit zusammenhängt – verbindet die Kirche.

Die Auferstehung des davidischen Messias
Petrus erspart den Jerusalemern nicht die Erinnerung an den Tod Jesu. Er redet von ihm, weil es für sie wie für ganz Israel und für alle Völker eine Zukunft jenseits des Todes Jesu gibt. Sie ist so aussichtsreich, dass die Augen vor der Vergangenheit nicht verschlossen zu werden brauchen. Die Erinnerung an Jesu öffentliches Wirken, durch das er von Gott als Messias offenbart worden ist, wird durch die Erinnerung an Jesu öffentliches Sterben vertieft, das auf die Verkündigung seiner Auferstehung hinausläuft:

> „[23] … ihn, der nach dem bestimmten Willen und Vorauswissen Gottes hingegeben war,
> habt ihr durch die Hand von Gesetzlosen gekreuzigt und getötet,
> [24]Gott aber hat ihn auferweckt, die Fesseln des Todes lösend, …"

Nach Kollektivschuld klingt Vers 23 nur auf den ersten Blick. Tatsächlich ist aufgespießt, dass die Hohenpriester als Vertreter des Volkes gehandelt haben und die Jerusalemer (die damals anwesend waren) sich haben mitreißen lassen. Nun gilt es, so Petrus, das Unrecht einzusehen, das Jesus angetan worden ist. Das ist nicht ohne Aussicht. Denn auf dem Kreuzweg weinten viele hinter Jesus her (Lk 23,27); auf Golgatha gab es zwar mehr als genug Gaffer, die sich das „Schauspiel" nicht entgehen lassen wollten (Lk 23,35.48), „aber sie schlugen sich an die Brust und wandten sich um". Diese Jerusalemer gehören zu den Hörern der Pfingstpredigt. Sie sollen die Unschuld Jesu einsehen. Sie sollen erkennen, dass Jesu Tod ein Unglück, ein tragisches Missverständnis war. Aber das reicht bei weitem nicht aus. Sie sollen auch einsehen, dass Jesu Tod ihnen zugute kommt, weil er – auf geheimnisvolle Weise – Gottes Heilsplan entsprach: Gott hat Jesus „hingegeben" – wie es im Einklang mit der ältesten christlichen Verkündigungssprache heißt. Was diejenigen getan haben, die Jesus durch die „Hand von Gesetzlosen", d. h. der Römer, hingerichtet haben, ist Schuld; aber diese Schuld macht Gott zum Mittel der Erlösung; sie ist eingebunden in seinen Heilsratschluss, in dem er Jesus, seinen Sohn, den Menschen gegeben hat – und diese Gabe nicht zurücknimmt, da sie ausgeschlagen wird.

Das zeigt sich durch die Auferstehung. Petrus erläutert sie mit Hilfe zweier Davidpsalmen, die er messianisch deutet. Den ersten, Ps 16,8–11^{LXX} (Apg 2,25–28), liest er als Wort, das der Messias an Gott, den Vater, richtet (was David mitteilt). Die folgende „Exegese" des Apostels (Apg 2,29ff) beschränkt sich darauf, die Sprecherrolle zu klären: Nicht David spricht über sich selbst, sondern der Christus bedient sich seiner als Sprecher, so dass David als Prophet über die Auferstehung Jesu redet. Der zweite Davidstext ist Ps 110. Ganz ähnlich wie Jesus nach Mk 12,35ff (par. Lk 20,41–44) deutet Petrus den Erhöhungspsalm als Wort des Auferstehungsglaubens Davids, der Mitteilung von einem Gotteswort an Christus erlangt hat. Liest man das lukanische Doppelwerk, wirkt es so, als habe Petrus die Lektion Jesu gelernt. Die Pfingstpredigt bringt die Auferstehungshoffnung des Messias Jesus zu Geltung.

b) Die Tempelpredigt des Petrus: Der Gottesknecht Jesus (Apg 3,12–26)

Die Pfingstpredigt beginnt mit der öffentlichen Predigt des Evangeliums. Sie stößt, erzählt Lukas, auf gewaltige Zustimmung und gewaltsame Ablehnung. Paulus tut sich besonders unangenehm hervor. Aber die Konflikte beginnen bereits früher, und sie werden mit dem Synhedrion ausgetragen, dem Hohen Rat, das, so Lukas, ein gerüttelt Mal an Verantwortung für Jesu Verurteilung und Hinrichtung trägt. Auslöser für die erste Verfolgung ist eine Predigt, die Petrus auf dem Tempelvorplatz hält, um die Turbulenzen zu beruhigen, die durch die Heilung des Gelähmten an der „Schönen Pforte" des Tempels entstanden sind (Apg 3,1–26). Petrus klärt die Lage, indem er auf Jesus verweist. „Nicht aus eigener Kraft", so betont er, hätten Johannes und er die Heilung vollbracht, sondern in der Kraft Gottes, die ihnen Jesus Christus vermittelt (Apg 3,12). Ob Lukas wollte, dass an die Aussendungsrede gedacht wird, nach der Jesus selbst seine Jünger bevollmächtigt, Kranke zu heilen und Dämonen auszutreiben (Lk 9,1–6 par. Mk 6,6–13; Lk 10,1–12), lässt sich nicht entscheiden. Aber Petrus stellt Jesus als „Knecht" Gottes vor (Apg 3,13.26; 4,27) und Gott als „Gott Abrahams, Isaaks und Jakobs", wie Jesus selbst es in der Auferstehungsfrage getan hat (Lk 20,37 par. Mk 12,26). Er arbeitet den – für das lukanische Doppelwerk typischen – Kontrast zwischen der Tötung Jesu durch Menschen und seiner Auferweckung heraus und bringt erneut das Unwissenheitsmotiv ein (Apg 3,17; vgl. 13,2), das auf Jesu: „Sie wissen nicht, was sie tun“ (Lk 23,34) zurückgeht.

Der Name Jesu

An zwei Punkten macht Petrus in diesem Zusammenhang die bleibende Bedeutung des Menschseins Jesu fest. Der eine ist der Name Jesu. „Im Namen Jesu Christi, des Nazoräers“ hat Petrus den Gelähmten geheilt (Apg 3,6). Als Jesus vor dem Hohen Rat wegen seines Wunders und seiner Predigt verhört wird, beruft er sich gleichfalls darauf, „im Namen Jesu“ gehandelt zu haben (Apg 4,10). Auch Paulus wird später „im Namen Jesu“ einen Dämon austreiben (Apg 16,18). Mit Magie und Namenzauber hat das nichts zu tun. Es geht auch nicht nur darum, mit Berufung auf Jesus zu agieren. Die Theologie des Namens reicht tiefer. Der Name steht für die Person. Wenn der Name ausgesprochen wird, ist die Person gegenwärtig. Sie wird allerdings im Falle Jesu nicht gezwungen, sondern bedient sich, gerade umgekehrt, des Sprechenden, um sich zu vergegenwärtigen. Die nächste Parallele ist das paulinische „in Christus“: im Machtbereich seiner Auferweckung, im Ausstrahlungsfeld seiner Proexistenz, die durch die Erhöhung das Wirken des Gottessohnes in der Macht Gottes charakterisiert. Bei Lukas aber spielt – anders als bei Paulus – der Jesus-Name eine besondere Rolle: „Du sollst ihm dem Namen Jesus geben“, hört Maria (nach Lk 1,31) aus Gabrielis Mund, da ihr die geistgewirkte Geburt ihres Erstgeborenen verheißen wird, und Gabriel deutet weit; „Er wird groß sein und Sohn des Höchsten genannt werden, und Gott wird ihm den Thron seines Vaters David geben“ (Lk 1,32). Der Wortbedeutung des Jesus-Namens – Gott hilft – kommt die matthäische Parallele noch näher, die direkt auf Jesu Sündenvergebung zuläuft (Mt 1,21). Die lukanische Erzählung öffnet die soteriologische Grundbedeutung des Namens Jesu im Horizont der ganzen Heilsgeschichte. Das bewahrheitet sich nachösterlich. Die Heilung des Gelähmten auf dem Tempelgelände ist nur ein kleines Zeichen für das Große, das sich abspielt und an den Namen Jesu gebunden ist. „Im Namen Jesu“ wird Kornelius mit seinem ganzen Haus getauft (Apg 10,48). Das zeigt noch deutlicher, was der Name Jesu bewirkt: Identifizierung des Glaubenden als jesuanischer Christ, Vergegenwärtigung der Heilsbedeutung seiner geschichtlichen Sendung, Unterstellung unter die Herrschaft dessen, der als auferstandener Kyrios Jesus bleibt.

Nach Apg 3,16 ist es der Glaube, der die Macht des Namens Jesu entfaltet: der Glaube der Apostel nicht weniger als der jener Menschen, die sich von ihm anstecken lassen.[55] Als Glaube an den Namen Jesu hält er das Gedächtnis Jesu wach.

Die Sendung des Knechtes

Der andere Punkt, an dem Petrus mitten in der Auferstehungspredigt an Jesus, den Irdischen, erinnert, ist die Rede vom „Knecht Gottes". Am vollsten tönt sie im Schlussvers (Apg 3,26):

> „Euch zuerst hat Gott seinen Knecht erstehen lassen
> und ihn gesandt,
> euch zu segnen,
> dass jeder sich abwende von seinen Bosheiten."

Der Satz knüpft an die Abrahamsverheißung Gen 12,2 an (Apg 3,25); er stellt wie Paulus in Gal 3 und Röm 4 die Rückbesinnung auf Abraham in den Kontext der Verheißung für die Völker, die an den „Samen" Abrahams, d. h. (nach christlicher Lesart) an Christus gebunden ist. Ebenso paulinisch ist das „zuerst", das den heilsgeschichtlichen Primat Israels markiert (Röm 1,16; 2,9f) und darin die Verheißungstreue Gottes wahrnimmt. Die (unausgesprochene) Gnadentheologie liegt ganz auf der Linie der paulinischen Rechtfertigungslehre. Die Umkehr, von der Petrus zum Schluss redet, ist nicht die Bedingung des Segens[56], sondern die Folge. Petrus heilt den Gelähmten von sich aus; zur Buße ruft er auf, nachdem er von Jesu Tod und Auferweckung gehandelt hat. Der „Segen", den Jesus spendet, ist der Segen Abrahams; er gilt aber nicht nur den Völkern, sondern auch dem Volk Gottes: „zuerst" die Juden, dann die Heiden werden in den Raum des Christusheiles vorgelassen.

Bestimmend ist die Vorstellung Jesu als „Knecht" Gottes. Petrus verwendet dasselbe Wort (griech. *paîs),* das in den Gottesknechtsliedern steht. Schon in Vers 13 ist das Echo zu hören. Dort redet Petrus von der Verherrlichung des Knechtes durch Gott. Das verweist zurück an Jes 53,11, wo gleichfalls gesagt ist, dass Gott seinen Knecht verherrlicht, das heißt wohl: von den Toten auferweckt habe. Apg 3,26 denkt an die geschichtliche Sendung. Denn das Verb „erstehen" bezeichnet zwar im Griechischen (*anhístemi)* meist die Auferstehung Jesu (und einen Nebenton, der aus dieser Richtung stammt, darf man mithören); aber hier nimmt es die Mose-Verheißung Dtn 18,5 auf, dass Gott „einen Propheten wie mich erstehen" lassen wird (Apg 3,22). Mithin verweist Petrus, nachdem er bereits den Tod und die Auferstehung Jesu verkündet hat, auf die irdische Sendung Jesu zurück. Die Segenspendung ist bereits definitiv mit dem Jesus der Basileia-Verkündigung verbunden. Darauf verweist auch das Motiv der Sendung, Denn in Nazareth bezieht Jesus Jes 66,1f auf sich, dass Gott ihn nicht nur „gesalbt", sondern auch „gesandt" habe, den Armen das Evangelium zu künden (Lk 4,18). Auf die Salbung des Knechtes verweist Petrus nach Apg 4,27 und lässt Ps 2,2 anklingen, so dass der Bezug des Knechtes zum Messias Gottes deutlich wird.

„Knecht" Gottes ist Jesus nach der Petrusrede in einem dreifachen Sinn: als der Gesandte Gottes; als der Gehorsame und als der Erniedrigte, Verworfene, Getötete, eben deshalb aber von Gott Auferweckte und Verherrlichte, so dass die Auferstehung Jesu die Bedingung der Möglichkeit schafft, die Heilsbedeutung seiner gesamten Sendung zur Wirkung zu bringen. Nach Apg 3,13f ist er der „Heilige und Gerechte"; beides unterstreicht seine Zugehörigkeit zu Gott ebenso wie seine Heilssendung bei den Menschen. Als „Heiliger Gottes" schreit ihn ein Dämon an, der weiß, dass es mit ihm aus ist (Lk 4,34 par. Mk 1,24); als „Gerechten" hat ihn der heidnische Hauptmann unter dem Kreuz erkannt (Lk 23,47 diff. Mk 15,39: Sohn Gottes); „Knecht" liegt ganz nahe bei „Sohn" und bei „Christus" Gottes. Dass Jesus aber im Licht der Auferstehung „Knecht" genannt wird, zeigt seine Wurzeln in Israel und die bleibende Bedeutung seines geschichtlichen Heilsdienstes bis zum Kreuz.

c) Die Taufpredigt des Petrus im Haus des Kornelius: Der Gesalbte (Apg 10,36–40)

Nach der Apostelgeschichte ist es Petrus, der den ersten Heiden tauft: den gottesfürchtigen Kornelius mit seinem ganzen Haus in Caesarea. Petrus hat sich mit Händen und Füßen gesträubt, weil er der festen Überzeugung war, der Kirche sei es nicht erlaubt, die Grenze zu den Heiden zu überschreiten. Der Heilige Geist, erzählt Lukas, muss ihn mit sanfter Gewalt überzeugen, bis er bekennt: „Wahrhaftig, jetzt begreife ich, dass Gott nicht auf die Person sieht, sondern dass ihm in jedem Volk willkommen ist, wer ihn fürchtet und tut, was recht ist" (Apg 10,34f).[57] Diese Eingebung ist aber eine Konsequenz der ganzen Jesusgeschichte. Petrus rekapituliert sie im Haus des Kornelius aus einem doppelten Grund: Weil Jesus tat und litt, was er tat und litt, eröffnet sich jetzt durch die Auferstehung und die Sendung des Geistes auch den Heiden die Tür in die Kirche; weil aber diese Jesusgeschichte elementare und bleibende Bedeutung hat, muss Petrus sie wenigstens kurz in Erinnerung rufen. Er rechnet damit, dass auch dem Gottesfürchtigen Kornelius – einem römischen Hauptmann in der Provinzhauptstadt Caesarea am Meer, die Jesus vermutlich nie betreten hat – nicht ganz unbekannt geblieben ist, was sich mit Jesu zugetragen hat. Aber Petrus kann dieses Vorwissen nicht im Ungefähren lassen; er muss einige Stichpunkte nennen, an die man sich halten kann. Deshalb lässt er in seiner Predigt kurz die Jesusgeschichte Revue passieren (Apg 10,36–40):

„36 Gott hat das Wort den Söhnen Israels gesandt,
indem er durch Jesus Christus den Frieden verkündet hat.
Er ist der Herr aller.
37 Ihr wisst, was im ganzen Judenland geschehen ist,
angefangen von Galiläa nach der Taufe, die Johannes verkündet hat:
38 Jesus von Nazareth,
den Gott gesalbt hat mit dem Heiligen Geist und mit Kraft,
er zog umher,
tat Gutes
und heilte alle, die in der Gewalt des Teufels waren;
denn Gott war mit ihm.
39 Und wir sind Zeugen für alles,
was er im Judenland und in Jerusalem getan hat.
Ihn haben sie ans Holz gehängt und getötet,
40 Gott aber hat ihn am dritten Tage auferweckt
und hat ihn erscheinen lassen.“

Die Grundstruktur der Petruspredigt entspricht der Grundstruktur des Evangeliums: Taufe – öffentliche Verkündigung – Tod – Auferweckung und Erscheinungen. Manche haben daraus geschlossen, die Petruspredigt könne ein Muster für die Evangelien geworden sein; vielleicht ist sie aber doch eher ein *summary*. In jedem Fall beweist die Petruspredigt, dass für Lukas in der österlichen Glaubensverkündigung der irdische Jesus präsent bleiben muss und in der normativen Anfangszeit der Kirche auch präsent geblieben ist. Der Evangelist beruft sich zu Beginn seines Evangeliums auf das, was zuerst die „Augenzeugen und Diener des Wortes“ überliefert haben (Lk 1,2). Er denkt an die Zwölf Apostel, die – idealiter – „angefangen von der Taufe durch Johannes bis zu dem Tag, an dem er ... in den Himmel aufgenommen wurde“ (Apg 1,22), alles Relevante vom irdischen Jesus mitbekommen haben. Das schwingt mit, wenn Petrus – für die Apostel – sagt: „Wir sind Zeugen für alles, was er im Land der Juden und in Jerusalem getan hat.“

Petrus kann in Caesarea also aus dem Vollen schöpfen und sich deshalb auf einiges wenige konzentrieren. Jedes Wort im Summarium ist wichtig.

1. Jesu Wirken hat einen bestimmten Ort – das Gottesvolk Israel. Jesus wirkt nicht im Niemandsland und nicht in Utopia, sondern in Israel, „im ganzen Judenland … in Galiläa … und in Jerusalem“ (10,37.39). Das ist keine historische Zufälligkeit, sondern eine theologische Notwendigkeit. Denn es ist Ausdruck des Bekenntnisses Jesu zu seinem Judentum, und darin ist es Ausdruck der Verheißungstreue Gottes. Jesus wirkt im *ganzen* Heiligen Land, in Galiläa und in Jerusalem, weil er *ganz* Israel sammeln will und für alle sein Leben hingibt. Für Kornelius ist dies nicht nur eine schöne Erinnerung, sondern ein Grund zur Hoffnung: durch Jesus selbst zu dem Volk zu gehören, das Gott sich zu eigen erwählt hat.

2. Jesu Wirken hat eine bestimmte Zeit – die Erfüllung. Im Evangelium datiert Lukas genau: „im 15. Jahr der Regierung des Kaisers Tiberius“ (Lk 3,1). Dieses Datum bezieht er direkt auf Johannes den Täufer und dadurch indirekt auf Jesus. Politisch ist der Kaiser wichtig, theologisch der Täufer. Auf ihn bezieht sich die Petruspredigt zu Kornelius: „nach der Taufe, die Johannes verkündet hat“. Johannes ist für Jesus der größte aller Propheten, ja aller Menschen (Lk 7,28 par. Mt 11,11). Denn Johannes ist der Wegbereiter des Messias. Er tauft mit Wasser, um die Taufe „mit Feuer und Heiligem Geist“ zu verheißen (Lk 3,1–16). Er sagt, dass Gott mit seinem heiligen Zorn über die Sünde der Menschen innerhalb und außerhalb Israels im Recht ist. Aber er verheißt Zukunft über den Horizont des Todes hinaus. Ohne ihn hätte Jesus keinen Bezugspunkt, um zu verkünden, dass Gott mehr noch mit seiner Liebe im Recht ist. Für Kornelius ist dies die Chance seines Lebens: Er profitiert von Gottes überströmender Gnade, die ihm durch Jesus zuteil wird.

3. Jesu Wirken hat eine bestimmte Qualität – des Messias. Messias heißt „Gesalbter“. In seiner Antrittspredigt zu Nazareth, die Lukas als programmatischen Auftakt des öffentlichen Wirkens gestaltet, zitiert Jesus den Propheten Jesaja: „Der Geist des Herrn ruht auf mir; er hat mich gesalbt, den Armen das Evangelium zu verkünden“ (Lk 4,18 [Jes 61,1f]). Die Begabung mit dem Geist führt dazu, dass der Prophet das Wort Gottes verkünden kann. Die Salbung ist ein sakraler Akt, der ursprünglich mit dem König- und dem Priestertum verbunden ist.[58] Durch die Salbung wird ein Mensch in die Sphäre Gottes gezogen; er wird geheiligt, um eine

Aufgabe Gottes für die Menschen zu erfüllen: sei es, gerecht zu herrschen; sei es, Gottes Wort zu verkünden; sei es, die Sünder mit Gott zu versöhnen. Wenn von der Salbung eines Propheten geredet wird (vgl. 1Kor 19,16), geht es gleichfalls um die Einsetzung in ein von Gott gewolltes Amt, das den ganzen Menschen dauerhaft prägt. Alle drei Momente, das königliche, priesterliche und prophetische, verbinden sich mit der Hoffnungsgestalt des Messias, des Christus, des Gesalbten. Jesus, so Petrus in der Apostelgeschichte, knüpft an die alttestamentlich-jüdische Tradition an und bricht sie auf. Die Nazareth-Perikope weist auf die Taufe Jesu im Jordan durch Johannes zurück und auf das, was unmittelbar danach geschah, als Jesus sein Gebet beendet hatte (Lk 3,21f): Der Geist Gottes kommt auf Jesus herab und bleibt auf ihm, während die Stimme Gottes aus dem Himmel diesen Jesus als den geliebten Sohn Gottes ausweist. In der lukanischen Variante wird zweierlei besonders klar: dass die Salbung den Auftrag zur messianischen Verkündigung umschließt, mit der Jesus sofort beginnen wird, und dass Jesus durch die Salbung nicht zu etwas wird, was er vorher nicht war, sondern als der gesalbte, der messianische Gottessohn dem Volk Gottes *offenbart* wird. Die Stimme aus dem geöffneten Himmel greift Ps 2 auf, den auch im Judentum messianisch gedeuteten Davidspsalm: „Mein Sohn bist du". Dass Jesus Gottes *geliebter* Sohn ist, wie es mit der markinischen Vorlage (Mk 1,11) über Ps 2,7 hinaus heißt, weist auf das Geheimnis der ewigen Beziehung zwischen dem Vater und dem Sohn, in die der Geist einführt. Mit Ps 2,7 verbindet die Himmelsstimme Jes 42,1, die Berufungserzählung vom prophetischen Gottesknecht: „an dir habe ich Gefallen gefunden". Die Stimme lenkt den Blick zurück nach vorn: in die Liebe des Vaters zum Sohn, die ohne Anfang und ohne Ende ist. Die „Kraft" (griechisch: Dynamik), mit der Gott Jesus ausstattet, dient nicht seiner Legitimation, sondern seiner Heilswirksamkeit. Sie zeigt sich nicht zuletzt in Jesu *Macht*taten, von denen bereits die Pfingstpredigt gesprochen hatte (Apg 2,22). Für Kornelius und alle, die er repräsentiert, ergibt sich aus dieser Erinnerung: Gott, der Vater, ist mit Jesus, dem Gesalbten, so sehr eins, dass die Wirkung der messianischen Sendung Jesu auch auf sie ausstrahlt: Liebe überschreitet Grenzen; der Horizont des Heiles ist universal.[59]

4. Jesu Wirken hat eine bestimmte Mitte – Gott. Gott, den Kornelius bereits, obgleich kein Jude, fürchtete, weil er von seiner Einzigkeit und Heiligkeit, seinen Heilstaten und seiner Barmherzigkeit gehört hatte, ist der eigentliche Akteur in den Aktionen

Jesu. Er hat gesalbt, er hat Kraft verliehen, er offenbart Jesus (Apg 2,22). Die Petruspredigt schließt die Erinnerung an Jesu Wirken mit einem knappen Satz ab, der alles umfasst: „Gott war mit ihm". Im Evangelium hat Lukas immer wieder erzählt, dass Jesus mit Gott war: dass er im Gebet die Nähe Gottes gesucht und gefunden hat (Lk 3,21; 6,12; 9,18.28; 11,1; 2,39–46). Die Petruspredigt weist in die andere Richtung: Gott ist „mit" Jesus; er stellt sich auf die Seite seines Gesalbten; er ist gegenwärtig, wo Jesus ist; in Jesus begegnet Gott selbst. Die Theologie des Geistes bestimmt den Hintergrund. Kornelius darf darauf vertrauen, dass Gottes Mitsein durch die Auferstehung noch gesteigert wird. Diese Präsenz ist die Basis der Heilszusage, die Petrus ihm jetzt machen kann: ihm und allen Heiden, die Gott fürchten.

5. Jesu Wirken hat eine bestimmte Wirkung – das Heil Gottes. Die Heilungen, die Jesus vollbracht hat, sind ein wichtiges Zeichen. Krankheit erschien in Jesu Umwelt nicht nur als ein medizinisches Problem, sondern auch als soziales und religiöses. Viele ansteckende Krankheiten forderten die Isolation der Betroffenen. Heilung bedeutet deshalb auch Rückkehr ins Leben mit anderen. Die Heilung des Aussätzigen (Lk 5,12–16) ist ein wichtiges Beispiel. Für Kornelius ist es unmittelbar relevant. Denn Petrus ging davon aus, dass Heiden unrein seien und dass die Begegnung mit ihnen auch ihn, der nichts Unreines angerührt habe (Apg 10,14), verunreinige, d. h. aus dem Volk Gottes ausgrenze (vgl. Apg 11,3). Er aber hat jetzt durch den Geist gelernt, „dass man keinen Menschen unrein oder unheilig nennen darf" (Apg 10,28). Jesus hat innerhalb Israels vorgemacht, was nun, nach Ostern, über die Grenzen Israels hinaus wirksam werden kann: Nicht Unreinheit, sondern Reinheit steckt an; Jesus, der Heilige, heiligt die Sünder; Petrus kann dies Kornelius zusprechen. Er redet drastisch von der Heilung aller, „die in der Gewalt des Teufels waren". Beim Blick ins Evangelium denkt man vor allem an die Besessenen, die von Dämonen, bösen Geistern, geplagt wurden. Jesus hatte gesagt: „Wenn ich mit dem Finger Gottes die Dämonen austreibe, ist die Herrschaft Gottes zu euch vorgestoßen" (Lk 11,20). Das ist die Frohe Botschaft: Die Macht Gottes bricht in Jesus die Macht des Teufels, des Widersachers, der will, dass Menschen grausam sterben. Die heilende und befreiende Kraft ist nicht auf die Zeit des öffentlichen Wirkens Jesu beschränkt. Sie weitet sich durch Ostern noch aus. Aber nachösterlich, in der Zeit der Kirche, gibt es keine andere Heil-Kraft als diejenige, die Gott Jesus verliehen hat.

Tiefenschärfe gewinnt die Petruspredigt, wenn man sieht, dass sie auf (alttestamentliche) Schrifttexte anspielt. Ein Bezugstext ist Ps 107, ein Danklied derer, die frei geworden sind, ihrer Verlorenheit ins Auge zu sehen, weil sie Gottes Erlösung erfahren haben: „… denen er sein Wort sandte, die er heilte und vom Verderben befreite“ (Ps 107,20) – das Staunen über die Rettung klingt nach und wird überformt vom überwältigenden Gefühl der Dankbarkeit. Ein zweiter Bezugstext ist Jes 52,7, ein Grundtext alttestamentlicher Prophetie und neutestamentlicher Christologie: „Wie willkommen sind auf den Bergen die Schritte des Freudenboten, der Frieden ankündigt, der eine frohe Botschaft bringt und Rettung verheißt, der zu Zion sagt: Dein Gott ist König.“

Petrus stellt diese Erinnerung an Gottes Verheißung, die ihm Erinnerung an Jesu Evangelium ist, in den Kontext des Todes und der Auferstehung Jesu. Kein anderer als dieser Jesus ist ans „Holz“ gehängt worden, ans „Holz des Kreuzes“, das auf hintergründige Weise zum Holz des Lebens geworden ist, von dem das Buch der Weisheit Salomos spricht, wenn es an das Holz der Arche denkt: „Denn Segen ruht auf dem Holz, durch das Gerechtigkeit geschieht“ (Weish 14,7). Der Auferstandene aber ist Jesus, wie Gott ihn hat in Erscheinung treten lassen. Von ihm kann Petrus sagen: „Das ist der von Gott eingesetzte Richter der Lebenden und der Toten: Von ihm bezeugen alle Propheten, dass jeder, der an ihn glaubt, durch seinen Namen die Vergebung der Sünden empfängt“ (Apg 10,42f).

Nachdem dies alles klargestellt ist, kann Lukas nüchtern den Erfolg konstatieren: „Noch während Petrus redete, kam der Heilige Geist auf alle herab, die das Wort hörten“ (Apg 10,44). Dass dies im Sinne Jesu war – wer wollte das bestreiten?

d) Die Synagogenpredigt des Paulus in Antiochien: Der Retter aus Davids Geschlecht (Apg 13,23ff)

Nach Petrus ist in der Apostelgeschichte Paulus der zweite große Missionsredner. Auf seiner ersten Missionsreise, die sein Mentor Barnabas zusammen mit ihm unternimmt, kommt er ins pisidische Antiochien. Am Sabbat wird ihm vom Vorsteher Gelegenheit zur Predigt in der Synagoge gegeben. Paulus beginnt mit einem knappen Rückblick auf die Geschichte Israels von der Erwählung der Väter und vom Exodus über die Zeit der Richter und Saul – nachdem er, auch ein Angehöriger des Stammes Benjamin, seinen Namen erhalten hat – bis zu König David (13,17–22). Diese Rekapitulation schafft nicht nur grundsätzliches Einvernehmen zwischen dem jüdischen Apostel und seiner jüdischen Zuhörerschaft in der Diaspora. Sie gibt dem Redner auch das Stichwort, auf Jesus zu kommen. Die Perspektive ist die Theozentrik: So wie Gott Israel erwählt, erhöht, herausgeführt, getragen und zu Besitz gebracht hat, steht er auch zur Verheißung, die der Prophet Nathan ausgesprochen hatte, dass David einen Sohn haben werde, dessen Königtum ewigen Bestand habe (2Sam 7). Dies ist die Zusage unverbrüchlicher Bundestreue Gottes und damit eine durch und durch pro-israelitische und pro-jüdische Aussage, die gerade dadurch, dass sie christologische Bedeutung hat, in der neutestamentlichen Verkündigung präsent bleibt (Apg 13,23–26):

> „23 Aus Davids Geschlecht hat Gott dem Volk Israel, der Verheißung gemäß, Jesus als Retter geschickt.
> 24 Vor dessen Auftreten hat Johannes dem ganzen Volk Israel die Taufe der Umkehr verkündigt.
> 25 Als Johannes aber seinen Lauf vollendet hatte, sagte er:
> „Ich bin nicht der, für den ihr mich haltet;
> aber seht, nach mir kommt einer, dem die Sandalen von den Füßen zu lösen ich nicht wert bin."
> 26 Brüder, ihr Söhne aus Abrahams Geschlecht, und ihr Gottesfürchtigen: Uns wurde das Wort dieses Heils gesandt."

Nicht von ungefähr nennt Paulus (Apg 13,22) David den Sohn Jesses (Isais). Denn die spätalttestamentliche und frühjüdische Messianologie ist von den Katastrophen der Geschichte Israels nicht unbeeindruckt geblieben. Nach dem babylonischen Exil ist an eine genealogische, d. h. biologische und genetische Kontinuität nicht mehr zu denken. Doch Gott findet einen Weg, seine Verheißung zu verwirklichen. Jes 11,1 prägt das neue Bild: „Doch aus der Wurzel Jesse wächst ein Reis empor, ein junger Trieb aus seinem Schoß bringt Frucht." Die Schöpferkraft, mit der Gott den Messias aus Davids Geschlecht ins Leben ruft, obgleich die natürliche Zeugungskette unwiederbringlich abgebrochen ist, kommt in der Anspielung auf Jes 11 klar zum Ausdruck. Es ist dasselbe christologische Niveau wie im Kindheitsevangelium, wenn, Jes 7,14 im Sinn, von der Geburt des Messias Jesus aus der Jungfrau Maria gesprochen wird.

Jesus in Israel

Jesus ist von Gott geschickt als Retter Israels. Mit dem Pathos des geborenen Juden kann Paulus deshalb zu Juden sagen: „Uns wurde das Wort dieses Heiles gesandt." Das Evangelium Jesu, an das

Paulus erinnert, indem er des Vorläufers Johannes gedenkt, ist die Rettung Israels. Diese Perspektive der Hoffnung wird scheinbar dadurch verstellt, dass Paulus, wie Lukas es erzählt, mit seiner Christuspredigt, die Jesuspredigt ist, trotz manchen Interesses auf starke Ablehnung stößt, wie Jesus von den „Einwohnern Jerusalems“ und ihren „Anführern“ abgelehnt worden war (13,27ff). Das wurde in der Exegese nicht selten so gedeutet, als hätten damit die „ungläubigen Juden“ die letzte Chance verpasst. Kein Wort davon bei Lukas! Die Reaktion des Paulus ist nur, sich wegen der Ablehnung in der Synagoge den Heiden zuzuwenden. Was mit den nicht an Jesus glaubenden Juden geschieht, wird nicht weiter erzählt. Erst der christliche Antijudaismus meinte, die Lücke füllen zu müssen.

Sie lässt aber Raum dafür, dass Gott auf seine Weise die Verheißung der Rettung erfüllt. Auffällig sind die Parallelen zum Römerbrief. Auch dort betont Paulus, dass Jesus der Messias ist aus Davids Geschlecht (Röm 1,3f). Im selben Brief spricht er explizit von der Rettung „ganz Israels“ (Röm 11,26). Eine vergleichbare Explikation bieten die Paulusreden der Apostelgeschichte nicht. Aber der Jesus, den Gott als Retter Israels geschickt hat, wird das Ziel seiner Sendung erreichen – wie auch immer, jedenfalls nach Gottes Plan. Und überall dort, wo in der Christuspredigt von der Kreuzigung und von der Auferstehung des Gottessohnes die Rede ist, muss um Jesu willen die Hoffnung Israels lebendig bleiben.

Jesus und Johannes der Täufer

In Antiochia betont Paulus die Verbindung zwischen Jesus und dem Täufer Johannes. Die Apostelgeschichte zeigt, dass es noch längere Zeit Anhänger des Täufers gegeben hat, die teils in Konkurrenz zum Christentum gestanden, teils erst später den Weg zur Kirche gefunden haben. In Ephesus muss Paulus Johannesjünger, die noch nichts von Jesus und vom Geist gehört haben, taufen, damit sie Anschluss ans Christentum finden, auf das – dem gesamten Neuen Testament zufolge – Johannes selbst den Weg der Israeliten lenkt (Apg 19,1–7).

Es kann sein, dass in der Tradition, die Apg 13 aufgreift, Fragen des Verhältnisses zwischen den Täufer und Jesus eine Rolle gespielt haben. Wichtiger ist, dass in der Struktur aller Evangelien der Bogen von Johannes zu Jesus geschlagen wird. Lukas baut die Spannung bereits in der Kindheitsgeschichte auf (Lk 1–2), wenn er in gezielter Steigerung zuerst von der Verheißung der Geburt des Johannes, dann der Jesu und wieder zuerst von der Geburt des Johannes, dann der Jesu erzählt. In allen Evangelien ist die Taufe Jesu durch Johannes am Jordan der Schnittpunkt. Paulus markiert ihn in Antiochien nur indirekt. Er greift die Verheißungspredigt des Täufers auf. Die Redenquelle kennt auch eine ausgeführte Buß- und Standespredigt des Johannes (Mt 3,7–10 par. Lk 3,4–14), während Markus (Mk 1,7f) und Johannes sich ganz auf die Messiaspredigt werfen. Für den paulinischen Redezusammenhang ist das entscheidend. Paulus, wie er nach Lukas den Täufer zitiert, stimmt sinngemäß, wenngleich nicht wörtlich mit der Predigt überein, die Lukas in seinem Evangelium referiert. Paulus wehrt – aus aktuellem Anlass? – das Missverständnis ab, Johannes sei selbst der Messias, das Lukas kurz erwähnt (Lk 3,14) und Johannes breit ausführt (Joh 1,19–28). Die Exegese streitet, ob die Täuferpredigt ursprünglich nur vom Kommen Gottes oder des Messias gesprochen und weiter: ob er in Jesus den Messias gesehen habe. Im ersten Punkt spricht das Bild der Sandalen oder Schuhriemen für einen Menschen, im zweiten Punkt die Evangelientradition für eine späte Glaubenseinsicht; nach Johannes ist sie schon bei der Taufe geschehen, nach der Redenquelle aber fragt Johannes noch aus dem Gefängnis: „Bist du es, der da kommen soll, oder müssen wir auf einen anderen warten?“ (Mt 11,3 par. Lk 7,28).

Paulus ist in der Synagoge an beiden Punkten auf der Höhe der synoptischen Tradition. Er situiert das Zeugnis des Täufers am Ende seiner Laufbahn und gibt ihm dadurch testamentarischen Charakter. Der „nach ihm Kommende“ ist der Messias; der, dem er „die Sandalen von den Füßen zu lösen, nicht würdig“ ist, ist der Gottessohn Jesus. Das Lösen der Sandalen ist ein Dienst des Sklaven gegenüber dem Herrn. Der Täufer erkennt den Messias als seinen Herrn an. Den Juden Antiochias wird er als jüdischer Zeuge für die Messianität Jesu vorgestellt – so wie er es nach den Evangelien geworden ist.

Tot und begraben – aber auferweckt

Paulus bleibt in Antiochien nicht bei der Lebensgeschichte Jesu stehen, er geht auch auf Jesu Leidensgeschichte ein. Der entscheidende Kontrast wird sichtbar gemacht: der Kontrast zwischen Tod und Leben, Mensch und Gott, Schuld und Gnade (Apg 13,27–30):

> „27 Die Einwohner von Jerusalem und ihre Führer haben Jesus nicht erkannt,
> aber die Worte der Propheten, die an jedem Sabbat vorgelesen werden, erfüllt und ihn verurteilt.

[28]Obwohl sie keinen Todesgrund fanden, forderten sie von Pilatus seine Hinrichtung.
[29]Und als sie alles vollendet hatten, was von ihm geschrieben steht, nahmen sie ihn vom Holz und legten ihn ins Grab.
[30]Gott aber hat ihn von den Toten auferweckt.“

Die Kontrastformel will nicht dem Tod Jesu an sich einen Sinn abgewinnen. Aber sie zeugt davon, dass Gottes Möglichkeiten, Heil zu schaffen, am Kreuz nicht beendet, sondern durch das Kreuz neu herausgefordert worden sind – so dass alle davon den Nutzen haben, sogar diejenigen, die Jesus ans Kreuz geschlagen haben. „Vergib ihnen, sie wissen nicht, was sie tun“ (Lk 23,34) – dieses Wort Jesu gibt einen Maßstab vor, den jede christliche Rede vom Kreuzestod Jesu beachten muss. Die Unwissenheit ist nicht Dummheit. Im Gegenteil: Jesus wird abgelehnt, weil man sicher – allzu sicher – weiß (oder zu wissen glaubt), was Gott will – und dass Jesus keinesfalls der Messias sein kann.

Aus menschlicher Perspektive zeigt sich, dass Gott *trotz* des Kreuzes Heil schafft. Aber Gottes Möglichkeiten sind damit nicht ausgereizt. Er schafft *durch* das Kreuz Heil. Jesus ist nicht am Kreuz vorbei, er ist durch den Kreuzestod hindurch zu Gott gegangen. Gott hat Jesus nicht „trotz“ seines Todes auferweckt. Er hat auch nicht mit seinem rettenden Eingreifen abgewartet, bis Jesus die äußerste Probe seines Gottvertrauens abgelegt hat. Er war *im* Kreuz Jesu gegenwärtig und *deshalb* ist er der totenerweckende Gott.

Nach der Apostelgeschichte sagt Paulus, dass durch den Tod Jesu, den Menschen wider besseres Wissen verschuldet haben, etwas in Erfüllung geht: nicht nur böse Ahnungen, wie schlecht es guten Menschen gehen kann, sondern eine prophetische Voraussicht, durch Israels Erfahrung bestätigt, dass einer, den Gott in die Welt sendet, um seinen Willen zu verkünden, nicht auf breite Zustimmung stößt, sondern erst all die Widerstände aufdeckt, die sich gegen Gott richten. Dieses Schicksal der Propheten hat Jesus geteilt. Gott hat es vorausgesehen. Die menschliche Schuld ist vom Heilsplan Gottes umfangen. Nicht, dass Gott auf die menschliche Sünde, auf Unwissenheit und Verrat angewiesen wäre, um Heil zu schaffen. Wer so dächte, stellte die Dinge auf den Kopf. Vielmehr hat Gott, das Risiko nicht scheuend und den Verlust einkalkulierend, durch die Sendung Jesu die Schuld der Menschen, ihre Widersetzlichkeit, ihre Besserwisserei in unglaublicher Weise angenommen, um die Wunden, die das Leben schlägt, zu heilen – durch die Wunden, die dem Gekreuzigten in Gottes Namen zugefügt werden. Gott wendet sich nicht angewidert ab: weder vom

Gekreuzigten, dem Verfluchten, noch von denen, die diesen Tod verschuldet haben.

Die Auferweckung zeigt, wie ernst Gott den Kreuzestod Jesu nimmt. Der Kreuzestod zeigt, wie ernst Gott die Menschen nimmt. Die Menschen zeigen, wie ernst ihre Lage ist und wie sehr sie auf Gott angewiesen sind.

e) Die Abschiedsrede des Paulus in Milet: „Geben ist seliger als nehmen" (Apg 20,35)

Die Rede, die Paulus in Milet an die Presbyter richtet, die aus Ephesus herbeigekommen sind, gehört zu den ergreifenden Zeugnissen des Neuen Testaments (Apg 20,17–38): Paulus ahnt sein Martyrium; er sorgt sich um die Zukunft der Kirche nach seinem Tod; er versammelt diejenigen, denen er die Leitung der Kirche anvertraut. Ihnen zeigt er im Rückblick die großen Linien seines Lebens im Dienst am Evangelium auf, das sie als vorbildlich erkennen sollen; sie stimmt er auf die Herausforderungen der Zukunft ein, die sie meistern werden, wenn sie die paulinischen Empfehlungen beherzigen.

Deshalb ist die Abschiedsrede des Paulus in Milet ein Schlüsseltext neutestamentlicher Ekklesiologie. Die entscheidende Aufgabe, den Übergang von der apostolischen zur nachapostolischen Zeit zu gestalten, wird zum Thema. Die Lösung hat Epoche gemacht: Die Presbyter sollen als „Episkopen", d. h. als „Bischöfe" den Dienst der Hirten leisten, indem sie ihre Gemeinden zu den Quellen des Glaubens führen, aus denen sie trinken, und zu den Weideplätzen des Lebens, auf denen sie Nahrung und Ruhe für ihre Seelen finden; sie sollen sie schützen vor den Gefahren des Aberglaubens, der nicht nur von aggressiven Christenfeinden, sondern auch von Irrlehrern aus ihrer Mitte, von falschen Hirten ausgeht.

Die Paulusrede hat Lukas als Testament des großen Missionars und Gemeindegründers gestaltet. Einerseits hat eine spätere Zeit ihr Paulusbild wiedergefunden, das die Heiligkeit seines Lebens mit der Wahrheit seiner Botschaft verbindet; andererseits gibt es keine Paulusrede, die so enge Bezüge zu den Paulusbriefen aufweist wie diese.

Gegen Ende kommt Paulus wieder auf sich zu sprechen. Sein Leben ist ein Vermächtnis. Er, der die Presbyter „Gott und dem Wort seiner Gnade" anvertraut (20,32), ist selbst einer, der alles in Gott festmacht, alles auf das Evangelium setzt und alles von Jesus erwartet. Paulus erinnert an ein wichtiges Detail seines Verkündigungsdienstes, das auch in seinen Briefen eine große Rolle spielt und das in den Gemeinden nicht auf ungeteilte Zustimmung gestoßen war: dass er zwar das Recht gehabt hätte, als Apostel von den Gemeinden versorgt zu werden, aber, um seine Freiheit zu wahren, von seiner eigenen Hände Arbeit gelebt hat (vgl. 1Kor 9).

Auf Reichtum, auf „Silber und Gold und Prachtgewänder" hat Paulus verzichtet (Apg 20,33) – nicht, weil er der Welt abgesagt hätte oder all das, was das Leben angenehm macht, verachten würde, sondern aus Solidarität mit den Armen. Diese Solidarität führt Paulus in engste Nähe zu Jesus. Gerade Lukas hat Jesus als Freund der Armen gezeichnet, der ihre Armut geteilt hat, um ihnen die Liebe Gottes zuzusagen.

Paulus erzählt in Milet aber nicht diese Jesusgeschichten neu, sondern zitiert Jesus selbst (Apg 20,35):

> „In allem habe ich euch gezeigt, dass man … sich der Schwachen annehmen soll, in Erinnerung an die Worte Jesu, des Herrn, der selbst gesagt hat:
> ‚Geben ist seliger als nehmen.'"

Es ist allerdings ein Jesuswort, das in keinem neutestamentlichen Evangelium steht. Wohl aber ist es als ein griechisches Sprichwort bekannt. Geschieht deshalb die Zuschreibung an Jesus irrtümlich? Das wäre ein leichtfertiges Urteil. Haben etwa die Evangelien alle Jesusworte gesammelt? Weshalb sollte Jesus nicht ein Sprichwort aufgegriffen haben? Im Munde Jesu gewinnt es neue Bedeutung. Die Form, die seine Besonderheit ausmacht, erinnert an die Seligpreisungen. Im paulinischen Rückblick ist es ein Schlüsselwort. Mit diesem Wort endet die Rede; es erinnert an die Seligpreisungen der Feldrede (Lk 6,20f); es ist das letzte Wort, das Paulus nach der Apostelgeschichte in Freiheit spricht. Paulus stellt sich unter das Wort Jesu.

„Geben ist seliger als nehmen" ist ein Aufruf zur Solidarität mit den Armen – und weit mehr als das. Es ist das Programmwort Jesu. Jesus ist der, der radikal gegeben hat: Zuwendung, Nähe, Hilfe, Trost, Gnade, Barmherzigkeit, Liebe. Würde man dies nur ethisch verstehen, landete man schnell bei einer heillosen Überforderung. Der Satz ist aber christologisch zu deuten: In all dem, was Jesus anderen Menschen hat zukommen lassen, hat er ihnen die Gegenwart und Zukunft der Gottesherrschaft geschenkt. Er hat nicht auf Kosten anderer, sondern zu ihren Gunsten gelebt. Er ist Gottes Gabe in Person. Sein ganz Leben und Sterben ist ein einziges Geben. Diese Gabe macht selig; sie steht hinter den Seligpreisungen; sie ermutigt zu Taten der Liebe. „Geben ist seliger als nehmen" muss nicht nur den Inhalt, sondern auch die Form, die Haltung der Christuspredigt bestimmen. Es ist die lebendigste Erinnerung an Jesus in der Kirche.

f) Zusammenfassung: Jesus für die Kirche – die Kirche für Jesus

Die Bedeutung der Predigt in der Kirche, die Lukas in der Apostelgeschichte stark unterstreicht, knüpft an die Bedeutung der Predigt bei Jesus an. Sie steht für die Gewaltlosigkeit und die Überzeugungskraft des Evangeliums. Es spricht viel dafür, dass Lukas durch seine Stilisierung etwas typisch Christliches erfasst hat. Das Judentum ist nicht im selben Maße missionarisch tätig geworden wie das Christentum; anderen Religionen der Antike ist der Missionsgedanke fremd. Im Christentum entspricht er der Universalität der Botschaft und Heilsbedeutung Jesu, die nicht an das Geschlecht, nicht an Rasse und Klasse gebunden ist, sondern nur auf den Glauben aus ist.

In den Predigten spielt das Menschsein Jesu eine entscheidende Rolle, freilich nicht explizit als dogmatisches Thema (das gegen die Doketisten auszuspielen wäre), sondern implizit als erzählende Erinnerung an Jesu Wirken, Jesu Tod und Jesu Auferstehung. Die Predigten bilden kleine Ausschnitte. Sie lenken alles Licht auf die Heilsbedeutung des Lebens und den Kontrast zwischen dem Tod und der Auferstehung Jesu. Entscheidend ist, dass sie die Geschichte Jesu in bestimmte theologische Zusammenhänge rücken.

Erstens: Jesus ist der Christus, der Messias Israels – und dieser Christus ist Jesus.

Zweitens: Jesus ist der vollmächtig Wirkende und ohnmächtig Leidende; beides bildet eine Einheit unter dem Aspekt des Heilsratschlusses Gottes.

Drittens: Jesus ist von den Toten auferstanden – und der Auferstandene ist kein anderer als Jesus von Nazareth.

Viertens: Jesu Geschichte gehört in die Geschichte Israels, indem er die Verheißungen erfüllt, die Gott seinem Volk für alle Völker gegeben hat.

Fünftens: Jesu Geschichte eröffnet die Geschichte der Kirche, in der Juden und Heiden zum Christusglauben finden.

Alle fünf Punkte sind essentials der Jesusgeschichte im Lukasevangelium. Es sind aber auch essentials, die – alle christologischen

Stilisierungen der Evangelien eingerechnet – mit hoher Wahrscheinlichkeit Eckpunkte der Verkündigung Jesu selbst sind.

Erstens: Die Hoheitstitel sind in ihrer Historizität umstritten; doch die implizite Christologie der Machttaten, Gleichnisse, Seligpreisungen, Jüngerbelehrungen, Nachfolgerufe – ist sie nicht stärker als die explizite?

Zweitens: Die expliziten Leidensankündigungen sind in ihrer Historizität gleichfalls umstritten; aber dass Jesus, wenn er nicht blind war, mit der Möglichkeit eines gewaltsamen Todes rechnen musste und, wenn er nicht hybrid war, Gott diesen Tod in die Hand gelegt hat – ist das so unwahrscheinlich?

Drittens: Die Osterevangelien arbeiten intensiv und dramatisch die Identität des Auferstandenen mit dem Irdischen heraus. Aber dass Jesus in der Auferstehungshoffnung Israels gelebt, die mit Ps 110 eine „Erhöhung" zu verheißen wagt, die jede irdische Grenze durchstößt – sollte das reine Projektion sein?

Viertens: Jesus stellt sich auf den Boden der Erwählung Israels. Er bejaht die Heilige Schrift. Er steht zu seinem Judentum. Dass er durch seine Botschaft die Zeit erfüllt sieht (wie nach Lk 4,18ff die messianische Prophetie Jesajas) – wer wollte das als unhistorisch deklamieren?

Fünftens: Jesus hat Jünger in seine Nachfolge gerufen; er hat die Zwölf als Stammväter des eschatologischen Gottesvolkes „gemacht"; er hat die Ausgegrenzten, die Verlorenen, die Sünder in das Volk Gottes integriert; er hat Menschenfischer gemacht, die auch nach Ostern das Evangelium Jesu verkündigen sollten. Will man ihm eine implizite Ekklesiologie absprechen?

Die österliche Predigt ist nicht einfach die Wiederholung der Predigt Jesu. Dazu ist der Abgrund des Karfreitags zu tief, der Gipfel des Ostermorgens zu hoch. Aber die österliche Predigt muss die Predigt Jesu neu zur Geltung zu bringen; sonst ist sie Ideologie.

3. Jesus im Fokus der Hoheitstitel

Eine Brücke zwischen vor- und nachösterlicher Christologie sind die Hoheitstitel.[60] Genauer: Vom Gottessohn, Menschensohn, Davidssohn und Kyrios ist sowohl in der Jesustradition der Evangelien als auch im Bekenntnis des Urchristentums die Rede. Ob die Hoheitstitel zum historischen Jesus gehören oder nicht, ist umstritten. Meist urteilt die Forschung skeptisch. Wahrscheinlich ist die Skepsis zu groß. Es scheint unwahrscheinlich, dass Jesu Predigt und Wirken, sein ganzes Auftreten nicht die Frage ausgelöst hätte, ob er der Messias sei. Überdies ist das Bild der Texte sehr vielschichtig. Häufig entstehen Spannungen zwischen dem Bild, das die Evangelien – aus unzweideutig christologischem Interesse – von der Zeit vor Ostern entwerfen, und der Entwicklung der Hoheitstitel im neutestamentlichen Bekenntnis. Auch wenn man an der traditionellen Reserve gegenüber der Historizität von Hoheitstiteln im Umkreis und im Munde Jesu festhält, wäre doch immerhin das Interesse der Evangelisten und ihrer Traditionen zu bedenken, dass man Verbindungen zwischen der vorösterlichen und der nachösterlichen Phase hat herstellen wollen; dies geschieht in der Regel sehr differenziert und immer so, dass die Möglichkeit einer wechselseitigen Selbsterschließung zwischen der Jesustradition und dem Christusbekenntnis genutzt werden kann. Andererseits: Auch wenn man optimistischer gestimmt ist, was die Geschichtlichkeit christologischer Debatten in der Zeit Jesu anbelangt, bleibt doch unbestreitbar, dass die Christologie des Neuen Testaments – auch in den Hoheitstiteln – nicht nur auf das Wort des Irdischen reagiert, sondern entscheidend auf die Auferstehung Jesu von den Toten, die nicht nur die Sache oder die Person Jesu bestätigt, sondern den Gekreuzigten in der Macht des Vaters wirken lässt.

Die Hoheitstitel sind Kurzformeln, äußerste Verknappungen des Glaubens. Sie bedürfen der narrativen, kerygmatischen, argumentativen Entfaltung, um in ihrem Sinn ermessen zu werden. Sie verdichten aber auch Erfahrungen und Einsichten des Glaubens, so dass Jesus kenntlich gemacht wird. Alle Hoheitstitel bauen starke Spannungsfelder auf: einerseits zwischen alttestamentlichen, teils hellenistischen Vorprägungen und neutestamentlichen, teils jesuanischen Neuprägungen; andererseits zwischen vorösterlichen Ansätzen und nachösterlichen Ausfaltungen. Diese Spannungen gilt es nicht abzubauen, sondern aufzubauen und auszunutzen, um die Spannkraft der Christologie neu zu gewinnen. (Die Welt der Hoheitstitel im Neuen Testament ist allerdings so reich, dass im folgenden Kapitel nur ein ganz kleiner Ausschnitt geboten werden kann. Ein in den Evangelien sehr wichtiger Hoheitstitel ist „Menschensohn“; im urchristlichen Bekenntnis findet er aber nur ein relativ schwaches Echo; deshalb wird er im folgenden nicht eigens behandelt, obgleich er für die jüdische Verwurzelung des Christologie und die apokalyptische Dimension des Christentums wesentlich ist.)

a) Christus

„Jesus Christus“ gilt meist als Eigenname, ist jedoch ein Bekenntnis: Jesus ist der Christus. Die Betonung liegt dann auf Christus: In Jesus begegnet der Messias. Bei Paulus gibt es jedoch auch die umgekehrte Wendung: Christus Jesus. Die Betonung liegt dann auch Jesus: Kein anderer ist der Messias als Jesus. Beide Wendungen bauen ein Spannungsfeld auf: Die Messiasidee des Alten Testaments und des Judentums gibt eine wesentliche Vorstellung, wer Jesus in seiner Heilssendung ist; aber durch sein Wirken, durch seine Person definiert Jesus auch neu, was Israels Messiasbild zeigt und seine Messiashoffnung ausmacht. Das Feld der Belegtexte ist weit und fruchtbar[61], auch wenn man häufig den Eindruck haben muss, dass der Titel verblasst ist. In der urchristlichen Briefliteratur scheint der Christustitel so selbstverständlich, dass er kaum einmal allein für sich steht, sondern meistens mit anderen Hoheitstiteln, besonders Kyrios und Gottessohn, kombiniert wird. Aus der überreichen Vielzahl der Belege müssen einige wenige von denen ausgewählt werden, die das Christussein Jesu akzentuieren und jene Spannungen erkennen lassen, die für das neutestamentliche Verständnis konstitutiv sind.

(1) „Du bist der Christus“ – Das Messiasbekenntnis des Petrus (Mk 8,27–34)

Markus gestaltet sein Evangelium im ersten Teil nach dem Prinzip der Steigerung. Zwar gibt es von Anfang an hintergründigen Widerstand auf Seiten von Pharisäern, Schriftgelehrten, Herodianern und anderen Abgesandten aus Jerusalem; auch in Nazareth stößt Jesus auf Ablehnung (Mk 6,1–6a). Aber er wirkt Wunder auf Wunder; er erzählt Gleichnisse, die verstanden werden; er ruft Jünger, die ihm folgen, er sendet sie aus, so dass sich seine Botschaft ausbreitet; er wirkt in Galiläa, aber auch ins Gebiet von Tyros und Sidon sowie in die Dekapolis hinein. Sein Erfolg scheint unaufhaltsam. Manche haben, leicht romantisierend, von einem galiläischen Frühling gesprochen.

Auf dem Höhepunkt des Weges aber kommt der Umbruch. Markus zeigt Jesus am nördlichsten Punkt seines Weges, in Caesarea Philippi, als er den Jüngern eine doppelte Frage stellt (Mk 8,27–30): „Für wen halten die Menschen mich?“ – „Ihr aber, für wen haltet ihr mich?“ Auf die erste Frage antworten die Jünger mit einem Referat höchst ehrenvoller Zuschreibungen: „Einige für Johannes den Täufer, andere für Elija, wieder andere für einen der Propheten" (Mk 8,28). All dies ist gut gemeint, aber unzutreffend; Jesus ist nicht einer der Propheten, er ist *der* Prophet; er ist nicht Elija, der nach Maleachi von Gott vor dem Jüngsten Tag gesandt werden wird, um Israel zu retten (Mal 3,23), sondern selbst der Messias; er ist auch kein Gerichtsprediger wie der Täufer, den die Christen als Vorläufer Jesu sehen, sondern der Prediger der Gottesherrschaft, die durch das Gericht hindurch ewiges Heil verheißt. Doch ist diese erste Frage von Jesus nur gestellt, um die Antwort der Jünger von derjenigen der Menge abheben zu können. Jesus fragt nicht, weil er unsicher wäre, sondern weil er den Jüngern Gelegenheit zum Bekenntnis geben will. Die Caesarea-Philippi-Episode zieht die christologische Bilanz des ersten Evangelien-Hauptteils mit all den jesuanischen Erfolgsgeschichten.[62] Petrus sagt für die Jünger den einzig richtigen Satz (Mk 8,29):

> „Du bist der Christus."

Wie richtig dieses Bekenntnis im Sinne des Evangelisten ist, ergibt sich bereits aus der Überschrift des Werkes: „Anfang des Evangeliums Jesu Christi" (Mk 1,1). Eine nähere Erläuterung fehlt zunächst. Es ist als eine radikale Bejahung Jesu im Horizont der alttestamentlichen und jüdischen Christologie zu verstehen. Israels ganze Hoffnung auf Gott und seine Heilsherrschaft ist im Christustitel gebündelt und wird auf Jesus übertragen. Matthäus unterstreicht das Gewicht des Petrusbekenntnisses noch, indem er das Felsenwort Jesu anschließt (Mt 16,18).

Freilich zeigt der Fortgang des Gespräches die Brisanz und Problematik des Petrusbekenntnisses. Ein erstes Signal setzt Jesus, indem er Schweigen gebietet (Mk 8,30). William Wrede hat zwar zu Beginn des 20. Jh. mit großem Einfluss daran die These geknüpft, Jesus selbst habe sich gar nicht als Messias verstanden, das Schweigegebot sei ein Kunstgriff der Gemeinde, das unmessianische Leben Jesu mit dem kirchlichen Messiasglauben zu versöhnen.[63] Aber tatsächlich hat das Schweigegebot bei Markus eine andere Funktion: Es schafft einen Freiraum für die notwendige, konfliktreiche Interpretation des Messiasgeheimnisses. Denn Jesus lässt unmittelbar darauf eine erste ausdrückliche Ankündigung der Notwendigkeit seines Leidens, aber auch seiner Auferstehung folgen (Mk 8,31), und Petrus will Jesus dies ausreden (Mk 8,32), weshalb Jesus ihn in aller Schärfe neu in die Nachfolge rufen muss (Mk 8,33), die er unmittelbar danach als Kreuzesnachfolge kennzeichnet (Mk 8,34–38).

Die Messiasvorstellungen Petri und Jesu sind unvereinbar. Häufig vermutet die Exegese, Petrus habe ein „typisch jüdisches" Messiasbild gehabt, das den Christus als den politischen Befreier Israels aus den Fesseln der Römerherrschaft gesehen habe. Tatsächlich ist die jüdische Messianologie aber ungleich differenzierter und keineswegs signifikant gewalttätig, sondern oft genug auf die Versöhnungsarbeit des Priesters, die Lehre des Propheten und die Milde des Königs abgestimmt. Folgt man dem Duktus des Markustextes, zeichnet sich ein anderes Problem ab: dass Petrus Jesu Leiden, gar dessen Heilsnotwendigkeit nicht akzeptieren will. Hier verläuft tatsächlich eine schwer zu überschreitende Grenze jüdischer Messiashoffnungen, die angesichts des Kreuzestodes, auf den die markinische Messiasgeschichte zuläuft, prinzipiell nicht überschritten werden kann, die aber für die neutestamentliche Christologie und die Jesustradition der Evangelien gerade die Schwelle ist, über die der Weg ins Reich Gottes führt.

Die Christologie von Mk 8,27–34 ist klar profiliert. Der Christus, den Petrus bekennt, ist der Menschensohn, der leiden muss und auferstehen wird. Beides wird zusammengehalten durch Jesus selbst, der den Weg des Leidens geht, weil er den Weg des Evangeliums geht und ihn dieser Weg durch die Schuld der Menschen ans Kreuz führen wird. Petrus muss lernen, dass Jesus in diesem Sinn der Messias ist und er nur auf diesen Messias seine ganze Hoffnung für Gottes Volk richten kann. Er wird dies, wie alle anderen auch, nur auf dem Weg der Kreuzesnachfolge lernen.

Beredtes Schweigen

In der Exegese gibt es zahlreiche und höchst widersprüchliche Theorien zur Entstehungsgeschichte der Szene. Viele denken, dass der Evangelist (oder schon eine vormarkinische Tradition) verschiedene Einzelelemente – die doppelte Jesusfrage mit dem Petrusbekenntnis, die Leidensweissagung, das Scheltwort, die Kreuzesnachfolge – sekundär kombiniert habe.[64] Aber dadurch werden mehr Probleme geschaffen als gelöst. (Wie soll man sich eine isolierte Petrusschelte, ein versprengtes Nachfolgewort überlieferungstechnisch vorstellen?) Am ehesten lässt sich für Mk 8,27–30 ein geschlossenes Traditionsstück annehmen. Ob man es für im Kern jesuanisch hält, hängt von methodischen Vorentscheidungen ab, christologische Stücke von vornherein auszugrenzen oder nicht.[65] Ohne Frage ist die Szene stark stilisiert; ohne Frage aus christologischen Interessen tradiert und akzentuiert. Aber wer eher mit der Möglichkeit rechnet, dass die Messiasfrage in der Luft lag, wenn Jesus auftrat, und den ungewöhnlichen Ort ins Kalkül zieht, wird eher mit einer Lokaltradition rechnen: Petrus hat Jesus in Caesarea Philippi als Messias bekannt. Dann aber wird man den Traditionsfaden nicht ohne weiteres abreißen lassen können. Wo gehörte das Scheltwort gegen Petrus sonst hin als zu Auseinandersetzungen über die Messianität Jesu? Und welchen anderen Konfliktpunkt hat es gegeben als Jesu Leiden, auf das er sich und seine Jünger vorbereitet hat? Mit dem Satanswort allein aber wird die Szene kaum geendet haben; Jesus Ruf in die Kreuzesnachfolge schließt sich sachlich notwendig an.

Dürfte man mit einem Überlieferungskontinuum rechnen, das hinter Mk 8,27–34 steht, dürfte weder einfach die Historizität der Szene behauptet noch die starke literarische, christologisch interessierte Gestaltung geleugnet werden. Aber es wäre doch als nicht unwahrscheinlich ausgewiesen, dass die Spannung zwischen christologischen Erwartungen im Jüngerkreis, besonders bei Petrus, und dem messianischen Dienst Jesu enorm gewesen sind und ausgetragen worden sind, angefangen wohl mit dem Messiasbekenntnis.[66]

Das Schweigegebot muss dann historisch ernstgenommen werden. Jesus will nicht, dass in der Öffentlichkeit über seine Messianität gesprochen wird. Der Grund liegt weder in einer Unsicherheit Jesu noch in Öffentlichkeitsscheu oder Geheimniskrämerei, sondern in dem Vorbehalt, den Jesus gegenüber allen gängigen Messiaserwartungen anmeldet, um er selbst sein und die Gottesherrschaft auf die Weise nahebringen zu können, zu der Gott sich entschlossen hat.

Das stimmt zu weiteren Beobachtungen am Text der Evangelien. Ob der Titel in der Redenquelle überhaupt begegnet, ist zweifelhaft. Signifikant aber ist, dass er bei den Synoptikern nur ein einziges Mal im Munde Jesu begegnet: vor dem Hohen Rat, wo er, vom Hohenpriester auf Leben und Tod gefragt, ob er der „Messias“ sei, der „Sohn des Hochgelobten“, mit einem „Ja“ antwortet, das er wiederum mit einem Menschensohnwort erläutert, nun aber im Rekurs auf Dan 7 und die apokalyptische Weltenrichterfunktion (Mk 14,62 par.). Die Annahme, Jesus selbst müsse massiv, gar inflationär, oder auch nur nachträglich, programmatisch für sich Messianität reklamiert haben, hat keinen Anhalt am Text. Eher ist der Messiastitel, der nahelag, an ihn herangetragen worden, und er hat darauf in einer Weise kritisch distanzierend und affirmativ transzendierend reagiert, wie dies im Fokus von Mk 8,27–.34 ziemlich deutlich wird.

Das ist auch der Eindruck, den das Johannesevangelium vermittelt. Von Anfang an (Joh 1,17) ist für die Christen klar, dass Jesus der Christus ist. Aber nur im Gespräch Jesu mit der Frau am Jakobsbrunnen, ausgerechnet also im Dialog mit einer Nicht-Jüdin, bezieht sich Jesus unmittelbar auf ihn: „Ich weiß, dass der Messias kommt", sagt die Frau (Joh 4,25) – und Jesus antwortet: „Ich bin's, der mit dir spricht" (Joh 4,26). Das ist eine Bejahung, die das, was die Samariterin erhofft, unendlich über ihren Erwartungshorizont hinausführt und nur dadurch die Kraft hat, den Antagonismus zwischen Juden und Samaritern, ja das Heil der ganzen Welt zu verwirklichen.

(2) „Für mich ist Christus das Leben" (Phil 1,21)

Den Philipperbrief schreibt Paulus aus dem Gefängnis. Ihm droht die Todesstrafe – aus keinem anderen Grund als dem, dass er das Evangelium verkündet und dadurch angeblich die öffentliche Ordnung gefährdet habe (Phil 1,12–23). Die Situation ist zusätzlich dadurch angespannt, dass es in der Christengemeinde vor Ort, wo Paulus einsitzt, keine einhellige Solidarität mit dem Apostel gibt (anders als in Philippi), sondern Zwietracht herrscht.[67] Paulus besinnt sich in seinem Brief vor dem Forum der Gemeinde auf das, was ihn bewegt und seinem Leben Sinn gibt. Er ist bereit zu sterben, aber weiß, dass auf ihn noch sehr viel Arbeit wartet und dass er gebraucht wird.

In dieser Situation besinnt er sich auf seine Beziehung zu Christus. Er formuliert in paradoxaler Präzision sein Dilemma, die die Kehrseite seiner ganzen Entschiedenheit und Glaubenstiefe ist (Phil 1,21)[68]:

> Für mich ist Christus das Leben
> und Sterben Gewinn.

Manche haben das als Todeswunsch gedeutet. Nichts wäre falscher. Paulus wünscht nicht zu sterben, sondern mit Christus verbunden zu sein. Er weiß, dass die himmlische Gemeinschaft mit ihm alles überstrahlt, was es an Leid und Freude in dieser Welt gibt. Aber er weiß auch, dass die Christusgemeinschaft zwar in der eschatologischen Zukunft vollendet sein wird, doch ebenso auch schon gegenwärtig ist, selbst im Leiden. Diese Spannung ist entscheidend; sie löst das Dilemma des Apostels. Er weiß, dass es frommer Egoismus wäre, allzu früher aus dieser Welt scheiden zu wollen; er weiß, dass Christus sein Leben nicht erst dereinst im

Himmel, sondern schon jetzt auf Erden ist. Er weiß, dass „Sterben Gewinn" ist, so dass er keine Angst vor dem Tode hat, sondern neuen Mut zum Leben fasst.

Paulus redet von „Christus". Es wäre ihm auch möglich, Gottessohn oder Kyrios zu sagen. „Christus" wählt er dennoch mit Bedacht, so wie vorher auch schon öfter von der Christusverkündigung die Rede war (Phil 1,15f.18). Er verwendet den Christustitel genau so wie den Jesusnamen. Es geht ihm um die Persönlichkeit, die Intimität der Christusbeziehung. Dass Jesus der Christus ist, wird nicht behauptet, bekannt, bewiesen, sondern vorausgesetzt und lebendig. „Bei Christus zu sein", ist sein Wunsch für die himmlische Vollendung. Paulus hätte auch „Jesus" sagen können. „Messias", „Christus" bezeichnet keine reine Funktion, die Jesus erfüllt, und keine Ehre, die er bekleidet, sondern ihn selbst, dem die „Rolle" in Fleisch und Blut übergangen ist. Das ist das Wahrheitsmoment, wenn „Christus" wie ein Eigenname verwendet wird; die existentielle Christologie des Paulus macht dieses Moment sichtbar, das noch der formelhaftesten Sprache Leben einhaucht.

Dass Paulus von Christus spricht, lässt aber auch entdecken, wie nahe Phil 1 an Mk 8 steht. Paulus spricht ein existentielles Bekenntnis. Er hat – nach Damaskus – entdeckt, was Petrus – in Caesarea Philippi – nicht wahrhaben wollte. Jesus fordert zur Kreuzesnachfolge, in der das Leben gewonnen wird, wenn und weil es verloren wird (Mk 8,35). In genau dieser Dialektik von Gewinn und Verlust, Leben und Tod aber redet der Apostel Paulus im Philipperbrief. Die Strukturanalogie erklärt sich nicht aus literarischer Abhängigkeit; sie ist tiefer verwurzelt. Sie hängt an der messianischen Sendung Jesu, am Zusammenhang von Kreuzestheologie und Kreuzesnachfolge, die in der jesuanischen Verbindung von messianischer Vollmacht und Ohnmacht gründet.

(3) „Aufleuchten wird dir Christus" (Eph 5,14)

Der Epheserbrief entwickelt eine starke Lichtmetaphorik, um die Gnade des Christseins zu erhellen (vgl. 2Kor 4,6). In der Schlussparaklese ist sie dominant (Eph 5,3–20). Die Finsternis der Sünde wird mit der Helligkeit der Gnade kontrastiert, der ein lichterfüllt klarer und kein dunkler Lebenswandel zu entsprechen hat (Eph 5,8). Um die Mahnung zu unterstreichen, geht der Verfasser an die Grundentscheidung zurück, die von den heidenchristlichen Adressaten bei ihrer Konversion getroffen worden ist und nun konsequent durchgehalten werden muss (Eph 5,14):

Wache auf, der du schläfst,
stehe auf von den Toten,
und aufleuchten wird dir der Christus.

Der Kontext lässt an die Taufe denken; so ist es aufgrund Einleitung („Darum heißt es …"), der geprägten Sprache und der prägnanten Form ziemlich wahrscheinlich, dass der Verfasser auf die urchristliche Taufliturgie eingeht und aus ihr zitiert oder auf sie anspielt.[69] Die Aussage trägt aber bis an die Grenze des Todes und über sie hinaus. Das entspricht der paulinischen Tauftheologie von Röm 6, die ein Mitsterben mit Christus dem Mitauferwecktwerden zuordnet (vgl. Kol 3,1ff), hat aber eine andere Perspektive: Christus wird als Licht in der Ewigkeit aufleuchten denen, die in der Nacht der Todes gestorben sind. Das ereignet sich für diejenigen, die im Glauben auf Jesus Christus setzen, bereits gegenwärtig. (Das vermittelt die Taufe.) Christus steht mit bestimmten Artikel: *Der* Messias ist gemeint, der eine und einzige Retter des einen und einzigen Gottes.

Eph 5,14 ist in Anlehnung an Jes 60,1ff gestaltet, eine der glänzenden Visionen endzeitlichen Heiles, da Jerusalem nicht nur zu einem Leuchtturm wird, der den Völkern den Weg weist, sondern zu einer Lichtquelle, die gleichzeitig Lebensquelle ist: „Auf, werde Licht, denn es kommt dein Licht". Das Licht, das kommt, ist die Gegenwart Gottes in seiner Stadt; das Licht, das von Jerusalem ausstrahlt, ist der Reflex dieses Gotteslichtes. Zur Ekklesiologie des Epheserbriefes passt dieser alttestamentliche Bezugstext deshalb besonders gut, weil die Rettung der Heiden das besondere Thema der Epistel ist. Die Christologie von Eph 5,14 nimmt die Theologie von Jes 60 auf und konkretisiert sie.

Die Licht-Metaphorik ist in der synoptischen Tradition in der Reflexion der Jesusgeschichte lebendig. Das *Benedictus* des Zacharias nimmt gleichfalls Jes 60 auf, wenn es auf Jesu Kommen vorbereitet (Lk 1,79). Im *Nunc dimittis* des greisen Simeon ist Jesus „Licht, das die Heiden erleuchtet, und Herrlichkeit deines Volkes Israel" (Lk 2,32; vgl. Jes 49,6; 42,6; 46,13)" Nach Mt 4,15f erfüllt sich die Verheißung von Jes 8,23 9,1 vom Aufstrahlen des Lichtes Gottes unter denen, „die im Schattenreich des Todes sitzen", mit dem Auftreten Jesu im „Galiläa der Heiden". In diesen synoptischen Reflexionen wirken sich ähnliche prophetisch bestimmte Traditionen christologisch aus wie in Eph 5 tauftheologisch.

Nur im Johannesevangelium bezieht Jesus die Licht-Metapher auf sich selbst: „Ich bin das Licht der Welt" (Joh 8,12; 9,5). Die Heilung des Blindgeborenen, die dieses Bildwort illustriert, verweist bereits indirekt auf die totenerweckende Kraft, die Jesus in seinem folgenden Wunder, der Auferweckung des Lazarus, demonstriert. Dort begegnet erneut das Lichtmotiv, und zwar in einer Wendung, die an die Tag-und-Nacht-Symbolik der Epheser-Paraklese erinnert, genauer: daran, dass diese ihrerseits auf einem reichen und fruchtbaren Metaphernfeld wächst, das im Judentum wie im Hellenismus kultiviert wird. Jesus bildet nach Johannes 11 ein Sprichwort: „Wenn jemand am Tag umherläuft, stößt er nicht an, weil er das Licht dieser Welt sieht; wenn aber jemand bei Nacht umhergeht, stößt er an, weil das Licht nicht in ihm ist" (Joh 11,9f).

(4) Die Geduld Christi (2Thess 3,5)

Der Zweite Thessalonicherbrief[70] arbeitet ein gravierendes Problem auf, das sich aus einem Missverständnis der paulinischen Eschatologie ergeben und Unruhe in der Kirche, wohl nicht nur Thessalonichs, gestiftet hat. Es geht darum, dass nach 2Thess 2,1ff mit Berufung auf Paulus behauptet wird, „der Tag des Herrn sei schon da". Ob dies ein Ausdruck radikal präsentischer Eschatologie ist, die allein auf die überwältigende Glaubenserfahrung setzt und die Unbedingtheit der Heilszusage, oder ein Ausdruck extremer Naherwartung, wird nicht ohne weiteres klar, auch wenn das zweite wahrscheinlicher ist. Denn aus der Gegenargumentation des Verfassers geht hervor, dass die Zeit, in der die Christen leben, als Zeit der Bewährung positiv gewürdigt und angesichts der Bedrohung der Christen durch Gottes Widersacher mit äußerstem Ernst betrachtet wird. Der „Tag des Herrn", den der Verfasser mit der prophetischen und apokalyptischen Tradition als Tag des Endgerichts versteht, ist noch nicht gekommen. Rätselhaft ist, dass sich die Gegner nicht nur auf eine „Prophetie" und ein „Wort" sondern auch einen „Brief wie von uns" berufen (2Thess 2,2). Dass damit einer der kanonischen Paulusbriefe, gar der Erste Thessalonicherbrief gemeint sein sollte, wird zwar oft behauptet[71], ist aber wenig wahrscheinlich. Denn in 2Thess 2,5.15 beruft sich der Schreiber auf das Zeugnis des Apostels in Wort und Schrift. Das setzt die Kenntnis und Autorität des Ersten Thessalonicherbriefes voraus. Die ganze Argumentation beruht auf ihm.[72] Wahrscheinlich ist, dass der Zweite Thessalonicherbrief sich insgesamt von apokryphen Paulustraditionen, mündlichen wie schriftlichen, absetzt, und sich als ein weiterer Thessalonicherbrief präsentiert, weil er auf der Basis des bekannten Thessalonicherbriefes argumentiert.

Das Motiv vom „Tag des Herrn" begegnet im Ersten Thessalonicherbrief (1Thess 5,2), aber auch sonst bei Paulus (Röm 13,2; 1Kor 5,5; Phil 2,16). Durchweg bezeichnet es den Jüngsten Tag. Der Erste Thessalonicherbrief steht ganz im Zeichen futurischer Eschatologie und führt von ihr her zur Heilsgegenwart, die 1Thess 5,1–11 lichtmetaphorisch beschreibt. In anderen Briefen kann Paulus die präsentische Eschatologie stärker akzentuieren. Am ehesten ließe sich noch 2Kor 6,2 („Jetzt ist er da, der Tag des Heils") für die gegnerische Position benutzen, aber auch dort ist die dialektische Eschatologie nicht aufgehoben, sondern herausgearbeitet. Das gerade könnte die Ursache des Problems sein. Die paulinische Eschatologie ist differenziert ausgearbeitet; vor Simplifikationen schützt sie das nicht. Der Zweite Petrusbrief scheint damit zu rechnen, dass sich Parusieleugner auf Paulusbriefe berufen könnten. Der Zweite Thessalonicherbrief kämpft mit dem entgegengesetzten Problem.

Entscheidend ist, dass die Thessalonicher (und alle anderen Christen) die ihnen geschenkte Zeit zu einem intensiven christlichen Leben nutzen. Fragen des Bekenntnisses spielen kaum eine Rolle, Fragen der Praxis durchaus, aber weniger unter dem Aspekt konkreter Ethik als unter dem Aspekt des Stellenwertes, der dem Ethos zukommt. Entsprechend grundsätzlich ist die Paraklese, und entsprechend christologisch fällt sie aus. Eine Schlüsselformulierung kleidet „Paulus" in die Gestalt einer Bitte (2Thess 3,5):

> Der Herr richte eure Herzen auf
> zur Liebe Gottes
> und zur Geduld Christi.

Gemeint ist die Liebe zu Gott und die Geduld, auf Jesus Christus, seine Parusie (vgl. 2Thess 3,1), zu warten. Die Liebe zu Gott ist durch die Liebe Gottes bewirkt; das ist ein allgemeiner Grundsatz biblischer Theologie. Gilt das auch für die Geduld Christi? Dann wäre die Geduld, die in der Hoffnung nicht müde werden lässt, nicht nur auf das noch ausstehende Kommen Jesu Christi gerichtet, sondern ihm selbst adäquat, der Geduld, die Christus mit den Christen und allen Menschen hat. Das kann nicht sicher behauptet werden, wäre aber nicht ohne Analogie.

In jedem Fall ist die Eschatologie, die der Zweite Thessalonicherbrief verteidigt, prinzipiell ähnlich strukturiert wie die Eschatologie Jesu Christi. Wer nach Analogien zur Prophetie präsentischer Eschatologie sucht, landet schnell bei den Pseudopropheten und Antichristen, die Jesu Endzeitrede Mk 13 kritisch ins Visier nimmt: „Viele werden in meinem Namen auftreten und sagen:

Ich bin's“ (Mk 13,6). „Wenn dann jemand zu euch sagt: Seht, hier, der Messias!, oder: Seht, dort!, glaubt's nicht“ (Mk 13,21). Dann aber zeigt sich im Umkehrschluss, dass ja auch Jesus nach Mk 13 zwar die Wiederkunft des Menschensohnes angekündigt, aber vor einer massiven Naherwartung gewarnt hat, wie es der Zweite Thessalonicherbrief tut. Vergleich man seine Eschatologie mit der des Ersten Thessalonicherbriefes, so ist die Naherwartung gedämpft, wenngleich die Parusieerwartung festgehalten wird.

Basis ist die – kaum entfaltete, aber vorausgesetzte – Christologie. In 2Thess 2,16 äußert der Autor, 1Thess 3,11ff leicht variierend und die Christologie stärkend, den Gebetswunsch: „Er aber, unser Herr Jesus Christus, und Gott, unser Vater, der uns geliebt und uns ewigen Trost gespendet hat und gute Hoffnung in Gnade, tröste eure Herzen und stärke euch in jedem gute Werk und Wort.“ So formelhaft die Sprache, so inhaltsreich ist sie doch. Die Erhöhung Jesu Christi ist vorausgesetzt; sein gnädiges Wirken in Einheit mit Gott, dem Vater. Dieses Wirken des erhöhten Christus schenkt die Zeit, die genutzt werden soll – und die durch das geduldige, angespannte, nüchterne Warten auf Jesus Christus gefüllt wird, das von allen Überspanntheit fernhält und sich dem Möglichen zuwendet. Hierin liegt der christologische Gewinn es Zweiten Thessalonicherbriefes: Die jesuanische Eschatologie wird weiterentwickelt – in der Kraft der Auferstehung. Der Christustitel in 2Thess 3,5 zeigt dies genau genug an.

b) Der Davidssohn

Davidssohn ist ein messianischer Titel Israels. Er geht auf das Gotteswort des Propheten Nathan an König David zurück: „Ich werde dir einen Nachkommen aus deinem Geschlecht erwecken und werde ihm das Königreich bereiten. ... Ich werde ihm Vater sein, und er wird mir Sohn sein ... Und anvertraut wird ihm sein Haus und Königreich auf immer vor mir, und sein Thron wird für die Ewigkeit errichtet sein“ (2Sam 7,12.14.16 – nach der Septuaginta). Im Judentum ist diese Stelle, wie die griechische Übersetzung schon durchscheinen lässt, nicht selten messianisch gedeutet worden. Daran knüpft das Christentum an. Jesu Davidssohnschaft ist ein großes Thema der synoptischen Tradition (Mt 1,1). „Hosanna dem Sohn Davids!“, schreien nach Mt 21,15 (verbotenerweise) die Kinder, die Jesus bei seinem Einzug in Jerusalem gleich mit in den Tempelbezirk genommen hat. In allen Fällen ist klar: Mit dem

Davidssohn verbindet sich die Hoffnung auf Hilfe in der Not, auf machtvollen Beistand, auf die rettende Nähe Gottes zu seinem Volk, auf die Erlösung vom Bösen. Vom Davidssohn ist weniger die Rede, weil sich bei Jesus eine lückenlose genealogische Abstammung nachweisen ließe; die beiden „Stammbäume" in Mt 1,1–17 und Lk 3,23–38 machen den qualitativen Sprung, den Jesu Geburt aus der Jungfrau Maria bedeutet, deutlich sichtbar. Entscheidend ist vielmehr, dass Jesus als Davidssohn in die messianischen Traditionen Israels einbezogen wird und dass diese Traditionen durch den Bezug auf Jesus neu verstanden werden.

In den Evangelien hat der Hoheitstitel „Davidssohn" eine sehr große Bedeutung, in der Briefliteratur eine wesentlich geringere. Wo er auftaucht, geht es meist darum, das Judentum Jesu, das offenbar in Vergessenheit zu geraten drohte, eigens in Erinnerung zu rufen und als unverzichtbaren Bestandteil der Christologie zu sichern.

(1) „Sohn Davids, Jesus, erbarme dich meiner" – Die Bitte des Bartimäus (Mk 10,46–52)

Auf der Reise nach Jerusalem wirkt Jesus, folgt man der markinischen Erzählung, ein letztes Wunder: In Jericho heilt er den blinden Bartimäus (Mk 10,46–52)[73]. Wichtiger als das Was und Wie dieser Machttat ist nach markinischer Darstellung die Haltung des Blinden. Von ihm heißt es zuerst nur, er habe gehört, dass „Jesus, der Nazarener" komme. Das reicht ihm, vom Wegesrand aus zu rufen (Mk 10,47):

> „Sohn Davids, Jesus, erbarme dich meiner."

Der Ruf ist kein Glaubenskenntnis, sondern ein Hilfeschrei. Er setzt aber eine Einsicht, eine Ahnung, mindestens eine Hoffnung voraus: dass Jesus der Davidssohn sei, den man um Hilfe bitten könne. Die Wundergeschichte, die mehr noch eine Glaubensgeschichte ist, gewinnt an Spannung, weil dem Blinden von den Begleitern Jesu Schweigen geboten wird. Aber Bartimäus lässt nicht ab und erneuert seine Bitte, nun ohne Nennung des Jesusnamens (Mk 10,48):

> „Sohn Davids, erbarme dich meiner."

Im Markusevangelium ist dies ein typisches Motiv. Schwierigkeiten entstehen auf dem Wege zu Jesus; meist haben sie mit dem Unverständnis der Jünger Jesu und derer zu tun, die auf Jesu Seite stehen. Aber dank der Initiative der Kranken und ihrer Begleiter werden sie überwunden. Ein drittes Mal erhebt Bartimäus die Stimme, da Jesus ihn unmittelbar anredet (Mk 10,51):

„Was willst du, dass ich dir tue?"
„Rabbuni, dass ich sehen kann."

Mehr bedarf es nicht, dass Bartimäus geheilt wird. Die Anrede „Rabbuni" fällt christologisch hinter „Sohn Davids" zurück, ist aber der Situation des Zwiegesprächs genauso angemessen wie die Anrede Maria Magdalenas an den auferstehenden Christus in Joh 20,16. „Rabbuni" ist der „Rabbi", der für den, der ihn anredet, eine ganz besondere, ganz persönliche Bedeutung hat, nicht nur als Lehrer, auch als Ratgeber und Helfer. Dass Bartimäus zuvor den Davidssohn anruft, zeigt, dass er weiß, an welche Adresse er seine Bitte richtet: an den König Israels, der helfen kann, will und wird. Das Erbarmen gebührt dem König, der Macht hat und sich, dem Willen Gottes gemäß, für die Schwachen, die Notleidenden einsetzt. Das dreifache Kyrieeleison – „Herr, erbarme dich" – der Eucharistiefeier ist das Echo der Bartimäus-Bitte (vgl. Bar 3,2).

Jesus führt die Heilung zum Schluss auf den Glauben des Bartimäus zurück (Mk 10,52).[74] Dieser Glaube ist zuerst das Vertrauen, bei Jesus Hilfe zu finden. Die Anrede Jesu als „Davidssohn" aber bringt in diesem Glauben ein christologisches Moment zum Schwingen. Das Glaubensvertrauen schweift nicht ab; es weiß, woran es sich halten kann. Wie ernst dieser Glaube gemeint ist, zeigt Markus an, wenn er zum Schluss der Geschichte ganz kurz, fast nebenbei, aber doch bedeutungsschwer sagt, Bartimäus sei Jesus „auf dem Weg nachgefolgt". Das war vorher noch von keinem Geheilten berichtet worden. Jetzt aber gewinnt das Nachfolgemotiv besonderes Gewicht, weil Jesus auf dem Weg nach Jerusalem, dem Ort seines Kreuzestodes, sich befindet.

Die folgende Episode schildert Jesu Einzug in Jerusalem. Auch dort spielt seine Davidssohnschaft eine Rolle. Das „Hosanna" der Menge, die Jesus jubelnd begrüßt, führt zum (Mk 11,9f):

„Gepriesen, der kommt im Namen des Herrn.
Gepriesen die kommende Herrschaft unseres Vaters David."

Verbunden sind die Gottessohnschaft Jesu und die Gottesherrschaft, die Jesus verkündet und bringt. Allerdings fallen diese Stichworte nicht in der Klarheit des Prologes (Mk 1,9ff.14f), sondern situationsgerecht in der Brechung durch die Erwartungen und Hoffnungen der Jerusalemer. Der „im Namen des Herrn" kommt, im Namen Gottes, des Vaters, ist Jesus, wie er genauer kaum beschrieben werden kann. Die Herrschaft Gottes, die er bringt, wird als „Herrschaft unseres Vaters David“ erkannt. Das ist kein Missverständnis, sondern eine adäquate Einzeichnung der Botschaft Jesu in den Horizont der alttestamentlichen Soteriologie. Die Heilung des blinden Bartimäus durch den Davidssohn Jesus erweist sich in diesem Kontext, johanneisch gesprochen, als Zeichen des umfassenden Heiles, das Gott verwirklicht; sie klärt im Voraus zu Jesu Wirken in Jerusalem, dass die Davidsherrschaft nichts anderes als Gottes Heilsherrschaft ist.

Wenn Markus vom glanzvollen Einzug des messianischen Davidssohnes Jesus in Jerusalem erzählt, kann aber nicht überhört werden, dass dem „Hosanna“ das „Kreuzige ihn“ folgen wird. Bei Markus dient dieser Umbruch nicht der Denunziation „der Juden“ als „Gottesmörder“, sondern dem Aufweis, dass der Davidssohn der Gekreuzigte ist: „Jesus von Nazareth, König der Juden“ steht, von Pilatus geschrieben, über dem Kreuz und zeigt auf diese Weise an, wo Jesu messianischer Weg zu Ende zu sein scheint, tatsächlich aber sein Erbarmen kulminiert.

(2) „Geboren aus dem Samen Davids – erwiesen als Sohn Gottes“ (Röm 1,3f)

Paulus stellt sich der ihm bis dato unbekannten römischen Gemeinde mit seinem apostolischen Evangelium vor (Röm 1,1f). Dazu zitiert er eine alte Formel judenchristlicher Christologie. Sie handelt in zwei ziemlich parallel gebauten Zeilen von der Geburt und der Erhöhung Jesu. Davidssohn und Gottessohn sind die beiden bestimmenden Hoheitstitel (Röm 1,3f)[75]:

> … geboren aus dem Samen Davids dem Fleische nach,
> erwiesen als Gottes Sohn in Macht dem Geist der Heiligkeit nach durch die Auferstehung von den Toten.

Paulus sichert die christologische Bedeutung der Davidssohnschaft Jesu ab, indem er das Judesein Jesu (Röm 9,1–5) und seinen Dienst an der Beschneidung (Röm 15,8) anführt. Gilt das auch für die vorpaulinische Tradition? Rudolf Bultmann sieht eine Antithese; er verweist auf den Gegensatz „dem Fleische nach – dem Geist der Heiligkeit nach“.[76] Oder ist der Parallelismus „synthetisch“, zeigt also einen Zusammenhang, eine Steigerung an?[77]

Die Frage lässt sich nicht beantworten, ohne dass ein anderer Punkt geklärt wird. Die Einheitsübersetzung gibt den Text so wieder, dass Jesus „seit der Auferstehung“ als Gottessohn „eingesetzt“ sei. Das führt zu dem Eindruck, dass Jesus erst bei seiner Auferweckung der Sohn Gottes *würde,* ohne es vorher gewesen zu sein. Tatsächlich deutet die Exegese der Neuzeit Röm 1,3f nicht selten in Richtung einer primitiven Zwei-Stufen-Christologie, deren erste, irdische, durch die Davidssohnschaft geprägt sei, während erst die zweite, himmlische, die Gottessohnschaft einführe. Dann läge die Interpretation Bultmanns nahe.

Aber sie ist ein Irrweg. Der griechische Begriff zu Beginn der zweiten Zeile ist ein Offenbarungsterminus. Durch die Auferweckung wird Jesus nicht etwas, was er vorher nicht war, sondern endgültig, in Gottes Macht (wie wohl Paulus präzisiert), als der erwiesen, der er immer schon ist: der Sohn Gottes. Die Lutherbibel lag bis zur Revision 1984 richtig, wenn sie „erwiesen“ schrieb.

Dann aber wird die christologische Pointe klar. Das Glaubensbekenntnis Röm 1,3f wertet die Davidssohnschaft Jesu nicht ab, sondern stellt sie in einen inneren Zusammenhang mit der Gottessohnschaft. Der Gottessohn wird als Davidssohn geboren; das kennzeichnet seine irdische Existenz; er steht zu den messianischen Hoffnungen Israels, die durch die Auferstehung der Toten erfüllt werden. Positiver kann man im österlichen Credo kaum vom irdischen Leben, vom messianischen Judentum Jesu sprechen.

Mehr noch: Nach der Katastrophe des Babylonischen Exils ist die genealogische Kette der davidischen Könige für immer abgerissen. Ist damit die Nathan-Verheißung widerlegt? Keineswegs. Aber es verschiebt sich das Bild. Statt vom Sohn ist nun häufiger vom Spross Davids die Rede (Jes 11,1). Ist auch der Baum der Könige umgehauen, hat die Wurzel doch noch Kraft. In diese Linie stellt sich Röm 1,3f, wenn sie vom *Samen* Davids spricht, der aus Gottes Kraft Leben schafft. Jesus, so die Paulustradition, ist der Gottessohn, der das genealogische Schema der davidischen Könige sprengt und gerade dadurch die Verheißung des davidischen Messiaskönigs erfüllt. Das ist nicht weit vom jesuanischen Plädoyer für die Gottessohnschaft des Messias entfernt, der sich dem Notschrei nach dem Davidssohn nicht entzogen hat. Die Hoffnung des Bartimäus wird nicht enttäuscht, sondern über die Maßen erfüllt – wie es nach Lk 2,11 die Engel auf dem Hirtenfeld von Bethlehem gesungen haben: „Heute ist euch der Retter geboren, Christus, der Herr, in der Stadt Davids.“

Die Gottessohnschaft Jesu nimmt seine Davidssohnschaft in sich auf. Das ist die heimliche Pointe von Mk 12,35ff Der Gegensatz zwischen Fleisch und Geist ist in Wahrheit eine Spannung, die christologisch zu Einheit geführt wird. Der Gottessohn ist als Davidssohn Mensch geworden; die Auferweckung löscht diese Identität nicht aus, sondern brennt sie dem Gedächtnis ein.

(3) Der auferstandene Davidssohn (2Tim 2,8)

Die (vor-)paulinische Christologie der Davidssohnschaft Jesu Christi erfährt ein starkes Echo im Zweiten Timotheusbrief. Im Rahmen einer eindringlichen Mahnung an Timotheus, seines bischöflichen Amtes zu walten, formuliert „Paulus" (2Tim 2,8):

> Gedenke Jesu Christi,
>   auferstanden von den Toten,
>   aus dem Samen Davids,
> gemäß meinem Evangelium.

Der Satz ist wohl so zu gliedern, dass das Evangelium, das Paulus verkündet und für das er leidet (2Tim 2,9), die Quelle, der Maßstab, auch die Richtschnur des christologischen Gedenkens sein soll, das in der Mitte des Dienstes steht, den Timotheus in den Spuren des Apostels leisten soll. Das Gedenken ist im vollen biblischen Wortsinn zu verstehen, der durch den Exodus und das Abendmahl Jesu vorgegeben ist. Es vollzieht sich mit Kopf und Herz, Sinn und Verstand. Es hängt aber nicht in erster Linie von der Einbildungskraft des Menschen ab, sondern von der Einprägekraft des Heiligen Geistes. Das Gedächtnis ist eine Erinnerung, die das ganze Leben bestimmt.

Das paulinische Evangelium, das kommemoriert wird, ist zuerst durch die Auferstehung Jesu von den Toten bestimmt. Das entspricht dem Zeugnis der Hauptbriefe. Allerdings weist 1Tim 2,8 ähnlich wie Röm 1,3f auf Jesu Davidssohnschaft. Dort ist erst von der irdischen Davidssohnschaft, dann von der himmlischen Gottessohnschaft „in Macht" die Rede; hier ist die Auferstehung die Leitlinie auch für die Davidssohnschaft Jesu. Parallelen zur paulinischen Betonung des Judeseins Jesu finden sich in den Pastoralbriefen nicht. Das Stichwort „Davidsohn" darf dennoch nicht überhört werden. Ganz im Gegensatz zum Pathos der „Gnosis" bringt es das Zeugnis des Alten Testaments in die Christologie ein; das ist um so weniger zu überhören, als das Schriftstudium zu den vornehmsten Aufgaben eines Bischofs gehört (1Tim 4,2ff; vgl. 2Tim 4,13) und die Lehre von der Inspiration der heiligen Schrift zum theologischen Fundus des Briefcorpus gehört (2Tim 3,16f). Vor allem jedoch hält es im Horizont des Christusbekenntnisses die menschliche Herkunft Jesu fest, sein

Judesein und seine davidische Messianität, die auf Gottes Verheißungstreue verweist.[78]

c) *Kyrios*

„Herr" („Kyrios") wird Jesus häufig respektvoll angeredet, vor allem von Heiden. Manchmal ist es wie eine Höflichkeitsfloskel, manchmal ist es weit mehr. Vom Kyrios handeln Vollmachtsworte Jesu. „Der Menschensohn ist Herr über den Sabbat" (Mk 2,28 parr.), heißt es in einem Streitgespräch, in dem Jesus Anmaßung vorgeworfen wird – zu Recht, wenn er nicht Gottes Sohn wäre. „Ein Jünger steht nicht über seinem Meister und ein Sklave nicht über seinem Herrn" (Mt 10,24; vgl. Lk 6,40: Joh 13,16; 15,20), so redet Jesus bei der Aussendung der Jünger, um beides klarstellen: ihre Angewiesenheit auf ihn und ihre Teilhabe an seiner Vollmacht. Einerseits sagt Jesus an die Adresse der Jünger: „Nicht jeder, der zu mir sagt: ‚Herr! Herr!', wird in das Himmelreich kommen, sondern nur, wer den Willen meines Vaters im Himmel erfüllt." (Mt 7,21; vgl. Lk 6,46). Andererseits schreibt er ihnen ins Stammbuch: „Ihr aber sollt euch nicht Rabbi nennen lassen; denn nur einer ist euer Meister, ihr alle aber seid Brüder" (Mt 23,8; vgl. Joh 13,13).

Das sind Vorgaben für die urchristliche Theologie. Zwar wird das Bekenntnis durch Ostern noch einmal entscheidend neu bestimmt. Aber nicht so, dass die vorösterlichen Anfänge verloren gingen. Die kritische Kraft der Jesusworte, die sich gegen das Herrendenken in der Welt und in der Kirche richten, geht gerade dann nicht verloren, wenn Jesus – im Lichte Gottes – „Herr" genannt wird, nur er (1Kor 8,6). Durch das urchristliche Bekenntnis gewinnt der Kyrios-Titel eine theologische Klarheit und Tiefe die er zuvor nur in den Jesusworten haben konnte. Der Philipperhymnus (Phil 2,6–11) lässt die ganze Geschichte Jesu von der Menschwerdung über den Kreuzestod bis zur Auferweckung in der Verleihung des Kyrios-Namens kulminieren – und führt auf dem Höhepunkt des Bekenntnisses zurück zu Jesus. Diese Dynamik zeichnet das Bekenntnis aus.

(1) „Herr, ich bin nicht würdig, ..." (Mt 8,8 par. Lk 7,6)

Bis in die Liturgie hat es das Wort geschafft, das nach einer Tradition der Redenquelle der heidnische Hauptmann von Kapharnaum spricht, da er Jesus um die Heilung seines kranken Dieners bittet (Mt 8,8 par. Lk 7,6):

„Herr, ich bin nicht würdig,
dass du eingehst unter mein Dach,
aber sprich nur ein Wort,
so wird mein Knecht gesund.“

Die Geschichte ist bei Matthäus und Lukas in verschiedenen Richtungen auserzählt. Durchweg geht es nicht nur um die Heilkraft Jesu, sondern auch um das Israel-Problem. „Einen solchen Glauben habe ich in Israel nicht gefunden“ sagt Jesus nach Mt 8,10 und erläutert die Reichweite seines Urteils, indem er an die Tradition der Völkerwallfahrt zum Zion anknüpft: dass Heiden „von Osten und Westen kommen und mit Abraham, Isaak und Jakob zu Tisch sitzen werden im Reich Gottes“ (Mt 8,11f par. Lk 13,28f). Von dorther erklärt sich im Rückblick der Anfang der Geschichte. Er beginnt mit der Bitte um Heilung eines Angehörigen, wie sie für das Neue Testament typisch ist. Jesus willigt sofort ein. Auffällig ist nur, dass der Hauptmann an dieser Stelle sein Bekenntnis einfügt. Es ist nicht nur Ausdruck des Vertrauens, dass Jesu Wunderkraft so weit reicht, die Entfernung zu überbrücken. Es ist auch Ausdruck seiner Anerkennung des Judeseins Jesu und seiner Sendung nach Israel, die Jesus nach dem Matthäusevangelium später (Mt 10,4; 15,24) ausdrücklich für sich in Anspruch nimmt. Die Unwürdigkeit ist kein moralisches Problem, sondern Ausdruck der heilsgeschichtlichen Stellung. Es spricht der Heide, der nicht nur keinen Anspruch hat, zum Gottesvolk zu gehören, sondern auch für seinen Knecht einer Hilfe bedarf, die nur reine Gnade oder nichts sein kann, Die Anrede als Kyrios ist Konvention, hat aber Perspektive: Es ist der Jude, den der Heide, es ist der Heiland, den der Bittsteller, es ist Jesus, den der Hauptmann anspricht – im Wissen, mindestens in der Ahnung der Vollmacht, die ihm und seinem Wort eignet. Chrysostomus hat darin die Gewissheit des Christusbekenntnisses erkannt. „Du bist Gott, ich ein Mensch“ (26,4).

Lukas arbeitet noch stärker das Charakterbild des Hauptmannes heraus. Seine Judenfreundlichkeit wird stark betont. Er wendet sich nicht direkt, sondern durch Vermittlung jüdischer Ältester an Jesus (Lk 7,3); diese legen ein gutes Wort für ihn ein, indem sie ihm attestieren, das jüdische Volk zu lieben und die Synagoge finanziert zu haben (Lk 7,5). Als Jesus sich auf den Weg zu ihm macht, kommt er ihm entgegen und äußert seine Bitte, verbunden mit dem Eingeständnis seiner Unwürdigkeit. Auch nach Lukas redet er Jesus als Kyrios an. Auch bei ihm ist die Anrede so spannungsreich wie bei Matthäus. Beide Evangelisten überliefern, dass Jesus den Glauben des Mannes gewürdigt habe. Grundlegend ist er das Vertrauen, durch Jesus für den Knecht Heilung zu finden. Aber die Kyrios-Anrede schließt diesen vorösterlichen Glauben für den nachösterlichen auf. Er ist Glaube an Jesu Wort. Dieses Wort überbrückt die Zeiten, auch den Graben des Karfreitags.

(2) „Herr ist Jesus" (1Kor 12,3)

Im Ersten Korintherbrief hat Paulus einen Streit zu schlichten, der um das richtige Verständnis der Charismen und des Geistes entbrannt ist. Eindruck scheint in der Gemeinde eine Position gemacht zu haben, dass als wahrer „Geistlicher" nur gelten dürfe, wer in „Engelszungen" rede, die Gabe der „Prophetie" besitze, über „alles Wissen" verfüge und „Glauben" habe, „Berge zu versetzen", und sogar bereit sei, sein Leben im Feuer zu opfern (vgl. 1Kor 13,1ff). Paulus ist hingegen der Auffassung, dass auch die schwächeren Glieder für das Gedeihen des Leibes notwendig seien, den die Kirche bilde (1Kor 12,12–27). Diese Auffassung ist christologisch begründet: Jesus ist gerade um des Schwachen willen gestorben (1Kor 8,11) – als der sich angesichts seiner Sünde und Sterblichkeit jeder Mensch bekennen muss. Gleichzeitig leidet die herrschende Position in Korinth, die zur Abwertung der Schwachen führt, an einem falschen Verständnis des Heiligen Geistes und seines Wirkens, weil sie nicht den Primat der Liebe bekennt.

Dagegen treibt Paulus elementare Christologie: Er arbeitet einen krassen Gegensatz heraus, um den Schwachen Luft zum Atmen zu geben (1Kor 12,3):

> Niemand, der im Heiligen Geist redet, sagt: „Verflucht ist Jesus";
> und keiner sagt: „Herr ist Jesus", außer im Heiligen Geist.

„Herr ist Jesus" (Kyrios Jesus) ist das denkbar kürzeste und einfachste Glaubensbekenntnis. Zugleich öffnet es den weitesten Horizont der Christologie. Denn Kyrios ist in der Septuaginta, in der griechischen Übersetzung der Hebräischen Bibel, die Übersetzung von JHWH. Jesus, den Auferstandenen, Kyrios zu nennen, ist keine einfache Ehrenbezeugung, sondern ein Bekenntnis zu seiner Gottheit. Das wird kaum von Anfang an im Sinne der späteren Wesenschristologie verstanden worden sein; auch die Zwei-Naturen-Lehre entwickelt sich später. Aber schon im Ursprung des Christusbekenntnisses steht die Überzeugung der wesentlichen Zugehörigkeit des Auferstandenen zu Gott, dem Vater. Eine andere Weise, dies auszudrücken, ist die Erhöhungsvorstellung, die, vermittelt über Ps 110, von Jesus in Mk 12,35ff zitiert, auch den Kyrios-Namen kennt.

Die ganze Spannung des Bekenntnisses wird aber erst dann sichtbar, wenn der Jesus-Name nicht überlesen wird. 1Kor 12,3 ist Ausdruck des Auferweckungsglaubens; aber das Bekenntnis gilt *Jesus.* Der Auferstandene ist der Irdische in Person. Jesus *wird* nicht Kyrios, er *ist* es – und *bleibt* Jesus. 1Kor 12,3 erfasst nicht nur Ostern, sondern da gesamte Leben und Sterben Jesu.

Das unterstreicht Paulus durch den scharfen Kontrast, den er aufbaut. Ob in Korinth wirklich „Jesus verflucht" worden ist, wie manche meinen, die mit einem Geist-Enthusiasmus unter den „Starken" rechnen, der die christologische Bodenhaftung verloren hat, steht dahin. Dass Jesus verflucht sei, hat Paulus vor Damaskus selbst geglaubt, als er sich den Gekreuzigten vor Augen gerufen hat (Dtn 21,23; vgl, Gal 3,13). Desto klarer zeigt sich, dass auch das positive Bekenntnis den Irdischen, den Gekreuzigten umfasst.

Der Kontrast ist vor allem rhetorisch. Er gibt den christlichen Glauben in seiner einfachsten Form – und gröbsten Verdrehung, Verunglimpfung – zu erkennen, damit die „Starken" erkennen, dass sie im entscheidenden nichts anderes glauben (können) als die „Schwachen" und dass deren Glaube genauso vollkommen ist wie der ihre. Auch dies, die Integration der Schwachen im Namen Gottes und im Zeichen des Glaubens, stimmt überein mit der Grundintention Jesu.

(3) „Jesus Christus ist der Herr – Gott hat ihn von den Toten auferweckt" (Röm 10,9)

In geradezu klassischer Weise verbindet Paulus das Wie, das Was und das Dass des Glaubens im Kontext einer grundlegenden, radikalen Reflexion auf den Zusammenhang zwischen Gerechtigkeit und Glaube (Röm 10,5–15), der sich dadurch ergibt, dass Gottes rechtfertigende Gnade geglaubt werden muss, aber nur geglaubt wer kann, wenn sie gehört worden ist, nur gehört werden kann, wenn es gesagt worden ist und nur gesagt werden kann, wenn der Sprecher – von Gott – gesandt worden ist (Röm 10,9):

> Wenn du mit deinem Mund bekennst:
> „Jesus ist der Herr",
> und mit deinem Herzen glaubst:
> „Gott hat ihn von den Toten auferweckt",
> wirst du gerettet werden.

Drei Aspekte des Glaubensbekenntnisses kommen zusammen: die inhaltliche Klarheit, die deutliche Aussprache und die glaubwürdige Einstellung. Paulus nennt im Römerbrief alle drei. Das Herz steht für die innere Haltung: das Vertrauern auf Gott, die Ehrlichkeit der Überzeugung, die Übereinstimmung von Glauben, Denken und Tun. Mit dem „Herzen" soll Israel, wie es das Hauptgebot Dtn 6,4f fordert, Gott lieben; so ist auch das von Herzen kommende Christusbekenntnis Ausdruck der Gottesliebe und der in sie eingehenden Liebe zu Jesus. Der biblische Grundsinn des Glaubens, das ganze Leben festzumachen in Gott, bleibt im urchristlichen Glaubensverständnis erhalten.

Der Mund steht für das öffentliche Bekenntnis. Es darf kein Lippenbekenntnis sein. Aber käme der Glaube nicht zum Ausdruck, bliebe er im innersten Winkel des Herzens verschlossen. Durch die Aussprache gewinnt er an Klarheit; es wird deutlich, dass er Gemeinschaft stiftet: „Ich glaube" und „Wir glauben" gehören zusammen. Der persönliche Glaube, wie er in der Taufe sich artikuliert, ist Zustimmung zum Glauben der Apostel und der ganzen Kirche. Das allgemeine Glaubensbekenntnis führt über den Horizont des persönlichen Glaubens hinaus in den größeren, weiteren Glaubenshorizont der Kirche aller Zeiten und Kulturen. Die Suche nach einer ganz persönlichen Glaubenssprache wird dadurch nicht überflüssig. Sie bekommt einen Anstoß und Anhaltspunkt.

Herz und Mund müssen in der Wahrheit übereinstimmen. Das Glaubensbekenntnis muss klar und verständlich sein, einfach und überzeugend. Es muss Gott gerecht werden, so wie ihn Israels Bibel bezeugt und Jesus letztgültig auslegt (Joh 1,18); es muss Jesus gerecht werden, so wie er gelebt hat und gestorben ist und von den Toten auferweckt wurde.

Röm 10,9 ist eine Kurzformel des Glaubens, die nicht simplifiziert, sondern in das Geheimnis des Glaubens führt. „Jesus ist der Kyrios" (vgl. 1Kor 12,3; Phil 2,11): Kyrios, Herr, ist nach der Bibel Israels Gott selbst. Das meint nicht, Jesus würde den „Vater" ersetzen, sondern dass er mit dem „Vater" im Geheimnis des Gottseins Gottes untrennbar zusammengehört; betont gilt dies von *Jesus.* Der Kyrios, der göttliche Herr, ist und bleibt *Jesus.*

Der zweite Satz: „Gott hat ihn von den Toten auferweckt" ist das elementare Osterzeugnis. Es handelt der Vater; er handelt an *ihm,* Jesus, den er auferweckt, um ihn im Geheimnis Gottes in der Intention wirken zu lassen, wie er es zeit seines Leben getan hat.

Der christologische Aufwand, den bereits das Neue Testament treibt, dient nicht dazu, Jesus zu verdrängen, sondern ihn als den erscheinen zu lassen, der er ist: Gottes Sohn, der den Menschen das Heil Gottes bringt.

d) Der Sohn Gottes

„Gottessohn" ist der wichtigste Hoheitstitel des Neuen Testaments geworden. Skeptiker vermuten, dies könne damit zusammenhängen, dass im Hellenismus allerlei „Göttersöhne" bekannt waren und Jesus leicht als einer der ihren hätte durchgehen können. Dagegen steht der unzweideutige biblische Monotheismus. Tatsächlich ist es seine besondere Ausdruckskraft, die dem Hoheitstitel Gottessohn seine Spitzenstellung eingetragen hat. Bei Paulus und im Hebräerbrief, bei den Synoptikern und im Corpus Johanneum bewährt sie sich, unterschiedlich akzentuiert, immer wieder in zwei Relationen: Einerseits beschreibt der Titel die essentielle Zugehörigkeit Jesu Christi zu Gott, dem Vater, andererseits zu den Menschen, die ihrerseits Kinder, Söhne und Töchter Gottes sind.

Die Evangelien pflegen einen sorgfältigen Umgang mit dem Hoheitstitel. Bei Markus erscheint er zunächst nur schrittweise in der erzählten Welt: Anfangs hört nur Jesus ihn (Mk 1,9ff), dann die drei auf den Berg der Verklärung mitgenommen Jünger (Mk 9,2–8), die nichts verstehen und schweigen müssen (Mk 9,9–13). Zwar schreien ihn die Dämonen heraus (Mk 3,11; 5,7), müssen aber verstummen. Erst vor dem Hohen Rat bekennt Jesus sich als Gottessohn (Mk 14,62f), und der heidnische Hauptmann nimmt den Titel in den Mund, als er sieht, wie Jesus stirbt (Mk 15,39). Der Eindruck der anderen Synoptiker ist nicht wesentlich anders. Nach Matthäus fallen die Jünger nach dem Seewandel vor dem Gottessohn nieder (Mt 14,33) und Petrus nimmt bei Caesarea Philippi auch dieses Bekenntnis auf, wenn er Jesus als Messias anspricht (Mt 16,17). Doch Jesus selbst nimmt zwar das absolute „der Sohn" in den Mund (Mt 11,23 par. Lk 10,22; Mk 13,32; vgl. Joh 5,20–27; 6,40; 8,35f; 14,13; 17,1), aber nicht „Sohn Gottes". Das ändert sich erst im Johannesevangelium (Joh 10,36; vgl. Joh 3,16f sowie 19,7). Dort wird expliziert, was in den anderen Evangelien impliziert ist.

(1) „Ich glaube, dass du der Messias bist, der Sohn Gottes" (Joh 11,27) – Das Bekenntnis der Martha

Nach dem Vierten Evangelium ist es der Täufer Johannes, der klar und deutlich Jesus als den Sohn Gottes verkündet (Joh 1,34; 3,34ff). Aber es gibt auch am Anfang und am Ende des öffentlichen Wirkens Jesu ein ausdrückliches Bekenntnis zu seiner Gottessohnschaft aus Jüngermund. Am Anfang steht ein Mann, am Ende eine Frau, am Anfang Nathanaël (Joh 1,49), am Ende Martha. Nathanaël spricht nach, was der Täufer vorgesagt hat. Martha kommt selbst zum Glauben, in der Stunde größter Not und größten Glücks, da Jesus ihren Bruder Lazarus, seinen Freund, von den Toten auferweckt.

Martha ist die wichtigste Gesprächspartnerin Jesu in der Lazarusgeschichte (Joh 11,17–24). Im Dialog mit ihr offenbart Jesus die Bedeutung seines letzten, größten Zeichens, und damit sich selbst als den Offenbarer Gottes. Martha ist von vornherein voller Vertrauen zu Jesus, weil sie darauf setzt, dass ihre Bitte nicht unerhört bleibt (Joh 11,21f). Tatsächlich wird es so kommen, wie Jesus wegen der Menge ausdrücklich erklärt (Joh 11,41f). Aber zuvor wird Jesus sie noch in sein Verständnis der Auferstehung und des ewigen Lebens einführen, das sich in der Auferweckung des Lazarus ereignet. Denn als Jesus ihr Hoffnung auf die Auferstehung macht (Joh 11,23), versteht Martha dies gut jüdisch im Sinn der endzeitlichen Totenerweckung (Joh 11,24). Jesus kritisiert dies nicht als Missverständnis, aber lässt Martha nicht bei ihrer traditionellen Hoffnung stehen, sondern führt sie tiefer, als sie es je ahnte, in ihr eigenes Vertrauen auf ihn hinein. Jesus klärt es zum vollen Glauben. Er offenbart sich als „die Auferstehung und das Leben" (Joh 11,25), weil er das Leben Gottes in sich hat und es den Glaubenden mitteilt (Joh 5,21.26). Deshalb kommt die direkte Frage Jesu: „Glaubst du das?" (Joh 11,27). Sie bezieht sich auf seine Person so gut wie auf sein Heilswerk. Dieser Glaube Marthas, den Jesus erfragt, ist nicht die Bedingung der Auferweckung ihres Bruders, sondern eine Antwort auf die Wort-Offenbarung Jesu, die der Tat-Offenbarung vorausgeht.

Martha antwortet im vollen Sinn johanneischer Christologie, die sich durch Marthas Wort tief biblisch-theologisch verankert (Joh 11,27):

> „Ja, Herr,
> ich glaube, dass du der Christus bist,
> der Sohn Gottes,
> der in die Welt kommt."

In diesem Glaubenssatz stimmt jedes Wort. Das einleitende „Ja“ nimmt alles vorweg. Es ist die vollkommene Zustimmung zu Jesu Ich-bin-Wort, mit dem er sich selbst in der Fülle seiner Heilssendung offenbart, die seine Göttlichkeit voraussetzt. Das „Kyrios“ kann im Kontext der Freundschaft zwischen Jesus und ihr (Joh 11,5) nicht eine Höflichkeitsanrede sein, es muss volles christologisches Gewicht tragen. Ihr Glaube ist Einheit von Bekenntnis und Vertrauen. Mit „Christus“ und „Gottessohn“ nennt sie exakt die beiden Hoheitstitel, auf die der Evangelist im (ursprünglichen) Schlussvers Joh 20,30f zurückkommt, um gültig den Glauben zu bezeichnen, zu dem das Evangelium führen soll. „Christus“ knüpft an die alttestamentliche Theologie an und entspricht der traditionellen Auferstehungshoffnung am Jüngsten Tag; „Sohn Gottes“ ist das Hauptbekenntnis der Gemeinde; es entspricht der präsentischen Auferstehungstheologie johanneischer Zuspitzung, die den Tod nicht leugnet, aber die prägende Kraft der Glaubenserfahrung und die Unbedingtheit der Begegnung mit Christus im Hier und Jetzt unterstreicht. Das Bekenntnis zur Gottessohnschaft Jesu gewinnt Tiefe durch die Verbindung mit dem Motiv seines „Kommens“. Es ist ein ganz altes Motiv der Christologie (Mt 11,3 par. Lk 19; Mk 1,38; 2,17 par. Lk 19,10; Mk 10,45 parr; vgl. Mk 13,24 parr.; 14,62 par.; Mt 16,27f), das Jesu Herkunft von Gott mit seinem Zugehen auf die Menschen verbindet. Bei Johannes wird es vom Täufer aufgenommen (Joh 1,15.27) durch die Inkarnationstheologie (vgl. Joh 3,31) und durch Jesu Selbstoffenbarung als „der Weg, die Wahrheit und das Leben“ (Joh 14,6) radikalisiert. Jesu Gottessohnschaft ist nach Joh 11 sowohl durch sein wahres Menschsein geprägt, das aus seiner Menschwerdung folgt, als auch durch sein Gottsein, das sich in der gegenwärtigen wie der zukünftigen Auferstehung erweist. Marthas Bekenntnis ist tief im Judentum verwurzelt und führt auf einen Höhepunkt neutestamentlicher Theologie.[79]

In der Abfolge des Johannesevangeliums entspricht Marthas Glaubensbekenntnis nicht nur dem Bekenntnis Nathanaëls vom Anfang, sondern auch dem Petri in der Mitte des Evangeliums. „Herr, du hast Worte ewigen Lebens. Wir sind zum Glauben gekommen und haben erkannt: Du bist der Heilige Gottes“ (Joh 6,68f). Marthas Bekenntnis freilich steht meist im Schatten des Petrusbekenntnisses. Das ist nicht gerecht. Es reicht nicht tiefer als das Bekenntnis des Petrus, ist aber expliziter und vielschichtiger. Bevor Thomas „Mein Herr und mein Gott“ sagt (Joh 20,28), da er den Auferstandenen an seinen Wundmalen erkennt, hat Martha die christologische Spitzenaussage des Vierten Evangeliums gesprochen – angesichts des Irdischen, angesichts des Todes ihres Bruders, angesichts des Widerstandes gegen Jesus. Durch die Korrespondenz mit dem Epilog Joh 20,30f hat der Evangelist dies nachdrücklich unterstrichen.

(2) Die Erwartung des Sohnes (1Thess 1,9f)

Zu den ältesten Bekenntnistexten des Neuen Testaments gehört eine knappe Zusammenfassung des „Glaubens an Gott" (1Thess 1,8), den Paulus bei den Thessalonichern angestoßen hat. In dem Brief, den er kurze Zeit nach der Gründung der Gemeinde und seinem erzwungen überhasteten Weggang schreibt, verwendet er in freier Form ein „Formular", das essentials der christlichen Heidenmission festhält und in einen Bericht umschreibt:

> 9 ... wie ihr umgekehrt seid von den Götzen zu Gott,
> um dem lebendigen und wahren Gott zu dienen
> 10 und seinen Sohn vom Himmel zu erwarten,
> den er auferweckt hat von den Toten,
> Jesus, der uns aus dem kommenden Zorn retten wird.[80]

Die Theozentrik ist die Prämisse der Christologie, die Auferweckung Jesu von den Toten die Voraussetzung seiner Parusie. Beides ist für die paulinische Völkermission, gerade in ihrer Frühphase, wichtig. Der „lebendige und wahre Gott" ist der einzig wahre, der Leben schafft in dieser und der kommenden Welt. „Lebendig" ist Gott (vgl. Hebr 3,12; 9,14; 10,31; 12,22) im Unterschied zu den toten, „wahr" im Unterschied zu den falschen Göttern. „Lebendiger Gott" steht im Alten Testament[81], mit Schwüren (vgl. Dtn 32,40; ferner Mt 26,63) und Gebeten (vgl. Ps 42,3) verbunden, für das Wissen um die überwältigende Kraft und schöpferische Macht (vgl. Sir 18,1; Tob 13,2) dessen, der, ein guter Krieger (vgl. 1Sam 17,26.36; Jos 3,10) und heiliger Helfer (vgl. 1Sam 14,39), Israel als sein Volk erschaffen hat (vgl. Jer 16,14f; 23,7f) und von ihm nicht lässt (vgl. Jer 10,10; Dan 6,27f), sich Geltung verschaffend, indem er seine Stimme erhebt, die Israel am Sinai bei der Offenbarung der Zehn Gebote „mitten aus dem Feuer" gehört hat, nicht um zu sterben, sondern um zu leben (Dtn 5,26). Die Theologie des Neuen Testaments knüpft daran an. Johannes schaut den „lebendigen Gott" als majestätischen Herrscher (Offb 7,2; 15,7; vgl. 4,9f; 10,6), als Schöpfer des Himmels und der Erde (Apg 14,15; vgl. Ex 20,11; Ps 146,6), als Richter, der seiner Gerechtigkeit umfassende

Geltung verschaffen wird (Röm 14,11 [Jes 45,23]; vgl. 1Tim 4,10; Hebr 4,13). In der matthäischen Version des Petrusbekenntnisses wird wie in 1Thess 1,9f, das Bekenntnis zum „lebendigen Gott" mit dem zur Gottessohnschaft Jesu verbunden (Mt 16,16f; vgl. 26,63).

Gottes „Wahrheit" ist im Alten und im Neuen Testament seine Identität mit sich selbst, aber mehr als seine Wahrhaftigkeit. Paulus thematisiert unter dem Begriff, dass Gott sich als er selbst offenbart, also die Menschen durch Jesus Christus nicht etwa in die Irre führt, sondern zu ihm selbst, wie er wirklich ist (2Kor 4,2; 6,7; Gal 5,7; Röm 1,18.25; 2,20; Röm 3,3f; 15,8). Gott, der sich als er selbst offenbart, deckt die Wahrheit des menschlichen Lebens auf: dass sie Geschöpfe sind, dass sie in der Misere ihrer Ungerechtigkeit zugleich verloren, schuldig und erbarmungswürdig sind (Röm 1,18; 2,2.20; 3,4.7). Diese Wahrheit macht Gott den Menschen durch das das Evangelium kund, das vom Tode wie der Auferweckung Jesu handelt und damit von der Rechtfertigung und eschatologischen Rettung des Gottlosen aus dem Glauben (Röm 3,21–31).

Der Blick auf den Sohn ist der Blick in die Zukunft, die ganz nahe ist. Paulus macht die Parusiehoffnung stark, weil er weiß, dass die Thessalonicher große Sorgen um die „Toten in Christus" hatte und dass es keine Heilsvollendung geben kann ohne den Jüngsten Tag. In 1Thess 4,13–18 hat er mit Berufung auf ein Herrenwort ein apokalyptisches Szenario entworfen, das plastisch werden lässt, was 1Thess 1,10 andeutet. Jesus kommt „vom Himmel", mit den „Wolken des Himmels", wie es in Mk 14,62 auf der Basis von Dan 7,13 heißt. Die Auferweckung Jesu von den Toten ist weniger als Erhöhung zur gegenwärtigen Machtstellung thematisiert denn als Ausgangspunkt der – baldigen – Wiederkunft. Jesus ist der Retter. Das Endgericht ist so sicher wie der Zorn Gottes gerecht ist. Es rettet einzig und allein der, den Gott – zu diesem Zweck – von den Toten auferweckt hat.

Auf den Sohn richtet sich die ganze Erwartung der Christen. Sie wissen ihre Hoffnung bei ihm an der richtigen Adresse. Weshalb dies so ist, kann Paulus am Ende des Briefes mit einer anderen traditionell grundierten, nun allerdings auf den Tod bezogenen Formel so ausdrücken: „Er ist für uns gestorben, damit wir, ob wir wachen, ob wir schlafen, gemeinsam mit ihm leben werden" (1Thess 5,10). Nach 1Thess 1,10 richtet sich die hoffnungsvolle Erwartung auf den „Sohn", weil er in der himmlischen Machtstellung ist, am Ende alles gut werden zu lassen.

(3) Gottes Ja (2Kor 1,19f)

Wegen einer Änderung seiner Reisepläne, aus eher geringfügigem Anlass, der aber offenbar zu Irritationen in der Gemeinde geführt hat, formuliert Paulus ein fulminantes Bekenntnis zur Hoffnung Israels, zum einen Gott und zu seinem Sohn Jesus Christus. Anknüpfend an seine Verkündigung schreibt er (2Kor 1,19f):

> 19 Gottes Sohn Jesus Christus,
> der euch von uns verkündet worden ist, von mir und Silvanus,
> ist nicht Ja und Nein geworden,
> das Ja ist in ihm geworden.
> 20 Wieviele Verheißungen es gibt – in ihm ist das Ja.
> Deshalb auch durch ihn das Amen, Gott zur Ehre, durch uns.

Der Apostel sieht die Geschichte Israels im Zeichen der Verheißungen Gottes, und Jesus Christus, den Sohn Gottes, sieht er im Lichte dieser Verheißungen. Durch Jesus Christus werden sie allesamt, in ihrer Gesamtheit, letztgültig und irreversibel bejaht. Die christologische Bejahung ruft bei Paulus nicht den Eindruck hervor, sie seien, als sie vor Christus gegeben wurden, nur eingeschränkt gültig gewesen. Vielmehr zeigt sich durch Jesus Christus in einer nicht mehr zu steigernden Eindeutigkeit, wie gültig sie von Anfang waren und worin ihre Gültigkeit, ihre Bedeutung besteht. Die Christologie ist die große Bestätigung der Erwählung Abrahams und seines Segens für alle Völker, des Exodus, der Gesetzgebung am Sinai, der Prophetie und Weisheit Israels. „In" ihm heißt: im Machtbereich seines Heilswirkens als auferstandener Gekreuzigter. Paulus betont die Treue Gottes zu seinen Verheißungen, für die Jesus Christus einsteht. Dass er nicht „Ja und Nein" zugleich geworden ist, heißt, dass er die letzte Entschiedenheit Gottes für sein Volk, für seine Verheißungen, für sein Heil, für das Leben verkündet, verwirklicht und verkörpert. Dass Paulus vom geschichtlichen „Werden" spricht, dem eschatologische Dignität eignet, entspricht dem realen Ereignis Jesu Christi, seinem Leben, seinem Tod und seiner Auferstehung. Vers 20 bringt Jesu ureigene Theozentrik ein, die das Gebet der Christen prägt (vgl. Phil 2,11). Das Amen, das die zum Gottesdienst versammelte Kirche ruft, nimmt diese Treue Gottes, für die Jesus steht, dankbar wahr.[82]

Der dieses Ja Gottes zu Israel und zu allen Menschen, zu seinen Verheißungen und zur Verwirklichung umfassenden Heiles verkörpert, kann nur der Sohn Gottes im Sinne der voll entfalteten

Christologie von Inkarnation, Tod und Auferweckung sein; er kann es nur als Jesus Christus sein, als Jesus, der Christus.

4. Jesus im Spiegel früher Glaubensbekenntnisse

Der christliche Glaube braucht die Sprache des Bekenntnisses. Christin oder Christ wird man nicht durch Geburt oder Tradition, sondern durch den Glauben an Jesus und den von ihm geprägten Glauben an Gott. Im Glaubensbekenntnis muss die Beziehung zu Jesus geklärt werden, und es muss die Gottesbeziehung Jesu selbst zur Sprache kommen. Ohne ein solches Bekenntnis würde sich das Christsein im allgemein Religiösen verflüchtigen. Glaubensreligion mit einem regelrechten Glaubensbekenntnis, das sich in bestimmten Glaubenssätzen formulieren lässt und dadurch den Grund und Gegenstand allen Vertrauens bezeichnet, ist im eigentlichen Sinne nur das Christentum.

Die Taufe ist der originäre Ort des Bekenntnisses. In der neutestamentlichen Zeit war die Erwachsenentaufe üblich; heute wird sie wieder wichtiger. An ihr kann besonders deutlich gesehen werden, was es bedeutet, öffentlich zu sagen: „Ich glaube". Das „Wir glauben" des gottesdienstlichen Credo bekommt dadurch neue Tiefe, so wie der persönliche Glaube dadurch an Tiefe gewinnt, dass er mit anderen geteilt wird.

Die ältesten Christusbekenntnisse des Neuen Testaments wurzeln im Taufgottesdienst, dann wohl auch in der Eucharistiefeier.[83] Dieser liturgische „Sitz im Leben" prägt die frühesten Zeugnisse des Glaubens. Sie wollen nicht nur dogmatisch korrekte Aussagen über Jesus, den gekreuzigten und auferstandenen Gottessohn treffen. Sie wollen auch die existentielle Bedeutung des Christusglaubens, seine mystische Dimension und seine ethischen Konsequenzen klarstellen. Es müssen einfache und klare Sätze sein, verbindlich und verbindend. Juden und Griechen, Sklaven und Freie, Männer und Frauen (Gal 3,28) müssen ihren Glauben, ihre Liebe und ihre Hoffnung in ihnen ausgedrückt finden – aber nicht so, dass nur ihre Erwartungen und Vorurteile artikuliert, sondern so, dass sie selbst über sich hinaus in den Raum der Liebe Gottes geführt werden, den Jesus Christus ihnen aufgeschlossen hat.

Christushymnen – Jesuslieder

So wichtig die Feier der Taufe wie der Eucharistie von Anfang an in der Kirche ist und so stark das Gebetsleben der ersten Christen war – im Neuen Testament muss man sich die Texte ziemlich mühsam zusammensuchen, die Einblicke in die Lieder und Gebete des Gottesdienstes gewähren. Ein liturgisches Formular findet sich nicht. Es bleiben Mosaiksteine, die sich nicht zu einem großen Gesamtbild fügen, aber als einzelne Steine wichtig genug sind.

Der Epheserbrief aus der Paulusschule fordert die Christen in der kleinasiatischen Hauptstadt auf: „Lasst in eurer Mitte Psalmen, Hymnen und Lieder erklingen, wie der Geist sie eingibt. Singt und jubelt aus vollem Herzen zum Lob des Herrn" (Eph 5,19). Ähnlich hatte es zuvor schon im Kolosserbrief geheißen (3,16): „Singt Gott in eurem Herzen Psalmen, Hymnen und Lieder, wie sie der Geist eingibt, denn ihr seid in Gottes Gnade." Dass gesungen wird, ist jüdische Tradition; im Jubel über die Auferstehung gibt es neuen Grund, das Beten durch Singen zu verdoppeln. Der Geist Gottes ist es, der die Lieder des Glaubens anstimmen lässt; er inspiriert nicht nur zu den richtigen Worten, sondern auch zu den guten Melodien: derselbe Geist, der den Glauben hervorruft und aus Jesus gesprochen hat, der Schöpfergeist, der die Erlösung bringt. Gottes Gnade öffnet Herz und Mund und auch die Kehlen. Wie genau die Glaubensgesänge geklungen haben, entzieht sich unserer Kenntnis. Dass Musik in der Luft liegt, ist im frühesten Christentum wie in den meisten Religionen ein Zeichen gesteigerten Lebens und intensivierter Frömmigkeit.

An welche „Psalmen, Hymnen und Lieder" der Epheser- und Kolosserbrief gedacht haben, würde man zu gerne wissen. Aber es gibt nur Vermutungen. Eine Spur führt ins Alte Testament, besonders in die Psalmen. Jesus selbst hat den Psalter gebetet. Er zitiert ihn nicht nur, er rezitiert ihn auch; die markinische Passionsgeschichte erinnert an das Pascha-Hallel (Ps 114 bzw. 115–118), das Jesus mit seinen Jüngern nach dem Letzten Abendmahl gesungen hat (Mk 14,26). In der urchristlichen Liturgie hat der Psalmengesang zweifellos eine große Rolle gespielt, zumal der Synagogengottesdienst insgesamt eine starke Inspirationsquelle war. Für die radikale Verbindung des (im Entstehen begriffenen) Neuen Testaments und des (im Abschluss begriffenen) Alten Testaments haben diese Gebete eine kaum zu überschätzende Rolle.

Neben die Gesänge Israels treten aber sehr früh Christuslieder. Im Stil ahmen sie die Psalmen des Alten Testaments und des frühen Judentums nach, von denen besonders eindrucksvolle in

Qumran gefunden worden sind.[84] Im Thema sind sie auf das grundstürzende Christusereignis, seinen Tod und seine Auferweckung konzentriert, seine mystische Gegenwart und seine sakramentale Heilswirksamkeit. Im Ton bringen sie die Osterfreude zum Ausdruck. Nach dem Epheserbrief dienen sie dem Gotteslob. Diese Theozentrik ist für die gesamte christliche Liturgie grundlegend wichtig. Sie entspricht der Theozentrik Jesu selbst. Sie schließt ein Gebet zu Christus nicht aus, ordnet es aber durch ihn, mit ihm und in ihm auf Gott, den Vater, hin.

Zusammen mit den Credoformeln und Glaubensbekenntnissen sind diese Christuslieder ein wichtiges Zeugnis frühester Christologie. Sie bemühen sich um eine klare Bekenntnissprache. Aber ihre Stärke braucht nicht die dogmatische Exaktheit zu sein. Sie haben Raum für verschiedene Bilder, sie variieren Leitworte, sie geben der Dankbarkeit Ausdruck, zur Gemeinschaft der Glaubenden zu gehören; sie entsprechen dem Charisma derer, die „in Christus" sind.

Christologische Traditionen

Im Neuen Testament lassen sich mit exegetischem Geschick viele christologische Traditionen aufspüren: Sprachliche Besonderheiten und thematische Eigenarten erlauben zuweilen den Rückschluss aus den überlieferten Texten auf Vorlagen, deren ursprünglicher „Sitz im Leben" der Gottesdienst gewesen sein dürfte.[85] Eine eigene Welt bilden die himmlischen Hymnen der Apokalypse des Johannes (die bereits früher behandelt worden sind). Daneben sind vor allem die Paulusbriefe aufschlussreich. Sie sind außerordentlich nahe am Leben der Gemeinden, auch ihrer Liturgie. An entscheidenden Stellen seiner Argumentationen geht Paulus gezielt nicht auf seine charakteristisch eigene Theologie, sondern auf das zurück, was – idealiter – alle Apostel verkünden und in den Gemeinden längst Wurzeln geschlagen hat. Diese vorpaulinischen Traditionen sind die wichtigsten Zeugnisse des frühesten Christusglaubens. Sie geben im Licht des Osterglaubens der Freude über seine Auferstehung Ausdruck. Überstrahlen sie das irdische Leben, den Dienst des Menschen Jesus? Nur wenn die Christushymnen als Jesuslieder gesungen werden (können), führen sie ins Geheimnis des Glaubens.

Doch nicht nur ausgearbeitete Überlieferungen, die sich annäherungsweise textgenau rekonstruieren lassen, gehören zu den christologischen Traditionen des Neuen Testaments, sondern auch christologische Leitmotive wie Versöhnung und Sühne, die oft passgenau eingebaut sind, aber die Verwurzelung in älteren Traditionen anzeigen. In einigen wenigen Ausschnitten sollen auch sie berücksichtigt werden.

a) Tot und begraben – auferweckt und erschienen (1Kor 15,3–5)

1Kor 15,3–5 ist eines der ältesten Glaubensbekenntnisse der Christenheit. Paulus zitiert es den Korinthern ausdrücklich als wichtigste Überlieferung, die er selbst empfangen und anderen weitergegeben hat[86]:

> 3Er starb für unsre Sünden nach den Schriften
> 4und ward begraben
> und wurde auferweckt am dritten Tage nach den Schriften
> 5und erschien dem Kephas, dann den Zwölfen

Vier Hauptverben bestimmen die Struktur des Credo: gestorben – begraben – auferweckt – erschienen. Es ist die Grundstruktur der neutestamentlichen Passions- und Auferstehungsgeschichten. Der absolute Gegensatz schlechthin, der von Tod und Leben, bestimmt die Grundaussage: Jesus, der gestorben ist, lebt. Gott hat ihn auferweckt. Er hat ihn nicht ins Rad der Wiedergeburt gezwängt, er hat ihn auch nicht in sein bisheriges Leben zurückkehren lassen; er hat ihn in den Himmel aufgenommen. Jesus aber hat sich nicht in majestätische Einsamkeit zurückgezogen, sondern hat sich sehen lassen, um Kephas und die Zwölf neu mit dem Glauben an den totenerweckenden Gott anzustecken und durch sie neu mit der Mission zu beginnen, der Glaubensbotschaft Jesu, des von den Toten Auferstandenen.

Gestorben und begraben

Ein Riesenthema der österlichen Christologie ist der Tod Jesu. Sollte man ihn nicht besser vergessen? War nicht das Leiden Jesu, das Versagen der Jünger, die Grablegung des Meisters ein schrecklicher Albtraum, aus dem man, Gott sei Dank, am Ostermorgen erwacht ist? Wer so dächte, würde Jesus nicht gerecht. Jesus *ist* am Kreuz gestorben. Was bedeutet dieser Tod? Er war schrecklich, qualvoll, blutig. War er sinnlos?

Die ersten Christen haben den Tod Jesu nicht verklärt. Sie haben nicht eine theologische Theorie zu ersinnen versucht, nach der dieser Tod am Kreuz auf Gologotha doch nicht so skandalös wäre. Sie haben die Sonnenfinsternis der Todesstunde nicht künstlich aufzuhellen versucht. Sie haben in diese Finsternis hineingeschaut und im tiefsten Dunkel der neunten Stunde zu erkennen versucht, was das Kreuz für Jesus, für Gott, den Vater, für sie selbst und für die ganze Welt bedeutet. Sie haben das Kreuz im Wissen um die Auferstehung und das Wirkens Jesu, seine Reich-Gottes-Verkündigung, betrachtet. Aber in diesem Kontext haben sie das Kreuz nicht relativiert, sondern interpretiert. Mehr noch: Sie haben die Kraft gehabt, im Kreuz den dichtesten Moment der gesamten Sendung Jesu zu schauen und auch schon in der tiefsten Erniedrigung die Erhöhung des Gottessohnes, in den Wunden die Heilung, im Tod das Leben. Denn sie haben auf den Menschen geschaut, auf Jesus. Seine Person, er selbst, ist der Schlüssel zum Geheimnis des Leidens.

Die Passion ist der letzte Teil des Lebens Jesu. Die Auferstehung setzt den Tod voraus. Wer Jesu wahres Menschsein ernstnimmt, kann seinem Tod nicht ausweichen. Wer die Erinnerung an Jesus hochhalten will, darf sich gewiss nicht auf Golgatha fixieren, aber auch den Todesschrei Jesu nicht vergessen. Verdrängen hilft nicht. Erinnerung tut not.

Aber das Credo ist realistisch. Bevor es von der Auferstehung spricht, ruft es den Tod Jesu in Erinnerung. Nicht nur, dass Jesus gestorben, auch, dass er begraben wurde, ist ein historisches Faktum, dessen der Glaube gedenkt. Die Tatsache des Begräbnisses unterstreicht die Realität des Todes Jesu. Nur deshalb kann von Auferweckung die Rede; nur deshalb kann der Tod ein Heilsgeschehen sein, das „uns" etwas bedeutet.

Die Theologie hat aber immer Mühe gehabt, dem Begräbnis Jesu etwas abzugewinnen. Es ist gerade der fromme Eifer, der sich schwer tut, am Karsamstag *keine* Liturgie zu feiern und am Karfreitag auf die Kommunion zu verzichten. Es bedurfte eines Theologen vom Range eines Hans Urs von Balthasar, um eine Theologie der *drei* Tage zu denken[87]: nicht dass man Karfreitag gedanklich schon am Ostertag ist und Ostern immer noch in der Stunde des Todes Jesu. Schwer ist es, den zweiten der drei Tage aushalten: den Tag, an dem – auf Erden – nichts passiert. Es ist der Tag des „hinabgestiegen in das Reich des Todes", dessen neutestamentlicher Anhaltspunkt ein wenig undeutlich ist und am relativ klarsten aus 1Petr 4,6 extrapoliert wird, der Verkündigung des Evangeliums an die Toten (ohne die schwerlich die Universalität der Heilsbedeutung Jesu gedacht werden könnte).[88]

Das älteste Credo sagt: tot und begraben, nicht mehr und nicht weniger. Jesus sagt: „So wie Jona im Bauch des Wales drei Tage und drei Nächte war (Jona 2,1), so wird auch der Menschensohn im Herzen der Erde drei Tage und drei Nächte sein" (Mt 12,40).[89] Der Vers gehört zum matthäischen Sondergut; er gehört zur Antwort Jesu auf die Forderung, ein Zeichen zu wirken, auf dass er sich als Messias ausweise. Jesus lehnt diese Forderung ab, weil er nicht im eigenen Interesse, sondern nur in dem der Kranken Zeichen und Wunder wirkt. Aber nach der Redenquelle (Mt 12,39 par. Lk 11,29) verweist er auf das „Zeichen des Jona". Nach Lukas legt Jesus das auf die – erfolgreiche – Umkehrpredigt des Propheten in Ninive aus (Lk 11,30), nach Matthäus auf seinen Tod und seine Auferstehung. So umstritten die Historizität dieses Verses ist – die „drei Tage" sind tief in der Jesustradition verwurzelt: in Auferstehungsprophetien Jesu (Mk 8,31 parr.; 9,31 parr.; 10,34 parr.) wie in falschen Zeugenaussagen beim Prozess (Mk 14,58 par.) und in den Spottworten unter dem Kreuz (Mk 15,29), überdies in der johanneischen Tempeltradition (Joh 2,19f), nicht zuletzt im ironischen Spott Jesu über Herodes Antipas (Lk 13,32). Die Stellen lassen sich nicht allesamt harmonisieren; gerade das spricht für ein sehr hohes Alter. Am wahrscheinlichsten scheint doch, dass die drei Tage nicht – etwas mühsam – vom Ostersonntag auf den Karfreitag zurückgerechnet und von dort her in den Mund Jesu, gleichzeitig aber auf die Lippen seiner Gegner projiziert worden sind, sondern dass Jesus – von Hos 6,2 und anderen Schriftstellen motiviert, eher topisch – von seiner endgültigen Rettung „am dritten Tag" oder „nach drei Tagen" geredet hat und darin später eine Übereinstimmung mit der Pascha-Chronologie erkannt worden ist.

1Kor 15,4 weiß: erst am dritten Tag. Wahrscheinlich ist an die Auffindung des leeren Grabes gedacht (denn die Erscheinungen sind ja noch einmal durch ein „und" abgesetzt). Die Ruhe, die der Sabbat nach dem Karfreitag und vor dem Ostersonntag gebietet, ist heilsam. Erst am Ostermorgen können die Frauen zum Grab – und finden es leer. Durch den zweiten Tag wissen sie, dass Jesus keinen Scheintod gestorben ist – und deshalb, dass er wahrhaft auferstanden ist.

In den Evangelien wird vom Begräbnis Jesu berichtet. Keiner seiner Jünger hat ihn begraben, Joseph von Arimathäa, ein Mitglied des Hohen Rates, hat das Grab zur Verfügung gestellt (Mk 15,42–47 parr.); Johannes erzählt, auch Nikodemus, gleichfalls ein Synhedrist, habe beim Begräbnis geholfen (Joh 19,38–42). Für einen Gekreuzigten ist ein solch ehrenvolles Grab sehr ungewöhnlich; ausgeschlossen ist es nicht. Jesus zu begraben, seinen

Leichnam zu salben – das ist elementares ursprüngliches Gedächtnis seines Leidens: ein Dienst in konsequenter Jesusnachfolge, den die Frauen – unbegreiflicherweise – nicht mehr zu leisten brauchen, weil Jesus von den Toten auferstanden ist. Das Grab war leer, weil es voll war; es war voll, damit es leer gefunden werde.

Am Karfreitag und Karsamstag nicht schon in den Osterjubel zu verfallen, sondern an das Kreuz und das Grab Jesu zu denken – das erst verschafft dem Auferstehungsglauben jenen Realitätssinn, der ihn zum Inbegriff aller Hoffnung werden lässt.

Auferweckung und Erscheinung

Die Auferweckung Jesu löscht seinen Tod nicht aus, sondern bringt dessen Heilsbedeutung „für unsere Sünden" zur Geltung. Auferweckt ist der gestorbene und begrabene Jesus. Der Auferweckte ist niemand anderes als der Irdische, der in der Konsequenz seiner Sendung den Tod erlitten hat.

Die Formulierung ist passivisch.[90] Die Auferweckung ist ein Handeln Gottes am getöteten Jesus; der Glaube an die Auferstehung Jesu ist immer zuerst Glaube an Gott, der die Macht hat, Tote zu erwecken (Röm 4,17). Das entspricht der Hoffnung Jesu auf den Gott, der um seines Gottseins willen den Tod überwindet. Es steht nicht im Widerspruch zu den Aussagen, die von Jesu Auferstehung sprechen. Auch Paulus kennt sie. Sie betonen die Aktivität des Gottessohnes in der Überwindung des Todes. Die Kraft stammt aus der essentiellen Zugehörigkeit des Sohnes zum Vater. Aber da die spätere Theologie meist nur von der Auferstehung spricht, ist es wichtig, das ursprüngliche Kerygma festzuhalten, das um Gottes willen auch die Auferweckung kennt.

Der dritte Tag ist der Tag der Rettung. „Gemäß den Schriften" zielt nicht auf einen bestimmten Belegvers, sondern auf das Gesamtzeugnis der Bibel Israels, das sich an Schlüsseltexten wie Hos 6,2 festmachen lässt: „Nach zwei Tagen macht er uns lebendig, am dritten Tag richtet er uns wieder auf". Das „gemäß den Schriften" bezieht die Auferweckung – wie Jesus selbst es gegenüber den Sadduzäern vertreten hat – auf das Gotteszeugnis der Schrift zurück, stellt es ihm aber auch gegenüber: Die Auferweckung Jesu ist endzeitlich und end-gültig Heilshandeln Gottes; es entspricht seinem Heilsplan und lässt ihn aufgipfeln.

Die Erscheinung ist eine Selbstoffenbarung Jesu Christi, nicht nur ein „Gesehen werden", sondern ein „Sich-Sehen-Lassen" in der Tradition alttestamentlicher Theophanie (Ex 3,2). Das entspricht der Struktur der neutestamentlichen Erscheinungsberichte, die ihrerseits der Struktur der Glaubensaussage entsprechen. Es wird nicht nur das Missverständnis einer Projektion oder Halluzination abgewehrt, sondern von der Auferweckung als Erhöhung aus gedacht: Es liegt in der Macht dessen, der an der Allmacht des Vaters partizipiert, von sich aus – in Gottes Freiheit – denjenigen gegenüber sich als lebendig zu erweisen, die er zum Glauben an seine Auferstehung und zur Verkündigung des Evangeliums führen will.

Die Erscheinung zielt auf Sendung. Die Verkündigung des Evangeliums, die zur Bildung christlicher Gemeinden führen soll, liegt in der Konsequenz der Auferweckung Jesu. Das ergibt sich nicht nur aus dem Wortfeld der Theophanie (nach Ex 3 wird Moses gesandt, Israel zu befreien), sondern auch aus den genannten Adressaten: Kephas und die Zwölf. An dieser Stelle wird der Rückbezug zur Jesustradition besonders eng, ja programmatisch. „Kephas", „Petrus", ist *der* Jünger Jesu, der, von ihm berufen und zum Ersten der Zwölf gemacht, in allen Höhen und Tiefen personifiziert, was Nachfolge heißt: in der Gnade der Berufung, in der Willigkeit des Geistes und der Schwäche des Fleisches (Mk 14,38), in der Schuld der Verleugnung und in der Vergebung der neuen Berufung; nach Mt 16,18 – einem Jesuswort, das meist als sekundär angesehen wird – ist Petrus für Jesus der „Fels, auf den ich meine Kirche bauen werde". Die „Zwölf" hat Jesus „gemacht", dass sie „mit ihm seien und er sie aussende zu predigen und sie Vollmacht haben, Dämonen auszutreiben" (Mk 3,14). Die Einsetzung der Zwölf ist ein Bekenntnis Jesu zu Israel, zum Volk der zwölf Stämme, wie Gott es gewollt hat und wiederherstellen wird; es ist ein Bekenntnis Jesu zu Gott, der ganz Israel retten wird. Wenn Jesus ausgerechnet „Kephas und den Zwölf" erscheint, dann lässt er sich von denen sehen, die er zwar in die Nachfolge berufen hat, damit sie an seiner Sendungsvollmacht teilhaben, die ihn aber in der Passion verlassen haben und die er nun neu in den Dienst an der Gottesherrschaft und am Evangelium, neu in den Dienst an Gott und den Menschen ruft.

Die Auferweckung ist weder ein isoliertes Wunder, das die Göttlichkeit Jesu beweisen soll, noch nur die Bestätigung der Sache Jesu, sondern die Aufnahme Jesu in das Geheimnis Gottes (und seine Erhöhung zur Rechten Gottes), so dass er in der Kraft Gottes machtvoll als er selbst in Erscheinung treten und wirken kann: als Jesus von Nazareth.

b) Hingabe

Jesus ist ein Geschenk an die Menschheit. Besser: Er ist *das* Geschenk Gottes für die Menschen. Nach dem Johannesevangelium sagt Jesus: „So sehr hat Gott die Welt geliebt, dass er seinen eigenen Sohn gegeben hat" (3,16). Auf Jesus hat kein Mensch einen Anspruch: nicht auf seine Frohe Botschaft, nicht auf seinen Dienst, schon gar nicht auf seinen Tod. Aber daran, das es Jesus gegeben hat, sollen, können, dürfen Menschen erkennen, wie gut es Gott mit ihnen meint.

Über den Bereich unverbindlichen Wohlwollens führt diese Erkenntnis aber nur dann hinaus, wenn gesehen wird, dass der Tod Jesu nicht ausgenommen ist. Wenn Jesus eine Wohltat, ein Geschenk, eine Gabe Gottes an die Menschen und für die Menschen ist, dann auch sein Tod, den er gestorben ist. Das ist schwer zu verstehen und nicht ohne Widerspruch zu akzeptieren. Aber wo das Neue Testament mit Betonung von der *Gabe* Jesu redet, dort auch im Blick auf seinen Tod. Es gilt nur: ganz oder gar nicht, alles oder nichts. Ein Geschenk, das an Bedingungen geknüpft wird, ist keines.

Drei Momente kommen zusammen: der Heilswille Gottes, die Liebe Jesu und die Schuld der Menschen, der Verrat. Im Deutschen wird zwischen Hingabe, Auslieferung und Verrat unterschieden; im Griechischen steht ein einziges Wort, das dies alles drei umfassen kann.

(1) Jesus als Gottesgabe (Röm 8,32)

Im Römerbrief begründet Paulus, weshalb Gottes Gerechtigkeit sich als Liebe in der Vergebung der Sünden, der Rechtfertigung der Glaubenden, der Heiligung der Christen erweist. In Röm 8,31–39 zieht er ein vorläufiges Fazit, bevor er auf die schwere Frage eingeht, wie Gottes Gerechtigkeit mit der Verweigerung des Christusglaubens bei der übergroßen Mehrheit der Juden einhergehen könne (Röm 9–11). Der erste Satz dieses Summariums lautet (Röm 8,32):

> Der seinen eigenen Sohn nicht geschont,
> sondern ihn für uns alle hingegeben hat –
> wie sollte er uns mit ihm nicht alles schenken?

Die Frage ist provokativ. Wie kann es sein, dass Gott seinen geliebten Sohn nicht verschont? Widerspricht das nicht allem, was

Jesus selbst über die Liebe Gottes sagt? Die nicht nur ihm persönlich, sondern allen Menschen gilt?

Paulus formuliert mit Blick auf Gen 22 und Jes 53. Das macht die Erklärung nicht einfacher: Das Opfer, besser: die Bindung Isaaks[91] – ist sie nicht die Horrorvorstellung eines Molochs, der sich nur durch die unterwürfigste, demütigende Geste eines liebenden Vaters vom Äußersten abhalten lässt? Die Stellvertretung des Gottesknechtes – ist sie nicht eine einzige Illusion, die weder der Schuld der Täter noch dem Leid der Opfer gerecht wird?

Paulus liest beide Texte wie im damaligen Judentum – und genauer als die heutige Kritik. Abraham bürdet Isaak das Opferholz im Wissen auf: „Gott wird sich das Opferlamm aussuchen" (Gen 22,8). Er setzt auf die Unverbrüchlichkeit der Verheißung Gottes – über jedes menschliche Maß hinaus; deshalb geht er mit seinem Sohn schweigend hinauf auf den Berg im Lande Morija, den die jüdische Tradition später mit dem Tempelberg, dem Zion, gleichgesetzt hat. Abraham gibt sich selbst in seinem Sohn ganz Gott hin – und bestätigt dadurch nicht nur seinen Glauben, sondern die Gültigkeit der Verheißung. Am Beispiel Isaaks wird die überragende Größe der Selbstüberwindung Gottes deutlich; das bezieht Paulus auf die die Selbsthingabe Gottes in der Hingabe seines Sohnes.[92] Der Gottesknecht gibt sich selbst als Opfer hin, um den Teufelskreis der Gewalt zu durchbrechen. Er ist das Opfer, das vergibt – so sehr, dass noch sein Leiden von Gott zum Heil gemacht werden soll. So ist auch nach Röm 8,32 der Tod Jesu der Grund allen Lebens.

Die entscheidende Voraussetzung, diesen Gedanken nachzuvollziehen, macht Paulus stillschweigend (weil er sie vorher geklärt hat): die der Einheit zwischen dem Vater und dem Sohn. Jesus ist für Gott kein Freiwilliger, den er ins Feuer schickt. Vater und Sohn gehören zusammen – und sie bleiben zusammen, selbst im Tode, den Jesus in der Konsequenz seiner Sendung erleidet. Das hat Paulus verstanden – und deshalb sieht und sagt er, dass der Tod Jesu Hoffnung macht: Das Kreuz lässt nicht in Depressionen ob der Schlechtigkeit der Welt verfallen; es gibt Grund zur Hoffnung wider alle Hoffnung, weil Gott bis zum Äußersten geht und nichts von sich zurückbehält, um die Menschen aus dem Tode zu erretten.

Die Formulierung des Verses ist paulinisch, das Motiv der Hingabe aber traditionell. Paulus baut das Motiv so in seinen Gedankengang ein, dass er stimmig, gleichzeitig aber breit in der Glaubensüberlieferung der Kirche verankert wird. Die Aussicht, die

Röm 8,32 öffnet, ist unglaublich: Gott schenkt allen alles. Das entspricht der Verheißung 1Kor 15,28, dass „Gott alles in allem“ sein wird; es ist bei Paulus die genaueste Entsprechung zur Basileia-Verkündigung Jesu. Die Zumutung dieser Verheißung: dass die Hoffnung auf umfassendes Heil im Kreuzestod Jesu begründet liegt, den Gott – um der Rettung der Menschen willen – nicht nur toleriert oder nicht verhindert, sondern in den Sinn herbeigeführt hat, dass er Jesus nicht der Hand der Menschen entrissen, ihre Untat durch seine Liebe unterfangend, ist die Zumutung der gesamten Sendung Jesu, die nicht ohne Zufälle, aber nicht von ungefähr auf Golgatha endet.

Die theozentrischen Hingabeformeln haben eine tiefe Entsprechung in der synoptischen Jesustradition.[93] Nach Mk 9,31 parr. sagt Jesus: Der „Menschensohn wird in die Hände der Menschen übergeben“. Es ist derselbe Ausdruck, mit dem die Auslieferung einer Geisel beschrieben werden kann. In Mk 10,33 wird dieser Zusammenhang noch deutlicher: „Der Menschensohn wird den Hohenpriestern und Schriftgelehrten übergeben werden und sie werden ihn zum Tode verurteilen und den Heiden übergeben“. Das zweite „übergeben“ – zu denken ist an den Auftakt des Pilatusprozesses (Mk 15,1) – ist eine Auslieferung. Mk 14,41 sagt: „in die Hände der Sünder“ (vgl. Lk 24,7) – und gemeint sind nicht nur die Römer und nicht nur die Soldaten der Hohenpriester, sondern diese selbst. Subjekt der Überlieferung ist in Mk 9,31 und 14,41 ebenso wie im ersten Verb von Mk 10,33 Gott selbst. Aber Gott verrät seinen Sohn nicht, sondern lässt ihn den Weg gehen, den er selbst vorgezeichnet sieht – und den zu gehen er sich in Gethsemane durchringt (Mk 14,36 parr.). Die Exegese ist meist skeptisch gegenüber der Historizität der Leidensankündigungen. Deren nachösterliche Prägung ist unverkennbar. Aber schließt sie einen vorösterlichen Ursprung aus oder ein? Mindestens müsste man urteilen, dass bei der Komposition und Redaktion der Evangelien der Versuch prägend war, das, was sich nachösterlich als Glaubensbekenntnis bildete, jesuanisch zu verankern. Das wäre bemerkenswert genug. Die Skepsis, die Leidensankündigungen Jesus abzusprechen, ist aber das Ergebnis einer methodischen Vorentscheidung, die keineswegs über jeden Zweifel erhaben ist: alle Jesustexte auszuklammern, die Interessen des Urchristentums berühren (so als ob es welche gäbe, die das nicht täten). Wahrscheinlicher, wenigstens ernsthaft zu erwägen, ist gerade der umgekehrte Verlauf: dass sich die ersten Christen auf der Suche, eine Sprache für den Tod Jesu zu finden, an den Worten Jesu orientiert haben und deshalb auf das Motiv der „Dahingabe“ gestoßen sind, das Jesus – gesetzt, es ginge auf ihn zurück – seinerseits nicht er-, sondern gefunden hat: vor allem im Vierten Lied vom Gottesknecht (Jes 53).

(2) Jesu Lebenshingabe (Gal 1,4)

Während Röm 8,32 (wie Röm 4,25) das Handeln Gottes im Tode Jesu so stark akzentuiert, dass auf den ersten Blick der Verdacht aufkommen könnte, Jesus sei für Gott Mittel zum Zweck (was sich aber im Blick auf die Geschichte des Motivs und den Kontext der Aussage als falsch herausstellt), betont Gal 1,4 die Aktivität Jesu in seinem Sterben so stark, dass auf den ersten Blick der Verdacht aufkommen könnte, er habe den Tod gesucht (was sich aber wiederum im Blick auf die Motivgeschichte und den Zusammenhang der Aussage als falsch herausstellt). Paulus schreibt den Brief an die Galater, um sie vor einem jüdisch-christlichen Synkretismus zu bewahren. Dazu muss er von vornherein ihre Furcht zerstreuen, Jesus Christus habe für sie noch nicht genug getan, sie müssten durch weitere Zeichen der Gottesfurcht, besonders die Beschneidung, das Ihre zum Heil beitragen. Deshalb erweitert Paulus den traditionellen Friedensgruß um eine inhaltsreiche Wendung, die formelhaft klingt und zum Glaubensschatz der Urkirche gehört haben wird:

> ... der sich selbst für unsere Sünden gegeben hat,
> um uns aus dem Äon des gegenwärtig Bösen zu reißen
> gemäß dem Willen Gottes, unseres Vaters.

Die Äonenvorstellung, mit der Paulus arbeitet, ist apokalyptisches Erbe. Die Gegenwart steht unter der Gewalt des Bösen, der kommende Äon – das Reich Gottes – wird die endgültige Befreiung vom Bösen bringen, die Herrschaft Gottes, des einzig und allein Guten. So hat auch Jesus gedacht. Zwischen diesem Bösen (bei dem offenbleibt, ob es neutrisch oder maskulin zu verstehen ist) und den Sünden, „für“ die sich Jesus gegeben hat (wie nach 1Kor 15,3), besteht ein Zusammenhang, den die paulinische Theologie in höchster Differenziertheit aufdeckt: So wenig es ein Verhängnis ist, unter der Unheilsmacht des Bösen zu ächzen, sondern eine Belastung, die durch immer neue Sünden steigt, so wenig ist der Radius der Sünde mit dem persönlichen Verantwortungsbereich identisch; und so wenig ein Schuldiger sich vor der Verantwortung drücken kann, so wenig kann er den Schaden, den er angerichtet hat, wirklich wiedergutmachen. Der Zusammenhang zwischen der Sünde und dem Heilstod Jesu ist ebenso wie in Röm 8,32 und 4,25.

Aber die christologische Perspektive ist anders. Gal 1,4 und Röm 8,32 sind komplementäre Wendungen. Jesus selbst ist es, der sich hingegeben hat. Er ist nicht eine Figur im Schachspiel Gottes, sondern als er selbst, als Mensch, als Person, als Sohn Gottes aktiv beteiligt. Wäre Jesus – inmitten aller Gewaltsamkeit – nicht freiwillig gestorben, verstieße die Erlösung gegen das elementarste Gebot der Menschlichkeit. Paulus klärt mit Hilfe ältester Christologie, dass Jesus in Freiheit gestorben ist. Hat er den Tod gesucht? Das anzunehmen, ist abwegig. In Gal 1,4 wird die Heilsnotwendigkeit des Todes Jesu unterstrichen, der Jesus sich nicht entzogen, die er vielmehr angenommen hat. In den Evangelien wird deutlich, dass Jesus nicht geflohen ist, sondern standgehalten hat; aber es wird – vor allem bei Johannes – auch überliefert, dass Jesus sich vor der Zeit (weil „seine Stunde noch nicht gekommen war“) mehrfach dem drohenden Tod entzogen hat – um freilich dann, als es ernst wurde, nicht zurückzuschrecken. Gethsemane sieht die ehrlich Bitte Jesu: „Lass diesen Kelch an mir vorübergehen“ – die nur durch eine noch größere Bitte überboten wird: „Aber nicht was ich will, sondern was Du willst“ (Mk 14,36).

(3) Die Liebe des Gekreuzigten (Gal 2,20)

Im Corpus des Galaterbriefes erläutert Paulus kompakt seine Grundthese, dass kein Mensch aus „Werken des Gesetzes“, sondern jeder, ob Jude oder Heide, aus dem Glauben an Jesus Christus gerechtfertigt wird (Gal 2,16–21). Vor allem geht es ihm darum, seine Gnadenlehre vom Geruch zu befreien, sie mache Christus zum Diener der Sünde, weil deren Vergebung zu einfach sei, wenn sie allein und vollständig in Jesu Tod und Auferweckung gründe. Zur Erläuterung scheut er sich nicht, auf seine eigene Person hinzuweisen, der er sich bereits zuvor (Gal 1,13–16) als verblendeter Verfolger der Kirche bekannt hatte. Er spricht typologisch, wenn er sein „Ich“ ins Spiel bringt; er hat sein Leben verwirkt und neu gewonnen. Er ist mit Christus gekreuzigt und auferweckt (Gal 2,20):

> Ich lebe, aber nicht mehr „Ich“ –
> in mir lebt Christus,
> der mich geliebt und sich für mich gegeben hat

Das „in Christus“ ist ganz paulinisch; es verweist nicht nur auf das vergangene Ereignis des Kreuzestodes, sondern die lebendige Gegenwart des auferweckten Gekreuzigten. Gerade die Reziprozität (zu der es nur johanneische Parallelen gibt) ist signifikant (Röm 8). Die Hingabeaussage aber ist traditionell. Sie bekommt durch das „für mich“ eine große Intensität. Besonders prägnant aber ist die – paulinische – Deutung der Hingabe als Agape. Dadurch erst wird ihr Sinn erhellt. Die Hingabe ist Zuneigung; sie ist nicht nur Ausdruck der Einstimung in Gottes Heilsplan, sondern (eben deshalb) unbedingte Bejahung dessen, der auf nichts dringender angewiesen ist als auf Gottes Hilfe in der Not. Paulus kann auf seine eigene Geschichte verweisen. Er, der Verfolger der Kirche, ist wie kaum ein zweiter auf die Gnade Gottes angewiesen. Christus, sagt er, hat „mich geliebt“ – so wie er jeden Menschen liebt und die Feinde Gottes nicht ausnimmt; und weil er „mich geliebt“ hat, hat er auch „sich für mich dahingegeben“. Jesus hat „mir“ nichts von seiner Liebe vorenthalten. Er hat „mir“ *alles* gegeben – und den anderen auch. Sein Tod macht damit ernst, dass er *ganz* auf der Seite der Menschen steht, um sie zu erlösen.

Dass Jesus die Seinen liebt, macht immer wieder das Johannesevangelium deutlich. Nach den Synoptikern ist Jesus absolut klar, was die Forderung der Liebe zu Gott, zum Nächsten, zum Feind, auch was die Liebe Gottes zu seinem Sohn anbelangt; aber er verkündet nicht dem Worte nach die Liebe Gottes zu den Menschen. Seine Taten sprechen deshalb nicht weniger deutlich. Beim Letzten Abendmahl heißt es, dass Jesus das Brot den Zwölfen „gab und sagte: ‚Das ist mein Leib‘“ (Mk 14,23). Von diesem Wort und dieser Geste ist die ganze Christologie und Soteriologie der Hingabe gedeckt; denn in ihnen kulminiert das Heilswirken Jesu. Die Hingabeformel bringt zum Ausdruck, was in der gesamten Sendung Jesu angelegt ist und in der Eucharistie gefeiert wird.

c) Für uns

Das „Für“ ist das Leitmotiv der gesamten Theologie des Todes Jesu im Neuen Testament. Es findet sich in den Dahingabeformeln. Es stimmt mit dem Grundmotiv des ganzen Lebens Jesu überein. Dietrich Bonhoeffer hat erklärt: „Jesus ist der Mensch für andere.“[94] Wer wollte leugnen, dass sich dies an tausend Details und im Ganzen des Lebens Jesu ablesen ließe? „Christus hat nicht sich selbst zu Gefallen gelebt“, schreibt Paulus kurz und bündig (Röm 15,3); er hat für Gott und die Menschen gelebt. Als Sohn Gottes *konnte* er es sich leisten, ganz für andere da zu sein; er *hat* es sich geleistet, weil er die Menschen geliebt hat, mit seinem ganzen Herzen, seiner ganzen Seele, seinem vollen Verstand und all seiner Kraft. Aus dem Leben Jesu wird vielfach berichtet, dass er Gewalt nicht mit Gegengewalt, Hass nicht mit Hass, Ablehnung nicht mit Ablehnung beantwortet hat. Er hat zur Feindesliebe aufgerufen (Lk 6,27–36 par. Mt 5,38–48). Aber was er von anderen verlangt, hat er selbst gelebt.

Gottes Liebe gilt „Bösen und Guten, ... Gerechten und Ungerechten", wie Jesus es in der Bergpredigt, Sonne und Regen vor Augen, gesagt hat (Mt 5,45). Gottes Liebe gilt ihnen ungeteilt – nicht, weil ihm letztlich gleich wäre, ob jemand gut oder böse, gerecht oder ungerecht ist, sondern weil er in seiner Güte das Böse besiegt und in seiner Gerechtigkeit die Ungerechtigkeit überwindet. Dafür, dass dies letztgültig gilt, steht der Tod Jesu. Jesus nimmt die Feindesliebe Gottes ernst, bitter ernst; deshalb sind sein Tod und seine Auferstehung eine süße Freude – wie man auf Lateinisch besser als auf Deutsch sagen kann.

Was aber heißt, dass Jesus *für* uns stirbt? Das griechische Wort (*hypér*) hat drei Bedeutungsdimensionen; nicht in jedem Text müssen alle angesprochen sein, aber letztlich gehören alle zusammen. „Für uns" zu sterben, heißt: (1.) „uns zugute", (2.) „an unserer Stelle" und (3.) „unseretwegen".[95]

(1) Für uns gestorben (Röm 5,6ff; vgl. 1Kor 8,11)

Von den drei Bedeutungsmomenten des „Für" ist der erste der wichtigste: Der Tod Jesu kommt „uns zugute". So wie Jesus sein ganzes Leben dafür eingesetzt hat, Israel und den Völkern den Segen der Gottesherrschaft zu vermitteln, so auch seinen Tod, in dem er sein Leben hingibt. Zu erwarten wäre nach antiken Vorstellungen das genaue Gegenteil: Wer den Tod des Gottessohnes verursacht hat, müsste selber sterben. Aber es kommt so, wie es Jesus entspricht: „Ich bin nicht gekommen, um die Welt zu richten, sondern um sie zu retten" (Joh 12,37; vgl. 3,17). Der Schande des Kreuzes entspricht die Herrlichkeit der Kinder Gottes, dem Leid des Gekreuzigten die Freude der Erlösten, dem Tiefpunkt des Todes Jesu der Höhepunkt des ewigen Lebens. Das eine hängt mit dem anderen nur aus dem einen Grund zusammen: der unerschöpflichen, unergründlichen, unberechenbaren Liebe Gottes.

Im Römerbrief macht Paulus der Gemeinde dies an einem aktuellen Vergleich deutlich (Röm 5,6ff)

> 6Christus ist, da wir noch schwach gewesen,
> schon zu dieser Zeit, für Gottlose, gestorben.
> 7Kaum wird jemand für Gerechte sterben,
> für einen Guten wird er allenfalls sein Leben wagen.
> 8Gott jedoch hat seine Liebe so erwiesen,
> dass Christus für uns starb,
> da wir noch Sünder waren.

„Wir“, für die Jesus gestorben ist, waren, sagt Paulus, „Gottlose“. Das ist hart geurteilt. Aber ist es falsch? Die gute Absicht, den echten Eifer, das ernste Streben stellt Paulus nicht in Abrede. Aber den offenen und versteckten Egoismus leugnet er auch nicht. Kein Mensch ist nur gut, keiner nur böse. Das eine lässt sich gegen das andere nicht aufrechnen. So bleibt bei jedem Menschen nicht nur die Gotteskindschaft, die ihm als Kreatur eignet und die er in Gottes- und Nächstenliebe lebt, sondern auch das, was Paulus Gottlosigkeit nennt. Er meint nicht nur die offene Absage an Gott, sondern vor allem die versteckte. Wer „die Wahrheit durch Ungerechtigkeit aufhält“ (Röm 1,18), ist gottlos. Davon kann keiner sich freisprechen, kein Heide und auch kein Jude.

Dass Jesus zugunsten derer stirbt, die nicht den geringsten Anspruch auf diesen überwältigenden Gunsterweis hätten und dennoch dringend darauf angewiesen sind, wenn ihr Lebenssinn und ihre Lebenshoffnung nicht scheitern sollen, ist das Wichtigste, das letztlich Entscheidende, wenn vom „Für“ des Todes Jesu die Rede ist. Paulus ist sich deshalb sicher, wie er den Tod Jesu deuten kann: Er weiß – wie die Römer – aus der Literatur, aus dem Theater und dem Mythos, aus der Geschichte und auch aus der Bibel, dass im äußersten Fall Menschen bereit sind, um einer guten Sache oder eines guten, edlen, würdigen, geliebten Menschen willen ihr Leben zu wagen.[96] In Deutschland ist durch Schillers Ballade „Die Bürgschaft“ das Beispiel des Phintias und Damon (Diod. X 4,3–6; Jambl., Vit.Pyth. 235f) besonders bekannt.[97] Das Ethos der Freundschaft ist hoch zu achten. Aber es ist letztlich unvergleichlich mit der Feindesliebe Gottes, die Jesus in seiner Person, in seinem Leben und schließlich in seinem Sterben verwirklicht.

In 1Kor 8,11 macht Paulus den Grundgedanken von einer anderen Seite aus deutlich. Es geht ihm um die „Schwachen“, in diesem Fall um solche Christen, die – sei es aus Gewohnheit, sei es aus Unsicherheit – sich nicht trauen, den Göttern geweihtes Fleisch zu verzehren. Paulus ist theoretisch auf der Seite der „Starken", die wissen, dass es keine Götzen und mithin auch kein kultisch kontaminiertes Fleisch gibt, aber praktisch auf Seiten der „Schwachen", die er davor bewahren will, an seelischen Konflikten zu zerbrechen. Deshalb mahnt er die „Starken", an den „Bruder" zu denken, „um dessentwillen Christus gestorben ist" (1Kor 8,11). Hier steht zwar nicht das griechische „für" (*hypér),* sondern eine Präposition, die eine Finalursache bezeichnet (*diá* c. acc.): Um des Bruders willen, zu seinem Heil, damit er lebt, ist Christus gestorben. Aber die sachliche Übereinstimmung mit Röm 5 ist doch nicht zu leugnen.

Gerade 1Kor 8,11 hat zahlreiche synoptische Bezüge: Jesus ist der „Arzt der Kranken" (Mk 2,17); den „glimmenden Docht löscht er nicht" (Mt 12,18–21); die Mühseligen und Beladenen lädt er ein, zu ihm zu kommen, sie zu erquicken (Mt 11,28). Jesus hat im Letzten Abendmahl durch die Gaben von Brot und Wein realsymbolisch verdeutlicht, wie unbegrenzt weit dies geht. Das Gleichnis vom Guten Hirten in Joh 10 setzt einen eng verwandten Gedanken ins Bild. Paulus, der die älteste Sprache der Verkündigung spricht, setzt auf die Proexistenz Jesu.

(2) Einer für alle (2Kor 5,14f)

Der Tod Jesu „für uns" geschieht „uns zugute", obgleich „wir" nicht den geringsten Anspruch darauf hätten, dass uns dieser Dienst erwiesen wird. Paulus sagt deutlich, was „uns" auf den verwegenen Gedanken verfallen lassen kann, Jesu Tod diene nicht unserer Beschämung, sondern unserer Erlösung: Es ist die Liebe des Messias Jesus. Sie lässt auch erkennen, wie der Tod Jesu „uns zugute" kommt: Der Tod Jesu geschieht „an unserer Stelle". Paulus schreibt an einer schwierigen Stelle des Zweiten Korintherbriefes, die Röm 5 eng verwandt ist (2Kor 5,14f):

> 14 Die Liebe Christi drängt uns, zu urteilen:
> Einer ist für alle gestorben,
> also sind alle gestorben.
> 15 Und er ist für alle gestorben,
> damit, die leben, nicht mehr sich selbst leben,
> sondern dem, der für sie gestorben und auferweckt ist.

Jesu Tod ist Stellvertretung; darin liegt seine Heilsbedeutung. Das ist schwer nachzuvollziehen. Gewiss: Beispiele helfender Stellvertretung gibt es im alltäglichen Leben zuhauf. Menschen nehmen einander etwas ab; sie treten füreinander ein; sie halten ihren

Kopf für andere hin. Aber dort, wo es um Schuld und Sühne geht? Immanuel Kant hat in seinem Buch über die „Religion innerhalb der Grenzen der bloßen Vernunft" gegen die christliche Tradition, Jesus sei stellvertretend für „uns" gestorben, Einspruch eingelegt: Im Ethischen müsse jeder für sich selbst eintreten; es sei unmoralisch, zu versprechen oder zu erwarten, dass einem ein anderer die eigene Schuld abnehme; es sei unehrlich, die Folgen des eigenen Verhaltens nicht selbst zu tragen; es sei, „so viel wir nach unserem Vernunftrecht einsehen", unmöglich, dass ein noch so Großmütiger einem anderen die „allerpersönlichste ... Sündenschuld" abnehme könne (A 88).

Das klingt überzeugend. Aber reicht der Gedanke tief genug? Es gibt doch Vergebung! Es gibt echte Anteilnahme auch dort, wo die Folgen eigenen Fehlverhaltens zu bewältigen sind. Viele Familien und Freunde können davon Geschichten erzählen. Vor allem aber: Wenn Gott ins Spiel kommt, werden Dimensionen menschlicher Gemeinschaft erschlossen, die viel tiefer als die Ethik reichen. Darauf setzt die Bibel. Im Vierten Lied vom Gottesknecht wird die Geschichte eines Verfolgten erzählt, der nicht will, dass diejenigen, die ihn leiden ließen, von Gott wegen ihrer Schuld bestraft werden.[98] Im Gegenteil: Er will, dass die Todesstrafe abgeschafft wird. Er weiß, dass die Missetäter ihr Leben verwirkt haben. Denn Sünde tötet (Röm 6,23). Sie zerstört nicht nur das Leben anderer, sondern auch das eigene. Wenn Gott – um der Gerechtigkeit willen – die Sünder bestraft, deckt er die katastrophalen Folgen des Fehlverhaltens auf und wendet sie gegen die Täter. Um der Opfer willen gibt es kein Heil am Gericht vorbei; um der Liebe willen dient das Gericht dem Heil.

Wie aber kann diese Liebe sich zeigen? Das Vierte Gottesknechtslied sagt: nicht aus der Distanz, sondern nur aus der Nähe. Das aber heißt letztlich: durch das vorbehaltlose Erleiden der Sünde und durch die Hingabe des eigenen Lebens – denen zu gute und an Stelle derer, die es verwirkt haben: „Durch seine Wunden sind wir geheilt" (Jes 53,5). Häufig herrscht das Missverständnis vor, Gott wolle Blut sehen und reagiere erst auf den äußersten Demutserweis. Das ist grundfalsch. Er ist vielmehr derjenige, der überhaupt erst die Möglichkeit der Stellvertretung schafft, an der die Hoffnung auf Befreiung vom Bösen hängt. Nicht er hat den Gottesknecht erniedrigt – Menschen waren es; Gott hingegen hat ihn gerettet (Jes 53,10).

In dieser Perspektive deutet das Neue Testament den Tod Jesu. Das verdeutlicht Paulus in 2Kor 5,14f. „Einer für alle" – das kann nur aufgehen, weil dieser eine, Jesus, der Sohn Gottes ist und weil in Jesus Gott selbst das Werk der Erlösung betreibt. Die Konsequenz: „Alle sind gestorben“; denn Jesus tritt nicht so für sie ein, dass er ihnen den Tod der Sünder ersparte; wäre es so, hätte Kant mit seinem Einwand Recht. Jesus aber stirbt diesen ihren Tod so für sie, dass er sie mit hinein und mit durch ihn hindurch nimmt. Die Glaubenden sterben den Tod der Sünde in Gemeinschaft mit Jesus und führen deshalb im Vorgriff auf die Vollendung schon ihr neues Leben mit ihm. Es ist ein Leben, in dessen Mitte nicht das eigene Ego steht, sondern Gott – und deshalb ist es wahres Leben. Paulus macht das deutlich, indem er an die Taufe erinnert: „Wisst ihr nicht, dass wir alle, die wir auf Christus getauft sind, auf seinen Tod getauft sind? Wir sind aber mit ihm begraben durch die Taufe auf den Tod, damit, so wie Christus auferweckt ist von den Toten durch die Herrlichkeit des Vaters, auch wir im neuen Leben wandeln“ (Röm 6,3f). Am Sakrament der Taufe, wie Paul es sieht, prallt Kants Einwand ab. Die Taufe aber ist das Zeichen der Heilsbedeutung, die dem Auferstandenen als Gekreuzigten eignet.

(3) Unseretwegen hingegeben (Röm 4,25)

Das Für ist das Leitmotiv des Lebens wie des Todes Jesu. Es hält fest, dass Jesus „zu unseren Gunsten“ und „an unserer Stelle“ gestorben ist. Er ist aber auch „unseretwegen“ gestorben. Gemeint ist: wegen „unserer“ Schuld. Der Gedanke ist schwer zu ertragen. Er kippt auch leicht ins Pathologische. Aber letztlich ist er notwendig. Zum einen wehrt er einer antijüdischen Deutung des Todes Jesu. Sicher waren auf die eine oder andere Weise jüdische Menschen und Instanzen beteiligt. Aber es wäre eine verteufelte Moralisierung, die Schuld, die zum Tode Jesu geführt hat, auf sie zu fokussieren, ganz zu schweigen von der unsäglichen Ausweitung auf „die Juden“. Zum anderen werden „wir“ ins Spiel gebracht – Juden wie Heiden: alle Menschen, die Gott retten will. Bei der Heilsbedeutung des Todes Jesu geht es um „uns“: „Wir“ sind erlösungsbedürftig; „uns“ muss die Schuld vergeben; „wir“ müssen aus dem Tod errettet werden; es geht um „unser“ Heil. Aber es ist auch „unsere“ Verlorenheit, deretwegen Jesus stirbt.

Das macht schlaglichtartig ein traditionelles Wort deutlich, das Paulus zum Abschluss des Abraham-Kapitels in Röm 4,25 zitiert:

> ... hingegeben wegen unsrer Übertretungen,
> auferweckt zu unsrer Rechtfertigung

Die Leitpräposition ist wiederum nicht „für“ *(hypér)*, sondern „wegen“ *(diá c. acc.)*. Dadurch wird besonders stark betont, was auch im Für angelegt ist. Im alttestamentlichen Hintergrund leuchtet wieder Jes 53.[99] Die passivische Form verweist darauf, dass Gott der Handelnde ist. Er empfängt nicht, sondern gibt zuerst. Die „Übertretungen“ sind die notorischen Verstöße gegen Gottes Willen, messbar an den Gebotsverletzungen, von denen Paulus in Röm 1–3 gezeigt hatte, dass kein Jude und kein Heide sich von ihnen freisprechen könne. Diese „Sünden, sagt Paulus in Anlehnung an alttestamentliche Formeln, sind der Grund dafür, dass Gott Jesus „hingegeben“ hat. Das nächste Partizip macht sofort klar, dass dafür kein Grund angegeben werden kann, der die Auferweckung Jesu ausklammerte. Sie geschieht zur „Rechtfertigung“ der Sünder – nicht im Sinne einer Entschuldigung ihrer Sünde, sondern ihrer Verwandlung zu Gerechten. Warum dies die Hingabe des Sohnes erfordert, lässt sich aus den paulinischen Formulierungen nur indirekt erschließen. Zu selbstverständlich ist ihm das Ethos der Erlösung: Es kann keine billige Versöhnung mit dem Rücken zum Leid der Opfer geben. Das Unheil, das Menschen verschuldet haben, kann nicht ungeschehen gemacht werden – beim besten Willen nicht. Vergeben kann es nur Gott – so unermesslich ist das Leid; vergeben kann es aber nur, wer es selbst erlitten hat, so schmerzlich ist es. Das würdigt die neutestamentliche Theologie der Hingabe Jesu durch Gott in den Tod. Wegen „unserer Übertretungen“ bedarf es des Todes Jesu – sonst würden sie nur oberflächlich als Regelverletzungen, nicht aber als Verletzungen Gottes und der Menschen gesehen; der Tod Jesu aber, auf den die Hingabe durch Gott zielt, geschieht nur, um diese Übertretungen aufzuheben und neues Leben zu beginnen.

Das „Unseretwegen“ gewinnt volle Dimensionen aber erst, wenn man – mit Paulus und der Weisheit des Alten Testaments (z. B. Ps 51) – erkennt, dass die Sünde, von der „wir“ erlöst werden müssen, nicht nur unsere persönliche Schuld ist, die wir büßen müssen, sondern auch all das Unheil, das sich von Adam an zusammengebraut hat und immer wieder neue Nahrung erhält, wenn „wir“ der Versuchung zum Bösen nachgeben. Deshalb aber ist auch die Gnade nicht nur der Ausgleich eines erlittenen Verlustes oder die Rückkehr in einen früheren Zustand, sondern ein Akt der Neuschöpfung, der bereits hier und jetzt eine neue Lebensperspektive eröffnet. In der Paulusschule heißt es: „Er hat sich selbst für uns hingegeben, um uns von aller Gesetzlosigkeit zu erlösen und uns als sein reines Volk zu erschaffen, das eifrig ist bei guten Werken.“ (Tit 2,14).

(4) Für uns zur Sünde gemacht (2Kor 5,21)

Alle drei Aspekte des „Für" sind gleichgewichtig in einem oft zitierten, zentralen, umstrittenen Pauluswort, das sich im Zweiten Korintherbrief findet, wo Paulus einerseits die Legitimität seines – in der Gemeinde angezweifelten – Apostolates verteidigt, andererseits die Gelegenheit beim Schopf ergreift, sein Evangelium (*das* Evangelium) auf den Punkt zu formulieren, in aller Klarheit, in allem Beziehungsreichtum, in aller Anstößigkeit (2Kor 5,21):

> Gott hat den, der die Sünde nicht kannte,
> für uns zur Sünde gemacht,
> damit wir Gottes Gerechtigkeit würden – in ihm.

Die Aktivität Gottes ist so stark betont wie in den theozentrischen Dahingabeformeln. Der Kontrast zwischen „ihm" und „wir" ist so stark wie der zwischen Leben und Tod. Dass Jesus „die Sünde nicht kannte", ist eine Glaubenseinsicht, die der Hebräerbrief ausdrücklich teilt (Hebr 4,15; vgl 7,26) und der Erste Petrusbrief mitschwingen lässt (1Petr 2,22), die der Erste Johannesbrief mit der Wegnahme der Sünde durch Jesus verkoppelt (1Joh 3,5) und die bei Matthäus anklingt, wenn er erzählt, dass der Täufer Jesus gar habe nicht taufen wollen, sondern vorgeschlagen habe, eher, von ihm getauft zu werden (Mt 3,14). Ohne dass es dort thematisiert würde, ist die Sündlosigkeit Jesu eine feste Überzeugung aller Synoptiker. Bei Johannes nimmt Jesus ausdrücklich für sich in Anspruch, in ihm sei „keine Ungerechtigkeit" (Joh 7,50) und niemand könne ihn „einer Sünde überführen" (Joh 8,46). Die Sünde „nicht kennen", heißt nicht, sie nicht zu erkennen, zu verurteilen – und zu vergeben (Mk 2,1–10 parr.); es heißt, ihr nicht zu erliegen.

Der Sündenbegriff, den 2Kor 5,21 voraussetzt, ist so differenziert wie immer bei Paulus. Er meint die Übertretungen des Gesetzes; er meint die große Sünde in den vielen kleinen Sünden: die Absage an Gott im Stile Adams; und er meint auch das ganze Elend der Sünde von Adam an, das wie eine bleierne Last auf die Menschheit drückt. Dass Jesus nicht im grundlegenden Widerspruch zu Gott, sondern in menschlich vollkommener Übereinstimmung mit Gott gelebt hat und gestorben ist, wird von allen Evangelien auf jeder Seite als tiefer Eindruck vermittelt; dass er das Gesetz schuldhaft übertreten habe, ist zwar der notorische Vorwurf seiner Gegner unter den Pharisäern und Schriftgelehrten, aber die Evangelisten – voran Matthäus – wollen mit Nachdruck zeigen, dass Jesus im Gegenteil dem Gesetz in seiner Lehre wie in seiner Praxis zu seinem Recht verholfen und es erfüllt habe (Mt 5,17); wäre Jesus im Griff der Sündenmacht, könnte er nicht von ihr erlösen. Dass Jesus die Versuchung in der Wüste bestanden hat (Mk 1,12f; Mt 4,1–11 par. Lk 4,1–13), ist die deutlichste Entsprechung in den Evangelien.

Umstritten ist die zweite Zeile (in Verbindung mit der dritten). Wie ist das „zur Sünde gemacht“ zu deuten? Liegt ein *terminus technicus* jüdischer Sakralsprache für „Sündopfer“ vor (wie vermutlich in Röm 8,3)? Dann wäre Jesus das Opferlamm, das für uns geschlachtet worden ist.[100] Oder liegt ein *abstractum pro concreto* vor? Ist Jesus zum Sünder gemacht worden? Dann wäre er der Stellvertreter aller Sünder.[101] Zwei Gründen sprechen für die zweite Interpretation: Erstens baut der Vers den Gegensatz Sünde – Gerechtigkeit auf. Wie „wir“, die Glaubenden, „Gerechtigkeit Gottes“ werden, ist er zuvor „zur Sünde gemacht worden. Wir Sünder werden gerecht; er, der Gerechte, wird Sünder. Zum anderen gibt es eine ähnlich harte Formulierung in Gal 3,13: „Christus hat uns herausgekauft aus dem Fluch des Gesetzes, indem er für uns zum Fluch geworden ist“. Wie dort – im Lichte von Dtn 21,23 – der Gekreuzigte als von Gott Verfluchter erscheint, so hier als Sünder.

Beides ist pure Kreuzestheologie. Die Passionsgeschichten sind voller Eindrücke nicht nur der Synhedristen, sondern auch der Passanten, es mit einem kapitalen Sünder, einem von Gott Verlassenen und Verfluchten zu tun zu haben. Im Glauben wird die Härte des Kreuzes nicht abgemildert, sondern angeschaut und erkannt: Es ist „meine“, es ist „unsere“ Sünde, die Jesus aushält – und im Sterben fortschafft. Er hat es an „meiner“, an „unserer“ Stelle, er hat es zu „meinem“, zu „unserem“ Heil getan.

Worin das „Für“ besteht, sagt die letzte Zeile des Verses. „In ihm“, d. h. in der Kraft seines Todes und seiner Auferstehung werden „wir Gerechtigkeit Gottes“: werden von ihr geprägt, mit ihr eins, durch sie gerecht. Jesus ist der Gerechte, der die vielen gerecht macht, indem er ihre Schuld auf sich lädt (vgl. Jes 53,11).

(5) Für uns auferweckt (Röm 8,34)

Das „Für“ des Todes und des Lebens prägt auch der Auferstehung Jesu den Stempel auf. Wenn der Gekreuzigte kein anderer als der Irdische ist und der Auferstandene kein anderer als der Gekreuzigte, dann bringt die Auferweckung gerade das „Für“ der ganzen Sendung Jesu zur Geltung.

Paulus hat das mehrfach betont. Ein Beleg ist Rom 4,25. Noch klarer ist Röm 8,34. Paulus geht davon aus, dass „Gott für uns" ist (Röm 8,31), erläutert dies mit der Hingabe des Sohnes (Röm 8,32) und zieht daraus die Gewissheit, dass es niemanden gibt, der die Menschen vor Gott schlechtmachen, vernichten, zerstören kann (Röm 8,33–39). Im Kern dieses Glaubenszeugnisses steht das „Für", das Paulus in gezielt traditioneller Sprache nun auf die Auferstehung bezieht (Röm 8,34):

> Christus Jesus, der gestorben ist,
> mehr noch: der auferweckt worden ist,
> er sitzt zur Rechten Gottes und tritt für uns ein.

Das „Mehr noch" relativiert nicht den Tod, zeigt aber, dass der Gott des Lebens sich ein für allemal in der Auferweckung des Gekreuzigten als er selbst erweist. Das ist von schlechthin grundlegender Bedeutung für das christliche Verständnis der Auferstehung. Es geht nicht allein um die Bestätigung der Sache, der Person und der Sendung. Es geht auch nicht nur um die Demonstration der Stärke Gottes. Es geht immer auch um „uns" – um „unser" Heil.

In Röm 8,34 blickt der Apostel auf die Erhöhung Jesu zur Rechten Gottes (Ps 110,1). Das Bild, das auch Jesus kennt (Mk 12,35ff), steht für die vollkommene Anteilhabe Jesu Christi an der Allmacht Gottes. Das ist ein notwendiger Wesensaspekt der Auferstehung, da Jesus der Sohn Gottes ist. Er nimmt im Himmel keine Warteposition ein, um dann etwa wieder beim Jüngsten Gericht in Erscheinung zu treten. Er nimmt vielmehr aktiv an Gottes Schöpfer- und Erlösermacht teil. Paulus spekuliert nicht groß über das Wie. Er nennt nur das entscheidende Motiv: Der Auferstandene tritt „für uns" ein – so wie Gott „für uns" ist und so wie Jesus – sein Leben zusammenfassend – „für uns" gestorben ist. Das „Für" ist die Konstante, *das* Identitätsmerkmal Jesu Christi. Der Erhöhte thront nicht in der Ferne. Er ist bei „uns" in Angst und Not, in Leid und Tod, in Sünde und Schuld, in Glück und Erfolg; er verbindet „uns" mit dem Vater; er spendet seinen Segen. Er ist und bleibt „unser" Herr und Heiland.

Dieses „Für" der Auferstehung hat im Neuen Testament eine starke Resonanz. Am stärksten ist sie im Hebräerbrief. Jesus ist – durch seinen Tod und seine Auferstehung – in das Heiligtum des Himmels eingegangen, „um jetzt für uns vor dem Angesicht Gottes zu erscheinen" (Hebr 9,24). Und noch elementarer, noch unmythologischer heißt es: „Er lebt allezeit, um für die Menschen einzutreten" (Hebr 7,25). Genauer könnte man den Grundsinn der Sendung Jesu nicht einfangen. Präziser könnte man auch den Sinn der Auferstehung nicht einfangen – weil es der Sinn Jesu ist.

d) Versöhnung

„Mensch, wer hat mich zu eurem Richter und Schlichter gemacht?“, so scharf fährt Jesus einem über den Mund, der ihn, den „Lehrer“, anruft, einen Erbstreit mit seinem Bruder zu klären (Lk 12,13f). Die Weigerung Jesu, Partei in Vermögenskonflikten zu ergreifen, ist die Kehrseite seiner Zusage, Frieden zu stiften, wo Unfrieden herrscht. Das Wortfeld der Versöhnung ist spezifisch für das Corpus Paulinum. In den Evangelien findet es sich nicht. Die Sache wurzelt aber im Grundverständnis der Sendung Jesu. Die Sprache ist griechisch; das Wort stammt aus der Politik und ist bereits ins griechischsprachige Judentum übernommen worden, weil es das Ethos des gerechten Interessenausgleichs, aber auch des großzügigen Friedensangebotes mit dem erhofften Erlösungswerk Gottes verknüpfen konnte. Im Neuen Testament ist die Rede von Versöhnung eine gelungene Übersetzung der Sprache Jesu in die der Juden- und Heidenchristen griechischer Zunge.[102]

(1) Diener der Versöhnung (2Kor 5,18)

Nachdem Paulus im Zweiten Korintherbrief dafür plädiert hat, Jesus Christus nicht „fleischlich“, sondern geistlich zu verstehen (2Kor 5,16) und bevor er zu formulieren wagt, dass Gott ihn „für uns zur Sünde gemacht“ hat (2Kor 5,21), arbeitet er den Gedanken der Versöhnung aus.[103] Es kommt ihm darauf an, den Apostolat als „Dienst der Versöhnung“ (2Kor 5,18) zu charakterisieren. Auf diese Weise kann er den „Glanz“ des Neuen Bundes strahlen lassen, von dem er in 2Kor 3 gesprochen hatte: die Herrlichkeit, dass der Tod ins Leben verwandelt wird. In 2Kor 5,20 klärt er den Zusammenhang der Apostolatstheologie mit der Christologie: „Wir sind Gesandte an Christi statt!“. Der Apostel vertritt als Gesandter den, der ihn sendet; er ist sein Stellvertreter, ihm eignet seine Vollmacht, er spricht in seinem Namen. Das entspricht im Grundsatz genau der Konstellation in den Aussendungsreden: Jesus sendet seine Jünger, damit sie ebenso wie er die Gottesherrschaft in Wort und Tat verkünden, um den Menschen die frohe Botschaft zu verkünden und die Kranken zu heilen (Mk 6,6b-13 parr.). Dies geschieht im Interesse derer, die auf Hilfe in der Not und, mehr noch, auf das Wort Gottes angewiesen sind, das ihnen verkündigt wird. Sie können diesen Dienst aber nur leisten, wenn sie Autorität und Vollmacht haben – nicht ihre eigene, aber die Jesu, der sie sendet. Davon sprechen die Gesandtenworte: „Wer euch hört, hört mich" (Lk 10,16). „Wer euch aufnimmt, nimmt mich auf, und wer mich aufnimmt, nimmt den auf, der mich gesandt hat" (Mt 10,40). „Wer einen aufnimmt, den ich sende, nimmt mich auf; wer aber mich aufnimmt, nimmt den auf, der mich gesandt hat" (Joh 13,20). Die Vollmacht des Gesandten ist echt, aber geliehen, besser: verliehen. Es entspricht der Sendung Jesu, seine Jünger an ihr teilhaben zu lassen. Das bezieht die paulinische Apostolatstheologie auf die nachösterliche Situation. Wiederum geht es um die menschliche Art und Weise, wie Jesus Christus, nun der erhöhte Kyrios, seine Botschaft verbreitet und Gottes Heil vermittelt. Es geschieht wie vorösterlich durch die Sendung, Beauftragung, Bevollmächtigung. Allerdings wird nachösterlich deutlich, dass es der Heilige Geist ist, der die Vollmacht wirkt.

Paulus würde sich nicht gescheut haben, auch Christus „Diener der Versöhnung" zu nennen, als der er sich in 2Kor 5,18 selbst bezeichnet:

> Alles kommt von Gott,
> der uns mit sich versöhnt hat durch Christus
> und uns den Dienst der Versöhnung gegeben hat.

Die Formulierung ist paulinisch, das Motiv traditionell. Die Versöhnung geschieht durch Gott mit Gott. Es ist nicht so, dass sich Gott mit den Menschen versöhnen müsste, so als ob er sich von ihnen abgewandt und ihre Existenz in Frage gestellt hätte – obwohl doch die Menschen, wie Paulus es sieht, seine Ehre in den Schmutz gezogen haben. Es ist vielmehr gerade umgekehrt: Der, dem Unrecht getan wurde, geht den ersten Schritt auf den Übeltäter zu. Das entspricht dem Ethos der Bergpredigt: „Und wenn du deine Gabe zum Altar bringst und dort merkst, dass dein Bruder etwas Schlechtes gegen dich hat, lass deine Gabe dort vor dem Altar liegen und geht zuerst, deinen Bruder zu versöhnen, und dann komm und bringe deine Gabe dar" (Mt 5,23f). Das ist praktizierte Feindesliebe – und darin *imitatio Dei (*Mt 5,38–48). Hinter dieser theologischen Überzeugung und ethischen Maxime steht das Wissen um die Verlorenheit des Sünders, der sich selbst am wenigsten helfen und den noch die tiefste Reue in die größte Verzweiflung stürzen kann. Gott ist souverän genug, den ersten (auch den zweiten, dritten und siebenundsiebzigsten) Schritt zu tun, um den Sünder mit sich zu versöhnen: damit, dass es Gott gibt, den einzig wahren, den Schöpfer und Erlöser. Dies geschieht ein für allemal und immer wieder neu (wie in Vers 18 das Partizip Aorist besagt) durch Jesus Christus, den „Diener der Beschneidung" (Röm 15,8), den „Diener" der Sünder, aber gerade nicht „der Sünde" (Gal 2,17), sondern der Gerechtigkeit.

Der Dienst der Versöhnung, den Paulus als Diener seines Herrn versieht, der selbst aller Diener geworden ist, hat entscheidend mit der Vergebung der Sünden zu tun, die nach Joh 20,23 mit dem Sendungsauftrag des Auferstandenen verbunden ist und nach Mt 16,19 mit der Petrus (für die Kirche) verliehenen Schlüsselgewalt. Der Dienst der Versöhnung geht aber, wie bei Jesus vorgezeichnet, über die Beseitigung des Schlechten weit hinaus, er ist Anteilgabe am neuen Leben der Kinder Gottes. Damit dies geschieht, bedarf es des Apostels als Stellvertreter Christi; die apostolische Sendung aber besteht in nichts anderem, als darin, Gottes Versöhnungswerk in Christus zu dienen.

(2) Versöhnung der Feinde Gottes (Röm 5,9f)

Im Römerbrief formuliert Paulus die Versöhnungstheologie noch prägnanter als im Zweiten Korintherbrief. Unmittelbar nachdem er das „Für uns" des Todes Jesu erläutert hat (Röm 5,6ff), fährt er fort (Röm 5,9f):

> 9Da wir jetzt gerechtfertigt worden sind in seinem Blut,
> um wieviel mehr werden wir dann durch ihn gerettet aus dem Zorn.
> 10Wenn wir, da wir Feinde waren, versöhnt wurden mit Gott durch den Tod seines Sohnes,
> um wieviel mehr werden wir, versöhnt, in seinem Leben gerettet werden.

Wie in 2Kor 5 formuliert Paulus frei, aber mit vorpaulinischen Motiven. Gegenüber 2Kor 5 ist explizit von Gottes Feindesliebe die Rede. Gott hat es geschafft, diejenigen mit sich – mit seiner Existenz, seinem Willen, seiner Gnade – zu versöhnen, die in Feindschaft zu ihm leben. Er hat aus Feinden Freunde gemacht. Dies ist ihm nicht deshalb gelungen, weil die Sünder sich doch noch einen guten Kern bewährt hätten, sondern weil seine Liebe unverbrüchlich ist, seine Macht unbegrenzt und sein Wissen allumfassend.

Gottes Zorn steht nicht im Widerspruch zu seiner Liebe, sondern ist seine Ablehnung jeglichen Hasses, also gerade sein unbedingtes Festhalten an der Liebe. Die letzte Instanz, das Jüngste Gericht, bringt den heiligen Zorn Gottes zum Vorschein – aus dem es aber doch eine Rettung gibt, obgleich jeder Mensch unter der Unheilsmacht der Sünde steht und niemand sich von Sünden freisprechen kann. Denn Christus tritt für die Menschen ein. Gottes Gerechtigkeit erweist sich in der Verurteilung des Unrechts und der Missetäter, aber mehr noch in der Rettung der Verlorenen. Aus Gottes heiligem Zorn, wie er sich am Jüngsten Gericht in letzter Instanz ereignet, werden diejenigen gerettet, die Jesus Christus retten will und die sich von ihm retten lassen wollen. Paulus argumentiert *a minori ad maius:* Wenn schon diejenigen, die doch Feinde waren, durch Gottes Liebe mit ihm versöhnt sind (was sie im Hören auf das Evangelium, in der Vergebung der Sünden, in der Mitfeier des Gottesdienstes, in der Nächstenliebe erfahren), dürfen um so mehr diejenigen, die Gott mit sich versöhnt hat, darauf hoffen, am ewigen Leben Gottes teilzuhaben.

Alles hängt an Gottes Liebe, die Feindesliebe ist. Dies expliziert einen Grundzug der Gottesverkündigung Jesu. Jesus spricht zwar nicht explizit, aber implizit desto klarer von Gottes Liebe zu den Feinden. Am deutlichsten ist seine Begründung des Gebotes der Feindesliebe (Mt 5,43–48 par. Lk 6,27–36). Dieses Gebot ist keineswegs selbstverständlich, weil es nicht nur auf eine Überforderung des Menschen, sondern auch auf eine Verharmlosung des Bösen hinauslaufen könnte. Wer darf es sich herausnehmen, Schuld, die Opfer verursacht hat, zu verzeihen, ohne die Folgen des angerichteten Unheils zu tragen? Kein Mensch ist dazu in der Lage. Deshalb verweist Jesus auf Gott. Aber heißt es nicht, die Heiligkeit Gottes zu verletzten, wenn man ihn als Erlöser von den Sünden und nicht als den Rächer der Entrechteten sieht? Ist es nicht höherer Zynismus, wenn Gott nicht nur die Tugend-, sondern auch die Lasterhaften liebt? Darum geht der Streit, der sich hinter der matthäischen Antithese verbirgt (die allzu oft antijüdisch gedeutet worden ist). Jesus hingegen schaut ins Buch der Natur und erkennt: „Er lässt die Sonne aufgehen über Böse und Gute und lässt es regnen über Gerechte und Ungerechte" (Mt 5.45). Ganz ähnlich wird allerdings etwas später Seneca argumentieren, wenn er zu stoischer Gelassenheit aufruft: „Wenn Du die Götter nachahmen willst, so lass auch dem Undankbaren Wohltaten zukommen; denn auch den Bösen geht die Sonne auf und auch den Piraten stehen die Meere offen" (De Beneficiis IV 26,1). Allerdings sieht Seneca – in seinem Blickwinkel widerspruchsfrei – diese Großzügigkeit so, dass die Götter aus der Not eine Tugend machen: Da sie nicht die Piraten vertreiben können, ohne auch die braven Seeleute zu vernichten, müssen sie um der ehrlichen Seefahrt willen die Seeräuberei dulden. Ganz anders hingegen die Pointe Jesu – der das Buch der Schöpfung im Licht der Gottesherrschaft liest: Dass die Sonne scheint und der Regen vom Himmel fällt, so dass Leben auf der Erde entstehen kann, ist Zeichen seiner unbegrenzten Güte und Langmut, seines immer neuen Erbarmens.

Röm 5,9f bringt dies auf den Begriff. Im Kontext der Rechtfertigungslehre hat Jesus nicht nur das menschliche Elend des Todes Jesu gewürdigt, in dem Gottes ganze Herrlichkeit aufscheint, sondern auch expliziert, was in Jesu Basileia-Predigt angelegt ist: Gott liebt seine Feinde. Deshalb dürfen die Menschen hoffen.

(3) Versöhnung des Alls (Kol 1,20)

Die in Kolossä, Laodizea und anderswo verbreitete „Philosophie“, die den Christen eine höhere Form von Glauben durch die Abwertung der Schöpfung, die Integration von Askese, die Anreicherung des Christusbekenntnisses durch Engelverehrung anrät, verlangt eine Antwort, die klarstellt, dass Gott durch Jesus Christus alles – und mehr als genug – zum Heil der Menschen getan hat. Der Kolosserbrief gibt sie mit einem Hymnus, der den großen Bogen von der guten Schöpfung über die Schuld der Menschen bis zur Vollendung schlägt (Kol 1,15–20)[104]:

> 15Er ist das Bild des unsichtbaren Gottes,
> der Erstgeborene der ganzen Schöpfung;
> 16denn in ihm ist alles erschaffen im Himmel und auf Erden,
> das Sichtbare und das Unsichtbare,
> Throne und Herrschaften, Mächte und Gewalten.
> Alles ist durch ihn und auf ihn hin erschaffen.
> 17Und er ist vor allen
> und alles wird in ihm zusammengehalten,
> 18und er ist das Haupt des Leibes, der Kirche.
> Er ist der Anfang,
> der Erstgeborene von den Toten,
> damit er in allem der Erste sei,
> 19denn es hat der ganzen Fülle in ihm zu wohnen gefallen
> 20und durch ihn alles auf ihn hin zu versöhnen,
> der er Frieden durch das Blut seines Kreuzes gestiftet
> für die auf Erden und im Himmel.

Das Lied besteht aus drei Strophen. Die erste (Kol 1,15f) besingt die Erschaffung, die zweite (Kol 1,17.18a) die Erhaltung, die dritte (Kol 1,18b-20) die Erlösung der Welt. Die Grundstruktur ist das „in ihm – durch ihn – auf ihn hin“ der Schöpfung (Kol 1,16) wie der Erlösung (Kol 1,19f). Die Christologie ist voll entfaltet. Jesus Christus ist der „Erstgeborene der ganzen Schöpfung“ (Kol 1,15) wie der „Erstgeborene von den Toten“ (Kol 1,18). Das erste zielt auf die Menschwerdung des Präexistenten, das zweite auf die Erhöhung des Gekreuzigten. Den Schlussakzent trägt Christi Kreuzestod. Um der kosmischen Weite der Christologie und Soteriologie willen muss an verschiedenen Stellen vom Menschen Jesus die Rede sein – und sein Menschsein erhellt in den kosmischen Weiten, die Gottes Schöpfung und Erlösung öffnet.

„Bild des unsichtbaren Gottes“ (Kol 1,15) ist Jesus (wie oben gezeigt) als wahrer Mensch, zugleich als wahrer Gott, „nach“ dessen Bild in der christologischen Lektüre von Gen 1,26f Adam geschaffen worden ist – auf seine Erlösung hin, wie sich zeigt.

„Erstgeborener der ganzen Schöpfung“ (Kol 1,15) ist er als der Mittler der Schöpfung, als Mitschöpfer Gottes.[105] Die Alte Kirche hat sich in einer hochkarätigen Diskussion darum bemüht, den Sinn dieses Prädikates in Verbindung mit der Qualifikation als „Bild des unsichtbaren Gottes“ und als „Anfang“ auszuloten.[106] Die Schwierigkeit bestand zum einen darin, sich so aus den Fesseln des Platonismus zu lösen, wie der Kolosserhymnus dies leistet. Die Aussage liegt nahe bei Philos Logos-Theologie und ist doch qualitativ von ihr unterschieden. Philo kann den Logos „Erstgeborener“ nennen, weil Gott durch ihn alles erschafft (agr. 51; conf. 61f). Allerdings sieht Philo ihn als Mittelwesen zwischen Gott und der Schöpfung; deshalb nennt er ihn „ältester Sohn“ Gottes (conf. 61). Für den Kolosserhymnus und den Kolosserbrief ist Jesus aber Gottes einzig wahrer, sein geliebter (Kol 1,13) Sohn. Als „Erstgeborener aller Schöpfung“ steht er auf der Seite des Schöpfers. Er ist nicht selbst geschaffen, wie aus Vers 16 zweifelsfrei hervorgeht. Aber inwiefern ist er Erstgeborener? Was hat er mit der Schöpfung zu tun, der er voraus, mit der er aber doch wesentlich verbunden ist? Ist an die Inkarnation gedacht? Hier kommt das zweite Problem der altkirchlichen Christologie ins Spiel, die Zwei-Naturen-Lehre, die in der Perspektive von Kol 1,15 und angesichts der arianischen Christologie entwickelt werden muss, auch wenn der Hymnus nicht diese Fragestellung hat. Eine Lösung schien die Differenzierung zwischen dem „Eingeborenen“ und dem „Erstgeborenen“ zu liefern, sofern jener vor aller Zeit vom Vater „gezeugt“, dieser aber in der Zeit Mensch geworden sei (Gregor von Nyssa, perf. 11). Doch diesen Spannungsbogen baut der Kolosserhymnus nicht auf. Eher scheint er mit dem Titel „Erstgeborener“ aus der Präexistenz und Schöpfungsmittlerschaft heraus bereits den Blick auf die Menschwerdung zu richten. „Erstgeborener der ganzen Schöpfung“ heißt er, weil „in ihm“ und „auf ihn hin“ alles erschaffen ist – und weil dieses Erschaffen, aber auch dieses Erschaffene ihm nicht wesensfremd, sondern wesensnah ist. In dieser Richtung deutet Athanasius den Vers aus, der ihn im Licht von Kol 1,18 und Röm 8 liest (or. II c. Arian. 62f). Der Präexistente, der mit dem Inkarnierten und Erhöhten personidentisch ist, offenbart, dass es Gottes Wesen entspricht, die Welt zu erschaffen. Der „Erstgeborene“ repräsentiert das Schöpfersein in Gott. Er steht dafür, dass die Schöpfung Gottes ureigenes Werk ist und dass Gott als er selbst die Schöpfung erlöst die „auf ihn hin“ erschaffen ist. Insofern der Präexistente der „Erstgeborene“ ist, ist indirekt sein wahres Menschsein ausgesagt, das sich durch die Inkarnation zeitigt. Justin führt im Dialog mit Tryphon Kol 1,15 an, um das christliche Bekenntnis zu klären: „Als Logos und Erstgeborener Gottes ist er selbst Gott“ (dial. 100,2). Aber er sieht das Prädikat auch in enger Beziehung zur Menschwerdung (dial. 84,2; vgl. 125,6). Das entspricht am ehesten der Grundbedeutung von Kol 1,15.

Christus ist „das Haupt des Leibes“ (Kol 1,18). Ursprünglich dürfte diese Aussage sich vor dem Hintergrund hellenistischer Kosmologie abzeichnen, wonach die widerstreitenden Elementarkräfte, die den Leib der Welt auseinanderreißen, durch das „Haupt“, den Schöpfer und Erhalter, gebändigt werden. Dies dürfte die Aussage gewesen sein, die am aktuellsten im Streit mit der kolossischen „Philosophie“ gewesen ist.[107] Durch die Apposition „der Kirche“, die nach den meisten Kommentaren auf den Briefverfasser zurückgeht, erhält der Text jedoch eine neue Wende. Er knüpft an das paulinische Bild der Kirche als Leib Christi an (Röm 12,4ff; 1Kor 12,13–27), verschiebt es aber so, dass Christus nun das „Haupt“ ist, das den ganzen Leib regiert. Auch dadurch wird die Christologie des Hymnus weiter geerdet. Zwar entwickelt die Paulusschule die Vorstellung einer präexistenten Kirche, da Gott ja immer schon zur Rettung seines Volkes entschlossen ist. Aber im Gefüge des Hymnus ist doch an die auf Erden real existierende Kirche gedacht. Deren „Haupt“ aber ist Jesus Christus in seiner Einheit als Präexistenter, Irdischer und Auferstandener. Man braucht nicht alle Nachfolgeworte Jesu zu assoziieren, um aber doch zu sagen, dass es die Kirche ohne die Sendung Jesu und die Auferstehung des Gekreuzigten nicht gäbe.

Jesus ist der „Erstgeborene von den Toten“ in prinzipiell demselben Sinn wie nach den Paulinen (1Kor 15; Röm 8): Seine Auferstehung ist der Grund für die Auferstehung der Toten; sie ist es aber nur, weil sie ein eschatologisches Ereignis in der Sphäre Gottes als Erhöhung des Menschen Jesus ist. „Haupt“ ist Jesus als „Herr“ der Kirche. In seinem „Herrsein“ kommt der absolute, in seiner Heilssendung begründete Primat Jesu zur Sprache, ohne den es keine Nachfolge gäbe und den die Nachfolge ihrerseits bleibend festhält.

Die abschließende Aussage der Versöhnung des Alls knüpft an die urpaulinische Versöhungstheologie an, führt sie aber kosmisch aus. Kol 1,15–20 ist noch weiter als 1Kor 8,6 gedacht. Die Exegese ist sich weithin einig, dass der Briefschreiber den ausdrücklichen Hinweis auf den Kreuzestod Jesu angebracht hat.[108] Einerseits wird dadurch eine ebenso große Spannweite der Christologie ausgemessen wie in Phil 2,6–11, ohne dass jedoch von Erniedrigung und Entäußerung die Rede wäre. Andererseits wird dadurch das Versöhnungsgeschehen im paulinischen Sinn an das geschichtliche Ereignis des Kreuzes zurückgebunden. Das entspricht der ekklesialen Zuspitzung in Vers 18.

Damit ist expliziert und akzentuiert, was im Hymnus von vornherein angelegt war. Zwar lenkt die dritte Strophe den Blick auf die Auferstehung Jesu. Aber der Auferstandene ist eben der Erstgeborene „von den Toten“. Mit der Kreuzestheologie bringt der Verfasser das Wie des Todes zur Geltung, aus dem Jesus erweckt worden ist. Dadurch gewinnt der Tod Jesu erst sein volles soteriologisches Gewicht. Er interpretiert dadurch die vorangegangene Aussage, dass die „ganze Fülle“ in Jesus „Wohnung genommen“ hat. Der Vers ist exegetisch umstritten, weil man über den Zeitpunkt der Einwohnung – die Menschwerdung? die Taufe? die Verklärung? die Auferstehung? – nachdenkt. Doch führt diese Diskussion in die Irre. Das zeigt der Parallelvers Kol 2,9, die ursprüngliche Interpretation von Kol 1,19 durch den Verfasser (der freilich auch das Kreuz eingeführt hat): „In ihm wohnt die ganze Fülle der Gottheit leibhaftig“. Der Satz bezieht sich auf den Menschen Jesus, sonst könnte nicht von seiner Leiblichkeit die Rede sein. Er klärt, dass Jesu Leib nicht die äußerliche Hülle seiner Gottheit ist, sondern der geschichtliche Ort seines Gottseins. Im Kontext von Kol 2,9 ist – wie in Kol 1,19f – die Auferstehung dominant, die aber eben die leibliche Auferstehung meint, wie in den Osterevangelien. So trifft auch Kol 1,19 eine Wesensaussage über die Gottheit des Menschen Jesus und hält doch zugleich den Primat des Vaters fest. Sofern die „Fülle“ mit dem „Geist“ zu tun hat, kommt eine indirekte Trinitätstheologie zum Zuge. Die Kreuzestheologie von Vers 20 expliziert dann die Heilsbedeutung Jesu unter dem Aspekt seiner ewigen Gottheit, die gerade die Voraussetzung seines radikalen Menschseins ist, ohne die es keinen Sühnetod und keine Erlösung gäbe.

Der Friede, den Jesus Christus durch seinen Tod am Kreuz stiftet, ist der Friede mit Gott, der auf die Welt ausstrahlt. Röm 5,1 steht der Sache nach im Hintergrund und ist wiederum kosmisch geweitet. Jesus hat seine Jünger nach Mt 10,12 ausgesendet, den Frieden Gottes zu verkünden und dadurch zu vermitteln. Was im „Haus“ beginnt, in das sie eingelassen werden, strahlt auf die Welt aus; und was sich im Kosmos ereignet, wird auch in den eigenen vier Wänden spürbar. In diese Zusammenhänge führt der Kolosserhymnus, wenn er im Kontext des neutestamentlichen Gesamtzeugnisses betrachtet wird.

e) Sühne

Am schwierigsten ist zu vermitteln, was zur Zeit Jesu und der Urkirche innerhalb des Judentums und Christentums fester Bestandteil, ja der harte Kern der Soteriologie des Todes Jesu gewesen ist: die Sühne. Heute stößt sie durchgehend auf Skepsis und weitgehend auf Ablehnung. Ist sie Anzeichen für die Pathologie des Religiösen? Für die Sanktionierung der Blutrache? Für heilige Gewalt? Soll man auf sie ihrer Missverständlichkeit wegen nicht am besten ganz verzichten?

Tatsächlich ist Umdenken gefragt. Heute denken viele beim Thema „Sühne“ an das Strafrecht (älterer Bauart). Dann scheint der Gedanke nahezuliegen, ein zorniger Gott wolle Blut sehen, um seinen Rachedurst zu stillen. Nichts wäre falscher, will man der biblischen Sühnetheologie gerecht werden. Die neutestamentlichen Stellen fußen auf der alttestamentlichen Sühnetheologie[109], besonders auf der Liturgie des *Iom kippur,* des Großen Versöhnungstages, die in Lev 16 beschrieben wird. In ihr leistet der Hohepriester einmal im Jahr Sühne für die (unabsichtlich) von ihm selbst und von den Israeliten begangenen Sünden. Zwei Riten stehen im Zentrum. Einer symbolisiert die Abwendung der Schuld durch ihre Ausgrenzung: Der Sündenbock wird aus dem Tempel und der Stadt in die Wüste geschickt, nimmt die Schuld, die ihm aufgeladen wird, mit und wird sterben, während Israel, von seiner Sündenlast befreit, leben kann. Der andere Ritus symbolisiert die Verwandlung der Schuld durch ihre Hineinnahme in das innerste Zentrum des Gottesbundes: Der Hohepriester betritt mit dem Blut geschlachteter Opfertiere – nur an diesem Tage – das Allerheiligste und sprengt das Blut auf und vor die „Deckplatte" des Altares. Hier stand früher die Bundeslade. Nach dem Babylonischen Exil und der ersten Tempelzerstörung ist dies ein Raum mystischer Leere und dichtester Gegenwart Gottes.

Das alttestamentliche Sühneritual kann man nur verstehen, wenn man zwei wesentliche Punkte beachtet. 1. Es ist zwar Israel, das feiert und Gott ein Opfer darbringt. Aber Gott ist es, der die Liturgie der Versöhnung gestiftet hat; er ist der Versöhner. 2. Der Ritus ist (wenn der Ausdruck erlaubt ist) ein alttestamentliches „Sakrament". Dass unschuldiges Blut vergossen wird, stellt die tödliche Wirkung von Sünde dar; dass ein Opfer dargebracht wird, die Angewiesenheit der todgeweihten Sünder auf Gottes Gnade. Und es ist genau diese Darstellung, die nach Gottes Willen die Sühne bewirkt, verstanden als Befreiung von der Sünde durch das lösende Wort, das Gott mit dem Mund des Priesters spricht.

Hier kann die neutestamentliche Sühnetheologie anknüpfen – nicht ohne Kritik, aber nicht ohne Zustimmung zum alttestamentlichen Grundgedanken, dass die Rettung nur von Gott kommen kann und nur auf einem Wege, der die Katastrophe der Sünde nicht unsichtbar, sondern öffentlich macht, um auch öffentlich den Ausweg aus der Krise zu bahnen. Im Neuen Testament ist seltener ausdrücklich vom Sühnetod Jesu die Rede, als häufig vermutet wird. Aber es sind gewichtige Stellen, die weiter ausstrahlen, als an der Oberfläche der Texte sichtbar wird. Der Hebräerbrief ist in seiner Christologie ganz vom Sühnopfer des Hohenpriesters bestimmt. So dominant wird das Motiv sonst nicht. Aber der Hebräerbrief ist in ein enges Beziehungsnetz sühnetheologischer Aussagen eingebunden, die uralt sind und damals sehr modern waren.

(1) Der Ort der Gnade (Röm 3,25)

Paulus redet vom Sühnetod Jesu im thematischen Zentrum des Römerbriefes. Der Apostel verkündet die Gerechtigkeit Gottes (Röm 3,21–26), die darin besteht, alle Menschen zu erlösen (Röm 3,24), die in ihrer Sünde der „Herrlichkeit Gottes ermangeln" (Röm 3,23). Dies geschieht rein aus Gnade und Barmherzigkeit, also nicht aufgrund menschlicher Vorleistungen, sondern allein aufgrund der Freiheit Gottes (Röm 3,23.26); und es geschieht „in Christus", also durch die Anteilgabe an der Liebe des auferstandenen Gekreuzigten, die der Geist in die Herzen der Glaubenden ausgießt (Röm 5,5ff).

Um den Grund dieser Gnadentat, die zur Rechtfertigung der Glaubenden führt, freizulegen, redet Paulus vom Sühnetod Jesu (Röm 3,25)[110]:

> Ihn hat Gott hingestellt als Sühne durch den Glauben in seinem Blut zum Erweis seiner Gerechtigkeit.

Paulus redet nicht mit seinen eigenen Worten, sondern zitiert – relativ frei – eine alte Tradition des Judenchristentums. Ihr genauer Umfang ist strittig; die Traditionalität unstrittig. Die populäre Vorstellung, Paulus habe dem Christentum die Sühnetheologie eingebrockt, ist falsch. Sie verdankt sich dem Nachdenken jüdischer Christen (oder christlicher Juden), in ihrer Heiligen Schrift, dem sog. „Alten Testament", einen Ausdruck für ihren Glauben zu finden, dass der entsetzliche Kreuzestod Jesu entgegen allem Augenschein der Ort überfließenden Heils sei. Paulus hat sich von dieser Tradition nicht distanziert, sondern sie stark gemacht – auch dadurch, dass er nicht nur von Sühne redet, sondern ein weites und fruchtbares Umfeld von Begriffen, Bildern und Symbolen des Heils erschließt. An keiner Stelle fällt er hinter das zurück, was die judenchristliche Sühnetheologie besagt; aber im Ganzen führt er die Sühnetheologie über sie selbst hinaus, indem er alles auf das „Für" des Leidens und der Auferstehung Jesu konzentriert.

Paulus schreibt, dass Gott Jesus als Sühne „hingestellt" hat (Röm 3,25). Er denkt an den demonstrativen Akt – Lukas sagt: das „Schauspiel" (Lk 23,48) – der öffentlichen Hinrichtung Jesu. Das Kreuz, das der Bloßstellung Jesu und der Abschreckung seiner Anhänger dienen soll, ist der Ort, an dem Gott seine Feinde mit sich versöhnt. Ob in solchen hochgestochenen Formulierungen nachösterlicher Glaubensreflexion nicht doch der Grundsinn des Leidens und des Kreuzes Jesu haargenau getroffen ist?

Was heißt: als „Sühne" hingestellt? Paulus verwendet den Fachausdruck (griech: *hilastérion;* hebr.: *kapporaet*), den Lev 16 für das „Allerheiligste" verwendet, den Ort der Gegenwart Gottes; es ist der Deckel der Bundeslade (Ex 25,17–22), die aber nach dem Babylonischen Exil nicht mehr vorhanden ist, der Ort des Opfers am großen Versöhnungstag. Wird Jesus mit diesem Ort identifiziert?[111] Dann liegt Hebr 9 nahe, und die Pointe ist kultkritisch:

Nicht der Tempel, sondern Jesus Christus, und zwar der Gekreuzigte, ist der Ort der heilschaffenden Gegenwart Gottes. Jesus Christus ist „gleichzeitig der den Glaubenden vom Kreuz herab begegnende Gott und der sich im Namen Gottes gehorsam aufopfernde Sohn Gottes, wahrer Gott und wahrer Mensch zugleich“[112].

Oder redet Paulus in einem eher technischen Sinn?[113] Dann wäre in einem allgemeinen, nicht in einem spezifisch kultischen Sinn von „Sühne“ die Rede. Es kämen die Geschichten makkabäischer Märtyrer ins Spiel, die „für“ das Gesetz oder das Volk sterben.[114]

Das Blut Jesu

Den Schlüssel bildet nicht die Traditionsgeschichte des frühen Judentums, sondern die neutestamentliche Herrenmahlstradition. Dort, nämlich im Becherwort der paulinischen (1Kor 11,23ff) und lukanischen Tradition (Lk 22,19f), wurzelt die zentrale Aussage „in seinem Blut“. Der Bezug zu Jesu Letztem Abendmahl sichert, dass in Röm 3,25 nicht ein Ritus, sondern eine Person, ein Mensch, der blutig leidet, Sühne schafft, d. h. Vergebung wirkt. Dieses Letzte Abendmahl aber steht seinerseits in einem kultischen Kontext – wie es einen neuen, den eschatologischen Kult stiftet, der alle Kulte aufhebt: die Eucharistie. Zwar ist umstritten, wieviel Sühnetheologie Jesu Einsetzungsworte und sein Logion vom Lösegeld, das der Menschensohn mit seinem Leben bezahlt (Mk 10,45), enthält. Aber die Zurückhaltung geht weitgehend auf das Konto einer theologischen Scheu, Jesus mit der Sühne zu verbinden. Überdies besteht in der synoptischen Überlieferung ein enger Zusammenhang mit der Tempelaktion Jesu (Mk 11,15ff parr.). Mit ihr hat Jesus symbolisch den Zugang des Volkes zu den Opferriten unterbrochen: Die Gnade der Gottesherrschaft wird nicht durch die Tempelliturgie vermittelt, sondern durch ihn, den messianischen Gottessohn. Letztlich hat ihn dies das Leben gekostet. Aber Jesu Tod ist aller Menschen Leben. Das wird im Letzten Abendmahl gefeiert.

Paulus macht mit dem ältesten Judenchristentum deutlich, dass die Folge der Tempelaktion und des gesamten Wirkens Jesu kein religiöses Vakuum, sondern ein neues religiöses Zentrum ist: Jesus, der auferstandene Gekreuzigte, hat durch seinen stellvertretenden Sühnetod die Menschen so mit Gott versöhnt, dass sie kraft des Geistes an der Liebe zwischen dem Vater und dem Sohn teilhaben. Jesus, das Opfer religiöser Gewalt, ist der Hohepriester, der aller Gewalt ein Ende setzt. *Das* ist die Folge der biblischen Sühnetheologie. Es ist die Konsequenz der Reich-Gottes-Verkündigung Jesu.

Freilich macht das Neue Testament auch den Unterschied zum Alten Testament deutlich: Das Kreuz ist kein heiliges Spiel, sondern bitterer Ernst; Jesus ist ein echter Mensch, der sein Leben hingegeben hat; und dieser Mensch ist Gottes Sohn.

Das Opfer des Priesters

Vom Abendmahl kann der Bogen zur Sühne im Tempel geschlagen werden und zum Blut, das dort rituell vom Priester vergossen wird. Mit dem Alten Testament sagt das Neue, dass Schuld gesühnt werden muss, damit die Gnade nicht billig wird, dass es aber Gott selbst ist, der für die Menschen und mit ihnen die Sühne schafft. Im Blick auf den alttestamentlichen Blutritus und den blutigen Kreuzestod Jesu (vgl. Joh 19,34) heißt es in schonungsloser Offenheit: „Ohne Blutvergießen gibt es keine Vergebung" (Hebr 9,22). Damit ist gerade nicht die Blutrache legitimiert, sondern ihre einzig wahre Alternative genannt: Es gibt Vergebung, aber nicht mit dem Rücken zu den Opfern und über das Leid hinweg, das die Sünde verursacht hat, sondern nur durch Leid und Tod hindurch. Blut ist der ganz besondere Saft, der für das Leben steht. Deshalb – und nur deshalb – gilt: „Blut ist es, das für ein Leben sühnt" (Lev 17,11). Mit Rache hat das nichts zu tun, aber alles mit der Ehrlichkeit einer Erlösungsverheißung, die nicht so tut, als sei nichts Schlimmes geschehen, und alles darauf setzt, dass Gott genau dort, wo die Menschen Unheil wirken, Heil schaffen kann.

Jesus, sagt der Hebräerbrief, ist der Hohepriester, der ein für allemal die Sünden sühnt. Er hält drei Unterschiede zu den Priestern des Alten Bundes (gemeint ist: der levitischen Ordnung am Jerusalemer Tempel) fest. 1. Jeder Hohepriester muss zuerst für seine eigenen Sünden Sühne leisten (Hebr 9,7); Jesus jedoch ist zwar in allem wie wir versucht worden, hat aber der Sünde nicht nachgegeben (Hebr 4,15). 2. Jeder Hohepriester braucht für das Opfer, weil er selbst Sünder ist, „fremdes Blut" (Hebr 9,25), unschuldiges Blut, das „Blut von Böcken und Stieren" (Hebr 9,13); Jesus aber, ohne Sünde, ist „mit seinem eigenen Blut" ins Allerheiligste getreten, der er sich selbst „als makelloses Opfer dargebracht" hat (9,23). 3. Jeder Hohepriester muss wegen seiner menschlichen Schwäche „jedes Jahr", immer wieder neu, den Ritus vollziehen (Hebr 9,25); Jesus aber ist „ein einziges Mal erschienen, um durch sein Opfer die Sünde zu tilgen" (Hebr 9,26).

In allen drei Punkten ist ernstgenommen, wer Jesus ist und dass Gott sich durch ihn zu unserem Heil als er selbst geoffenbart hat. In allen dreien wird der israelitische Kult nicht schlechtgeredet, sondern überhöht. Das „Opfer" ist das kultische Wort für die Hingabe des Lebens; die Hingabe wird durch die Opfersprache als *Gabe* akzentuiert; Gott dargebracht, kommt sie den Menschen zugute. Der Kreuzestod Jesu, als Sühnetod verstanden, steht nicht für einen blutrünstigen, rachsüchtigen Gott, sondern für das Ende der Gewalt, auch für das Ende aller blutigen Sühnopfer im Namen Gottes.

Paulus hat, anders als der Hebräerbrief, diese Priester-Theologie nicht entfaltet. Aber er nimmt in Röm 3,25 priesterliche Theologie auf und macht sie christologisch fruchtbar. Die wesentlichen Bestimmungen, die der Hebräerbrief expliziert, sind in Röm 3,25 impliziert – und schon im Letzten Abendmahl Jesu. Gott ist der Handelnde; „im Blut" Jesu meint: durch den Kreuzestod, in dem Jesus sich selbst als Sühnopfer dargebracht hat. Wenn eigens dazu gesagt wird, dies sei ein Glaubensereignis, dann weil es Glauben braucht, Glauben hervorruft und durch den Glauben sich verwirklicht. Dass der Glaube ins Spiel kommt, anders als in der alttestamentliche Sühnetheologie, zeigt, dass es um Jesus geht, der nicht ein vorgegebenes Muster der Heilsvermittlung ausfüllt, sondern selbst das Original ist, und um die Menschen, die in voller Freiheit versöhnt werden.

Der Kreuzestod Jesu, als Sühnetod verstanden, nimmt ernst, wie schwer jede wahre Vergebung ist und wie wichtig Gott das Leid nimmt, das Menschen einander antun. Wie zynisch wäre die Parole: „Alles halb so schlimm!" Wie hoffnungsvoll hingegen ist das Evangelium, dass Gott dadurch Sühne schafft, dass in Jesus er selbst sich ganz und gar der zerstörerischen Macht der Sünde aussetzt, um sie im Moment ihres scheinbar höchsten Triumphes, der Ermordung des von Gott gesandten geliebten Sohnes, des schlechterdings unschuldigen Menschen, durch reine, also leidensfähige, brennende Liebe endgültig zu besiegen – um der Menschen willen, die sonst keine Aussicht auf endgültige Erlösung vom Bösen hätten.

(2) Die reine Liebe (1Joh 2,2; 4,9f)

Neben dem Hebräerbrief und Röm 3,25 wird im Ersten Johannesbrief die Sühnetheologie explizit. Es ist der Brief, der auf den Spitzensatz Biblischer Theologie zuläuft: „Gott ist Liebe" (1Joh

4,8.16).[115] Die erste Erläuterung dieses Satz geschieht durch Rekurs auf den Sühnetod Jesu Christi (1Joh 4,9f):

> 9Darin ist die Liebe Gottes unter uns erschienen,
> dass Gott seinen eingeborenen Sohn in die Welt gesandt hat,
> damit wir durch ihn leben.
> 10Nicht darin besteht die Liebe,
> dass wir Gott geliebt haben,
> sondern dass er uns geliebt
> und seinen Sohn als Sühne für unsere Sünden gesandt hat.

Die Verse sind eine Verdichtung johanneischer Theologie. Man braucht das ganze Johannesevangelium, um die Bezüge, die Anspielungen, die Aussagen zu verstehen. Der Brief sagt nicht, dass die Liebe ein Gott, sondern dass Gott die Liebe ist. Zur Erläuterung verweist er auf Gottes Handeln zur Rettung der Welt durch die Sendung seines Sohnes. Dass es der „eingeborene" ist (vgl. Joh 1,18; 3,16), zeigt seine ursprüngliche, mit nichts zu vergleichende, von reiner Liebe bestimmte Einheit mit dem Vater. Dass Jesus „gesandt" ist, nimmt ein Motiv nicht nur des Johannesevangeliums (Joh 3,16f. 34 u.ö.), sondern auch der Synoptiker auf (Mk 9,37 parr.; Mt 15,24; Lk 4,18 [Jes 61,1f]; 10,16); es klärt die originäre Patrozentrik Jesu; es erhellt nicht nur die Quelle seiner Vollmacht, sondern auch die Göttlichkeit seiner Person. Das expliziert der Erste Johannesbrief – im vollen Einklang mit dem Johannesevangelium – so, dass die Höhe der urchristlichen Sendungschristologie (vgl. Gal 4,4; Röm 8,3)[116] erreicht und weiter gesteigert wird: die Präexistenz ist vorausgesetzt (vgl. Joh 1,1–18) und der Tod Jesu ist umschlossen. Dass dies alles als „Erscheinung" (Epiphanie) der Liebe Gottes klassifiziert wird, weist es als Offenbarung aus (vgl. 1Joh 3,5.8); die Pointe ist das Aufleuchten des Lichtes in der Finsternis, die Entstehung des Lebens aus dem Tode (1Joh 1,2); definitiv ist diese Offenbarung durch die Inkarnation, das Wirken und den Tod wie die Auferstehung Jesu; vollendet wird sie in der Zukunft sein, wenn sich herausgestellt haben wird, wer zu den Erretteten gehört. Dass die Erscheinung „unter uns" – wörtlich: in uns – geschieht, zeigt nicht nur die Liebe Gottes *zu* uns an, sondern auch, dass sie sich in „unserer" Mitte ereignet: im Herzen des Menschen und im Herzen der Kirche, der Gemeinschaft der Glaubenden.

Die eigentliche Interpretationsschwierigkeit besteht darin, den Sühnetod Jesu Christi als eschatologisches Ereignis der Liebe Gottes zu deuten, als Offenbarung dessen, dass Gott Liebe nicht nur schenkt, sondern ist. Dass dies möglich, sinnvoll und notwendig ist, ergibt sich aus Röm 8,31–39. Die Interpretationsprobleme ergeben sich auch weniger aus den biblischen Zusammenhängen als aus modernen Vorurteilen. Dass Gott Jesus „zur Sühne für unsere Sünden“ gesandt hat, heißt: weil es sie unbestreitbar gibt, so dass kein Mensch gerettet werden kann, ohne dass sie weggeschafft, vergeben, verwunden sind; und damit sie nicht weiter das Verhältnis der Menschen untereinander und zu Gott belasten. Dass die Sünde „gesühnt“ wird, heißt hier wie anderenorts, dass sie nicht einfach hingenommen und verdrängt, sondern erlitten und dadurch überwunden wird.

Auf die Sühne, die Jesus leistet, ist der Erste Johannesbrief bereits etwas früher zu sprechen gekommen.[117] Er mahnt zur Ehrlichkeit (1Joh 2,1–4): Auch Christen sind Sünder; sie haben gesündigt und sündigen wieder. Wer das leugnet, macht sich und anderen etwas vor: Er ist ein Lügner. Wer es aber bekennt, kann es voller Hoffnung tun, weil es Jesus gibt, den „Beistand“. Dasselbe Wort verwenden die Abschiedsreden für den Heiligen Geist, den Jesus seinen Jüngern verheißt (Joh 14,16.26; 15,26; 16,7); er ist „der andere Beistand“ (Joh 14,16), der eine ist nach 1Joh 2,1 Jesus selbst. Er ist es als der Auferstandene; aber der Auferstandene ist er als der Gekreuzigte. Er ist der schlechthin „Gerechte“ – wie der leidende Gottesknecht (Jes 53,11). Seine Gerechtigkeit schafft Gerechtigkeit, und zwar dadurch, dass er die Verbrechen der Menschheit und der Christenheit sühnt (1Joh 2,2):

> Er ist die Sühne für unsere Sünden,
> aber nicht nur für unsere Sünden,
> sondern auch für die der ganzen Welt.

Hinter der ersten Zeile steht eine traditionelle Wendung. Die beiden folgenden geben eine wesentliche Erklärung. Es gilt: „Wenn schon, denn schon“ – wenn „unsere“ Sünden gesühnt werden, dann auch die der ganzen Welt. Denn nicht nur die Christenheit, alle Welt sündigt; und nicht nur zur Rettung der Kirche, sondern der Welt ist Jesus Christus gesandt worden. Diejenigen, die glauben, haben davon jetzt schon den Vorteil – und sollen das Geschenk, das ihnen gemacht worden ist, nicht ausschlagen, verstecken und verschleudern, sondern nutzen, um es anderen weiterzugeben. Die Universalität der Heilsbedeutung Jesu folgt aus der Unbedingtheit seiner Lebenshingabe und aus der Gottessohnschaft dessen, der Sühne leistet.

(3) Das makellose Opferlamm (1Petr 1,18f)

Der Erste Petrusbrief, der in sein christologisches Zentrum eine Applikation von Jes 53 stellt (1Petr 2,22–25), zitiert im Eingang seines Schreibens, das der Stärkung der Gemeinde dient, ein judenchristliches (zu „Petrus“ passendes) Motiv[118], das die Freude über die Gnade des Glaubens mit der Größe des Aufwandes begründet, den Gott zur Erlösung getrieben hat.

18 Ihr wisst, dass ihr nicht um vergängliches Silber oder Gold erlöst worden seid aus der Leere eures Wandels nach Weise der Väter,
19 sondern um das kostbare Blut Christi,
des Lammes ohne Fehl und Tadel.

Scheinbar gibt es nichts Unvergänglicheres und Kostbares als Silber und Gold. Die Werbung verspricht es, die Staatsbanken horten es als Sicherheit, damals wie heute. Petrus weiß, dass Gold und Silber vergänglich sind; sie gehören zur „Leere“ (manche übersetzen: „Nichtigkeit“ oder „Sinnlosigkeit“) traditioneller Lebensweisen, für die vor allem spricht, dass sie die Vorväter vorgelebt und vorgegeben haben. In dieser Einschätzung stimmt Petrus ganz mit Jesus überein: „Wo dein Geld ist, ist dein Herz“, lässt sich eine Maxime der Bergpredigt frei übersetzen (Mt 6,21 par. Lk 12,34). Etwas zuvor mahnt Jesus: „Sammelt euch nicht Schätze hier auf Erden, wo Motte und Fraß zerstören und wo Diebe einbrechen und stehlen, sammelt euch Schätze im Himmel“ (Mt 6,19f par. Lk 12,33). Ein rechter Tor ist, wer seine ganze Lebensenergie in die Steigerung seines Reichtums steckt, ohne zu bedenken, dass er jederzeit sterben kann und dass ihm dann all sein Geld nicht das geringste nützt (Lk 12,13–21). Jesus selbst ist in dieser Kritik des Reichtums tief verwurzelt in prophetischen und weisheitlichen Traditionen Israels. (Zahlreiche Parallelen gibt es aber auch außerhalb des biblischen Traditionsraumes.)

Der Petrusbrief leugnet den materiellen Wert von Gold und Silber nicht. Er setzt ihn vielmehr genau so hoch an, wie er im Kurs steht. Es kommt ihm auf den Kontrast an. Der Kaufpreis, zu dem Gott die Christen erworben hat, ist unendlich höher als alles Geld dieser Welt. Es ist das „kostbare Blut Christi“, des „Lammes ohne Fehl und Tadel“. Das Bild stammt aus dem Gottesdienst Israels. Das „Lamm“ ist nicht das Paschalamm, sondern das Opferlamm, das im Tempelkult geschlachtet wird. Am deutlichsten stehen die Schuldopfer für soziale und sakrale Vergehen einzelner Israeliten vor Augen (Lev 5,14–26; Num 5,5–8). Diese Vergehen, ob absichtlich oder versehentlich begangen, schließen vom Gottesdienst aus. Sie verlangen das Bekenntnis der Sünden und, soweit möglich, die Wiedergutmachung, aber auch die kultische Sühne, weil ja nicht nur Rechte des Nächsten, sondern Gottes Recht verletzt worden ist. Die Sühne vollzieht der Priester. Er opfert ein Schaf, einen Widder, der nicht nur, wie andere Opfertiere auch (vgl. Lev 22,17–25), „fehlerfrei" (Lev 5,15.18.25), sein, sondern auch den „Wert" (Lev 5,15.18.25) von zwei Silberschekeln haben muss (Lev 5,15.18). In der griechischen Version von Num 5 heißt es, abweichend vom hebräischen Urtext, der Schuldige werde „aus seiner Sünde freigekauft". Zwar wird nicht ausdrücklich vom Blut geredet. Aber der Ritus, der in Lev 7,1–10 beschrieben wird, illustriert den opfertheologischen Grundsatz von Lev 17,11–14, demzufolge das Blut als Träger des Lebens, indem es vom Priester an den Altar gesprengt wird, die Sühne bewirkt.

Der Erste Petrusbrief nimmt dieses Bild, um die Heilsbedeutung des Todes Jesu zu erhellen. Die Christen werden aus der Sklaverei ihrer Sündenschuld freigekauft, indem Jesus sein Blut für sie vergießt. Querverbindungen zu Röm 3,25 und Hebr 9 werden sichtbar, auch das Kelchwort des Herrenmahles – sei es in der markinisch-matthäischen, sei es in der lukanisch-paulinischen Variante treten vor Augen. Die „Fehler-" und „Tadellosigkeit" des Opferlammes Jesus verweist auf seine Sündlosigkeit, der unermessliche Wert seines Blutes auf seine essentielle Gottzugehörigkeit, an der seine Heilsbedeutung hängt.

f) Erniedrigung und Erhöhung

Ein Grundmuster neutestamentlicher Christologie ist das Gegenüber und Miteinander von Erniedrigung und Erhöhung. In ihm spiegelt sich die Grundparadoxie des christlichen Glaubens wider: dass der Gottessohn tatsächlich gestorben ist und der Gestorbene tatsächlich von den Toten auferstanden ist. Erniedrigung und Erhöhung sind weder nur moralische noch nur soziale Kategorien, sondern soteriologische und christologisch: Sie lassen entdecken, auf welche Weise Gott durch Jesus Christus umfassendes, universales Heil schafft. Das freilich zeigt sich in der Lebensweise und Lebenseinstellung Jesu Christi. Die Erniedrigung verweist auf seine Menschwerdung und sein Menschsein, die Erhöhung auf die Auferweckung des Menschen Jesus.

(1) Arm und reich (2Kor 8,9)

2Kor 8 ist ein Bettelbrief.[119] Paulus hatte auf dem Apostelkonzil zugesagt, eine Spendenaktion seiner Gemeinden für die „Armen" in Jerusalem zu organisieren (Gal 2,10). Diese Kollekte ist das Zeichen sozialer und spiritueller Gemeinschaft zwischen der judenchristlichen Urgemeinde und der heidenchristlichen Völkerkirche. Es geht auch um das Verhältnis zwischen den Zwölf Aposteln, denen Jesus zuerst erschienen war, und Paulus, der ihn gesehen hat, als niemand mehr damit rechnen konnte: Paulus will seinem Willen zur Kirchen-Einheit Ausdruck verleihen; er will auch seiner Anerkennung durch die „Säulen" der Jerusalemer Urgemeinde entsprechen.

Die Umsetzung des ehrgeizigen Vorhabens fällt aber nicht leicht. In Korinth hatte es zwischenzeitlich starke Turbulenzen zwischen dem Apostel und der Gemeinde gegeben, die auch die Kollekte ins Stocken gebracht haben. Nachdem wieder Friede eingekehrt ist, kann Paulus auf sein Spendenprojekt zurückkommen (vgl. 1Kor 16,1–4). Er denkt wohl schon daran, bald seine Mission im Raum der Ägäis zu beenden, um dann via Rom in den Westen, nach Spanien, aufbrechen zu können (vgl. Röm 15,24). Vorher muss er die Kollekte nach Jerusalem bringen (Röm 15,28). Dass sie auch in Korinth ein gutes Ergebnis bringt, ist sein Ehrgeiz.

Um die Spendenfreudigkeit zu erhöhen, treibt Paulus einigen Aufwand. Er erinnert an den Einsatz des Titus, eines seiner engsten Mitarbeiter (2Kor 8,6.16–24). Er verweist auf das gute Beispiel der makedonischen Nachbarn (2Kor 8,1–5). Er macht organisatorische Vorschläge (2Kor 8,10f). Er warnt vor allzu großem Ehrgeiz: „nicht, dass ihr in Not geratet, indem ihr anderen helft" (2Kor 8,13). Er sagt voraus, dass, wer gibt, am Ende mehr empfängt. Er macht klar, dass nicht die Höhe des Betrages, sondern allein der gute Wille zählt. Vor allem will er, dass die Korinther nicht deshalb spenden, weil der Apostel sie dazu drängt, sondern weil sie die Aktion zu ihrer eigenen Herzenssache gemacht haben (2Kor 8,8). Die Spende ist kein Gebot, sie soll ein Werk der Liebe sein: Die Korinther sollen es gutheißen, dass es die Urgemeinde in Jerusalem gibt; sie sollen sich freuen, dass sie mit ihr nun auch auf diese Weise der sozialen Unterstützung in Gemeinschaft treten können.

An dieser Stelle bringt Paulus Jesus ins Spiel (2Kor 8,9):

> Ihr kennt die Gnade unseres Herrn Jesus Christus:
> Um euretwillen ist, der reich war, arm geworden,
> damit durch seine Armut ihr bereichert werdet.

In der Liebe untereinander machen die Korinther ernst mit der Gnade, die ihnen zuteil wurde. Wer sie ihnen erwiesen hat, macht Paulus dreifach klar: Es ist *Jesus* (vgl. Gal 4,4); es ist der Messias, der *Christus;* und es ist *unser Herr,* des Apostels wie der Gemeinde (vgl. 2Kor 4,4). Der Jesusname erinnert an das irdische Wirken, das Bekenntnis zum Kyrios an die Auferstehung und Erhöhung zur Rechten des Vaters; der Christus-Messias-Titel verbindet beides über die Brücke des Kreuzestodes.

Gnade

Die Gnade dieses Herrn Jesus Christus ist alles andere als eine herablassende Geste des Wohlwollens. Sie ist erlittenes Lebens- und Todesgeschick. Deshalb überbietet sie die kühnsten Heilshoffnungen. In einem einzigen Satz bringt Paulus, vielleicht mit Worten älterer Tradition, die ganze Christologie samt ihrer Heilsbedeutung zur Sprache. 2Kor 8,9 ist eine Kurzformel des Glaubens, die nicht reduziert, sondern konzentriert. Die schwierigsten Themen der Christologie kommen zur Sprache: Präexistenz und Inkarnation, Stellvertretung und Heilsmittlerschaft. Sie kommen aber nicht in der Fachsprache der Theologie zum Ausdruck, sondern in ganz einfachen, ganz schlichten Worten, die es in sich haben. Sie leuchten unmittelbar ein und strahlen desto stärker, je tiefer man in sie dringt. Die Provokation liegt darin, dass es gerade die Verarmung Jesu ist, die die Armen bereichert.

Was Armut und Reichtum ist, konnten die Korinther in ihrer unmittelbaren Umgebung und am eigenen Leibe genauestens studieren. Dass einer freiwillig arm wird, ist ziemlich verrückt. Es ist gewiss – theoretisch – denkbar, dass ein Reicher sein ganzes Geld an die Armen verschenkt. Die Armen würden die milden Gaben dankend annehmen, aber es wäre selbst dann nicht die Armut des edlen Spenders, von der sie profitierten, sondern eben sein Geld. Wer durch seine Hilfe für andere verarmt, wird selbst zum Sozialfall. Die antike Ethik warnt davor, sich zu verausgaben. Man muss reich sein, um Gutes tun zu können; man muss reich bleiben, um die Möglichkeit, anderen zu helfen, nicht zu verspielen. Dem widerspricht Paulus nicht; er warnt die Korinther ja davor, sich bei der Sammelaktion zu überfordern (2Kor 8,13).

Aber im Blick auf Jesus redet er nicht von Ethik. Er redet von der Erlösung. Hier gelten andere Gesetze. Die Erlösung folgt der Logik der Liebe. Die Liebe verdoppelt sich, wenn sie geteilt wird. Die Liebe Gottes hat angefangen, wo noch kein Mensch zu lieben hat beginnen können. Und wo menschliche Liebe zerbricht, hört

Gottes Liebe noch lange nicht auf. Sie hört nie auf (1Kor 13,13). Das ist die Weisheit des Kreuzes. Es ist die Weisheit Jesu.

Der Reichtum Jesu

Der Reichtum, von dem Jesus zehrt, ist nicht materieller Besitz, aber auch nicht der Schatz seiner inneren Werte, seiner hochfliegenden Pläne, seiner guten Ideen, seines Charismas. Würde man so deuten, bliebe man im Bereich der Moral. 2Kor 8,9 redet aber vom Heil. Der Reichtum Jesu besteht in seiner Zugehörigkeit zu Gott, wie sie immer schon, vor aller Zeit, seine Gottessohnschaft ausmacht: in seiner Teilhabe an Gottes Allmacht, Allgüte, Allwissenheit.[120] 2Kor 8,9 setzt christologisch ganz oben an: bei Gott. Vor aller Zeit, immer schon, von Ewigkeit her hat der Sohn Gottes an Gottes Herrlichkeit vollkommenen Anteil. Das ist eine ganz frühe Einsicht des Glaubens, erwachsen aus dem Nachdenken darüber, was Jesus für die Menschen bedeutet. Paulus hat diesen Glauben in vier kurzen Worten ausgedrückt: „Gott war in Christus" (2Kor 5,19). Wenn aber Gott ganz und gar in Jesus Christus war, dann hat er nicht zu irgendeinem Zeitpunkt den Entschluss gefasst, der Vater Jesu zu *werden* und Jesus zu seinem Sohn zu *machen*: Er *ist* dann – immer schon – der Vater Jesu. Jesus *wird* nicht Sohn Gottes, sondern umgekehrt: Gott Sohn ist in Jesus Mensch geworden.

Ist das mehr als eine geistreiche Spekulation? Nur wenn es mehr ist, kommt man in der entscheidenden Frage nach dem Sinn des Lebens heraus aus dem Gesetz von Angebot und Nachfrage, von Leistung und Lohn, von Schuld und Vergeltung. Gäbe es nur dieses Gesetz des Marktes, gäbe es kein Entrinnen aus der Diktatur der Starken, aus dem Kampf ums Dasein, aus der Tretmühle des Alltags. Nur dann, wenn in diesem präexistenzchristologischen Sinn vom Reichtum Jesu die Rede ist, kann in seiner Armut der Reichtum der Menschen bestehen. Nur dann kann Jesus mehr als ein ideales Vorbild sein, dem es nachzueifern gilt. Nur dann kann sein Abstieg aus der Höhe „uns" mehr sein als ein Appell zu sozialen Aktionen.

In der Tragödie gibt es den Begriff der Fallhöhe. Je höher einer steht, desto tiefer kann er fallen. Je größer die Fallhöhe, desto stärker die Dramatik. Wer tief fällt, schlägt hart auf. Er verliert Ansehen, Reichtum, Macht; er weiß, was er verloren hat, und leidet wie ein Hund. Die Königsdramen der Antike und des Barock erzählen die Geschichte großer Frauen und Männer, die gestürzt werden und den Sturz nicht überstehen. Ihre Fall-Geschichten verdeutlichen die Vergänglichkeit des Ruhmes, die Launen des

Schicksals, die Widrigkeit der Verhältnisse, den Neid der Götter. Trost spenden sie nicht. Allenfalls erschüttern sie die allzu Selbstgewissen, mahnen zur Demut und zeigen, was in dieser Welt der Fall ist.

2Kor 8,9 misst die denkbar größte Fallhöhe aus: vom Himmel auf die Erde, von Gottes Reichtum zur Armut der Menschen. Die Karriere Jesu ist eine „Karriere steil nach unten" (Heinz Schürmann). Aber weil sie „ganz oben" beginnt, endet sie nicht tragisch. Der Satan *stürzt,* der Gottessohn aber *steigt* hinab. Seine Armut ist freiwillig. Er macht sich, er *wird* arm. Deshalb geht die Geschichte Jesu gut aus – nicht trotz, sondern wegen seines Abstiegs. Weil die Geschichte Jesu von Gott ausgeht, führt sie auch zu Gott wieder hin. Das gute Ende der Geschichte Jesu ist das *happy end* schlechthin: Die Armen werden reich, die Schwachen werden stark; die weinen, werden lachen, die Toten stehen auf.

Die Armut Jesu

Dass Jesus „ganz oben" losgeht, hindert nicht, dass er „ganz unten" ankommt. Dafür steht das Stichwort „Armut". Jesus hat auf all seinen Reichtum, auf die Privilegien des Gottessohnes, auf seine Unantastbarkeit, seine Herrlichkeit, seine göttliche Allmacht verzichtet, auf den Reichtum des Himmels, am Ende sogar auf seine irdische Freiheit und sein Leben. Das Stichwort „Armut" macht mitten im österlichen Christusbekenntnis etwas genuin Jesuanisches sichtbar. „Die Füchse haben ihre Höhlen und die Vögel ihre Nester; der Menschensohn aber hat nichts, wohin er sein Haupt legen könnte" (Lk 9,53), so warnt Jesus einen, der sein Jünger werden will. Jesus hat auf Besitz und Beruf, auf Familie, auf Haus und Hof, auf Macht, Ehre, Ansehen verzichtet. Er hat auf Gewalt nicht mit Gegengewalt reagiert. Er hat Beglaubigungswunder abgelehnt. Er hat den Menschen nicht seinen Willen aufgezwungen. Er hat sich von ihnen nicht abgewandt, als die sich von ihm abgewandt haben. Das ist seine spirituelle Armut. Diese Armut macht die Menschen reich.

Jesus hat nicht in Armut gelebt, weil er die Welt verachtet hätte oder seine Bedürfnislosigkeit demonstrieren wollte. Seine Armut ist Solidarität mit den Armen, denen das Evangelium verkündet wird (Mt 11,5 par. Lk 7,22). Aber sie ist mehr: Sie drückt aus, dass Jesus sein ganzes Leben seiner Sendung widmet. Jesus ist nicht „gekommen, bedient zu werden, sondern zu dienen" (Mk 10,45). Um ganz frei für die Menschen zu sein, durfte kein irdischer Schatz ihn binden. Um den Menschen nahe kommen zu können, musste er sich auf den Weg von zuhause fort machen. Seine Armut ist Ausdruck seiner Freiheit und seiner Hingabe. Sie geschieht um der Menschen willen.

Dies hebt die Glaubensformel 2Kor 8,9 mit dem ersten Wort hervor: Nicht seinetwegen, sondern „euretwegen", sagt Paulus den Korinthern, ist Jesus arm geworden. „Euretwegen" heißt beides: weil „ihr" es nötig habt und weil es „euch" zugutekommen soll. Die Christen sind jetzt schon Profiteure der Armut Jesu; den anderen wird Hören und Sehen vergehen, wenn sie ihm begegnen. Sie begegnen ihm in den Armen, die ihnen begegnen (Mt 25,31–46).

Verarmung und Bereicherung

Die Christen, die Paulus im Blick hat, sind arm. Das betrifft den sozialen Status der meisten Korinther: „Schaut doch auf eure Berufung, Brüder: da sind nicht viele Weise ..., nicht viele Mächtige ..., nicht viele Angesehene". (1Kor 1,26). Aber die Armut reicht tiefer. Sie erfasst auch die Reichen. Arm sind die Korinther und alle Menschen, weil sie letztlich nicht Herren ihres Lebens sind. Alle müssen sterben. Keines Menschen Glück währt ewig. Niemand ist frei von Schwäche, frei von Versuchung, frei von Schuld. Die tiefste Armut ist die Sünde. Sie führt fort von Gott; sie führt fort von den anderen Menschen; sie entfremdet den Sünder seiner selbst; sie zerstört das Leben, die Gesundheit, die Freude. Von der Sünde aber ist kein Mensch frei. Deshalb ist jeder Mensch ein betrogener Betrüger, jeder Opfer und Täter zugleich, jeder hin und her gerissen zwischen seinem Willen, für sich und die Seinen das Beste aus dem Leben zu machen, und dem immer wieder verdrängten Wissen, das Leben doch nicht in der eigenen Hand zu haben. Im Römerbrief schreibt Paulus: Alle Menschen, ob Juden oder Heiden, „ermangeln der Herrlichkeit Gottes" (Röm 3,23). Sie sind Ebenbild Gottes (Gen 1,26f). Aber sie leben nicht danach. Sie erkennen einander – immer wieder – in dieser ihrer gottgewollten Herrlichkeit nicht an. Sie verunstalten das Antlitz ihres Nächsten – und machen ihr eigenes Gesicht zur Fratze, wenn sie auf Kosten anderer leben.

Diese Armut einzugestehen, ist nicht leicht. Sie fällt den Erfolgsmenschen besonders schwer. Dass Armut keine Schande ist, sondern Not – das einzusehen und zu akzeptieren, fällt niemandem leicht, auch den Armen nicht. Besonders schwer fällt es den Theologen: Auf diejenigen – verbal – einzuprügeln, die am Boden liegen, und in ihrem Fall die gerechte Strafe des heiligen Gottes zu sehen – das scheint leicht und wird noch und noch praktiziert, aber ist der pure Zynismus und der glatte Widerspruch zur Praxis Jesu. Wenn Paulus von der Armut der Sünder spricht, dann sieht er – wie Jesus – nicht nur die Schuld und Schande, sondern mehr noch die Not der Übeltäter. Ihre Situation ist aussichtslos – aus eigener Schuld. Aber ist ihr Versagen die letzte Instanz?

Die entscheidende Frage lautet, ob die Armen immer ärmer werden, oder ob ihnen wirksam geholfen werden kann, so dass ihre Armut aufhört. Mit ein paar milden Gaben ist es nicht getan, wenn die Armut so zum Himmel schreit, wie Jesus und Paulus es gehört haben. Keine Evolution kann mehr helfen, eine Revolution muss her: die Revolution der Liebe.

Davon handelt das Evangelium. „Das Törichte in der Welt hat Gott erwählt, ... das Schwache ..., das Geringe und Verachtete, ..., das, was nichts ist" (1Kor 1,27f) – so hatte Paulus den Korinthern ihre eigene Geschichte verdeutlicht, die Geschichte ihrer Gemeinde, die Geschichte der Kirche. An ihrem eigenen Leibe und ihrem eigenen Glauben können sie die törichte Weisheit des Kreuzes erkennen, an der alle Hoffnung hängt.

Darauf kommt Paulus in 2Kor 8,9 zurück. Hier sagt er nicht nur, *dass,* sondern auch *wie* Gott sich der Armen annimmt, so dass sie reich werden: „durch seine Armut" – dadurch, dass Jesus „ihretwegen" auf seinen Reichtum verzichtet hat. Es geht nicht um einen Ausgleich. Es geht um Anteilnahme. Die Kirchenväter sprachen von einem „heiligen Geschäft", bei dem es nicht auf Soll und Haben ankommt, sondern nur auf die Überfülle der Gnade, die alle Schuld mehr als ausgleicht; Luther hat vom „fröhlichen Wechsel" gesprochen, einem wunderbaren Rollentausch: Jesus tritt an die Stelle der Armen, damit die Armen von seinem Reichtum profitieren. Jesus hat das Leben der Armen geteilt. In Jesus hat Gott selbst das Leben der Armen geteilt und es dadurch unbedingt angenommen.

2Kor 8,9 macht in einer österlichen Glaubensformel das Leben Jesu kenntlich. Das Christusbekenntnis erinnert an einen wesentlichen Zug des Dienstes Jesu: seine Armut aus Freiheit und Liebe. Es kann im Licht des Osterglaubens deutlicher, als es vorösterlich erkennbar gewesen wäre, zeigen, was diese Armut bedeutet: dass sie um der Menschen willen geschah und dass sie die Armen reich gemacht hat – unendlich weit über ihre Erwartungen hinaus.

(2) Gehorsam bis zum Tod – über alles erhöht (Phil 2,6–11)

Im Philipperbrief, den Paulus in Todesgefahr aus dem Gefängnis schreibt, zitiert der Apostel ein Christuslied, das in der ersten Strophe den Abstieg des Gottessohnes vom Himmel auf die Erde besingt (Phil 2,6ff), in der zweiten aber seinen Aufstieg zum Thron Gottes (Phil 2,9ff)[121]:

6Der in Gottes Gestalt war,
er hielt es nicht für Raub, Gott gleich zu sein.
7Entäußert hat er sich,
  und angenommen hat er Knechtsgestalt
  und ist den Menschen gleich geworden.
Im Ausdruck als ein Mensch erfunden,
  8hat er sich selbst erniedrigt,
  gehorchte bis zum Tode,
    bis zum Tod am Kreuz.
9Deshalb hat ihn Gott ganz hoch erhöht
und den Namen ihm geschenkt, der über allen Namen ist,
10damit im Namen Jesu jedes Knie sich beuge,
  der Himmlischen und Irdischen und Unterirdischen
11und jede Zunge rufe:
Herr ist Jesus Christus – zur Ehre Gottes, des Vaters.

Es handelt sich um einen der ältesten Versuche überhaupt, den ganzen Heilsweg Jesu von Gott zu den Menschen und aus dem Tod über alle Höhen in die Herrlichkeit Gottes zu beschreiben. Umso wichtiger ist die Frage, ob der Hymnus Jesus gerecht wird.

Die Schwierigkeit besteht darin, das wahre Menschsein Jesu zur Sprache zu bringen, ohne die Göttlichkeit des Sohnes zu tangieren, und die Präexistenz des Messias auszusagen, ohne seinen Tod zu relativieren. Die Aufgabe besteht aber auch darin, nicht nur dogmatische Begriffe auszutarieren, sondern die Geschichte Jesu zu vergegenwärtigen. Das Lied sucht noch nach passenden Worten, aber es findet bereits Begriffe, die Schule gemacht haben: Gottgleichheit, Entäußerung (Kenosis) und Erniedrigung gehören dazu. Die Begriffe stammen aus dem griechischsprachigen Judentum, das die Theologie der Bibel in der Konfrontation und im Dialog mit der hellenistischen Philosophie bewähren und entwickeln musste.

Das theologische Koordinatensystem des Hymnus ist biblisch und jesuanisch: „Wer sich selbst erniedrigt, wird erhöht werden" (Lk 14,11 par. Mt 23,12). Denn wer sich selbst erniedrigt, lebt Gott und dem Nächsten zu Gefallen und wird deshalb von Gott nicht fallen gelassen, sondern zu höchsten Ehren gebracht. Die Dimensionen, in denen Jesus Christus diesen Satz bewahrheitet, sprengen aber alle bekannten Vorstellungen. Um von diesen Dimensionen eine Ahnung zu vermitteln, scheut das Christuslied die Berührung mit griechischen Mythen nicht, die von Göttern in Menschengestalt und vergöttlichten Menschen handeln.[122] So erzählt Plutarch in seiner Romulus-Biographie, der Ahnherr Roms sei von den Göttern geschickt, die Stadt zu gründen, und dann zurück in den Himmel gekehrt, um dort für das römische Volk zu sorgen (VitRom 27f). Solche Mythen erweitern den Horizont, von Christus zu sprechen. Freilich bleibt der Unterschied zur Jesusgeschichte fundamental: Jesus hat sich nicht nur als Mensch dargestellt, er ist Mensch geworden; deshalb ist seine Erhöhung keine Apotheose, sondern Auferweckung aus den Toten und Teilhabe an der Herrlichkeit Gottes, des Vaters.

Knechtsgestalt

Ein Mittel, diese Christologie zum Ausdruck zu bringen, ist der scharfe Kontrast. „Der in Gottes Gestalt war, ... nahm Knechtsgestalt an". Im Deutschen könnte man auf die Idee kommen, es sei nur von einem Kleiderwechsel die Rede. Aber im griechischen Original wird der Sinn klar. Die „Gestalt" (lateinisch: *forma*) ist die Erscheinungsform, in der sich der Status, die Rolle, das Wesen einer Person ausprägt. Der „in Gottes Gestalt war", ist mithin nicht nur Gottes Ebenbild, wie es nach Gen 1,26f jeder Mensch ist, sondern Gott gleich. Er ist vom Gottsein Gottes ganz geprägt. Später wird es auf diesem Niveau heißen: Er ist eines Wesens mit dem Vater. Die christologische Aussage von Phil 2,6 gewinnt dadurch an Profil, dass im Alten Testament (Jes 14,13f; Ez 28,2f) ausdrücklich gesagt wird, kein Mensch, und sei er ein noch so mächtiger König, sei „Gott gleich". Das leugnet der Hymnus in keiner Weise; er setzt es voraus: Jesus ist kein Mensch, der „wie Gott" zu sein beanspruchte; dann würde er nur Adams Schuld (Gen 3,5) ins Unermessliche steigern; vielmehr ist es der Kyrios, den der Vater an seiner Gottheit teilhaben lässt und der als solcher Mensch wird.

Der „Gott gleich" ist, wird „den Menschen gleich". Diese denkbar größte Spannweite misst der Hymnus aus. Dass Jesus „in seiner Erscheinung", seinem Ausdruck nach (lateinisch: in seinem *habitus)* als Mensch erfunden wurde, heißt nicht, dass er nur scheinbar Mensch geworden ist. Vielmehr ist Jesus den anderen Menschen als Mensch erschienen, weil er Mensch ist; seine menschliche Erscheinungsform drückt sein Wesen aus.

Dass er sogar „Knechtsgestalt“ angenommen hat, obgleich man einen menschgewordenen Gottessohn viel eher als König erwartet hätte, sagt, dass er vorbehaltlos die Endlichkeit und Sterblichkeit, die Begrenztheit und die Fesseln eines jeden Menschenlebens auf sich genommen hat. Den sozialen Status eines Sklaven in der Antike darf man bei der Auslegung nicht übersehen. Viele Christen waren Sklaven. Sie hatten kein politisches Bürgerrecht. Sie waren nicht vollkommen rechtlos, aber sie konnten ihre Rechte nicht einklagen. So hat auch Jesus gelebt, so ist er gestorben. Der Tod am Kreuz ist ein Sklaventod.

Abstieg
Um den steilen Abstieg Jesu aus himmlischen Höhen in die Niederungen menschlichen Lebens und damit die Realität seines Menschseins auszudrücken, wählt der Philipperhymnus zwei Verben, die in einem griechischen Gottesdienstlied vollkommen unerwartet kommen und provozierend, geradezu verstörend wirken.

Das erste: Er, der Gottgleiche, „entäußerte“ sich. Das vom Verb abgeleitete Hauptwort *Kenosis* („Entäußerung“) ist vom Philipperhymnus her zu einem Hauptwort der altkirchlichen Christologie geworden, die das wahre Menschsein mit dem wahren Gottsein des Sohnes vermitteln und die Dramatik der Menschenwerdung beschreiben wollte. Das Verb hat aber ursprünglich überhaupt nichts Heiliges an sich. Es ist aus der Medizin bekannt: sich entleeren, ausbluten; es ist im Haushalt geläufig: einen Eimer Wasser ausschütten; es wird auch im sozialen und militärischen Sinn verwendet: ausrauben, ausbeuten. Die Drastik steht jetzt im Interesse der Christologie. Der Präexistente schüttet sein Innerstes aus: seine Göttlichkeit. Er macht von ihr keinen Gebrauch; er gibt sie dran. Er ist und bleibt Gottes Sohn; aber bei seiner Menschwerdung behält er nichts von seiner göttlichen Ehre und Vollmacht zurück, auch nicht im letzten Winkel seines Herzens. Er verzichtet ganz und gar auf sie. Nur so kann sein Menschsein, kann sein Tod ernstgenommen sein.

Das zweite: Er, der Menschgewordene, „erniedrigte“ sich. Das Wort stammt aus der griechischen Psychologie. Es hat einen schlechten Klang. Es bezeichnet den, der „unterwürfig“ ist, den, der unten steht und buckelt, getreten wird und sich alles gefallen lässt. Die Vorstellung, dass einer nicht aus innerer Schwäche, sondern aus innerer Stärke sich klein macht, kommt kaum in den Blick – und kann kaum eine positive Bedeutung haben, wenn der Kampf ums Dasein zählt. Anders hingegen die biblische Sicht des

Menschen, die von der Sicht des einen, des lebendigen und wahren Gottes geprägt ist. Hier gilt nicht die existentielle Unsicherheit, der Hesiod, der altgriechische Dichter-Philosoph, Ausdruck verleiht: „Leicht verleiht Zeus Stärke, leicht beschwert er den Starken; leicht macht er den Glücklichen klein und hebt den Verborgenen empor; leicht auch macht er gerade den Krummen und lässt verwelken den Stolzen" (Werke 5–8). Wo klar ist, dass zwischen Gott und dem Menschen keine Konkurrenz herrscht, beginnt die Freiheit, Gott als Gott anzuerkennen und dem Nächsten zu dienen. Das ist der biblische Ursinn, den Jesus nach dem Philipperhymnus an den Tag gelegt hat. Das ist der eigentliche, der notwendige Sinn dessen, was – so missverständlich und tiefsinnig – „Demut" heißt.[123]

Gehorsam
Der Philipperhymnus bindet beides zusammen, indem er ein drittes Verb einführt: „gehorsam werden". Der Gehorsam Jesu, den Paulus in Röm 5,12–21 ausdrücklich dem Ungehorsam Adams gegenüberstellt, hat Heilsbedeutung. Wie im Deutschen verweist auch im Griechischen das Wort „Gehorsam" auf das „Hören". Jesus, der gehorsam ist, hört auf das Wort Gottes und folgt ihm – auch wenn es gegen seine Vorstellungen geht. Das Gethsemane-Gebet ist der dramatische Moment, an dem Jesus, wie der Hebräerbrief sagt, „durch Leiden den Gehorsam gelernt" hat (Hebr 5,8): „Lass diesen Kelch an mir vorübergehen! Aber nicht, was ich will, sondern was du willst" (Mk 14,36).

Die erste Zeile des Philipperhymnus zeigt die innere Konsequenz dieses Gehorsams. Er, der Messias, „hielt es nicht für Raub, wie Gott zu sein". Das Wort stammt aus der Söldner- und der Gaunersprache. Man kann paraphrasieren: Er „klammerte sich nicht daran", er hielt „nicht gierig daran fest" (Einheitsübersetzung), er „hielt es nicht für ein gefundenes Fressen"; er „sah es nicht als Beute an". In der Exegese wird diskutiert, ob das Sein wie Gott für den Christus etwas sei, was er noch nicht habe und auch nicht erringen wolle[124]. Aber dann würde Jesus durch seine Erhöhung etwas werden, was er vorher noch nicht war. Der Abstieg wäre nicht ganz so groß. Ist das wahrscheinlich? Eher beschreibt das Verb die Fähigkeit, loslassen zu können. Der Kyrios brauchte seine Gottgleichheit nicht zu erringen – deshalb brauchte er sie nicht krampfhaft zu verteidigen. Der es „nicht für Raub hielt, wie Gott zu sein", ist absolut souverän – so sehr, dass er auf all dies verzichten und sich frei zum Gehorsam entscheiden konnte.

Aufstieg

Die beiden Strophen sind durch ein knappes „deshalb" verknüpft. Die freiwillige, gehorsame Selbsterniedrigung Jesu ist der Grund für seine Erhöhung durch Gott. Das entspricht der Grundstruktur des Vierten Liedes vom Gottesknecht – und sprengt doch dessen Dimensionen, weil nach der ersten Strophe klar ist, dass kein anderer als Gottes ewiger Sohn sich selbst erniedrigt hat und „überhöht" wird, wie man das griechische Verb auch übersetzen könnte. Der Name, der ihm geschenkt wird, ist der Name Gottes selbst, der Kyrios-Name (Phil 2,11). Ähnlich wie in 1Kor 15,20–28 die Allmacht Gottes auf die universale Christusherrschaft bezogen wird, ist hier die Verleihung des Kyrios-Namens an den Erhöhten auf seine Anerkennung als Gott durch alle Geschöpfe – Engel und Menschen, Lebende und Tote – ausgerichtet, die aber ihrerseits der Herrschaft Gottes, des Vaters dient.

Das verdeutlicht der Schluss des Hymnus. „Herr ist Jesus Christus" ist das Grundbekenntnis der Christen; „zur Ehre Gottes, des Vaters" ist gleichfalls eine Formel, die aus der neutestamentlichen Liturgie bekannt ist. Die Kombination lässt aufhorchen. Sie bringt die Patrozentrik ins Spiel, ohne die man von Jesus nichts verstehen könnte. Fraglich ist der Bezug. Geht es um das Bekenntnis? Dann wäre das Christus-Credo eines, das zur größeren Ehre Gottes getrieben würde. Oder geht es um den Kyrios Jesus selbst? Dann wäre seine Herrschaft auf die Ehre des Vaters ausgerichtet. Das hat zahlreiche Entsprechungen in der Theologie des Apostels Paulus (vgl. 1Kor 3,23; 15,27f; Röm 6,10; 15,3.7). Es nimmt vor allem ein, wenn nicht *das* Grundanliegen Jesu auf. Er verkündet die Herrschaft *Gottes,* er bittet um die Heiligung des Namens des Vaters und die Erfüllung *seines Willens* (Lk 11,1–4 par. Mt 6,9–13). „Ich ehre meinen Vater", sagt Jesus nach dem Johannesevangelium (Joh 8,49). Phil 2,11 hält fest: Dies galt nicht nur für den Irdischen, es gilt ebenso für den Erhöhten.

(3) „… dem Fleisch nach getötet, dem Geist nach lebendig gemacht" (1Petr 3,18)

Eine ausdrucksstarke Variante des christologischen Grundschemas von Erniedrigung und Erhöhung bietet der Erste Petrusbrief in einem Passus, der den bedrängten Christen nahelegt, jederzeit selbstbewusst, aber ohne Besserwisserei „jedem Rechenschaft abzulegen", der sie „nach dem Grund der Hoffnung fragt", die sie haben (1Petr 3,15f), und nicht verschreckt zu sein, wenn sie den

Preis des Leidens zu bezahlen haben (1Petr 3,17). Mithilfe der traditionellen Formel wird dreierlei deutlich: weshalb, wie und was sie, auch im Leiden, antworten sollen (1Petr 3,18):

> Christus hat ein für allemal gelitten,
> als Gerechter für Ungerechte,
> damit er euch zu Gott führe;
> getötet im Fleische,
> ist er im Geist lebendig geworden.

Die ersten Zeilen verbinden verschiedene traditionelle Motive zu einem stimmigen Ganzen: das Für des Leidens und Sterbens Jesu, seine Gerechtigkeit (die gerade im Ersten Petrusbrief als die des leidenden Gottesknechtes zu erkennen ist), die Theozentrik seines Heilshandelns, das „Ein für allemal" seines Heilswirkens (Röm 6,10; Hebr 7,27; 9,12; 10,10). All dies entspricht der Reflexionshöhe neutestamentlicher, paulinisch gestimmter Theologie und greift genauso tief in die Verkündigung und Sendung Jesu zurück wie die Parallelstellen. Im Ersten Petrusbrief wird besonders deutlich, dass die menschliche Haltung, die Jesus im Leiden einnimmt (1Petr 2,22–25), Teil seiner Heilssendung ist. Deshalb steht die Soteriologie des Todes Jesu in einem inneren Verhältnis zur *imitatio Christi,* so wie die Nachfolge Jesu die Heilsbedeutung Jesu so thematisiert, dass auch Nachahmung geschehen kann.

Besondere Aufmerksamkeit findet diese Kurzformel der Soteriologie dadurch, dass sie mit einer Kontrastformel (der beiden letzten Zeilen) verknüpft ist. Tot und wieder lebendig: das lässt sich nur von Jesus Christus sagen. Der Gegensatz zwischen „Fleisch" und „Geist", den auch Röm 1,3f christologisch auswertet, ist hier auf den ersten Blick etwas missverständlich mit Jesu Tod und Auferstehung verknüpft. Es ist nicht gemeint, dass die tödliche Fleischeshülle dem unsterblichen Geist Jesu gegenüberstände; das wäre Doketismus. 1Petr 3,18 verwendet jeweils den Dativ; am leichtesten ist zu deuten, dass damit der Ort gemeint ist. Jesu Tod vollzieht sich in der Sphäre des Fleisches; nach biblischer Soteriologie ist der ganze Mensch Fleisch, das Fleisch aber umfasst den Aspekt des Todes, des Leidens, der Endlichkeit. Dass Jesus „im Fleisch" stirbt, setzt voraus, dass er „Fleisch angenommen hat", wie Hebr 2,14 es ausdrückt, oder „Fleisch geworden" ist, wie Joh 1,14 sagt; gemeint ist aber auch, dass er sich bis zur Konsequenz des Todes auf das „fleischliche", sinnliche, der Vergänglichkeit unterworfene Leben der Menschen eingelassen hat, wie Röm 8,3 formuliert.

Der Geist ist nicht das Bewusstsein Jesu, sondern der Heilige Geist, der lebendig macht, auch den getöteten Jesus. Röm 1,3f, wonach Jesus „gemäß dem Geist der Heiligkeit" auferweckt ist, trifft eine Wesenssaussage über den Sohn Gottes, die den Unterschied zwischen Christus und dem Pneuma wahrt; 1Petr 3,18 bezeichnet mit dem Geist den Ort der Auferweckung, zielt also auf die Erhöhung.

Phil 2,6–11 „erzählt" den Weg des Abstiegs und Aufstiegs Jesu von Gott auf die Erde und wieder über alle Himmel zu Gott; die Soteriologie bleibt implizit. 2Kor 8,9 und 1Petr 3,18 betonen die Gegensätze von Armut und Reichtum, Tod und Leben; beide sind explizit soteriologisch, wie das „Für" anzeigt. In allen Fällen ist das Menschsein – als Armut, als Gehorsam, als Fleischlichkeit und Sterblichkeit verstanden – nicht nur ein Durchgangsstadium, das mit der nächsten Station des Heilsweges, der Auferstehung und Erhöhung, in Vergessenheit geraten könnte, sondern bleibender, unaufgebbarer und unhintergehbarer Bestandteil des Christusgeschehens, das zur Erlösung führt.

g) Der eine Gott – der eine Herr

Für das Christentum gilt das Hauptgebot (Dtn 6,4f) – wie es für Jesus gilt (Mk 12,28–34). Wie aber das Bekenntnis zu Gott nach jesuanischem Verständnis, das die Christologie expliziert, das Bekenntnis zu Jesus Christus umfasst, so dient das Bekenntnis zu Jesus Christus der größeren Ehre Gottes. Wie eng die Beziehung ist, wird in den Glaubensbekenntnissen deutlich, die Gottes Einheit mit der Einzigkeit des Kyrios, des Heilsmittlers Jesus Christus verknüpfen. Dadurch wird geklärt, was von Anfang an in Jesus Basileia-Verkündigung angelegt ist und nach allen Evangelien der eigentliche Grund der Verurteilung Jesu ist: der Anspruch, Gottes Sohn zu sein, wird als Verstoß gegen das Erste Gebot interpretiert; wie verfehlt dieser Vorwurf ist, zeigt nicht nur die synoptische wie die johanneische Jesustradition, sondern auch das urchristliche Bekenntnis.[125]

(1) Ein Gott – ein Herr (1Kor 8,6)

Im Ersten Korintherbrief muss Paulus ein – damals – sehr wichtiges Problem lösen, wie sich die Christen in einer Welt der Verehrung vieler Götter zu verhalten haben: Müssen sie den Kontakt zu allen „Götzendienern" abbrechen? Müssen sie irgendwie doch mit den alten Göttern rechnen? Paulus ist ein theologischer Aufklärer. Er leugnet nicht, dass viele Götter und Herren verehrt werden. Aber er schaut hinter die Kulissen – wie es das Judentum und auf andere Weise die griechische Philosophie auch getan haben: Es handelt sich um *sogenannte* Götter. Sie haben keine eigene Realität. Sie sind Einbildungen. Aber als solche können sie Gewalt über die Herzen und Hirne der Menschen erringen. Deshalb muss Klarheit herrschen. Es ist die Klarheit des biblischen Monotheismus (1Kor 8,6f):

> Mag es auch sogenannte Götter geben im Himmel und auf Erden,
> wie ja viele solche Götter und Herren sind,
> gilt doch uns:
> Einer ist Gott: der Vater, von dem alle und auf den hin wir sind;
> einer ist Herr: Jesus Christus, durch den alle und durch den wir sind.

„Einer ist Gott“. Mitten in der Christologie bringt der Apostel die Theozentrik Israels zur Geltung. „Höre, Israel, der Herr, dein Gott, ist Einer“ – so heißt es im Hauptgebot Israels (Dtn 6,4f). Jesus hat es auf die Frage eines Schriftgelehrten nach dem größten Gebot von allen zitiert und mit dem Gebot der Nächstenliebe (Lev 19,18) verbunden (Mk 12,28–34 parr.). Die Heiligung des Gottesnamens ist Jesus das größte Anliegen; wenn sie das Vaterunser beten, machen es sich Christinnen und Christen zu eigen (Lk 11,1–4 par Mt 6,9–13). In der Steuerfrage erteilt Jesus jedem religiösen Fundamentalismus und jeder religiösen Überhöhung der Politik eine Absage: „Gebt dem Kaiser, was des Kaisers, und Gott, was Gottes ist“ (Mk 12,13–17 parr.). Solange die (judenchristliche) Mission im Rahmen des Judentums blieb, konnte sie die elementare Voraussetzung des Hauptgebotes machen – und hatte allerdings die Aufgabe, den einzig-einen Gott als den Vater Jesu zu verkünden. Die Konsequenzen macht Paulus im Römerbrief deutlich: „Ist Gott etwa nur der Gott der Juden? Nicht auch der Heiden? Ja, auch der Heiden. Denn er ist der eine Gott, der die Beschnittenen aus dem Glauben und die Unbeschnittenen aus dem Glauben rechtfertigt“ (Röm 3,29f). Paulus ist sich sicher: Dieser Gedanke ist nicht neu; er ist die Konsequenz der Abrahamsverheißung und deshalb die Konsequenz der Gottesverkündigung Jesu.

In der Heidenmission muss das jüdische Glaubenswissen rekapituliert werden. 1Kor 8,6 führt – ganz mit der Bibel Israels – aus: Gott ist der Schöpfer und Erlöser; er ist der Ursprung allen Lebens und das Ziel allen Heiles. Auch darin befindet sich der Vers in vollkommener Übereinstimmung mit Jesus, dessen Gleichnisse die Natur und die Geschichte von Menschen, die Gott ins Leben gerufen hat, auf die Gottesherrschaft beziehen.

Freilich verknüpft Paulus das Grundbekenntnis Israels mit dem Grundbekenntnis der Kirche: „Ein Gott … ein Herr". Die Glaubensformel 1Kor 8,6 beschreibt eine Einheit, keine Addition. Das Hauptgebot wird nicht ergänzt, sondern interpretiert.[126] Dtn 6,4 spricht vom einen Gott und einen Herrn – wie 1Kor 8,6. Nur differenziert die urchristliche Glaubensformel zwischen dem Vater und dem Sohn. Sie trennt nicht, sondern unterscheidet, sie modifiziert nicht, sondern interpretiert. Der Kyrios Jesus Christus ist der Schöpfungsmittler, und er ist der Versöhner, der die Menschen in seine Gemeinschaft mit dem Vater hineinnimmt. Er ist kein zweiter Gott; Gott, der Herr ist der Eine, Vater und Sohn. Die Christologie ist in die Patrozentrik Jesu Christi einbezogen. „Durch ihn" sind „alle" und „wir"; damit ist nicht nur die Existenz und Rettung der Glaubenden beschrieben, sondern die Schöpfungs- und Erlösungsmittlerschaft des Gottessohnes. Sie versteht sich unter dem Vorzeichen der patrozentrischen Zeile: Das doppelte „durch" der zweiten Zeile ist auf das „von … her" und „auf … hin" der ersten bezogen; das „Herrsein Jesu Christi entspricht dem Gottsein Gottes und dient der Herrschaft des Vaters.

Diese explizite Christologie ist eine Frucht des Osterglaubens. Aber sie hat vorösterliche Anknüpfungspunkte: nicht nur, wo Jesus als „Kyrios" angeredet wird (was noch nicht den Klang der Ostermelodie haben kann), sondern überall dort, wo Jesus als Heiland, als Mittler der Gottesherrschaft, als Retter der Verlorenen verkündet wird.

(2) Ein Gott – ein Mittler (1Tim 2,5f)

Zur paulinischen Geistesfreiheit, wie sie in den Pastoralbriefen genutzt wird, gehört in der Zurückweisung der „Gnosis", die mit allerlei metaphysischen Störungselementen in der Beziehung zwischen Gott und den Menschen rechnet, eine Klarstellung im Sinne von 1Kor 8,6. Wie es nur einen Gott gibt, so auch nur einen Mittler; und dieser Mittler ist nicht unbekannt: Es ist der Mensch Jesus von Nazareth, der Messias, der Christus (1Tim 2,5f):

> 5 Einer ist Gott,
> einer ist Mittler zwischen Gott und den Menschen:
> der Mensch Christus Jesus,
> 6 der sich selbst als Lösegeld für alle hingegeben hat,
> ein Zeugnis zur rechten Zeit.

„Mittler“ meint in 1Tim 2,5f weder den „Schiedsrichter“ noch den „Bürgen“, sondern den „Mittelsmann“ im Sinne des Mediators und Fürsprechers, mehr noch des Friedensemissärs. Jesus Christus ist einerseits der Sachwalter Gottes bei den Menschen, indem er dem Evangelium Gehör verschafft; andererseits ist er der Sachwalter der Menschen bei Gott, dem Vater, indem er ganz für ihr ewiges Leben da ist, ihre Schwächen ausgleicht, ihre Stärken überhöht, ihre Verhärtungen aufweicht und ihre Weichlichkeit abhärtet. Der Nachsatz zeigt, wie ernst es diesem Mittler mit seiner Friedensmission ist: Das volle Gewicht der Heilsbedeutung des stellvertretenden Sühnetodes Jesu schlägt in der Aussage der Heilsmittlerschaft Jesu durch. Ganz nahe liegt die Erinnerung an Mk 10,45: „Der Menschensohn ist nicht gekommen, bedient zu werden, sondern zu dienen und sein Leben zu geben als Lösegeld für viele.“

Gott, der Vater, verwirklicht sein Heil nicht deshalb durch einen Mittler, weil er so unendlich transzendent wäre, dass er nicht unmittelbar in die Welt eingreifen könnte, sondern um inmitten seiner Schöpfung, das heißt aber auch: inmitten der menschlichen Leidens- und Schuldgeschichte sein Heil ins Werk zu setzen. Deshalb ist das Menschsein Jesu betont. Die Präexistenz, die Kyrios-Würde, die Auferweckung und Erhöhung Jesu sind vorausgesetzt. Christus – Messias – ist als Hoheitstitel gebraucht. Entscheidend ist, dass Gott seine „Menschenliebe“ (Tit 3,4) durch den „Menschen“ Jesus schenkt, der den Tod nicht gescheut hat.

Dass es nur den einen Gott und nur den einen Mittler gibt, kommt der Neuzeit oft als Intoleranz und Totalitarismus vor. Wer sich in Kulturen auskennt, die vom Glauben an viele Götter geprägt sind, weiß, dass das Gegenteil der Fall ist. Wo der Monotheismus Platz greift, hört die Unsicherheit auf, durch die Ehre, die einer Gottheit erwiesen wird, den Neid der anderen zu erregen. Der Himmel klart auf. Die Verhältnisse werden eindeutig. Freiheit entsteht – Freiheit durch Wahrheit.

Von dem so gesprochen wird, ist – nachösterlich erhellt – unverkennbar Jesus: Jesus, der Befreier; Jesus, der Friedensstifter; Jesus, der Retter. Wie sehr er in dieser Christologie kenntlich bleibt, zeigt eine weiter entwickelte Variante der Formel, die Ignatius überliefert: „Einer ist Arzt, Fleisch und Geist, geboren und ungeboren, Fleisch gewordener Gott, im Tode wahres Leben, aus Maria und aus Gott, leidend erst, dann ohne Leid: Jesus Christus, unser Herr“ (Eph 7,2).

h) Fleischwerdung

Das Menschsein Jesu kann nicht umfassend gewürdigt werden, ohne dass seine Menschwerdung im Blick steht – jedenfalls dann, wenn der Glaube an die Präexistenz Jesu zum Durchbruch gelangt ist. Im Neuen Testament geschieht dies vielfältig und mit unterschiedlichen Akzenten. Der Philipperhymnus spricht von der Kenosis, der Römerbrief von der Sendung in die Gestalt des von der Sünde beherrschten Fleisches (Röm 8,3). Zweimal wird die Fleischwerdung in traditionellen Zeugnissen des neutestamentlichen Christusglaubens zum zentralen Gegenstand des Bekenntnisses.

(1) Offenbart im Fleisch (1Tim 3,16)

Die Pastoralbriefe wollen das Leben der Kirche auf einen festen dogmatischen Glauben gründen. Dazu muss das „Geheimnis des Glaubens" verständlich und verbindlich zur Sprache kommen. 1Tim 3,16 ist ein christologisches Stenogramm, das als Credo im Gottesdienst und als Kompakt-Katechismus gute Dienste tut:

> Das Geheimnis des Glaubens ist groß:
> Er wurde offenbart im Fleisch,
> gerechtfertigt im Geist,
> geschaut von den Engeln,
> verkündet bei den Völkern,
> geglaubt in der Welt,
> aufgenommen in Herrlichkeit.

Auf den ersten Blick wirken die Verse etwas unübersichtlich. Denn sie rekapitulieren nicht den Ablauf der Geschichte, sondern zeigen in immer neuen Hinsichten Gegensätze auf. Einerseits werden Sphären einander gegenübergestellt: Fleisch und Geist; Engel und Menschenvölker; Welt und himmlische Herrlichkeit. Andererseits werden diese Gegensätze überlagert durch die Spannung zwischen dem Handeln Gottes und dem seiner Geschöpfe, der Menschen wie der Engel. Gott, der Vater, „offenbart", „rechtfertigt", „nimmt auf"; die Engel schauen, die Menschen verkünden und glauben. Entscheidend ist das Handeln Gottes an Jesus auf Erden und im Himmel, das in den drei Rahmenversen besprochen wird: Die Engel und die Menschen antworten; der himmlischen Schau entspricht das irdische Reden und Hören, das zum Glauben führt. Widerstände gegen Jesus sind ausgeblendet. Alles ist auf Gott und die Gnadenwirkung seines Handelns abgestellt.

Dies ist im ersten Gegensatzpaar begründet. Es enthält bereits alles, was über Gott und Jesus zu sagen ist. Die Offenbarung „im Fleisch“ setzt die Präexistenz des Gottessohnes voraus und meint seine Inkarnation (vgl. Joh 1,14). Der Akzent liegt jedoch nicht auf der „Kenosis“ (Phil 2,7f) und der „Armut“ (2Kor 8,9) Jesu, sondern auf dem Entschluss Gottes, Jesus als Mensch aus Fleisch und Blut auftreten zu lassen (vgl. 1Tim 2,5f), um den Menschen ihren Retter zu offenbaren. Das Medium dieser Offenbarung, der Mensch Jesus, ist keine Konzession, die Gott macht, weil er sich sonst den Menschen nicht auf menschliche Weise verständlich machen könnte, sondern Wesensmoment der Offenbarung. Das Medium ist die Botschaft.[127] Die Offenbarung Gottes in Christus ist Selbstoffenbarung.

Die „Rechtfertigung im Geist“ lässt an die „Rechtfertigung“ des leidenden Gottesknechtes nach Jes 53,10f denken. Gott bringt den zu Ehren, den die Menschen verachtet, verworfen und verspottet haben. Er bringt ihn dadurch zu Ehren, dass er die Intention des Gottesknechtes, sein Leid möge den Übeltätern zum Heil gereichen, verwirklicht: „Durch seine Wunden sind wir geheilt“ (Jes 53,5). Das Offenbarungslied vom Christus Jesus schlägt also keinen Bogen um das Kreuz, aber betont nicht die Skandalosität des Sterbens Jesu, sondern den Tod als integralen Bestandteil der heilschaffenden Offenbarung Gottes. Die „Rechtfertigung im Geist“ ist gleichbedeutend mit der „Aufnahme in die Herrlichkeit“: Der Auferstandene und Erhöhte hat in umfassender Weise am Gottsein Gottes Anteil (vgl. Tit 2,13). Der Geist ist die Schöpfer- und Erlösermacht Gottes selbst (vgl. Tit 3,5f).

In 1Tim 3,16 geht es mithin darum, den „im Fleisch geoffenbarten“ als den „in Herrlichkeit aufgenommenen“ Jesus zu bekennen, dem die Kirche ihre Existenz, ihren Glauben und ihre Hoffnung verdankt – und umgekehrt: im Auferstandenen immer neu den „im Fleisch gekommenen“ und „im Geist gerechtfertigten“ Jesus. Auf dieser Linie hat der Brief die Christus-Tradition in seinen Brief eingebaut: Sie verweist auf das Fundament der Kirche und die Quelle der apostolischen Verkündigung. Der „späte“ Pastoralbrief orientiert sich an der frühesten Christologie: der Christologie Jesu selbst, des Gesandten, Gestorbenen und Auferstandenen.

(2) Inkarnation (Joh 1,14)

An den Beginn seines Evangeliums stellt Johannes ein Lied, das wohl aus dem urchristlichen Gottesdienst stammt (1,1–18). Es lobt und preist Gott, dass er den Menschen sein Wort gegeben hat – auf eine so unglaublich intensive Weise, die niemand ernsthaft hätte hoffen dürfen, die aber Jesus verkündet und verkörpert hat:[128]

1 Im Anfang war Er, das Wort,[129]
und das Wort war bei Gott,
und Gott war das Wort.
2 Er war im Anfang bei Gott.

3 Alles ist durch ihn geworden
und ohne ihn ist nichts geworden, was geworden ist.
4 In ihm war das Leben,
und das Leben war das Licht der Menschen.

5 Und das Licht scheint in der Finsternis,
und die Finsternis hat's nicht erfasst.

6 Ein Mensch trat auf, von Gott gesandt, sein Name war Johannes.
7 Er kam zum Zeugnis, um für das Licht Zeugnis abzulegen, damit alle durch ihn glauben sollten. Er war nicht selbst das Licht, sondern um für das Licht Zeugnis abzulegen.

9 Er war das wahre Licht,
das jedem Menschen scheint, der in die Welt gekommen ist.

10 In der Welt war er,
und durch ihn ist sie geworden
und sie hat ihn nicht erkannt.

11 In sein Eigentum ist er gekommen,
und die Seinen nahmen ihn nicht auf.

12 Die ihn aber aufgenommen haben,
ihnen gab er Vollmacht,
Gottes Kind zu werden,
die an seinen Namen glauben,
die nicht aus dem Blut,
nicht aus des Fleisches Willen,
jedoch aus Gott geboren sind.

14 Und das Wort ist Fleisch geworden
und hat unter uns gewohnt,
und wir haben seine Herrlichkeit gesehen,
die Herrlichkeit des Eingeborenen vom Vater,
voll Gnade und voll Wahrheit.

[15]Johannes legt über ihn Zeugnis ab und hat gerufen: Dieser war, von dem ich gesagt habe: Der nach mir kommt, ist mir voraus, denn er war eher als ich.

[16]Denn aus seiner Fülle haben alle wir empfangen Gnade über Gnade.
[17]Denn das Gesetz ist durch Moses gegeben,
die Gnade und die Wahrheit sind durch Jesus Christus geworden.
[18]Keiner hat Gott je gesehen.
Der eingebor'ne Sohn, der im Schoß des Vaters ruht,
hat ihn kundgetan.

Johannes stellt dieses Lied über das Wort Gottes seinem Evangelium voran, um keinen Zweifel zu lassen, welche Geschichte er erzählt, wenn er die Geschichte Jesu erzählt: den Angelpunkt der Geschichte Gottes mit den Menschen. Von Anfang an sollen alle Leser wissen, was sie an Jesus haben: den Sohn Gottes, der ihr Bestes will und unendlich mehr als alles Glück dieser Erde bereitet. Von Anfang an sollen sie wissen, worin sie ihren Glauben gründen, woran sie ihr Herz hängen, wohin sie ihren Verstand lenken, wofür sie ihre Kraft einsetzen sollen: die Selbstoffenbarung Gottes in Jesus Christus.

Gottes Wort

Das Lied geht bis ganz zum Anfang zurück und noch bis vor den Anfang aller Anfänge. „Im Anfang" – noch vor der Genesis – „war das Wort" (1,1); es gehört zum Wesen Gottes, nicht stumm und einsam zu sein, sondern zu reden und Gemeinschaft zu bilden. Gott macht Sinn. Er schafft Leben. Deshalb ist das Leben nicht sinnlos, sondern sinnvoll. Es entspricht dem Wesen Gottes, nicht nur Worte zu machen, sondern „Wort" zu sein: Logos, Vernunft, Verstand, Klarheit, Mitteilung. Gott ist seinem Wesen nach der Schöpfer, der Licht macht in der Finsternis; die Schöpfung ist nicht göttlich, sondern weltlich, aber sie kommt aus dem innersten Herzen und klarsten Verstand, aus dem Wort, dem Wesen Gottes selbst – des Vaters, des Sohnes und des Heiligen Geistes, wie es auf johanneischen Spuren später heißen wird. Nur deshalb ist jene radikale Anteilnahme Gottes an der Welt denkbar, für die Jesus steht.

Allerdings verschweigt das Lied nicht, dass Gottes Wort keineswegs auf allgemeines Gehör stößt. Sobald vom Menschen die Rede ist (1,5), spricht es nicht nur vom Licht, sondern auch von der Finsternis. Das Dunkle kann das Helle nicht überwältigen, aber die Menschen können und werden „die Finsternis mehr lieben als das Licht" (Joh 3,19).

Wie wird Gott reagieren? Die Antwort ist die einzige, die seinem Wesen als Schöpfer entspricht. Gott reagiert nicht, indem er sich den Söhnen der Finsternis entzieht, sondern indem er sich ihnen zuwendet. Obgleich von Jesus die Rede ist? Es könnte auch sein, dass nach der ersten Strophe, die „das Wort", „den Logos", als Mittler der Schöpfung besingt (1,1–5), nun der Mittler der Offenbarung, der Tora (1,17), ins Auge gefasst wird. Das Ergebnis wäre – um Jesu willen – eine positive Theologie der Weisheit und des Gottesvolkes Israel, das inmitten aller Völker gesehen wird. Das „Licht scheint jedem Menschen" (1,9); der Logos „war in der Welt" (1,10) und „kam in sein Eigentum" (1,11). Nur ist die Reaktion wieder ambivalent, innerhalb und außerhalb Israels. Einerseits gilt: „Die Welt erkannte ihn nicht" (1,9) – „Die Seinen nahmen ihn nicht auf" (1,11). Andererseits gab es aber doch diejenigen, die „ihn aufnahmen" und die Kinder Gottes zu werden die Vollmacht erlangen (1,12f).

Wiederum stellt sich die Frage nach der Reaktion Gottes. Und die Antwort gibt das Weihnachtsevangelium. Gott wendet sich nicht ab, er schlägt nicht drein, er vernichtet nicht die Bösen und selektiert die Guten. Er intensiviert auf eine unerwartete, unerhörte, unvordenkliche, schlechterdings nicht mehr zu steigernde Weise seine Zuwendung zu den Menschen: Gottes Wort, Gottes Sohn, der selbst Gott ist, eins mit dem Vater (10,30), er wird „Fleisch".

Er schlüpft nicht in die Rolle eines Menschen. Er spielt nicht Theater. Er macht Ernst. Aber dieser Ernst ist der Grund aller Freude. „Fleisch" ist der Mensch in seiner Menschlichkeit: als Geschöpf, das sterben muss, als Sinnenwesen mit Verstand, als Gotteskind mit Haut und Haar. In Jesus ist Gott Mensch geworden. Johannes zieht diese Linie bis zum Kreuzestod Jesu aus. Joh 1,14 hat eine doppelte Ausrichtung. Einerseits zeigt der Satz, wie wichtig jedes Wort aus dem Munde Jesu ist und bleibt; er „hat Kunde gebracht" von Gott, die gültig ist (Joh 1,18). Andererseits lässt sich am Menschen Jesus – von seiner Geburt an – ablesen, wie gut es Gott mit den Menschen meint: dass er alles für sie gibt und nichts zurückhält von seiner Liebe (Joh 3,16).

Der Glanz Jesu

In Joh 1,14 kommen erstmals diejenigen zu Wort, die das Evangelium geschrieben haben und lesen sollen: „wir" – die Glaubenden, die den Hymnus singen. Sie sind einbezogen in das Heilsgeschehen, ein Teil von ihm. Von den Jüngern Jesu ist die Rede und denen, die wie sie Jesus nachfolgen, also von der Kirche.

Das erste, das von „uns“ gesagt wird: Er „hat unter uns gewohnt“. Am Anfang steht nicht „unser“ Blick auf Jesus, sondern Jesu Leben bei „uns“. Genauer übersetzt, heißt der Satz: „und hat unter uns sein Zelt aufgeschlagen“. Der Blick wandert zurück zum Exodus. Im Stiftszelt, das unter dem Sinai aufgeschlagen ist, „außerhalb des Lagers“, ist Gott gegenwärtig: als Offenbarer; im Stiftszelt kann Moses mit Gott sprechen: „Aug' in Aug'“ (Ex 33,9ff). Jesus, der fleischgewordene Gottessohn, ist der Ort der vollkommenen Anwesenheit Gottes. Der Evangelist wird in seinem Werk diese christologische Offenbarungstheologie präzisieren: Jesu Leib ist der wahre Tempel (2,13–22); durch ihn wird Gott „im Geist und in der Wahrheit angebetet“ (Joh 4,24). Vorausgesetzt ist: Jesus lebt im Haus der Menschen, und in Jesus ist Gott selbst auf Erden gegenwärtig. Die Heimatlosigkeit und Wanderschaft Jesu ist der Ausdruck seines Mitseins mit den Menschen, gerade den Obdachlosen und Unsteten. Jesus teilt die Armut der Armen und gibt den Reichen Gelegenheit, Gutes zu tun. Er setzt auf die Tugend der Gastfreundschaft. Sie ist die Brücke, über die er in die Häuser und dann auch in die Herzen der Menschen gelangt. Weil er frei ist, bindet er sich nicht an Besitz. Weil er frei ist, wohnt er als Mensch unter Menschen auf der Erde.

Das zweite, das von „uns“ gesagt wird: „Wir haben seine Herrlichkeit gesehen“. Bevor noch das Evangelium zu erzählen begonnen worden ist, geschieht bereits ein Rückblick. Die „Herrlichkeit“ bezieht sich nicht schon auf die Auferstehung, sondern erst auf das Leben Jesu. Dieses Leben war eine Offenbarung. Es zeigte Jesu „Herrlichkeit“. Im Evangelium greift Johannes das Stichwort auf und bezieht es vor allem auf Jesu Wunder; sie sind „Zeichen“, die Jesu „Herrlichkeit“ (2,11), die Herrlichkeit Gottes (11,4.40), offenbaren. Damit eröffnet sich ein Zugang zu dem, was Joh 1,14 meint. Jesus war ein begnadeter Wundertäter. Die Religionssoziologen sprechen von einem Charismatiker. Früher hatte die Bibelwissenschaft große Mühe, die Krankenheilungen und Totenerweckungen nicht einfach ins Reich der Legende zu verbannen. Heute erinnern die Volkskunde, die Soziologie und die Geschichtswissenschaft die Theologie an ihre eigenen Texte. Gewiss sind sie stilisiert, gerade bei Johannes. Aber ein harter Kern bleibt. Man muss in der Bibel bis zu Elija und Elischa zurückgehen (1/2Kön), um überhaupt eine größere Zahl von Wundergeschichten zu finden, viel weniger als die Jesu. Und auch beim Blick zu den Griechen und Römern drängen sich nicht gerade die Wunderheiler. Ob es nicht doch so war, dass Jesus „Wunder“ gewirkt hat – nicht in der Durchbrechung der Naturgesetze, sondern im Rahmen der permanent aktiven Schöpfung Gottes?

Worin liegt dann der Glanz dieser Taten, die den Zeitgenossen so wundersam schienen? Jesus wirkt sie nicht, um sich selbst zu beweisen. Die Forderung, ein Zeichen zu seiner Beglaubigung zu wirken, lehnt er strikt ab. Seine Wunder sind Werke der Barmherzigkeit. Jesus hilft, wo keiner helfen kann. Das ist großartig, herrlich, wunderbar, schon hier und jetzt. Und es ist ein Zeichen für all das, was noch kommen wird. Die „Herrlichkeit" Jesu hat mit der Größe seiner Vollmacht zu tun, mit der Faszination seiner Person, mit der Stärke des Eindrucks, den er macht.

Aber der Johannesprolog ist präzis. Er macht die Herrlichkeit Jesu letztlich nicht in der Psychologie, sondern der Theologie fest. Die Herrlichkeit Jesu ist die des „Eingeborenen", des einzigen, über alles geliebten Sohnes des Vaters. „Zeichen" können Jesu Wunder nur deshalb sein. Sie bedeuten wirklich etwas: Sie zeigen an kleinen Aktionen, worauf Gott mit seiner ganzen Macht und Liebe aus ist: das ewige Leben derer, die schwach sind, krank und elend, und sterben müssen und nicht im Tode bleiben sollen. Diese Herrlichkeit zu sehen, ist ein Glück. Es ist das Glück des Glaubens.

Die Fülle der Gnade

Der Johannesprolog belässt es nicht bei der Bewunderung: „Wir haben seine Herrlichkeit gesehen" (Joh 1,14). Er gibt auch der Dankbarkeit Ausdruck: „Wir haben Gnade empfangen" (Joh 1,16). Wo und wie geschieht dies?

„Gnade" ist ein abstraktes Wort. Paulus liebt es. Gnade hat im Griechischen mit „Dank" zu tun. Gnade ist, wofür man danken kann, weil man es nicht verdient hat und im Grunde nicht erwarten durfte. Das gilt sicher für Jesu Tod und Auferstehung. Dass Jesus für uns gestorben und auferstanden ist, das ist Gnade pur. Paulus hat seine ganze Theologie des Kreuzes und der Auferstehung, seine Theologie der Rechtfertigung und Rettung darauf abgestellt. Niemand darf erwarten, dass einer für ihn stirbt; niemand darf damit rechnen, dass der Tod nicht das letzte Wort hat. Wenn es aber wahr sein soll, dass im Tode Jesu das Leben neu begründet wird und dass Jesu Auferstehung das Unterpfand der allgemeinen Auferstehung ist, deren Vorgeschmack schon jetzt gespürt werden kann, dann wird Gnade konkret.

Freilich: Jesu Tod und Auferweckung sind beim Logoslied zwar vorausgesetzt. Aber die dritte Strophe (Joh 1,14–18) bleibt beim

Erdenleben, das im österlichen Glanze neu erstrahlt. Es ist der Irdische, der Gnade spendet. Der Johannesprolog ist nicht nur ein Vorspiel im Himmel. Er spielt auch auf der Erde. Woran soll man denken?

Die Evangelien sind zurückhaltend in der Verwendung des theologischen Hauptwortes „Gnade". Das beste Beispiel liefert das Gleichnis vom Pharisäer und Zöllner: „Gott, sei mir Sünder gnädig", so betet, der es „nicht einmal wagt, seine Augen zum Himmel zu erheben" (Lk 18,13) – und von dem Jesus sagt: „Dieser ging gerechtfertigt nach Hause" (Lk 18,14). Wer dafür dankt, „Gnade über Gnade empfangen" zu haben, bekennt gleichzeitig, in keiner besseren Lage zu sein als der Zöllner, der reuige Sünder im Tempel. Zu erkennen und zu bejahen, auf „Gnade" angewiesen zu sein, ist nicht eben leicht. Aber es ist heilsam. Jesus löst die Menschen aus der Fessel, sich selbst und das Leben anderer rechtfertigen zu müssen. Das Leben ist Geschenk, es ist Gnade. Dafür steht Jesus.

In seinem Leben ist nicht nur an seine Wundertaten zu denken, die seine Herrlichkeit offenbaren und einen Glanz auf die Menschen fallen lassen, den sie selbst nicht ausstrahlen. Zu denken ist an Jesu Wort – an die Vergebung der Sünden, an den Zuspruch des Glaubens, an die Seligpreisungen, an das Geschenk des Vaterunsers. Im Johannesevangelium ist vor allem an Jesus offene und freie Rede zu denken, in denen er seinen Zuhörern, Juden wie Samaritern, ganz neue Seiten Gottes zu erkennen gibt, die alle mit ihm selbst zu tun haben, dem fleischgewordenen Gottessohn, der Liebe Gottes in Person.

Der Stil des Verses gibt einen wichtigen Fingerzeig, wie das zu verstehen ist: „Alle" ist ein Stichwort, „Fülle" ein anderes, „über und über" das Leitmotiv. Es geht um schlechterdings nicht mehr zu steigernden Überfluss. Die „Gnade", für die zu danken ist, gleicht nicht nur, mehr oder weniger mühsam, Mängel aus, sie lindert nicht nur Not; sie ist der größte Luxus. Sie schafft Überfluss. Denn sie gibt Anteil am überquellenden Reichtum des Lebens Gottes selbst.

Das anzudeuten, ist ein Merkmal gerade der johanneischen Wundergeschichten. 600 Liter besten Weines in Kana – das wird die größte Hochzeitsgesellschaft nie und nimmer austrinken können (Joh 2,6). 5000 Männer mit ihren Familien, die keinerlei Not leiden, werden von Jesus aus freien Stücken gespeist, und noch 12 Körbe mit Brot bleiben übrig: Brot genug für alle Zeit, für alles Volk (Joh 6,13). Die Samariterin bittet Jesus um Wasser – und am Ende ahnt sie, dass er ihr das lebendige Wasser schenkt, das ihren Durst nach Erlösung auf immer und ewig zu stillen vermag (Joh 4). Nikodemus fragt vorsichtig, ob er bei seiner Suche nach dem Sinn des Lebens auf Jesus, den Wundertäter, bauen kann, und lernt ihn als den Schöpfer des ewigen Lebens kennen, der ihn wie neu geboren sein lässt (Joh 3).

Das einzige Gesetz, das Gott in seinem Heilshandeln gelten lässt, ist das des Überflusses. Bei den Synoptikern handeln davon die Gleichnisse Jesu vom Sämann und vom kleinen Senfkorn Hoffnung (Mk 4,3–9.30–32). Noch die Brocken, die vom Tisch der Kinder Gottes fallen, wenn sie gespeist werden, sind mehr als genug für alle „Heidenkinder"; davon überzeugt die Syrophönizierin Jesus, da sie um die Gesundheit ihrer kranken Tochter kämpft (Mk 7,24–30 par. Mt 15,121–28). Bei Gott herrscht nicht die Verteilungsgerechtigkeit, die den Mangel verwaltet, sondern die Gerechtigkeit der Liebe, die aus dem Vollen schöpft.

Die Quelle ist der Überfluss, der Jesus selbst von seinem Ursprung her innewohnt. Das ausdrücklich zu sagen, ist die Leistung des Johannesprologs. Jesu Anteil an der Lebenskraft Gottes ist nicht knapp bemessen, er ist vollkommen. Er ist die Fülle der Gnade schlechthin. Sie lässt sich nicht steigern und nicht mindern. Indem Jesus sie austeilt, wird sie nicht weniger und nicht mehr. Sie kommt nur zur Wirkung. Das – im Licht der Auferstehung – vom Irdischen zu sagen, von Jesus aus Nazareth, ist der Inbegriff neutestamentlicher Christologie.

IV. Weiterführung

Verdrängt die Christologie gleich am Anfang Jesus von der Bildfläche? Oder bringt sie das Menschsein Jesu zur Geltung? Die Frage berührt nicht nur das Problem der Orthodoxie und der Glaubwürdigkeit des Christentums. Sie wirft auch das Problem der Humanität auf. Welches Menschenbild ist der Christologie eingeschrieben? Wie human ist sie?

Die Antwort auf beide Fragen ist umstritten. Die Geschichte der Menschenrechte ist ohne die Geschichte der Christologie nicht zu denken, aber doch auch nicht ohne die Rebellion gegen die Kirche, die sich allzu lange gegen die neuzeitliche Freiheitsbewegung stemmte und dann in Teilen meinte, ihr durch Abstriche an der Christologie Tribut leisten zu müssen. Die Geschichte der Christologie ist ein Streit um das wahre Menschsein des Menschen und um das wahre Gottsein Gottes.

Christologie und Anthropologie kommen im Schöpfungs- und Erlösungsglauben zusammen. Alles kulminiert im Auferstehungsglauben. Wird der Mensch als Geschöpf Gottes gesehen? Wird geglaubt, dass er eine Seele hat? Gilt die Gottesliebe als reine Wahrheit oder als reine Illusion? Ist das Unheil nur Verhängnis, ist es nur bösen Schein, oder ist es Schuld, die belastet und verantwortet werden muss? Ist Vergebung denkbar, die das Leid nicht geringschätzt, sondern den Opfern zu ihrem Recht verhilft? Ist die Liebe stärker als der Tod? Fällt ein Sterbender ins Nichts? Wird er ins Rad der Wiedergeburt gezwungen? Oder tritt er ein in den Hochzeitssaal des himmlischen Bräutigams? Wie diese Fragen beantwortet werden, hat enorme Konsequenzen. Sie zeigen sich in den Diskussionen über den Beginn und das Ende des Lebens, über Abtreibung und Sterbehilfe, aber auch über Sozial- und Bildungspolitik, über Religions- und Willensfreiheit.

Die Position der Kirche wird meist nur als Beitrag zur Ethik wahrgenommnen, ihre Ethik meist als Wald von Verbotsschildern. Das Sollen aber ergibt sich aus dem Sein. Die Moral gründet in der Christologie, die Christologie setzt tiefer an als jede Ethik und führt weit über sie hinaus. Die christliche Moral kann nur dann menschlich sein, wenn die Christologie menschlich ist; und die christliche Moral kann nur dann auf den umfassenden Horizont des biblischen Welt- und Gottesbildes verweisen, in dem es nicht nur um Leben und Tod geht, sondern auch um Leid und Trost, Sünde und Vergebung, Heil und Segen, wenn sie von der Christologie herkommt. Auch für das Christentum ist das, was das Alte Testament zur Menschlichkeit der Menschen und zur Göttlichkeit Gottes sagt, von grundlegender, bleibend gültiger Bedeutung. Aber erst in der Perspektive Jesu Christi wird deutlich, dass zwischen Schöpfung und Erlösung, Geburt und Auferstehung ein untrennbarer, im Gottsein Gottes begründeter und im Menschsein des Menschen angelegter Zusammenhang besteht.

1. Menschliche Christologie

Jesu Menschsein ist im Lichte des Neuen Testaments ein christologisches Datum erster Güte. In den verschiedenen Schriften wird es unterschiedlich betont, beobachtet und bewertet. Die Exegese sieht gerne Konflikte zwischen verschiedenen christologischen Konzepten, Bildern, Titeln und Themen. Doch sind dies meist Projektionen. Die Vielfalt der neutestamentlichen Christologien ist groß; sie erklärt sich aus unterschiedlichen Traditionen, Adressaten, Interessen und Kontexten. Diese Vielfalt muss erhalten bleiben; eine Harmonisierung wäre eine Verarmung; jede einzelne Position hat ihren ganz spezifischen Stellenwert. Kein einziger Text des Neuen Testaments kann mit dem Anspruch auftreten, das ganze Spektrum der Christologie abzubilden; es ist gerade die Vielzahl der Aspekte, die den Reichtum des Neuen Testaments ausmacht. Gleichzeitig ist es die Einheit der Person Jesu Christi, die dafür sorgt, dass die Vielzahl der Ansichten Christi nicht zu einem Kaleidoskop wird, das nach dem Prinzip Zufall funktioniert, sondern zu einem Bilderteppich, an dem jedes Tableau wichtig ist, dessen Gesamtheit aber mehr ist als die Summe seiner Teile. Diese Einheit der Person Jesu Christi ist entscheidend durch ihre Geschichte bestimmt und durch ihre Beziehung zu Gott, dem Vater. Daraus erklärt sich die christologische Grundspannung des Neuen Testaments. Nirgendwo wird die Tendenz zu einer „Vergöttlichung" des Menschen Jesus sichtbar. Der Weg ist gerade umgekehrt: Im Lichte der Auferstehung leuchtet ein, was der Erinnerung und Überlieferung nach Jesus von Nazareth verkündet, gelehrt, getan, erlitten hat – aus beidem, der lebendigen Erinnerung an Jesu Wirken, Jesu Tod und Jesu Auferstehung entsteht der Glaube an die Präexistenz, die Schöpfungsmittlerschaft, die Inkarnation Jesu. Die Entwicklung geht sehr schnell; aber sie führt nicht dazu, dass flächendeckend überall dieselben Standards gebildet worden wären. Es sind gerade die daraus resultierenden Spannungen und Widersprüche, die zur Vitalität der neutestamentlichen Christologie beitragen.

a) Die Menschwerdung Jesu

Wo es im Neuen Testament eine explizite oder implizite Präexistenzchristologie gibt, wird mit Nachdruck die Menschwerdung des Gottessohnes betont. Zur Präexistenzchristologie kommt das Neue Testament nicht aus theologischer Spekulationsfreude. Stimulierend hat die alttestamentliche Weisheit gewirkt, die zu einer doppelten Erkenntnis geführt hat: Wenn Menschen in der Welt sich überhaupt orientieren können, muss ihr Gott von Anfang an eine vernünftige, eine weise Ordnung eingestiftet haben; und wenn diese Weisheit für Gott nicht nur ein Muster ist, sondern Ausdruck seines innersten Schöpfungswillens, muss sie personale Züge haben. Diese Weisheitstheologie verschaffte der neutestamentlichen Christologie die Möglichkeit, auszudrücken, was die notwendige Voraussetzung des Wirkens, des Todes und der Auferweckung bildet.[1] Der Weg der Erkenntnis führt vom Eindruck des Irdischen über die Katastrophe des Karfreitags und den Neubeginn am Ostermorgen zur Einsicht in die Ewigkeit der Gottessohnschaft Jesu; aber zu dieser Einsicht gehört, dass Jesus nur als menschgewordener Gottessohn das Reich Gottes heilswirksam verkünden konnte, am Kreuz heilstiftend gestorben ist und zum Heil der Welt von den Toten auferstanden ist. Das bedeutet nicht, dass auch die synoptischen Evangelien im Zeichen impliziter oder gar expliziter Präexistenzchristologie geschrieben sein müssten; wohl aber, dass Johannes der Christologie der Evangelien auf den Grund geht, wenn er seinem Jesusbuch den Prolog vom Logos voranstellt, der Fleisch geworden ist. Wenn der präexistente Gottessohn als Mittler der Schöpfung vorgestellt wird, ist nicht nur ein Attribut der Weisheit Israels auf Jesus übertragen; es wird die Weisheitstheologie selbst neu justiert, die zwar davon spricht, dass und weshalb es weise Menschen gibt, der aber die Vorstellung einer Menschwerdung der Weisheit nicht in den Sinn kommen kann.

Das Neue Testament sucht noch nach Worten, um präzise auszudrücken, dass der Präexistente im vollen Sinn am Gottsein Gottes teilhat und im vollen Sinn am Menschsein der Menschen. Die Worte, die es findet, haben Schule gemacht. In der christlichen Dogmatik ist 2Kor 8,9 mit der genialen Dialektik von Armut und Reichtum zwar zu wenig zum Zuge gekommen. Aber der Philipperhymnus, der die Kenosis des Präexistenten besingt (Phil 2,6ff), der Johannesprolog, der von der Inkarnation spricht (Joh 1,14), der Erste Timotheusbrief, der von der Offenbarung im Fleisch spricht (1Tim 3,16) haben starke Wirkungen hinterlassen und die kirchliche Lehre immer wieder daran erinnert, dass eine Christologie, die ganz oben ansetzt, ganz unten ankommen muss, um Jesus gerecht zu werden und der Hoffnung der Menschen auf Gottes Erlösung. In der Theologie des Paulus, des Hebräerbriefes, des johanneischen Kreises, auch des Ersten Petrusbriefes sind diese Ansätze aufgenommen und weitergeführt worden. Die Präexistenzchristologie relativiert nirgends das Menschsein Jesu, sondern stellt es ins Licht des Offenbarungshandelns Gottes, der schon vor aller Zeit Jesus Christus zu senden beschlossen hat.

Der Kolosserhymnus (Kol 1,15–20), der die jüdisch-hellenistische Bild-Christologie aufnimmt, geht noch einen Schritt weiter, indem er die Schöpfungsmittlerschaft (oder: das Mitschöpfertum) Christi mit der ewigen Menschheit des Sohnes verbindet (um die Sprache späterer Dogmatik zu sprechen). „Erstgeborener aller Schöpfung" ist er als der, von dem das Dogma sagen wird: gezeugt, nicht geschaffen. Erst wenn dies gedacht ist, erscheint die Inkarnation nicht als ein reiner Willensakt, sondern als ein Wesensvollzug des Präexistenten.

In den neutestamentlichen Geburtsevangelien spielt der Präexistenzglaube keine erkennbare Rolle. Das mag mit der frühen judenchristlichen Prägung, vielleicht der judäischen Heimat der Traditionen zu tun haben. Aber da sowohl Matthäus wie auch Lukas von der Geburt Jesu aus der Jungfrau Maria handeln, Jesu Geburt mithin als epochales Geschehen der eschatologischen Schöpferkraft Gottes deuten, während umgekehrt die Inkarnationschristologie neutestamentlich nicht mit der Jungfrauengeburt verbunden ist, wird später – keine Verschmelzung, aber – eine Kombination möglich, die den jeweiligen Schrifttexten ihr Recht lässt, gleichzeitig aber zur Geltung bringt, was der Kanon nebeneinander und miteinander gelten lässt. Sowohl in Gal 4 als auch in Offb 12 werden ganz unterschiedliche Ansatzpunkte sichtbar, die zeigen, wie (später) beides miteinander fruchtbar verbunden werden konnte.

b) Das Leben Jesu

Die Evangelien sind das deutlichste Zeugnis, dass die neutestamentliche Christologie das Gedächtnis der Geschichte Jesu schärft. Dass die Evangelien Jesus in seiner Predigt und Praxis so darstellen, wie es ihnen im österlichen Rückblick signifikant schien, lässt sich nicht leugnen. Aber sie haben aus ihrem Osterglauben heraus die Konsequenz gezogen, Jesu Basileia-Dienst bis zum bitteren Ende aufzuschreiben; und sie scheinen in ihren Darstellungen genau die Eckpunkte markiert zu haben, die auch Jesus selbst markiert hat: die Verwurzelung in der Heilsgeschichte Israels, die Patrozentrik, die Einheit von Bote und Botschaft, Vollmacht und Dienst, Anspruch und Hingabe, Leben und Tod.

In den Briefen, den (erzählten) Predigten und den Visionen des Neuen Testaments wird die Geschichte Jesu meist nur stichwortartig, allenfalls in kurzen Ausschnitten thematisiert. Die aber sind kennzeichnend. Lukas hat bei seiner Redaktion und Komposition der Apostelgeschichte offensichtlich darauf Wert gelegt, dass Petrus und Paulus, die Protagonisten der Mission, sich in wichtigen Predigten nicht nur auf Jesus berufen, sondern ihn in seinem Wirken vor Augen stellen: als Prediger, als Wohltäter, als Wundertäter, als den, der sein ganzes Leben zur Gabe für die Menschen hat werden lassen. In den Bekenntnistexten ist vom Gehorsam (Phil 2,6ff), von der Armut (2Kor 8,9), von der Feindesliebe (Röm 5,9ff) Jesu die Rede, von seiner Davidssohnschaft (Röm 1,3f; 2Tim 3,8) und Messianität, von seinem Leib aus Fleisch und Blut (1Joh), auch von der Herrlichkeit, die von Jesus ausstrahlt (Joh 1,14). In den ausgearbeiteten Christologien des Neuen Testaments werden diese Ansätze kräftig verstärkt: bei Paulus durch die Adam-Christologie (1Kor 15; Röm 5), die Theologie des Judeseins Jesu (Röm 9), vor allem durch die Abendmahlsüberlieferung (1Kor 11,23ff), im Epheserbrief durch das Aufgreifen seiner Friedensbotschaft (Eph 2,14), in den Pastoralbriefen durch die Epiphanie-Christologie, im Hebräerbrief durch die Christologie des „Bruders“ Jesus, des barmherzigen, gläubigen, mitleidvollen Hohenpriesters, im Zweiten Petrusbrief durch die Erinnerung an die Verklärung. Die Evangelien bleiben unersetzlich. Die christologischen Konzentrationen sollen sie auch nicht ersetzen. Sie machen nicht die Fülle, aber die Tiefe der Jesusgeschichte deutlich. Nicht nur, *dass,* auch *wie* Jesus Mensch gewesen ist, ist Gegenstand des urkirchlichen Credo.

Die Bezüge werden noch um einiges enger, wenn die christologisch relevanten Traditionen der Evangelien, die Hoheitstitel, die

Leidens- und Auferstehungsansagen nicht von vornherein systematisch ausgeblendet, sondern kritisch einbezogen werden. Einfache Entsprechungen zwischen Jesustraditionen und Christusbekenntnissen der Urkirche gibt es kaum einmal. Immer bleiben Spannungen; je genauer der Sprachgebrauch der Evangelien betrachtet wird, desto größer und energiegeladener werden sie. Dort, wo es ganz einfache Grundsätze des Christusglaubens gibt – „Christus ist in die Welt gekommen, um die Sünder zu retten" (1Tim 1,15). „Wenn wir untreu sind, bleibt er treu" (2Tim 2,13), „Er ist erhört worden wegen seiner Gottesfurcht" (Hebr 5,7). „Er ist der Diener der Beschneidung geworden" (Röm 15,8). „Er ist der treue Zeuge" (Offb 1,5). „Siehe, ich stehe vor der Tür und klopfe" (Offb 3,20) – ist deutlich, dass die Bekenntnisse die Erinnerungen und Erzählungen voraussetzen, nicht umgekehrt. Und liest man die Evangelien im Lichte dieser frühen Zeugnisse des Christusglaubens wird deutlich, wie jesuanisch die Christologie ist, wie mystisch die Jesusgeschichte, wie farbenreich das Spektrum der Jesus- und der Christusbilder, wie existentiell der von Jesus verkündete wie der auf Jesus Christus gerichtete Glaube. Die Befassung mit der neutestamentlichen Christologie legt die methodische Schlussfolgerung nahe, aus der Jesusforschung nicht das zu eliminieren, was dem, Christusglauben Nahrung gibt, sondern umgekehrt zu erkennen, wie das, was heute noch historisch über Jesus gesagt werden kann, eine Frucht dieses Christusglaubens ist, dem es um den lebendigen Jesus ging.[2]

c) Der Tod Jesu

Das Leiden und Sterben Jesu gehört zu seinem Leben. Sein Tod schließt es ab. Wo immer im Neuen Testament vom Tod Jesu gesprochen wird, wird die Geschichte Jesu zur Geltung gebracht. In den Predigten der Apostelgeschichte und den Christusbekenntnissen hat der Tod Jesu das stärkste Gewicht. Das liegt nicht daran, wie häufig vermutet wird, dass eine lebensmüde Frömmigkeit sich allzu gerne mit dem Leiden und Sterben befasse. Es liegt erstens darin, dass es nichts Irritierenderes, Schwierigeres, Anstößigeres gibt als den realen Tod des Sohnes Gottes, gar noch am Kreuz; und es liegt daran, dass man zu der Überzeugung gelangt, in seinem Sterben kulminiere der Sinn des ganzen Lebens, der ganzen Sendung Jesu: Vom Ende her zeige sich im Ganzen, dass Jesus in einem radikalen Sinn „für" uns gewesen ist – und bleiben wird.

Alle Zeichen deuten darauf hin, dass dadurch die Wahrheit des Lebens, des Menschseins Jesu in voller Klarheit erfasst ist. Es mögen viele Faktoren mitgespielt haben, dass Jesus unter Pontius Pilatus gekreuzigt worden ist – Jesus ist diesen Tod gestorben, derselbe Jesus, der die Gottesherrschaft verkündet hat. Man müsste alle Prophetien und die ganze Abendmahlstradition ins Reich der Legende verbannen, um dies in Abrede zu stellen – und würde dann immer noch auf die zahlreichen indirekten Hinweise stoßen, dass Jesus mit der Möglichkeit eines gewaltsamen Todes im Gefolge seiner Sendung rechnen musste und tatsächlich auch gerechnet hat und dass nichts schwerer war, aber auch nichts näher lag, als diesen Tod in Verbindung mit seiner Heilssendung zu bringen.

Jesu Tod wird im Christusbekenntnis des Neuen Testaments als geschichtliches Faktum und in seiner eschatologischen Heilsbedeutung thematisiert. Dies geschieht durch eine Vielzahl von Vorstellungen, Motiven, Kategorien. Keine kann die anderen dominieren, alle erschließen je eigene Aspekte. Wo das Gravitationszentrum liegt, zeigt vor allem das „Für“ an, das auch auf Jesu Leben und auf seine Auferstehung bezogen werden kann, aber augenscheinlich in der Verkündigung seines Todes ausgeprägt worden ist (1Kor 15,3ff) und sowohl auf die Abendmahlsüberlieferung als auch auf das Wort vom Lösegeld „für die Vielen“ zurückgeht, das der Menschensohn entrichtet (Mk 10,45).

Die meisten Motive haben eine prägende Geschichte im Alten Testament und im frühen Judentum, andere, wie z. B. die „Versöhnung“, sind stark durch den Dialog mit dem Hellenismus geprägt. Das alte synoptische Motiv, dass Jesus im Gefolge seiner Botschaft den Tod eines Propheten gestorben sei, findet sich auch bei Paulus (1Thess 2,15). Die Überzeugung, dass Jesus als Märtyrer, als mutiger Zeuge Gottes, sein Leben gelassen habe, kommt in pointierten Bekenntnissätzen zum Ausdruck: Jesus Christus ist der, „der vor Pontius Pilatus das rechte Bekenntnis abgelegt hat“ (1Tim 6,13). Die Figuren des leidenden Gerechten und des Leidenden Gottesknechtes, die dem ältesten Passionsbericht eingearbeitet sind, tauchen im Ersten Petrusbrief wieder auf, der auf der Basis von Jes 53 die Haltung der Gewaltlosigkeit und Feindesliebe Jesu mit der Heilsbedeutung seines Todes verknüpft (1Petr 2,21–24). Von Opfer und Sühne ist die Rede, von Stellvertretung und Hingabe – Eindeutigkeit gewinnen die missverständlichen und oft missverstandenen Motive, wenn sie auf Jesus bezogen werden, zu dessen Lebensgeschichte seine Leidensgeschichte gehört. Dass er nicht aus Zwang, sondern in Freiheit, nicht aus Todessehnsucht, sondern aus Lebenswillen den schweren Passionsweg angetreten ist, gehört zu den elementaren Voraussetzungen christlicher Soteriologie, ohne die das Erlösungsgeschehen ein Akt der Inhumanität wäre; umgekehrt lassen die nachösterlichen Explikationen der Soteriologie in einem breiten Spektrum die bleibende theologische Bedeutung dessen erkennen, was Jesus aufgebürdet wurde und was er auf sich genommen hat. Ob der Kolosserbrief den Schuldschein der Sünder ans Kreuz genagelt (Kol 3,13f) oder der Epheserbrief im Kreuzestod die Feindschaft der Menschen mit Gott besiegt sieht (Eph 2,16), ob die Pastoralbriefe in der Erscheinung des Retters Jesus den Tod des Todes verkünden (2Tim 1,10) oder der Erste Johannesbrief den stellvertretenden Sühnetod Jesu als Selbstoffenbarung des liebenden Gottes deutet (1Joh 4), ob der Hebräerbrief die Todesverachtung des in Schande Geratenen preist (Hebr 12,2) oder der Seher Johannes von Jesus mitteilt „Er liebt uns und hat uns von unseren Sünden erlöst durch sein Blut“ (Offb 1,5) – es geschieht ein theologisch reflektiertes Gedächtnis des Leidens, das Jesu Tod in der Perspektive Gottes wahrnimmt und ihm gegen allen Augenschein Heilsbedeutung zuspricht.

Bis heute kann man Auflage machen, wenn man in einem „Jesusbuch“ behauptet, Jesus sei gar nicht gestorben, sondern irgendwie aus Golgatha entkommen und habe dann irgendwo ein normales Leben geführt. Das ist der eigentliche Skandal des Christusevangeliums: dass in Jesus der Sohn Gottes nicht nur zum Schein Mensch geworden ist und nicht nur die Idealgestalt des erlösten Menschen ausgeprägt hat, sondern tatsächlich gelebt hat und wirklich gestorben ist. Aber das ist auch die einzige Verheißung des Christusevangeliums: dass Gott in Jesus ganz und gar Anteil genommen hat am menschlichen Leben; deshalb kann der, der am Kreuz gestorben ist, durch diesen Tod den Tod nicht nur für sich selbst überwunden haben, sondern allen, die sterben müssen, die Tür zum ewigen Leben öffnen. Wäre der Tod Jesu nur ein Schauspiel, müssten wir Menschen uns selbst retten – und deshalb an uns selbst scheitern.

Für die ersten Christen ist das Gedächtnis des Leidens und Sterbens Jesu nicht nur eine Pflichtübung. Es ist auch nicht in erster Linie Gegenstand des Nachdenkens, wie dieser Tod, der so grauenhaft sinnlos scheint, doch noch Sinn machen könne. Sie wussten genau, was das „Kreuz“ bedeutet. Sie brauchten keine blutigen Passionsfilme. Ihnen war das Anstößige nicht fremd. Aber ihr Glaube an die Auferstehung war so vital, dass er das Gedächtnis des Leidens nicht nur hat ertragen lassen, sondern es hervorgerufen hat. Das Gedächtnis des Todes Jesu ist in erster Linie Teil des urchristlichen Gottesdienstes – und ist es bis heute geblieben. Wenn in den ersten Gemeinden Taufe und Eucharistie gefeiert werden, steht der Tod Jesu „für uns“ lebendig vor Augen – und im Energiefeld der Auferstehung führt die Anteilnahme an Jesu Tod zur Teilhabe an seinem Leben. Der Gottesdienst der Urgemeinde ist der wichtigste Ort, an dem – vor aller notwendigen Reflexion – für alle Christenmenschen unmittelbar evident wird, dass der Auferstandene kein anderer als der Gekreuzigte ist und der Gekreuzigte der Sohn Gottes, der das Reich Gottes verkündet hat, und dass nur deshalb in ihm das Heil zu finden ist.[3]

Die Taufe ist Eingliederung in die Kirche (1Kor 12,13); sie befreit von der Sünde; sie macht die Christen zu neuen Menschen. Vor allem und in allem stiftet sie Gemeinschaft mit Jesus, dem auferstandenen Gekreuzigten. Paulus hat das im Römerbrief den Christen ins Gedächtnis gerufen: „Wisst ihr nicht, das ihr, die ihr auf Christus getauft seid, auf seinen Tod getauft seid?“ (Röm 6,3). Im Tod kulminiert der Heilsdienst Jesu. Deshalb gibt es keine Teilhabe an der Gnade Jesu Christi an seinem Tod vorbei. Im Gegenteil: Wenn es sie gibt, gibt es sie nicht am Tod vorbei, sondern nur durch den Tod hindurch; sonst wäre das Evangelium angesichts des Todes, den alle Menschen sterben müssen, eine leere Versprechung. Der archaische Ritus, dass der Täufling in ein Wasserbecken untergetaucht wird und aus dem Wasser wieder auftaucht, macht das Mitsterben mit Jesus und das Mit-Auferweckt-Werden mit ihm besonders deutlich.

Die Eucharistie mutet allen, die sie mitfeiern, die Erinnerung an den Tod Jesu zu – und auch die Erinnerung daran, dass „einer der Zwölf“ Jesus verraten, und dass keiner der Zwölf ihm in der Stunde der Passion die Treue gehalten hat. Das Letzte Abendmahl Jesu ist ein Abschiedsmahl. Jesus weiß, dass er „nicht mehr vom Gewächs des Weinstocks trinken“ wird (Mk 14,25). Aber mehr noch ist das Letzte Abendmahl Jesu ein Mahl des Dankes: nicht nur dafür, dass die Jünger Jesus gehabt haben und er sie gehabt hat, sondern dass er ihnen erhalten bleibt – auf eben die Weise, die er in den Gaben von Brot und Wein vorstellt: als der Messias, der ihnen durch seinen Tod das Leben schenkt.

Taufe und Eucharistie sind die Haupt-Sakramente der Kirche. Beide spielen Tod und Auferweckung Jesu nicht gegeneinander aus, sondern halten sie so zusammen, wie sie in Jesus Christus zusammengehören. Taufe und Eucharistie zeigen mehr als alles andere, dass von Anfang an der Glaube an die Auferstehung das Gedächtnis des Leidens Jesu umfasst. Nur deshalb kann er heilsam sein. Die Theologie muss dem gerecht werden, was der Glaube feiert.

d) Die Auferstehung Jesu

Die Osterevangelien stellen in zahlreichen Facetten heraus, dass der Auferstandene kein anderer als Jesus ist. Die Erinnerung an seine Worte (Mk 16,6f) und seine Lehre (Mt 28,18ff) wird gepflegt; er selbst, heißt es in der Emmausgeschichte, erschließt den Sinn seines Lebens und Sterbens (Lk 24,13–35); nach Johannes ist es der von Jesus verheißene Geist, der die lebendige Erinnerung an Jesus stiftet (Joh 14,26). Dramatisch ist in den Osterevangelien das Erkenntnisproblem der Jünger, also die Geschichte ihres Glaubens. Überall ist das Grab, das erst voll und dann leer war, ein Ort, die Realität der Auferstehung und die Identität des Auferstandenen mit Jesus von Nazareth zu erkennen. Bei Lukas (Lk 24,36–53) und bei Johannes (20,19–29) wird auf unterschiedliche Weise die leibliche Präsenz des Auferstandenen betont und als Medium der Identifizierung vorgestellt, bei Johannes mit dem besonderen Zug, dass der Auferstandene noch seine Wundmale trägt und an ihnen sich zu erkennen gibt.

Die Identität des Auferstandenen mit dem Irdischen, dem Gekreuzigten, kommt über die Osterevangelien hinaus an vielen Stellen zum Ausdruck: Das „Für" seines Todes prägt auch seine Auferstehung (Röm 8,34; vgl. Röm 4,25); der Auferstandene ist und bleibt der Davidssohn (2Tim 2,8; vgl. Offb 22,16); der Menschensohn legt dem wie tot umgefallenen Seher die Rechte auf und macht ihn dadurch wieder lebendig (Offb 1,17); die Erhöhung Jesu entspricht der „Christologie", die nach Mk 12,35ff Jesus selbst aus Ps 110 gelesen hat.

Aber die Auferstehung ist qualitativ mehr als die Bestätigung der Person und Sache Jesu. Die Kontrastformeln der Apostelgeschichte und die Gegenüberstellung von Erniedrigung und Erhöhung in Bekenntnistexten machen nicht nur sicher, wie tief der Einschnitt des Todes, sondern auch, wie hoch der Gipfel der Ehre ist, die dem Sohn vom Vater zuteil wird. Zwar geschieht durch die Erhöhung des Gekreuzigten kein Statusgewinn gegenüber der Gottesstellung des Präexistenten. Aber es wird die gelebte und erlittene Geschichte Jesu verherrlicht, auf die hin der *Logos asarkos* gewirkt hat und aus der heraus der Auferstandene wirkt. So bitter das Erleiden des Todes, so süß die Freude der Auferstehung. Beides steigt im selben Maße.

Die eschatologische Neuheit, die mit der Auferstehung verbunden ist[4], bedeutet keinen Bruch mit der Geschichte Jesu, sondern deren Vollendung. Zwei Momente treten hervor. Zum einen wirkt Jesus, zur Rechten Gottes erhöht, in der Allmacht des Vaters, und zwar genau so wie als Irdischer, der Vollmacht hat, aber an die Bedingungen von Raum und Zeit gebunden ist, an die Grenzen des Menschlichen, die er freiwillig akzeptiert. Dieses Heilswirken folgt aus seiner Einheit mit dem Vater – wie sie nach dem eschatologischen Jubelspruch (Mt 11,25ff par. Lk 20,21f) und der gesamten johanneischen Tradition bereits das Wirken des Irdischen kennzeichnet, aber durch die Auferstehung ein für allemal in seiner himmlischer Realität zur Wirkung kommt.

Zum anderen sind die Erscheinungen des Auferstandenen mit der Sendung der Apostel verbunden. Die österliche Mission hat zwar einen Vorläufer in der Aussendung der Jünger, von der die Synoptiker berichten und auch Paulus zu wissen scheint (1Kor 9,15). Der Auftrag, den Jesus seinen Jüngern dort erteilt hat, das Evangelium zu verkünden, Kranke zu heilen und Dämonen auszutreiben, wird durch den österlichen Auftrag nicht überholt. Aber erstens ist die österliche Sendung durch eine programmatische Universalität gekennzeichnet, die nicht auf Kosten der Erwählung Israels geht, aber dessen Rettung mit der Gewinnung der Glaubenden aus allen Völkern verbindet. Und zweitens kann erst in der österlichen Predigt der ganze Jesus verkündet werden: alles, was er gelehrt hat; sein Leben nicht nur, sondern auch sein Sterben und seine Auferstehung.

Die neutestamentliche Erhöhungschristologie sagt nicht, dass Jesus erst durch seine Auferstehung in die Einheit mit Gott gelangt sei, sondern dass er, der sich selbst erniedrigt hat, deshalb den Kyrios-Namen verliehen bekommen hat, um Gottes Herrschaft durch die Auferstehung der Toten zu vollenden. Wenn den Jüngern durch die Erscheinungen des Auferstandenen aufgegangen ist, dass der, dessen Kreuzestod sie als definitives Ende seines Basileia-Dienstes gesehen haben, in der Macht Gottes lebt, geht ihnen auch auf, wie recht Jesus mit seiner gesamten Verkündigung hat und welche Bedeutung der Person Jesu von Anfang an eignet. Wenn sie sich zu allen Völkern gesandt wissen, denken sie nicht an einen Bruch mit Jesu Sendung zu den verlorenen Schafen des Hauses Israel, sondern an deren Ausweitung und Verwandlung, die durch Jesu Kreuzestod und Auferweckung möglich und nötig geworden ist.

e) Die Parusie Jesu

Der Glaube an die Wiederkunft Christi erscheint in der gegenwärtigen Theologie oft als Relikt apokalyptischer Theologie, die Vorstellung des Jüngsten Gerichts als Rückfall in religiöse Gewaltphantasien und als Durchbruch eines Ressentiments gegenüber der ungläubigen Welt. Demgegenüber ist es das Pathos der Gerechtigkeit um der Opfer willen, das Israel zur Erwartung des Gerichtes durchbrechen lässt. Auch bei Jesus gibt es ohne ein Ende der Geschichte nicht das vollendete Reich Gottes. Heil gibt es nicht am Gericht vorbei, sondern nur durch das Gericht hindurch.

Um so wichtiger ist dann allerdings, dass die Bilder des Weltenendes, die das Neue Testament malt, einen hohen Wiedererkennungswert mit Szenen aus dem Leben Jesu haben. Nicht nur, dass auch Paulus Jesus zitiert, wenn er den Thessalonichern die Auferstehungshoffnung erläutert (1Thess 4,13–18). Nach Markus steht für Jesus im Zentrum, dass der Menschensohn die Engel aussendet, um alle zusammenzuführen, die Gott retten will (Mk 13,24–27). Auf eine solche Versammlung, die jede menschlich denkbare Grenze überschreitet, läuft auch hinaus, was sich nach der Johannesoffenbarung am Ende jenseits der Geschichte ereignet: das Strömen der Völker ins himmlische Jerusalem hinein (Offb 21f). Auf das „Hochzeitsmahl des Lammes“ (Offb 19,6ff) dürfen sich die Glaubenden desto stärker freuen, je deutlicher ihnen die prophetischen Gastmähler Jesu vor Augen sehen und je intensiver sie die Eucharistie als Gedächtnis des Letzten Abendmahles Jesu mitfeiern.[5]

Die Hoffnung der Christen richtet sich am Ende auf keinen anderen als „Jesus“, den „Sohn“, den Gott von den Toten auferweckt hat (1Thess 1,9f). Die Hoffnung, die nach der Johannesoffenbarung (Offb 3,21) der Auferstandene macht, ist dieselbe, die nach der Redenquelle der Irdische macht: an der göttlichen Macht des Sohnes, dann aber auch an seiner Heilsverantwortung teilzuhaben. „Komm, Herr Jesus“ (Offb 22,20) ist der Bittruf, der alle Bitten zusammenfasst, weil Jesus selbst seine Jünger um das Kommen des Reiches Gottes zu bitten gelehrt hat (Lk 11,14 par. Mt 6,9–13).

2. Christologische Menschlichkeit

Das Ethos der Humanität ist entscheidend durch das Judentum und Christentum geprägt. Die katholische Theologie hält zwar mit Berufung auf Paulus zu Recht daran fest, dass ethische Grundwerte nicht nur kulturelle Phänomene sind, sondern sich als vernünftig erweisen lassen. Aber jene Vernunft, die sich nicht nur instrumentell betätigt, sondern – wenn nicht das Gottsein Gottes, so doch – das Menschsein des Menschen erkennt, ist nach theologischen Verständnis eine vom Geist Gottes erleuchtete.[6] Der Rekurs auf das „Naturrecht“, mit welcher Begründung immer er vorgenommen wird, enthebt nicht der Überlegung, welches humane Potential der Christologie eignet. Das Ziel dieser Überlegung besteht nicht darin, in quantitativen Kategorien aufzuweisen, dass die Christen etwa menschlicher seien als andere oder sein müssten. Das Ziel besteht vielmehr darin, die menschliche Qualität zu erkennen, die sich aus dem Glauben an die Gottessohnschaft Jesu von Nazareth ergibt. Das scheint insofern schwierig zu sein, als in der Exegese und der gesamten Theologie oft behauptet wird, die Ethik des Christentums sei nicht spezifisch christlich, sondern folge allgemein verbreiteten Standards. Diese These lässt aber nicht nur die Bedeutung des alttestamentlichen Gesetzes für die neutestamentliche Ethik außer Acht, sondern auch das theologische Argument, dass die Verständigung über gemeinsame Standards in neutestamentlicher Perspektive gerade ein Beleg für das Wirken des Gottesgeistes ist, dem sich die Kirche verdankt. Die Suche nach dem, was christologische Menschlichkeit genannt werden könnte, geht aber über die Ethik weit hinaus und betrifft das gesamte Spektrum der Anthropologie von der Schöpfung bis zur Erlösung, von der Geburt bis zum Tod, vom irdischen bis zum ewigen Leben.[7]

a) Gottebenbildlichkeit

Dass jeder Mensch, Mann und Frau, Gottes Ebenbild ist, unabhängig von Alter, Hautfarbe, Gesundheit, Bildung, Nation und Beruf, ist die basale Aussage der Genesis (Gen 1,26f) zur Anthropologie. Hinter ihr bleiben die modernen Menschenrechte, so unveräußerlich sie sind, notwendig zurück, weil sie im politischen Raum nur Ansprüche geltend machen, aber keine Wesensbestimmungen vornehmen. Doch sind es die Menschenrechte, die – bei allem zwischenzeitlichen Widerspruch von Kirchenvertretern –

politische Lehren aus dem ziehen, was die Bibel auf der ersten Seite über das Menschsein des Menschen sagt.

Im Neuen Testament gewinnt diese Anthropologie christologisch neue Dimensionen. Ob die Gottebenbildlichkeit durch den Sündenfall verlorengegangen ist oder nur ihre Strahlkraft eingebüßt hat, ist Gegenstand ökumenischer Kontroversen. Unumstritten ist die christologische Neudefinition jener Gottebenbildlichkeit, die im Glauben ergriffen und gelebt wird. Sie ist neu bestimmt durch den Menschen Jesus Christus. „Nach Gottes Bild" sei der Mensch geschaffen, lesen die Christen des Neuen Testaments in der griechischen Version der Genesis (Gen 1,26f). Als *das* Bild Gottes sehen sie Jesus Christus an (2 Kor 4,4). In Jesus ist Gott voll und ganz gegenwärtig; in ihm stellt er sich dar: in ihm wird er sichtbar, wie er ist. Das „Bild" Gottes, das Jesus abgibt, ist das Original. Es ist nicht von geringerer Substanz als das, was es abbildet – nach Kol 1,15 den unsichtbaren Gott. Es stellt vielmehr dar, dass Gott sich in Jesus Christus als er selbst offenbart. Er wahrt seine Gottheit, mehr noch: er bringt sie zur Geltung, er macht sie offenbar in Jesus Christus. Und Jesus Christus bringt Gott zur Geltung, macht ihn offenbar, so wie er in Wahrheit ist. Deshalb bezieht sich die Bild-Christologie nicht nur auf den Irdischen, sondern ebenso auf den Präexistenten und den Erhöhten.

Die anthropologischen Konsequenzen sind enorm. Gen 1,26f öffnet in seinem ursprünglichen Kontext den Weg, die Geschöpflichkeit des Menschen, seine Abhängigkeit von Gott und seine Ansprechbarkeit für Gott als essentiell für sein Menschsein anzusehen. Im neutestamentlichen Kontext öffnet Gen 1,26f den Weg, auch die Schuld und die Rettung des Menschen mit seiner Gottebenbildlichkeit zu verbinden. Wenn der Mensch „nach" jenem Bilde geschaffen ist, das Jesus Christus ist, steht Jesus Christus auch – als Mensch und Gott – von allem Anfang an und über jede Grenze hinaus an der Seite des erschaffenen Menschen. Dann aber hat die Rede von der Gottebenbildlichkeit des Menschen von vornherein eine soteriologische Dimension. Der Mensch ist darauf hin erschaffen, erlöst zu werden. Die Konsequenz besteht darin, dass jeder Mensch nicht ungeachtet seiner Schwäche, seiner Krankheit, seiner Schuld, seines Todes Gottes Ebenbild ist, sondern angesichts dessen, weil ihm die Liebe Jesu Christi unbedingt gewiss ist. Da dem Menschen aber in Jesus Christus, dem Mit-Menschen, das Gottsein Gottes aufleuchtet, ist die Erschaffung des Menschen nicht seine Freisetzung vom Gottsein Gottes, sondern umgekehrt jene Form der Teilhabe, die auf die vollendete Partizipation an der Liebe zwischen dem Vater und dem Sohn im Heiligen Geist aus ist.[8]

Im Spiegelbild der Christologie zeigen sich Anfang und Ende des menschlichen Lebens, über die gegenwärtig so heftig debattiert wird, wesentlich und definitiv neu. Die christliche Position zu entscheidenden Fragen der Bioethik ist zwar vom Bestreben geprägt, um der Universalisierbarkeit willen naturrechtlich zu argumentieren; hinter der Überzeugung, dass nicht erst die Geburt – oder die Einnistung – den Menschen zum Menschen macht, steht (ungeachtet des damaligen Standes medizinischen Wissens), dass Gabriel nach Lk 1,31 von der „Empfängnis" Jesu durch Maria spricht. Dadurch wird nicht nur die Bedeutung der Frau und Mutter gestärkt, sondern auch der Anfang menschlichen Lebens markiert. Auf der anderen Seite zeigt das Bild des Gekreuzigten, das im *Ecce homo* aufscheint, die Gegenwart Gottes im leidenden Menschen. Friedrich Nietzsche wusste, was er tat, als er seinem Triumphlied auf den Sieg des Übermenschen gegen das, was er die Pathologie des Glaubens nannte, den johanneischen Titel gab, um ihn zu konterkarieren.

Wenn Jesus, der Mensch, Gott darstellt, wie er ist, lässt sich an der Art und Weise, wie Jesus gelebt hat und gestorben ist, ablesen, was wahres Menschsein ausmacht. Das Bild Gottes ist ein Vorbild. Er kann es nur sein, weil er mehr ist: Urbild gelingenden Lebens, „Anfänger und Vollender des Glaubens" (Hebr 12,2). Aber er ist Gottes rettendes Wort als Mensch unter Menschen.

b) Leiblichkeit

Im gesamten Neuen Testament wird deutlich, wie schwer es gefallen ist, „den Griechen ein Grieche" zu werden (1Kor 9,21), ohne dem Drang nachzugeben, das Leibliche gegen das Geistige auszuspielen, das Vergängliche als das Uneigentliche anzusehen und infolgedessen Geburt und Tod, Geschlecht und Geschichte zu relativieren. Es gehört zu den essentials biblischer Anthropologie[9], die Leiblichkeit nicht als äußerlich, sondern als wesentlich zu erachten. Es gehört zu den essentials der Christologie, die somatischen Bedingungen des Menschseins nicht nur hinzunehmen, sondern anzunehmen – so wie nach Hebr 10,5ff (Ps 40) Jesus Christus selbst den Leib angenommen hat, den Gott ihm bereitet hat, um das Werk der Erlösung zu tun. Ohne die Leiblichkeit des Menschen gäbe es keine Erfahrung, keine Kommunikation, kein Mitleid. Die Erkenntnisse der Neurobiologie könnten geradezu als nachträgliche Illustration der essentiellen Zusammenhänge zwischen „Materiellem“ und „Spirituellem“ angesehen werden. Dass einige Hirnforscher den Fehler machen, den Nachweis physiologischer Prozesse der Psychologie anzulasten, darf nicht zu sehr irritieren.

Zur Leiblichkeit gehört die Geschlechtlichkeit.[10] Die Bibel erzählt keinen Mythos, wonach der Mensch ursprünglich zweigeschlechtlich geschaffen worden und dann erst in zwei Hälften auseinandergefallen sei, weshalb der Eros wie ein Dämon das Feuer der Leidenschaft in ihnen entfacht. Die Bibel erzählt vielmehr, dass der Mensch von vornherein als Mann und als Frau erschaffen worden ist (Gen 1,26f). Diese wesentliche Gleichheit wird aber jenseits von Eden zur Ungleichheit, zur Herrschaft des Mannes über die Frau verzerrt (Gen 3,16). Deshalb gehört die Aufhebung dieser Unterdrückung zur Frohen Botschaft Jesu Christi (Gal 3,28). Jesus selbst wird damit nicht zu einem geschlechtslosen Wesen. Er ist ein ganzer Mann. Er hat selbst um des Himmelreiches willen ehelos gelebt – und dadurch nicht etwa die Verachtung der Sexualität demonstriert, sondern sie der Freiheit des Menschen zugeordnet. Die Evangelien scheuen sich nicht, Jesus in kompromittierenden Szenen zu zeigen: Er hat Frauen viel näher an sich herangelassen, als das schicklich schien. Eine öffentliche Sünderin – war es eine Prostituierte? – dringt bei einem Gastmahl zu Jesus vor, bricht in Tränen aus, benetzt mit ihren Tränen seine Füße, trocknet sie mit ihren Haaren, küsst sie und salbt seine Füße mit sündhaft teurem Alabasteröl (Lk 7,36–50). Der Gastgeber Jesu, ein rechtschaffener Pharisäer, ärgert sich: „Wäre er ein Prophet, wüsste er, was für eine Frau das ist, von der er sich berühren lässt!“ Nach einer Überlieferungsvariante regen sich die Jünger über die Verschwendung auf (Mk 14,3–9). Tatsächlich aber ist es so, dass Jesus genau weiß, mit wem er es zu tun hat und weshalb er sich von ihr berühren lässt: „Ihre vielen Sünden sind ihr vergeben, denn sie hat viel geliebt“. Und er weiß auch ihre Verschwendung zu schätzen: „Wo immer das Evangelium auf der ganzen Welt verkündet wird, wird auch erzählt werden, was sie getan hat, ihr zum Gedächtnis“ (Mk 14,9). Dass Jesus ein „Mann“ war, wie Paulus nach Apg 17,31 auf dem Areopag formuliert, ist keine letzte Diskriminierung der Frauen, sondern ein Ausweis seiner konkreten, leibhaftigen Menschlichkeit, die als solche die Voraussetzung für jene Einheit zwischen Mann und Frau ist, von der nach Jesu Wort die Ehe Zeugnis ablegen soll (Mk 10,1–12 parr.).

„Leib“ ist ein anthropologischer Ganzheitsbegriff, aber keineswegs der einzige. Er steht neben „Fleisch“, „Geist“, „Seele“. Die Leiblichkeit des Menschen ist wesentlich seine Sensitivität und Sozialität. Geboren zu werden und sterben zu müssen, Einflüssen ausgesetzt zu sein und Einfluss auszuüben, mit anderen zu kommunizieren, anderen zu begegnen und für andere sich einzusetzen: das ist eine Grundbestimmung menschlicher Existenz, die an seine Leiblichkeit gebunden ist. Wie ist es möglich, darin nicht eine Einschränkung der Freiheit zu sehen? Nur dann, wenn Freiheit ihrerseits zwar personal, eben deshalb aber auch sozial verstanden wird. Dies freilich kann nur dann die Gefahr des Kollektivismus bannen, wenn das Miteinander, in dem das Menschsein des Menschen sich vollzieht, nicht ein Produkt menschlicher Übereinkunft ist, auch nicht eine reine Feststellung Gottes, sondern eine Wirkung des Heilsdienstes Christi, dessen realer und eucharistischer Leib den ekklesialen Leib Christi, die vom Glauben bestimmte und Freiheit freisetzende Christusgemeinschaft, erschafft.[11]

Der Leib, der zur Menschlichkeit des Menschen gehört, ist nicht nur der schöne, der kräftige und gesunde, sondern auch der kranke, der schwache, der hässliche. Die Kreuzestheologie hat die Augen dafür geöffnet, dass man nicht nur mit Anstand verlieren kann, sondern dass den Gescheiterten, den Gequälten, Gedemütigten nicht die ewige Schande, nicht der Spott der Götter droht, sondern eine ewige, eine endgültige Rettung verheißen ist, die ihre Qual nicht verneint, sondern die Tränen abwischt. Im Menschensohn Jesus Christus, den Michelangelo in griechischer Körperlichkeit auf die Stirnfläche der Sixtinischen Kapelle gemalt hat, ist das Leiden des Laokoons aufgehoben, der sich nicht, wie die Klassik meinte, gegen den Tod stemmt, sondern in ihn schickt.[12]

c) Sterblichkeit

Dass Menschen sterben müssen, ist unausweichlich. Wie der Tod gesehen wird, ist eine große Frage: als unausweichliches Schicksal, in das man sich fügen muss? Als Unrecht, gegen das man anrennen muss? Als letzter Ausweg, den man wählen muss? Als Anfang des Nichts? Als Durchgang zum ewigen Leben? Wie man von der Hoffnung auf ein Leben nach dem Tode sprechen kann, ohne das Leben vor dem Tod und den Tod selbst zu relativieren, ist durchaus nicht leicht zu beantworten. Ob der Tod in der heutigen Zeit stärker verdrängt wird als früher oder ob sich nur die Formen der

Verdrängung verändert haben, müssen Psychologen und Soziologen untersuchen.

Die Christologie erlaubt und verträgt keine Verdrängung des Todes, weil Jesus tatsächlich gestorben ist und diese Tatsächlichkeit eine wesentliche, ja die zentrale Dimension seiner Heilsbedeutung darstellt. Sie zeigt die Unbedingtheit der Anteilnahme Gottes am Leben der Menschen – bis zum bitteren Ende. Schon im Ersten Korintherbrief muss Paulus mit der Erinnerung an Jesu Tod und Begräbnis Raum schaffen für die Spiritualität des Trauerns, des Mitleids, der Anteilnahme, des Protestes gegen das Sterben. Im Klageruf Jesu am Kreuz, wie Markus ihn überliefert: „Gott, mein Gott, warum hast du mich verlassen?“ (Mk 15,34: Ps 22,2), kommt zum Ausdruck, dass und wie der Tod vor Gott gestorben werden kann. Es ist richtig, gegen ihn die Stimme zu erheben, weil Gott der Gott des Lebens ist. Niemandem muss das Sterben leichtfallen; Jesus selbst ist es nicht leichtgefallen. Es ist aber auch möglich, den Tod zu sterben, weil Gott ihn zulässt – und auf der anderen Seite des Todes neues Leben schafft.

Die Realität des Todes ist im Lichte Jesu Christi keine letzte Bedrohung, die das Leben sinnlos, ausweglos, freudlos machte. Im Gegenteil prägt der Tod Jesu Christi bereits die Gegenwart derjenigen, die zum Glauben gekommen sind und sich taufen lassen. Weit über die Psychologie einer Konversion hinaus ist die Taufe, von der Paulus in Röm 6 spricht, ein Sterben mit Christus: nicht nur die Absage an die persönliche Schuld und das Böse überhaupt, sondern mehr noch Teilhabe an dem Leben, das in Jesu Tod für die Menschen enthalten ist, weil aus ihm die reine Liebe spricht.

Durch diesen Tod wird der physische nicht erspart. Er wird auch nicht leichter zu ertragen. Aber wer zu glauben vermag, kann sterben in der Hoffnung auf das ewige Leben. Der Tod ist einmalig, so wie jedes Leben einmalig ist. Wie jeder Mensch ein einziges Mal geboren wird, so stirbt er vielleicht tausend Tode vor Angst, aber doch nur ein einziges Mal wirklich. Darin ist die Kostbarkeit jedes einzelnen Menschenlebens, die Unverwechselbarkeit, die Unersetzlichkeit jedes Menschen angelegt. Der Tod ist – mit den Augen Jesu Christi betrachtet – nicht der große Gleichmacher, der alles verschlingt und zermalmt, sondern der große Unterscheider: Jeder Mensch stirbt seinen eigenen Tod – wie jeder Mensch, in welcher Entfremdung auch immer, sein eigenes Leben lebt. Dass selbst noch die brutalste Gewalt die Identität eines Menschen nicht zerstören kann, dafür steht Gott mit dem Gekreuzigten ein.[13]

Die große Verheißung des Glaubens ist die, im Tode nicht von Jesus getrennt zu sein, weil Jesus selbst den Tod des Menschen, den Tod des Sünders stirbt – damit der ein wahrer *exitus* wird: ein Ausweg zum ewigen Leben. Die Basis dessen ist, dass Jesus selbst seinen Tod im Dienst der Gottesherrschaft gestorben ist – unabhängig davon, wie früh er mit ihm gerechnet und wie explizit er von ihm gesprochen ist. Das Für seines Lebens – wo sollte es sich anders vollenden als in seinem Sterben? Das Für seines Todes – wie sollte es anders zur Wirkung kommen als durch seine Auferstehung?

d) Ewigkeit

Der Tod ist unausweichlich und hat doch nicht das letzte Wort. Es ist dem Menschen verheißen, von den Toten aufzuerstehen. Die Bilder sind alt; sie sind mythisch und mystisch. Se haben ihren Anhaltspunkt im Glauben an die Auferstehung Jesu. Der Auferstehungsglaube ist keine Kreation der Christologie, aber in seiner christlichen Gestalt entscheidend neu geprägt. Jesus selbst stellt ihn in den Zusammenhang des Reiches Gottes, seiner Gegenwart und seiner zukünftigen Vollendung. Er stellt ihn aber vor allem auch in den Zusammenhang mit sich selbst: Keine allgemeine Unsterblichkeit, sondern die vollkommene Gemeinschaft mit ihm, dem auferstandenen Menschensohn und Gottessohn, wird von ihm verheißen und mehr noch; die Anteilhabe an der Gemeinschaft, die er selbst mit dem Vater hat, auf den hin ihm die österliche Heilsmacht eignet. Vom ewigen Leben redet Jesus nach der synoptischen Tradition so gut wie nach der johanneischen. Es ist nicht die unendliche Verlängerung des noch so guten irdischen, sondern das ganz andere, das neue Leben, für das Jesus nach Joh 3 im Gespräch mit Nikodemus das Bild der Wiedergeburt prägt.

Die Theologie der Ewigkeit ist aus biblischer Sicht dadurch belastet, dass sie sich schnell auf die Frage nach der Unsterblichkeit der Seele fixiert. Das ist gewiss nicht nur eine griechische Verfremdung, sondern eine stimmige theologische Explikation der neutestamentlichen Christologie. Aber den jesuanischen Zugang zur Hoffnung auf Ewigkeit öffnet die Konzentration auf die Liebe. Liebe will Ewigkeit, oder sie ist keine Liebe. Gottes Liebe schafft Ewigkeit, oder sie ist nicht Gottes Liebe.

„Die Liebe hört niemals auf", schreibt Paulus (1Kor 13,8). Vielleicht ist dieser Satz der Gipfel jesuanischer Christologie und theologischer Humanität.

Nachspiel: Der Gottessohn aus Nazareth

Das Johannesevangelium lässt die Gottessohnschaft Jesu stark hervortreten. Nazareth spielt nur eine indirekte Rolle. Desto bedeutender ist sie. Nathanaël ist der erste, der das Problem erkennt – und auch, wie es zu lösen ist. Der Evangelist erzählt, wie vom Täufer her Schritt für Schritt die Überzeugung sich ausbreitet, dass Jesus von Nazareth der Sohn Gottes sei. Zuerst sind es zwei Täuferjünger, die Jesus nachfolgen. Einer von ihnen, Andreas, wirbt seinen Bruder Simon. Dann wird Jesus selbst aktiv und gewinnt Philippus, der wie Simon und Andreas aus Bethsaïda stammt. Philippus seinerseits spricht Nathanaël an (1,45f):

> 45 „Den Mose im Gesetz und die Propheten beschrieben haben,
> den haben wir gefunden:
> Jesus, Josephs Sohn aus Nazareth." …
> 46 „Was kann aus Nazareth schon Gutes kommen?"

Aus Nathanaël spricht nicht Unwilligkeit, sondern Nachdenklichkeit. Nazareth wird im gesamten Alten Testament nicht erwähnt. Es ist kein Ort, auf den sich Israels Hoffnungen richten.

Mehr noch: Nach Mi 5,1f wird der davidische Messias in Bethlehem geboren. Dem entsprechen nicht nur die „Kindheitsevangelien" nach Matthäus und Lukas; auch Johannes kennt die Tradition. Nach Joh 7 entsteht am letzten Tag des Laubhüttenfestes in Jerusalem eine Kontroverse (Joh 7,40ff):

> 40 Einige aus dem Volk sagten, …:
> „Er ist wahrhaftig der Prophet."
> 47 Andere sagten:
> „Er ist der Messias".
> Wieder andere sagten:
> „Kommt der Messias denn aus Galiläa?
> 42 Sagt nicht die Schrift: aus dem Geschlecht Davids
> und aus Bethlehem, dem Dorf, aus dem David kam?"

Die Herkunft Jesu aus Nazareth scheint der Messianität Jesu zu widersprechen. Doch geht die Kritik noch weiter. Vorher bereits, gleichfalls beim Laubhüttenfest, war eingewendet worden (Joh 7,27):

> Von dem hier wissen wir, woher er ist.
> Wenn aber der Messias kommt, weiß niemand, woher er ist.

Was indes als unauflösliches Dilemma erscheint, ist in Wahrheit die Lösung des Problems. Denn bei Jesus gilt es zu entdecken, wie recht der Einwand hat und wie wahr gerade deshalb der Anspruch Jesu ist. Jesus stammt von Gott. Er ist der ewige Sohn Gottes, der Fleisch geworden ist. Aber eben deshalb tritt er auf als Jesus von Nazareth. Die Bethlehem-Tradition wird vom Johannesevangelium keineswegs negiert, sondern durch die Negation hindurch affirmiert. „Die Schrift kann nicht aufgelöst werden", sagt Jesus nach Joh 10,35. Das gilt auch für die Messias-Tradition und die Prophetie des Micha. So ist Joh 7, ironisch gebrochen, ein Zeugnis des Johannesevangeliums für die Bethlehem-Tradition.

Aber durch sie erklärt sich noch nicht das „Jesus von Nazareth". Die Lösung findet sich in der johanneischen Variante des Prophetenwortes, das Markus in Jesu konfliktträchtigen und weitgehend missglückten Auftritt in seiner Vaterstadt einbaut (Mk 6,1–6a). Johannes kennt diese Tradition, situiert die kritische Frage aber in der Synagoge von Kapharnaum bei der Brotrede, nachdem Jesus sich als „Brot, das vom Himmel herabgekommen ist" (Joh 6,32f; vgl. 6,41) geoffenbart hat (Joh 6,42):

> „Ist das nicht Jesus, der Sohn Josephs?
> Kennen wir nicht den Vater und die Mutter?
> Wie kann er nur sagen: ‚Ich bin vom Himmel herabgekommen'?"

Was es zu entdecken gälte, ist, dass Jesus als Sohn seiner Eltern Mensch geworden ist; er ist so vom Himmel herabgekommen, dass er als Sohn Josephs gilt. Dies aber ist gerade das Geheimnis seiner Inkarnation und auch seines Wirken als Jesus *von Nazareth.* Als Johannes berichtet, dass Jesus zwischenzeitlich wieder nach Galiläa geht, memoriert er einen Gedanken, das eigentliche Motiv Jesu (Joh 4,44):

> Jesus selbst hat bezeugt:
> „Ein Prophet hat in der Vaterstadt keine Ehre."

Das aber schreckt Jesus nicht ab. Er weiß es und lebt danach, weil er die Liebe Gottes zur Welt lebt. Es wird ihm nicht nur in Galiläa, sondern auch in Jerusalem so ergehen – bis zum Tod auf Golgatha Aber das macht gerade seine Sendung aus. Wo er das Wort erhebt und seine Zeichen setzt, wird es kritisch: der Widerspruch, den Menschen tief im Herzen gegen Gott tragen, wird aufgedeckt; die Blindheit der Frommen kommt ans Licht und die Finsternis der Sünder wird erhellt. Johannes der Täufer sagt es deutlich und erfährt es am eigenen Leibe (Joh 1,26):

> „Mitten unter euch steht er, den ihr nicht kennt."

Der Gottessohn wird nicht erkannt, weil er Mensch ist, Jesus von Nazareth; der Mensch Jesus von Nazareth wird nicht erkannt, weil er der Sohn Gottes ist. Der Glaube wird erkennen, dass Jesus von Nazareth der verheißene Messias Israels aus Bethlehem ist und dass dieser Christus der Gottessohn ist, der vom Himmel kommt.

Nathanaël ist – nach Johannes dem Täufer – der erste, der das versteht. Da er noch in seiner Skepsis ob des Mannes aus Nazareth befangen ist, hat der ihn längst erkannt. „Siehe, ein wahrer Israelit, an dem kein Falsch ist" (Joh 1,47: vgl. Ps 32,2). Mit diesem Wort erkennt Jesus nicht nur an, dass Nathanaël trotz seiner Bedenken mit Philippus zu ihm gekommen ist; er bestätigt auf subtile Weise auch seinen Einwand, Nazareth betreffend und das Gute, das von dort kommen kann. „Bevor Philippus dich rief, als du unter dem Feigenbaum saßest, habe ich dich gesehen" (Joh 1,48). Das darf nicht überlesen werden, zumal Jesus nach Joh 1,50 darauf zurückkommt. Das Bild ist doppelbödig. „Unter dem Feigenbaum zu sitzen", ist nach dem Alten Testament ein Bild des Friedens Israels (1Kön 5,5; 1Makk 4,12; Mi 4,4). Die Rabbinen haben gerne vom Studium der Schrift im Schatten des Feigenbaumes gesprochen. Sie haben sich aber gerne den Paradiesesbaum als Feigenbaum vorgestellt (und nicht wie wir im Norden als Apfelbaum). Augustinus schreibt in seinem Kommentar: „Unter dem Feigenbaum war Nathanaël gleichsam im Schatten des Todes". Aber er war es doch als Israelit von echtem Schrot und Korn. Das alles hat Jesus im Blick. Und Nathanaël, obgleich er wesentliche Lektionen noch vor sich hat, begreift das entscheidende sofort (Joh 1,49):

> „Rabbi,
> du bist der Sohn Gottes,
> du bist der König von Israel."

Anmerkungen

I. Einführung

1 Den Hintergrund beleuchtet *Alois* (Kardinal) *Grillmeier*, Jesus der Christus im Glauben der Kirche. Bd. 1: Von der apostolischen Zeit bis zum Konzil von Chalcedon (451), Freiburg – Basel – Wien 1982.

2 Ein wichtiges Buch aus einer Spätphase der formgeschichtlichen Schule stammt von *Klaus Wengst,* Christologische Formeln und Lieder des Urchristentums (Studien zum Neuen Testament 7), Gütersloh 1972. Wenngleich methodisch heute einiges anders gemacht würde, ist das Buch ein Ausgangspunkt auch für die heutige Diskussion.

3 Das Thema wird vielfach diskutiert. Summarisch genannt seien nur: *Eduard Schweizer,* Jesus Christus im vielfältigen Zeugnis des Neuen Testaments (Siebenstern 126), Gütersloh [19]1976 (1968); *Joachim Gnilka,* Jesus Christus nach frühen Zeugnissen des Glaubens (Biblische Handbibliothek VIII), München 1970; *Josef Ernst,* Anfänge der Christologie (Stuttgarter Bibelstudien 57), Stuttgart 1972; *Heinrich Zimmermann,* Jesus Christus. Geschichte und Verkündigung, Stuttgart 1973; *Petr Pokorny,* Die Entstehung der Christologie. Voraussetzungen einer Theologie des Neuen Testaments, Stuttgart 1984. Besonders inspirierend ist *Martin Karrer,* Jesus Christus im Zeugnis des Neuen Testaments (Das Neue Testament Deutsch. Ergänzungsband 11), Göttingen 1998. Eine vorzügliche Orientierung bietet auch *Eduard Schweizer,* Art. Jesus Christus I. Neues Testament, in: Theologische Realenzyklopädie 16 (1987) 671–726. Auch die „Theologien" des Neuen Testaments enthalten nahezu durchweg lohnende Kapitel zur frühesten Christologie.

4 Eine Auseinandersetzung findet sich in meinen Beitrag: Paulus – Legende und Wirklichkeit, in: Konrad Huber – Boris Repschinski (Hg.), Wort zum Leben – die Bibel. Beiträge zum Jahr der Bibel, Innsbruck 2001, 113–141.

5 Abschwächend wird gerne interpretiert (und übersetzt): „einige aber zweifelten". Das ist sprachlich möglich. Auch dann gäbe es einige Jünger, die während der Huldigung zweifeln. Zur Auslegung vgl. *Ulrich Luz,* Das Evangelium nach Matthäus IV (EKK I/4), Neukirchen-Vluyn 2002, 438ff.

6 Apokryphen, in: Prosaschriften, Darmstadt 1974, 1353.

7 Zwei Glaubensweisen, Zürich 1950.

8 Nicht nur für Juden, auch für Heiden; vgl. *Luigi Padovese,* Lo scandalo della croce. La polemica anticristiana nei primi secoli (Novi saggi teologici 60), Bologna 2004.

9 Die Auferstehung Jesu, München 1994.

10 Neue Einsichten erlauben viele Beiträge in: *Jens Schröter – Ralph Brucker (Hg.),* Der historische Jesus. Tendenzen und Perspektiven der gegenwärtigen Forschung (BZNW 114), Berlin 2002. Vgl. auch *Jens Schröter,* Jesus und die Anfänge der Christologie. Methodologische und exegetische Studien zu den Ursprüngen des christlichen Glaubens (BThSt 47), Neukirchen-Vluyn 2001.

[11] Geschichte der Leben-Jesu-Forschung (1906/1913), Nachdruck hg. v. Otto Merk (UTB 1302), Tübingen ^{9}1984.
[12] Das Problem des historischen Jesus (1953), in: ders., Exegetische Versuche und Besinnungen I, Göttingen 1960, 187–214.
[13] Das gilt (bei vielen Unterschieden) für die derzeit führenden wissenschaftlichen Jesusbücher von *Joachim Gnilka,* Jesus von Nazareth (HThKNT.S 3), Freiburg – Basel – Wien 1990; *John P. Meier,* A Marginal Jew. Rethinking the Historical Jesus, 2 Bde., New York 1991.1994; *Jürgen Becker,* Jesus von Nazareth, Berlin – New York 1996; *Gerd Theißen – Annette Merz,* Der historische Jesus. Ein Lehrbuch, Göttingen 1996; *James D.G. Dunn,* Jesus Remembered. Christianity in the Making I, Edinburg 2003.
[14] Hier sind vor allem die verschiedenen Arbeiten von *Klaus Berger* (Jesus, Aschaffenburg 2004) anzusiedeln, die leider an einem problematischen, „postmodernen" Wirklichkeitsbegriff kranken.
[15] Vgl. meine Abhandlung: Ereignis und Erinnerung. Jesus von Nazareth im Spiegel der Evangelien; sie wird veröffentlicht in der Schriftreihen der Nordrhein-Westfälischen Akademie der Wissenschaften, Paderborn 2006.
[16] Vgl. *Ulrich Wilckens,* Theologie des Neuen Testaments I/1.2, Neukirchen-Vluyn 2002.2003 (freilich ohne stärkere Berücksichtigung der johanneischen Traditionen).
[17] Vgl. *Th. Söding – Christian Münch,* Kleine Methodenlehre zum Neuen Testament, Freiburg – Basel – Wien 2005, 151–155.

II. Jesus in den Schriften des Neuen Testaments

[1] Vgl. *Detlev Dormeyer,* Evangelium als literarische und theologische Gattung (EdF 263), Darmstadt 1989.
[2] Zum Verhältnis zwischen dem einen Evangelium Jesu Christi und den vier Evangelien vgl. *Giuseppe Segalla,* Evangelo e Vangeli. Quattro evangelisti, quattro Vangeli, quattro destinati, Bologna 1992.
[3] Vgl. *Klaus Scholtissek,* Der Sohn Gottes für das Reich Gottes. Zur Verbindung zwischen Christologie und Eschatologie bei Markus, in: Th. Söding (Hg.), Der Evangelist als Theologe. Studien zum Markusevangelium (SBS 163), Stuttgart 1995, 63–90.
[4] Zur markinischen Christologie vgl. *Marco Vironda,* Gesù nel Vangelo di Morco. Narratologia e cristologia (Rivista Biblica. Supplementi 41), Bologna 2003.
[5] Vgl. *Alexander Weihs,* Jesus und das Schicksal der Propheten. Das Winzergleichnis (Mk 12,1–12) im Horizont des Markusevangeliums (BThSt), Neukirchen-Vluyn 2003.
[6] Die kontrovers diskutiert Frage lautet, was mit „dieser Generation" gemeint ist: die der Zeitgenossen Jesu? Israel? die Menschheit?
[7] Die Kirchenväter haben sich sehr schwer mit einer guten Erklärung getan; vgl. *Ulrich Luz,* Das Evangelium nach Matthäus III (EKK I/3), Neukirchen-Vluyn 1997, 448f. Ein Weg bot sich ihnen durch die Zweinaturenlehre. Athanasius ist ihn – im Widerspruch gegen Arius – gegangen (Orationes III 43f: BKV I/13, 300f).
[8] Lukas hat den Vers nicht. Hat er gezielt gekürzt, weil er eine christologische Problematik gesehen hat?
[9] Gezeigt von *Peter Stuhlmacher,* Die Geburt des Immanuel. Die Weihnachtsgeschichten aus dem Lukas- und Matthäusevangelium, Göttingen 2005.
[10] *Ulrich Luz,* Das Evangelium nach Matthäus I (EKK I/1), Neukirchen-Vluyn ^{5}2002, 150: Matthäus „hat zwar Jesus nicht mit Gott identifiziert, wohl aber angedeutet, dass für ihn Jesus die Gestalt ist, in der Gott bei seinem Volk und später bei allen Völkern

gegenwärtig sein wird". Das muss aber im Blick auf die Heilsmittlerschaft Jesu (1,22) präzisiert werden – so wie auch in der Relationsbestimmung Jesu zu Gott. Sonst bliebe die Theologie des Namens unausgeschöpft.

11 Vgl. meinen Beitrag: „Selig, ihr Armen". Die Makarismen im Zentrum der Verkündigung Jesu, in: O.H. Pesch – J.-M. Van Cangh (Hg.), Béatitude eschatologique et bonheur humain (Publications de L'Academie Internationale des Sciences Religieuses), Paris 2005, 37–75.

12 Näheres in meinem Beitrag: Der Gehorsam des Gottessohnes. Zur Christologie der matthäischen Versuchungserzählung (4,1–11), in: Chr. Landmesser – H.-J. Eckstein – H. Lichtenberger (Hg.), Jesus Christus als die Mitte der Schrift. Studien zur Hermeneutik des Evangeliums. FS Otfried Hofius (BZNW 86), Berlin 1997, 711–750. Einen neuen Interpretationsansatz entwickelt jetzt *Hans-Christian Kammler,* Sohn Gottes und Kreuz. Die Versuchungsgeschichte Mt 4,1–11 im Kontext des Matthäusevangeliums, in: Zeitschrift für Theologie und Kirche 100 (2003) 163–186.

13 Einzelnachweise bei *Loveday Alexander,* The Preface to Luke's Gospel. Literary Convention and Social Context in Luke 1.1–4 and Acts 1.1 (MSSNTS 78). Cambridge 1993.

14 Vgl. *Franz Jung,* Soter. Studien zur Rezeption eines hellenistischen Ehrentitels im Neuen Testament (NTA 39), Münster 2002.

15 So *Ernst Käsemann,* Jesu letzter Wille nach Johannes 17, Tübingen ^{4}1980 (^{1}1966), 17.

16 Vgl. *Marianne M. Thompson,* The Humanity of Jesus in the Fourth Gospel, Philadelphia 1988.

17 Nachgezeichnet habe ich dies in: „Was kann aus Nazareth schon Gutes kommen?" (Joh 1,46). Zur Bedeutung des Judeseins Jesu im Johannesevangelium, in: New Testament Studies 46 (2000) 21–41.

18 Vgl. *Jean-Claude Fraisse,* Philia. La notion d'amitié dans la philosophie antique. Essai sur un problème perdu et retrouvéd, Paris 1974.

19 Vgl. *Jörg Frey,* Heiden – Griechen – Gotteskinder, in: Reinhard Feldmeier – Ulrich Heckel (Hg.), Die Heiden (WUNT 70), Tübingen 1994, 228–268, bes. 238ff.

20 Vgl. *Roberto Vignolo,* Personaggi del Quarto Vangelo. Figure della fede in San Giovanni, Milano 2003, 49–94.

21 Der Handschriftenbefund, getragen von den besseren der ältesten Handschriften (P^{66}, Sinaiticus und Alexandrinus, überdies von P^{75}), spricht für „Gott" *(theós);* es ist die *lectio difficilior* (die schwierigere Lesart). Die Lesart „Sohn" *(hyiós),* für die vor allem der Alexandrinus zeugt, erklärt sich als Angleichung an Joh 3,16 und aus der Korrespondenz zu „Vater" *(patér).*

22 Vgl. *René Kiefer u. a. (Hg.),* La main de Dieu. Die Hand Gottes (WUNT 94), Tübingen 1997.

23 Vgl. *Francois Bovon – Bertrand Bouvier,* Ètienne le premier martyr. Du livre canonique au récit apocryphe, in: Cilliers Breytenbach – Jens Schröter (Hg.), Die Apostelgeschichte und die hellenistische Geschichtsschreibung. FS Eberhard Plümacher (AGAJU 57), Leiden 2004, 309–331.

24 *Ernst Haenchen* macht ein Fragezeichen hinter die oft vertretene These, Paulus habe im offiziellen Auftrag des Hohenpriesters und des Hohen Rates gehandelt: Apostelgeschichte (KEK III), Göttingen 1956, 268f.

25 Den Zusammenhang beschreibt *Peter Trummer,* Daß meine Augen sich öffnen. Kleine biblische Erkenntnislehre am Beispiel der Blindenheilungen Jesu, Stuttgart 1998, 85f.

26 Theologie des Neuen Testaments (1958), hg. v. O. Merk, Tübingen ^{9}1984, 293f.

27 Die folgenden Bemerkungen fußen auf umfangreicheren Studien in: Das Wort

vom Kreuz. Studien zur paulinischen Theologie (Wissenschaftliche Untersuchungen zum Neuen Testament 93), Tübingen 1997. Neue Beobachtungen sammelt *Matthias Konradt,* Die korinthische Weisheit und das Wort vom Kreuz. Erwägungen zur korinthischen Problemkonstellation, in: ZNW 94 (2003) 181–214.

28 Vgl. *Thomas Söding (Hg.),* Worum geht es in der Rechtfertigungslehre? (QD 189), Freiburg – Basel – Wien 1999; *Siegfried Kreuzer – Jens von Lüpke (Hg.),* Gerechtigkeit glauben und erfahren. Beiträge zur Rechtfertigungslehre, Neukirchen-Vluyn 2002. Den Perspektivenwechsel der Rechtfertigungsexegese zu einer positiven Israeltheologie dokumentiert und reflektiert *Michael Bachmann (Hg.),* Lutherische und Neue Paulusperspektive. Beiträge zu einem Schlüsselproblem der gegenwärtigen exegetischen Diskussion (WUNT 182), Tübingen 2005.

29 Vgl. *Richard H. Bell,* The Irrevocable Call of God. An Inquiry into Paul's Theology of Israel (WUNT 184), Tübingen 2005.

30 Vgl. *Martin Hengel,* Präexistenz bei Paulus?, in: Christof Landmesser – Hans-Joachim Eckstein – Hermann Lichtenberger (Hg.), Jesus Christus als die Mitte der Schrift 479–517.

31 Einen vorzüglichen Überblick verschafft *Klaus Scholtissek,* „Geboren von einer Frau, geboren unter das Gesetz", in: Udo Schnelle u. a. (Hg.), Paulinische Christologie. FS Hans Hübner, Göttingen 2000, 194–219.

32 Vgl. *Mauro Gagliardi,* La cristologia adamitica. Tentativo di recuperodel suo significato originario (Tesi Gregoriana. Serie Teologica 90), Roma 2002.

33 De legum allegoriarum 1,31–42; vgl. De opificio mundi 134–147. Aufgearbeitet von *Gerhard Sellin,* Der Streit um die Auferstehung der Toten. Eine religionsgeschichtliche und exegetische Untersuchung von 1 Korinther 15 (FRLANT 138), Göttingen 1986.

34 Herausgearbeitet von *Wilhelm Thüsing,* Gott und Christus in der paulinischen Soteriologie. Bd. I: Per Christum in Deum (NTA 1/I), Münster [3]1986 ([1]1965).

35 Die Einheitsübersetzung legt etwas zu, wenn sie schreibt „als sein Abbild"; Luther folgt der Vulgata („ad imaginem suam"), wenn er verdeutscht „zum Bilde"; offenbar geht es ihm darum, die Gottebenbildlichkeit auf die Erlösung hin zu deuten. Die „Elberfelder Bibel" lehnt sich an die Septuaginta an: „nach seinem Bild". Das öffnet den Genesistext für die neutestamentlich sich erschließende Christus-Konformität.

36 Eine Sachparallele findet sich im Vierten Evangelium: „Wer mich gesehen hat, hat den Vater gesehen" (Joh 14,9; vgl. 12,45).

37 Die paulinische Wendung steht nahe bei der Bergpredigt: Mt 5,32.

38 Eine sachliche Übereinstimmung zeichnet sich zur matthäischen Version ab (Mt 5,32; 19,9) – wenn sie so interpretiert wird wie von der Mehrzahl der Kirchenväter und katholischen Kirchenrechtler: Die *porneia,* bei der nach Matthäus die Ehescheidung (und Wiederheirat) erlaubt sei, müsse (wie bei den Propheten vielfach vorgegeben) als Verstoß gegen das Erste Gebot verstanden werden. Die heutige Exegese deutet allerdings meist auf schwere Formen von Ehebruch, z.T. auf Prostitution.

39 Gut herausgearbeitet von *Samuel Vollenweider,* Freiheit als Neue Schöpfung. Eine Untersuchung zur Eleutheria bei Paulus und in seiner Umwelt (FRLANT 147), Göttingen 1989, 201f.

40 Vgl. *Jens Schröter,* Das Abendmahl. Frühchristliche Deutungen und Impulse für die Gegenwart (SBS 210), Stuttgart 2006. Der Band führt die Forschungsdiskussion auf einen neuen Stand. Kontroversen über die Frage der Historizität und Deutung der *verba testamenti* bleiben lohnend.

41 Das hängt an der Übersetzung des Verbes *ekdéchein* in Vers 33. Alle großen Bibelübersetzungen sagen mit der Vulgata „warten". Die Situation, die dann entsteht, illustriert *Hans-Josef Klauck,* Herrenmahl und hellenistischer Kult. Eine religions-

geschichtliche Untersuchung zum ersten Korintherbrief (NTA 15), Münster ^{2}1986 (^{1}1981), 287–297. Das Verb kann aber auch „annehmen" heißen. Dann würde Vers 33 nur Vers 21 wiederholen. Die Frage steht in einem größeren Kontext: Wurde in Korinth erst die „Agape" und dann die „Eucharistie" gefeiert? Dann ergäbe die Aufforderung: „Wartet aufeinander" Sinn; es bestünde nicht die Gefahr, dass die Nachzügler, wahrscheinlich die Armen, von der Eucharistie, wohl aber, dass sie von der vorhergehenden Mahlgemeinschaft (teilweise) ausgeschlossen würden. Für die gegenteilige Annahme, dass zuerst das eucharistische Brot gebrochen, dann das Agapemahl gehalten und zum Schluss der eucharistische Becher gereicht wurde, wird geltend gemacht, in der Herrenmahlsparadosis beim Becher heiße es: „nach dem Mahl" (11.25); so *Otfried Hofius,* Paulusstudien (WUNT 51), Tübingen 1989, 203–241. Aber 1Kor 11,23ff ist eucharistische *memoria,* nicht liturgisches Formular.

42 Vgl. *Martin Karrer,* Jesus Christus im Neuen Testament 106–132.

43 Das zeigen die verschiedenen Beiträge in: Th. Söding (Hg.), Eucharistie – Positionen katholischer Theologie, Regensburg 2002.

44 Vgl. *Klaus Scholtissek (Hg.),* Christologie in der Paulus-Schule. Zur Rezeptionsgeschichte des paulinischen Evangeliums (SBS 181), Stuttgart 2000.

45 Vgl. *Ferdinand Schumacher,* Erlöst vom Schrecken der Zeit. Fragmente zum Verhältnis von Mythos und Verkündigung, in: Erinnerte Hoffnung. FS J.B. Metz, Mainz 1993, 50–60.

46 *Hans Hübner* beurteilt den Text nicht als vorpaulinische Formel, sondern als eigenhändiges Werk des Verfassers, der alte Traditionen bearbeitet hat (An die Kolosser [HNT 12], Tübingen 1997, 84f).

47 Die Diskussion über die richtige Deutung ist allerdings umstritten. Für die hier gewählte auf die Gebote (oder „Satzungen") des Alten Testaments, insbesondere die Zehn Gebote, spricht Eph 2,15. Ähnlich deutet *Ulrich Luz,* Der Brief an die Kolosser (ATD 8/1), Göttingen 1998, 223.

48 Näher beschrieben habe ich dies in: Blick zurück nach vorn. Bilder lebendiger Gemeinden im Neuen Testament, Freiburg – Basel – Wien 1997, 111–114.

49 Abgelehnt allerdings von *Rudolf Schnackenburg,* Der Brief an die Epheser (EKK X), Neukirchen-Vluyn 1982, 118. *Heinrich Schlier* (Der Brief an die Epheser, Düsseldorf 1968, 136f) denkt an die Himmelfahrt – als Evangeliumsverkündigung?

50 Nähere Ausführungen finden sich in meinem Aufsatz: Mysterium fidei. Zur Auseinandersetzung mit der „Gnosis" in den Pastoralbriefen, in: Communio (Deutschland) 26 (1997) 502–524.

51 Vgl. *Jürgen Roloff,* Der Erste Brief an Timotheus (EKK XV), Neukirchen-Vluyn 1988, 351: „Jesus Christus erscheint hier gleichermaßen als der urbildhaft Bekennende wie als der den Inhalt des Bekennens Normierende."

52 Anders (um den – angeblichen – Widerspruch im Handeln Christi zu vermeiden) *Alfons Weiser,* Der Zweite Brief an Timotheus (EKK XVI/1), Neukirchen-Vluyn 2003, 176.

53 Zum Hebräerbrief vgl. *Rainer Kampling (Hg.),* Ausharren in der Verheißung. Studien zum Hebräerbrief (SBS 204), Stuttgart 2005. Den Hintergrund der folgenden Ausführungen beleuchtet mein Beitrag: „Hoherpriester nach der Ordnung des Melchisedek" (Hebr 5,10). Zur Christologie des Hebräerbriefes (ebd. 63–109).

54 So deutet *Hans Urs von Balthasar,* Fides Christi, in: ders., Sponsa Verbi, Einsiedeln 1960, 45–79; ders., Herrlichkeit III/2.2: Neuer Bund, Einsiedeln 1969, 122ff. Balthasar vermittelt besser zur Christologie als *Gerhard Ebeling,* Jesus und Glaube (1958), in: ders., Wort und Glaube (I), Tübingen ^{3}1967, 203–254. Die Deutung als *Genitivus subjectivus* habe ich mir zu eigen gemacht in: Zuversicht und Geduld im Schauen auf

Jesus. Zum Glaubensbegriff des Hebräerbriefes, in: Zeitschrift für die neutestamentliche Wissenschaft 82 (1991) 214–241.

55 Dogmatisiert von *Thomas von Aquin,* S.Th. III q.7 a.3.

56 So *Rudolf Bultmann,* Bekenntnis- und Liedfragmente im ersten Petrusbrief, in: CN XI (Lund 1947) 1–14.

57 Weiterführende Bemerkungen zur Machart und zum Kontext bei *François Vouga,* La Christologie de la Première Epitre de Pierre, in: Jacques Schlosser (Hg.), The Catholic Epistles and the Tradition (BEThL 176), Leuven 2004, 307–325, bes. 316ff.

58 Vgl. *Hermann Spieckermann,* Gottes Liebe zu Israel. Studien zur Theologie des Alten Testaments (FAT 33), Tübingen 2001, 128–138. 142–147.

59 *Cilliers Breytenbach* arbeitet penibel die verschiedenen Motive heraus, integriert aber ausgerechnet die soteriologische Zentralaussage nicht in seine erhellende Exegese: „Christus litt euretwegen". Zur Rezeption von Jesaja 53 LXX und anderen frühjüdischen Traditionen im 1. Petrusbrief, in: Jörg Frey – Jens Schröter (Hg.), Deutungen des Todes Jesu im Neuen Testament (WUNT 181), Tübingen 2005, 437–454.

60 Vgl. *Gerd Theißen,* Neues Testament, München 2002.

61 Zur Diskussion der eschatologischen Problematik vgl. die erhellenden, viele „kritische" Urteile revidierenden Studien von *Kurt Erlemann,* Endzeiterwartungen im frühen Christentum (UTB 1937), Tübingen – Basel 1996.

62 Zur Einzelexegese vgl. *Anton Vögtle,* Der Judasbrief. Der Zweite Petrusbrief (EKK XXII), Neukirchen-Vluyn 1994, 163.180. Allerdings glaubt Vögtle, dass die Parusieerwartung durch den Rekurs auf das Verklärungsgeschehen relativiert, nicht interpretiert werden soll.

63 Deutlich skeptischer beurteilt die theologische Leistung des Briefes allerdings *Rudolf Hoppe,* Parusieglaube zwischen dem Ersten Thessalonicherbrief und dem Zweiten Petrusbrief. Ein unerledigtes Problem, in: J. Schlosser (Hg.), The Catholic Epistles 433–449.

64 So *Ulrich Wilckens,* Der Sohn Gottes und seine Gemeinde, Berlin 2002, 89–125.

65 So *Hans-Josef Klauck,* Der Erste Johannesbrief (EKK XXIII/1), Neukirchen-Vluyn 1991, 34–42.

66 Die Spannung prägt die Gesamtkomposition der christlichen Bibel beider Testamente; vgl. *Thomas Söding,* Einheit der Heiligen Schrift? Zur Theologie des biblischen Kanons (QD 211), Freiburg – Basel – Wien 2005.

67 Vgl. *Knut Backhaus (Hg.),* Theologie als Vision. Studien zur Johannesapokalypse (SBS 191), Stuttgart 2001. Die folgenden Beobachtungen fußen auf meinem Beitrag: Gott und das Lamm. Theozentrik und Christologie in der Johannesapokalypse (ebd. 77–120).

68 Vgl. *Monica-Elena Herghelegiu,* Siehe, er kommt mit den Wolken! Studien zur Christologie der Johannesoffenbarung (EHS 785), Frankfurt/Main 2004, 29–73.

69 Vgl. *Claudio Dolglio,* Il Primogenito dei Morti. La risurrezione di Cristo e dei cristiani nell'Apocalisse di Giovanni (Revista Biblica. Supplementi 43), Bologna 2005.

70 Vgl: *Richard Schaeffler,* Philosophische Einübung in die Theologie I-III, Freiburg – München 2004.

71 Bezweifelt von *Heinz Giesen,* Die Offenbarung des Johannes (RNT), Regensburg 1997, 193.

72 *Klaus Berger* (Theologiegeschichte des Urchristentums. Theologie des Neuen Testaments [UTB], Tübingen ^{2}1995 [^{1}1994], 624) deutet die Versiegelung mit Verweis auf Jes 44,5; Ez 9,4ff; Test Hiob 5,2 und PsSal 15,6.9 als apotropäischen Gestus mit magischem Sinn. Das ist zu offen.

73 Vgl. *Rob Dalrymple,* These are the ones … (Rev 7), in: Biblica 86 (2005) 398–406.

74 Die besten Auslegungen stammen aus Zeiten, da Diktaturen der Spiegel vorgehal-

ten wird; vgl. *Heinrich Schlier,* Vom Antichrist (1935), in: ders., Die Zeit der Kirche. Exegetische Aufsätze und Vorträge, Freiburg – Basel – Wien [5]1972, 15–29 (die Erstveröffentlichung erfolgte in der Schweiz in der Barth-Festschrift); ebenfalls aus der Nazizeit stammen die wichtigsten Beobachtungen von *Erik Peterson,* Offenbarung des Johannes und politisch-theologische Texte, aus dem Nachlass hg. v. Barbara Nichtweiß und Werner Löser SJ (Ausgewählte Schriften 4), Würzburg 2004; vgl. auch *Heinz Schürmann,* Das „etabliert Böse", bedacht im Licht der Apokalypse, in: E. Coreth – W. Ernst – E. Tiefensee (Hg.), Von Gott reden in säkularer Gesellschaft. FS. K. Feiereis (EThSt 71), Leipzig 1996, 43–59 (Der Beitrag, Anfang der 70er Jahre entstanden, wurde von den DDR-Behörden unter Zensur gestellt.).

75 Vgl. *Gerd Häfner,* Die „Sonnenfrau" im Himmel und ihr Kind (Offb 12). Ein altes Rätsel, neu bedacht, in: Münchner Theologische Zeitschrift 56 (2005) 113–133.

76 Vgl. *Franz Mußner,* Maria, die Mutter Jesu im Neuen Testament, St. Ottilien 1993, 119–155.

77 Vgl. *Otfried Hofius,* Das Zeugnis der Johannesoffenbarung von der Gottheit Jesu Christi, in: Hubert Cancik – Hermann Lichtenberger – Peter Schäfer (Hg.), Geschichte – Tradition – Reflexion. FS Martin Hengel, Tübingen 1996, III: Frühes Christentum, hg. v. Hermann Lichtenberger, 511–528.

78 Herodot, hist. II 156; Homer, hymn. 3, 351ff; Euripides, Iph.Taur. 1234–1251.

79 Vgl. *Veit Rosenberger,* Griechische Orakel. Eine Kulturgeschichte, Darmstadt 2001.

80 Vgl. *Jörg Frey,* Das apokalyptische Millennium. Zu Herkunft, Sinn und Wirkung der Milleniumsvorstellung in Offenbarung 20,4–6, in: Millennium. Deutungen zum christlichen Mythos der Jahrtausendwende, München 1999, 10–72, bes. 29–32.

81 Vgl. meinen Aufsatz: Kreuzerhöhung. Zur Deutung des Todes Jesu nach Johannes, in: Zeitschrift für Theologie und Kirche 103 (2006).

82 Vgl. *Michael Albani,* Stars und Sterne – Der Stern des Messias und die Sterne der Könige: Welt und Umwelt der Bibel 26 (2002) 26–33

83 Eine intensive Auslegung macht *Karl Matthäus Woschitz,* Erneuerung aus dem Ewigen. Denkweise – Glaubensweisen in Antike und Christentum nach Offb 1.3, Wien u. a. 1988.

84 So der Vorschlag von *Peter Trummer,* Einige Aspekte zur Bildersprache der Apokalypse, in: Karl Kertelge (Hg.), Metaphorik und Mythos im Neuen Testament (QD 126), Freiburg – Basel – Wien 1990, 278–290: 283.

85 Die Offenbarung des Johannes (NTD 11), Göttingen 1988, 17.

86 Zur theologischen Auslegung vgl. meinen Beitrag: „Wer sich zu mir bekennt, ..." (Lk 12,8f). Der Anspruch Jesu und die Universalität des Evangeliums, in: Th. Söding (Hg.), Nimmt der Glaube die Freiheit? Die neue Debatte über den Monotheismus (QD 196), Freiburg – Basel – Wien 2003, 53–122.

87 Vgl. *Jürgen Roloff,* Die Offenbarung des Johannes (ZBK.NT), Zürich 1987, 50.

88 Offb 59.

89 Handelt es sich um tatsächliche Juden, denen Johannes ihr Jude-Sein absprechen will? Oder um Menschen; die sich auf das Judentum berufen, ohne Juden zu sein? Die Forschung ist sich nicht eins.

90 Auf sie verweist *Peter Trummer,* Daß meine Augen sich öffnen 69ff.

91 Die maßgebende formgeschichtliche Untersuchung stammt von *Klaus-Peter Jörns,* Das hymnische Evangelium. Untersuchungen zu Aufbau, Funktion und Herkunft der hymnischen Stücke in der Johannesoffenbarung (StNT 5), Gütersloh 1971.

92 Vgl. *Christoph Auffarth – Lorenz Stukenbrock (Hg.),* The Fall of the Angels (Themes in Biblical Narrative 6), Leiden 2004. Eine gute exegetische Skizze fertigt *Christian Nanz,* „Hinabgeworfen wurde der Ankläger unserer Brüder" (Offb 12,10). Das Motiv

vom Satanssturz in der Johannes-Offenbarung, in: K. Backhaus (Hg.), Theologie als Vision 151–171.

[93] So *Gerd Theißen – Annette Merz,* Der historische Jesus 196f.236.

[94] So *Jürgen Becker,* Jesus von Nazareth 131ff.

[95] Vgl. *Dieter Sänger,* „Amen, komm, Herr Jesus!“ (Apk 22,20), in: Friedrich Wilhelm Horn – Michael Wolter (Hg.), Studien zur Johannesoffenbarung und ihrer Auslegung. FS Otto Böcher, Neukirchen-Vluyn 2005, 71–92.

[96] Eine Parallele zieht Did 10,6; vgl. *Kurt Niederwimmer,* Die Didache (KAV 1), Göttingen 1989, 204f.

[97] Sprachlich ist es auch möglich, das Aramäische indikativisch zu übersetzen („Unser Herr ist gekommen!“) und dann sowohl auf seine geschichtliche Präsenz zu Lebzeiten als auch auf seine Gegenwart im Gottesdienst zu beziehen. Aber Offb 22,20 spricht für eine imperativische, auf die Parusie bezogene Bitte. Den eschatologischen Horizont der Eucharistiefeier öffnet auch 1Kor 11,26 („…, bis er kommt“).

III. Jesus im Glaubensbekenntnis des Neuen Testaments

[1] Einen sehr guten Überblick verschafft *Ferdinand Hahn,* Theologie des Neuen Testaments. Bd. I: Theologiegeschichte des Urchristentums, Tübingen 2002, 128–178.

[2] Vgl. meine Skizze: Das volle und das leere Grab. Zur theologischen Bedeutung einer schwierigen Ostertradition, in: Pastoralblatt 57 (2005) 67–72.

[3] Eine Neubewertung bahnt – sogar von Paulus her – *Martin Hengel* an: Das Begräbnis Jesu bei Paulus und die leibliche Auferstehung aus dem Grabe, in: Friedrich Avemarie – Hermann Lichtenberger (Hg.), Auferstehung – Resurrection (WUNT 135), Tübingen 2001, 119–183.

[4] Vgl. zur heutigen Diskussion *Ulrich Wilckens,* Theologie des Neuen Testaments I/2, 107–124.

[5] Der Ablauf der Osterereignisse und die Anfänge der Urgemeinde, in: Tübinger Theologische Quartalsschrift 160 (1980) 162–176.

[6] Einen exegetischen Diskussionsüberblick über die Osterevangelien gibt *Yves Tissot,* Le developement des narrationes pascales, in: David H. Warren – Graham Brock – David W. Pao (ed.), Early Christian Voices. Festschrift Francois Bovon (Biblical Interpretation series 66), Leiden 2003, 211–226.

[7] Vgl. *Camille Focant,* Un silence qui fait parler (Mc 16,8), in: Adelbert Denaux (ed.), New Testament Textual Criticism and Exegesis. Festschrift Jacques Delobel (BEThL 161), Leuven 2002, 79–96.

[8] Die Auslegung leidet ein wenig unter widersprüchlichen Theorien zur Genese des Textes. Dass er zum ursprünglichen Abschluss des Osterevangeliums gehörte, ist unstrittig.

[9] Vgl. *Günter Thomas,* „Er ist nicht hier“. Die Rede vom leeren Grab als Zeichen der neuen Schöpfung, in: Hans-Joachim Eckstein – Michael Welker (Hg.), Die Wirklichkeit der Auferstehung, Neukirchen-Vluyn 2002, 183–220.

[10] Vgl. *Albert Denaux,* Matthew's Story of Jesus' Burial and resurrection (Mt 27,52–28,20), in: R. Bieringer u. a. (Hg.), Resurrection in the New Testament. FS J. Lambrecht (BEThL 165), Leuven 2002, 123–145.

[11] Zum Jüngerbild vgl. *Gérard Claudel,* À la recherche du disciple modèle de Matthieu, in: Revue des Sciences Religieuses 79 (2005) 77–95.

[12] Allerdings gibt es eine Kontroverse, ob Israel im universalen Missionsbefehl ein- oder ausgeschlossen sei. Die Diskussion berührt die schwierige Frage christlicher Judenmission und Israeltheologie. Sie wird paradigmatisch geführt von *Hubert Frankemölle* und *Florian Wilk* in: Zeitschrift für Neues Testament 8 (2005) 44–60.

[13] Vgl. *Odette Mainville,* De Jésus à l'Èglise. Ètude redactionelle de Luc 24, in: New Testament Studies 251 (2005) 192–211.
[14] Sorgfältig analysiert sie mit den Methoden der Redaktionskritik *Joachim Wanke,* Die Emmauserzählung (EThSt 31), Erfurt 1973. Heute würde man wohl noch stärker mit wechselseitigen Überblendungen von Tradition und Redaktion rechnen. Vgl. *Bruno Maggioni,* I due discepoli di Emmaus (Lc 24,13–35), in: Rinaldo Fabris (ed.), Initium sapientiae. FS Franco Festorazzi (Rivista Bibica. Supplementi 36), Bologna 2000, 263–270; *Anna Maria Schwemer,* Der Auferstandene und die Emmausjünger, in: F. Avemarie – H. Lichtenberger (Hg.), Auferstehung – Resurrection 95–117; *John Gillman,* The Emmaus Story in Luke-Acts revisted, in: Raimund Bieringer u. a. (Hg.), Resurrection 165–188.
[15] Vgl. *Karl-Heinz Fleckenstein – Mikko Louhivuori – Rainer Riesner (Hg.),* Emmaus in Judäa. Geschichte – Exegese – Archäologie, Gießen 2003.
[16] Vgl. *Hans-Joachim Eckstein,* Die Wirklichkeit der Auferstehung Jesu. Lukas 24,34 als Beispiel früher formelhafter Zeugnisse, in: ders. – Michael Welker (Hg.), Die Wirklichkeit der Auferstehung 1–30.
[17] Vgl. *Wilfried Eckey,* Das Lukasevangelium II, Neukirchen-Vluyn 2004, 989.
[18] So auch von *Ulrich Wilckens,* Theologie des Neuen Testaments I/2 149ff. Richtig ist, dass Ignatius mit Lukas gegen Doketisten argumentieren kann, die Jesus – dem Irdischen wie dem Auferstandenen – einen Scheinleib andichten (Smyrn 3,2; vgl. Trall. 9,1f; 10,1; Smyrn 2,1; 4,1).
[19] Vgl. *Andy Johnson,* Our God Reigns. The Body of the risen Lord in Luke 24, in: Word and World 22/2 (2002) 133–143.
[20] Zum Hintergrund der folgenden Exegesen vgl. meinen Beitrag: Erscheinung, Vergebung und Sendung. Joh 21 als Zeugnis entwickelten Osterglaubens, in: Raimund Bieringer u. a. (Hg.), Resurrection 207–231.
[21] Eine sorgfältige Analyse bei *Susanne Ruschmann,* Maria von Magdala im Johannesevangelium (NTA 40), Münster 2002. Reiche Zeugnisse der Rezeption bezieht ein *Ingrid Maisch,* Maria Magdalena. Zwischen Verachtung und Verehrung. Das Bild einer Frau im Spiegel der Jahrhunderte, Freiburg – Basel – Wien 1996.
[22] Magdalena am Grabe, Frankfurt/Main – Leipzig 2003.
[23] So *Winfried Verburg,* Magdalena am Grab. Warum wendet sich Magdalena von Jesus ab?, in: Kirche und Schule 32/133 (2005) 3–10. Sprachlich ist diese Deutung möglich; aber im übrigen Text sind die Wendungen immer Hinwendungen, die ein Gespräch von Angesicht zu Angesicht eröffnen.
[24] Darüber gibt es eine bis heute lebhaft geführte historische Diskussion über die genaue Lage des leeren Grabes. Die Anglikaner, in der Grabeskirche nicht vertreten, haben die Theorie des Gartengrabes entwickelt, das deutlich nördlicher gelegen habe; vgl. *Peter Walker,* The Weekend that changes the World. The Mystery of the Jerusalem's Empty Tomb, London 1999.
[25] Magdalena am Grabe 49.
[26] Zu übersetzen wäre dann genauer: „Fass mich nicht länger an" (*E.G. Hoffmann – H. v.Siebenthal,* Griechische Grammatik zum Neuen Testament, Riehen 1985, § 212) oder „Lass mich los" (*Bauer-Aland,* Wörterbuch zum Neuen Testament s.v.).
[27] Vgl. (mit Diskussion der Alternative) *Rudolf Schnackenburg,* Das Johannesevangelium, 3 Bde. (HThKNT IV), Freiburg – Basel – Wien 2000 (^{1}1965–1975), III 344.
[28] Vgl. *Jan-A. Bühner,* Der Gesandte und sein Weg im 4. Evangelium (WUNT II/2), Tübingen 1977. Freilich muss das Motiv mit der Paschatheologie verknüpft werden.
[29] Einige Aspekte habe ich angesprochen in: Das Wehen des Geistes. Aspekte neutestamentlicher Pneumatologie, in: Bernhard Nitsche (Hg.), Atem des sprechenden Gottes. Einführung in die Lehre vom Heiligen Geist, Regensburg 2003, 21–71.

[30] Vgl. *Martin Hasitschka,* Befreiung von der Sünde nach dem Johannesevangelium. Eine bibeltheologische Untersuchung (IthSt 27), Innsbruck 1989.

[31] Vgl. *Reinhard Metzner,* Das Verständnis der Sünde im Johannesevangelium (WUNT 122), Tübingen 2000.

[32] Der Erste Johannesbrief (1,8ff; 3,9; 5,16ff) bietet in epistolographischer Form eine Anwendung, die mit der Differenzierung zwischen „leichteren" und „tödlichen" Sünden einen weiteren Schritt auf dem Weg zur frühchristlichen Bußpraxis macht.

[33] Vgl. *Udo Schnelle,* Das Evangelium nach Johannes (ThHK 4), Berlin [3]2004 ([1]1998), 331.

[34] Vgl. *William Bonney,* Caused to believe. The doubting Thomas story at the climax of John's Christological narrative (Biblical Interpretation Series 62), Leiden 2002.

[35] *Rudolf Pesch* versuchte den redaktionskritischen Aufweis, dass Joh 21 eine österliche Transformation der lukanischen Tradition sei (Der reiche Fischfang Lk 5,1–11/Joh 21,1–14. Wundergeschichte – Berufungserzählung – Erscheinungsbericht [KBANT], Düsseldorf 1969). Eine direkte Lukas-Redaktion suchte *Frans Neirynck* nachzuweisen: John 21 (1989), in: ders., Evangelica II, hg. v. F. van Segbroeck (BEThL 99, Leuven 1991, 601–616. Tatsächlich dürfte Johannes das Lukasevangelium gekannt haben. Aber dass er den Text so tiefgreifend umgestaltet, im Grunde doch radikal umgeschrieben hat, erklärt sich bedeutend leichter, wenn er auf eine eigene, eine johanneische Ostertradition zurückgreifen konnte.

[36] Das erklärt, weshalb der Irdische die Jünger auf die kommende Missionsaufgabe vorbereitet (Joh 4,35–38; vgl. 7,35; 10,16; 11,52; 12,20–36).

[37] Neue Aspekte erschließt *Tobias Nicklas,* 153 große Fische (Joh 21,11). Erzählerische Ökonomie und johanneischer Überstieg, in: Biblica 84 (2003) 366–387: Die Zahl solle zum Nachdenken und immer neuen Lesen hinführen. Aber warum gerade diese?

[38] Zu den Deutungsversuchen der Symbolzahl 153 vgl. *Rudolf Schnackenburg,* Joh III 426f (der aber gegenüber einer missionstheologischen Interpretation skeptisch ist). Auf die universale Kirche aus Juden und Heiden deutet vor allem der Rückbezug auf Joh 11,52 und 12,32. Vgl. *Ulrich Wilckens,* Das Evangelium nach Johannes (NTD 4), Göttingen 1998, 324: „Die symbolische Bedeutung der Zahl 153 muss also als ‚Vollzahl' der Jünger in der *einen* Kirche gedeutet werden."

[39] Vgl. *Anna Maria Schwemer,* Das Problem der Mahlgemeinschaft mit dem Auferstandenen, in: Christian Grappe (Hg.), Le repas de Dieu. Das Mahl Gottes (WUNT 169), Tübingen 2004, 187–226.

[40] In einem wichtigen Buch hat *Hans-Josef Klauck* bezeigt, wie früh sich Ressentiments, später auch Antijudaismus, der Gestalt des Judas bemächtigt haben: Judas – ein Jünger des Herrn (QD 111), Freiburg – Basel – Wien 1987.

[41] Das Neue Testament erzählt ihn nicht direkt; er ist aber durch den Ersten Clemensbrief für die Zeit des Kaisers Nero belegt; vgl. *Joachim Gnilka,* Petrus und Rom, Freiburg – Basel – Wien 2002, 110–126.

[42] Anders sieht dies *Ulrich Heckel,* Hirtenamt und Herrschaftskritik. Die urchristlichen Ämter aus johanneischer Sicht (BThSt 65), Neukirchen-Vluyn 2004, 193. Allerdings kommt die lehrreiche Studie zu dem Schluss, Petrus sei „Wortführer oder Sprecher aller Glaubenden" (ebd.). Nur weist das Hirtenbild in Richtung Leitung. Wichtig ist, dass ein Stellvertreter den Platz dessen, den er vertritt, nicht einnimmt, sondern freihält.

[43] *Jürgen Roloff* urteilt, Petrus repräsentiere das Hirtenamt der „Gemeindeleitung": Die Kirche im Neuen Testament (NTD.E 10), Göttingen 1993, 299. Aber das Netz, das nicht reißt, lässt sich besser auf die ganze Kirche deuten.

[44] Ausführlich zur Exegese: *Otto Schwankl,* Die Sadduzäerfrage (Mk 12,18–27). Eine exegetisch-theologische Studie zur Auferstehungserwartung (BBB 66), Bonn 1987.

[45] Wichtige Beobachtungen macht *Jens Schröter,* Jesus und die Anfänge der Christologie. Methodische und exegetische Studien zu den Ursprüngen des christlichen Glaubens (BThSt 47), Neukirchen-Vluyn 2001. Zu Ps 110 im Urchristentum vgl. *Martin Hengel,* „Setze dich zu meiner Rechten!" Die Inthronisation Christi zur Rechten Gottes und Psalm 110,1, in: Marc Philonenko (Hg.), Le Trône de Dieu (WUNT 69), Tübingen 1993, 108–194; ders., Ps 110 und die Erhöhung des Auferstandenen zur Rechten Gottes, in: Cilliers Breytenbach – Henning Paulsen (Hg.), Anfänge der Christologie. FS Ferdinand Hahn, Göttingen 1991, 43–47.

[46] *Wilfried Eckey* sieht eine Distanz zu politischen Messianologie: Das Markusevangelium, Neukirchen-Vluyn 1998, 318–322.

[47] So *Helmut Merklein,* Studien zu Jesus und Paulus (WUNT 43), Tübingen 1987, 157–180: 173f.

[48] Betont von *Ulrich Wilckens,* Theologie des Neuen Testaments I/2, 136ff.

[49] Vgl. *Detlev Dormeyer – Massimo Grilli,* Gottes Wort in menschlicher Sprache. Die Lektüre von Mt 18 und Apg1–3 als Kommunikationsprozess (SBS 201), Stuttgart 2004.

[50] Zur heilsgeschichtlichen und soteriologischen Kontextualität des Pfingstfestes bei Lukas vgl. *Patrick Faure,* Pentecôte et Parousie. Act 1,6–3,26. L'Èglise et le mystère d'Israël entre les textes alexandrin et occidental des Actes des Apôtres (ÉtB. NS 509), Paris 2003.

[51] Vgl. *John L. Kilgallen,* „With many other words". Theological assumptions in Peter's Pentecost Speech, in: Biblica 83 (2002) 71–87. m

[52] Zur Diskussion vgl. *Rudolf Pesch,* „Er wird Nazoräer heißen". Messianische Exegese in Mt 1–2, in: F. Van Segbroeck u. a. (Hg.), The Four Gospels 1992. FS Frans Neirynck (BEThL 100), Leuven 1992, 1385–1401.

[53] Vgl. *Dieter Böhler,* Was macht denn Simson in der Bibel?, in: Theologie und Philosophie 80 (2005) 481–489.

[54] Eine historische Auswertung versucht *Klaus Berger,* Jesus als Nasoräer/Nasiräer, in: Novum Testamentum 38 (1996) 323–335.

[55] *Jürgen Roloff* diskutiert, ob der Glaube der Apostel oder des Geheilten gemeint sei und entscheidet sich für das erste: Die Apostelgeschichte (NTD 5), Göttingen 1981, 76.

[56] So *Jürgen Roloff,* Apg 78f.

[57] Vgl. *Clinton Wahlen,* Peter's vision and conflicting definition of purity, in: New Testament Studies 51 (2005) 515–518.

[58] Vgl. *Martin Karrer,* Jesus Christus im Neuen Testament 135ff.

[59] Vgl. *Klaus Scholtissek,* in: Heinz-Josef Fabry – Klaus Scholtissek, Der Messias. Perspektiven des Alten und Neuen Testaments (NEB.NT), Würzburg 2002, 82ff.

[60] Das Standardwerk stammt von *Ferdinand Hahn,* Christologische Hoheitstitel. Ihre Geschichte im frühen Christentum (FRLANT 83), Göttingen ^{5}1995 (^{1}1962).

[61] Tiefschürfend untersucht von *Martin Karrer,* Der Gesalbte. Die Grundlagen des Christustitels (FRLANT 155), Göttingen 1990.

[62] Das arbeitet *Santi Grasso* überscharf heraus, wenn zwischen 8,30 und 8,31 zwei Hauptteile des Evangeliums unterschieden werden: Vangelo die Marco, Milano 2003, 24–30.

[63] Das Messiasgeheimnis in den Evangelien, Göttingen 1901.

[64] So z. B. *Joachim Gnilka,* Das Evangelium nach Markus II (EKK II/2), Neukirchen-Vluyn 1979, 10–14.

[65] *Joachim Gnilka* (Mk II 18) rechnet mit einem Zeugnis palästinischer Christologie.

[66] Vgl. *Ulrich Wilckens,* Theologie des Neuen Testaments I/2, Neukirchen-Vluyn 2003, 4–9; *Peter Stuhlmacher,* Biblische Theologie des Neuen Testaments I, Göttingen ^{3}2005 1992), 113f.

[67] Vgl. *Christfried Böttrich,* Verkündigung aus „Neid und Rivalität"? Beobachtungen zu Phil 1,12–18, in: ZNW 95 (2004) 84–101.

[68] *Wilfried Eckey* bezieht mit Gewinn Röm 14,7f ein: Die Briefe des Paulus an die Philipper und an Philemon, Neukirchen-Vluyn 2006, 62f.

[69] Vgl. *Rudolf Schnackenburg,* Eph 232ff.

[70] *Ulrich Wilckens* (Theologie I/3, 65ff) hält den Brief für authentisch: für die Korrektur eines enthusiastischen Missverständnisses. Schwer zu erklären bleibt dann das auffällige Sondervokabular des Briefes, überdies ist das Spiel mit Selbstzitaten und Modifikationen eher bei einem Schüler als beim Meister vorstellbar; vgl. *Wolfgang Trilling,* Der Zweite Brief an die Thessalonicher (EKK XIV), Neukirchen-Vluyn 1980, 22–26.

[71] Besonders nach dem Artikel von *Andreas Lindemann,* Zum Abfassungszweck des zweiten Thessalonicherbriefes, in: ZNW 68 (1977) 35–47.

[72] Gut herausgestellt von *Eckhardt Reinmuth,* Der Zweite Thessalonicherbrief (NTD 8/2), Göttingen 1998, 161f.

[73] Zur Auslegung vgl. *Hans-Joachim Eckstein,* Markus 10,46–52 als Schlüsseltext des Markusevangeliums, in: ZNW 87 (1992) 33–50.

[74] Vgl. *Th. Söding,* Glaube bei Markus. Glaube an das Evangelium, Gebetsglaube und Wunderglaube im Kontext der markinischen Basileiatheologie und Christologie (Stuttgarter Biblische Beiträge 12), Stuttgart ^{2}1987 (^{1}1985), 426–432.

[75] Ausführlich zum folgenden vgl. meinen Beitrag: Davidssohn und Gottessohn. Zur paulinischen Christologie von Röm 1,3f, in: Axel v.Dobbeler – Kurt Erlemann – Roman Heiligenthal (Hg.),Religionsgeschichte des Neuen Testaments. FS Klaus Berger, Tübingen – Basel 2000, 325–356.

[76] Theologie des Neuen Testaments 52. Die These passt genau zu seiner Deutung von 2Kor 5,16 und seiner theologischen Relativierung des irdischen Jesus.

[77] So u. a. *Rudolf Schnackenburg,* Christologie des Neuen Testaments, in: Mysterium Salutis 3/1 (1970) 227–338: 265f.

[78] Deshalb sollte man vorsichtig sein, von einer „verkümmerten" Christologie zu reden, wie es *Jürgen Roloff* (1Tim 260) angemessen schien.

[79] In den Bahnen (und Grenzen) existentialer Theologie aufgewiesen von *Rudolf Bultmann,* Das Evangelium nach Johannes (KEK II), Göttingen ^{21}1986 (941), 308f:

[80] Eine andere Syntax diskutiert *Christoph Burchard,* Satzbau und Übersetzung von 1Thess 1,10, in: ZNW 96 (2005) 272f: „... seinen Sohn aus dem Himmel zu erwarten, Jesus, den er von den Toten erweckte, unseren Retter vor dem kommenden Zorngericht." Es kommt ihm darauf an, die Auferweckungsaussage nicht auf den „Sohn", sondern auf „Jesus" zu beziehen.

[81] Vgl. *Siegfried Kreuzer,* Der lebendige Gott. Bedeutung, Herkunft und Entwicklung einer alttestamentlichen Gottesbezeichnung (BWANT 116), Stuttgart u. a. 1983.

[82] Gut herausgestellt von *Victor P. Furnish,* II Corinthians (AnB 32A), Garden City 1985, 147.

[83] Vgl. *Pierre Grelot,* La Liturgie dans la Nouveau Testament (Introduction de la Bible – Edition nouvelle III/9), Paris 1991.

[84] Eine schöne Anthologie freier Übersetzungen hat *Klaus Berger,* Psalmen aus Qumran, Frankfurt/Main 1997.

[85] Das ist der Ehrgeiz der älteren Formgeschichte; vgl. *Reinhard Deichgräber,* Gotteshymnus und Christushymnus in der frühen Christenheit. Untersuchungen zu Form, Sprache und Stil frühchristlicher Hymnen (StUNT 5), Göttingen 1967. Die neuere Forschung ist skeptischer, was den „Sitz im Leben" der Liturgie anbelangt; vgl. *George Kennel,* Frühchristliche Hymnen? Gattungskritische Studien zur Frage nach den Liedern der frühen Christenheit (WMANT 71), Neukirchen-Vluyn 1993; *Ralf*

Brucker, „Christushymnen“ oder „epideiktische Passagen“? Studien zum Stilwechsel im Neuen Testament und seiner Umwelt (FRLANT 176), Göttingen 1997; offener bleibt jedoch *Michael Lattke,* Hymnus. Materialien zu einer Geschichte der antiken Hymnologie (NTOA 19), Freiburg/Schw. – Göttingen 1991; *Martin Hengel,* Das Christuslied im frühesten Gottesdienst, in: Weisheit Gottes – Weisheit der Welt. FS J. Card. Ratzinger, St. Ottilien 1987, I 357–404.

86 Ausführlicher zum folgenden in: *Thomas Söding,* Mehr als ein Buch. Die Bibel begreifen, Freiburg – Basel – Wien 1995, 218–231.

87 Theologie der drei Tage, Freiburg 1990.

88 Vgl. *Hans Urs von Balthasar,* Hinabgestiegen in das Reich des Todes. Der Sinn dieses Satzes in Bekenntnis und Lehre, München 1982. Umfassend bibel-theologisch ausgewertet und ausgeweitet von *Hans-Jürgen Vogels,* Christi Abstieg ins Totenreich und das Läuterungsgericht an den Toten. Eine bibeltheologisch-dogmatische Untersuchung zum Glaubensartikel „descendit ad infernos“ (Freiburger Theologische Studien 102), Freiburg 1976.

89 Dass damit der descensus ad inferos gemeint ist, wird von *Joachim Gnilka* (Mt I 466) befürwortet, von *Ulrich Luz* (Mt II 277f) abgelehnt.

90 Als Medium – im Sinn des lateinischen „resurrexit“ – deutet *Otfried Hofius,* Paulusstudien II (WUNT 143), Tübingen 2002, 202–214.

91 Neue Aspekte erschließt *Georg Steins,* Die „Bindung Isaaks“ im Kanon (Gen 22). Grundlagen und Programm einer kanonisch-intertextuellen Lektüre (HBS 20), Freiburg – Basel – Wien 1999

92 *Martin Karrer* (Jesus Christus im Neuen Testament 82) klärt: „Die Darbringung und Rettung Isaaks gibt dem Weg Jesu in den Tod und gegebenenfalls seiner Auferstehung eine Folie. Eine Grundlage der soteriologischen Deutung des Todes Jesu bietet sie nicht.“

93 Cf. *Alexander Weihs,* Die Deutung des Todes Jesu im Markusevangeliums. Eine exegetische Studie zu den Leidens- und Auferstehungsansagen (FzB 99), Würzburg 2003.

94 Widerstand und Ergebung. Briefe und Aufzeichnungen aus der Haft, hg. v. Eberhard Bethge (Siebenstern-Tb 1), Hamburg ^{8}1974 (^{1}1951), 191f.

95 Vgl. *Karl Kertelge,* Grundthemen paulinischer Theologie, Freiburg – Basel – Wien 1991, 63–67.

96 Vgl. *Jan-Willem van Henten – Friedrich Avemarie,* Martyrdom and Noble Death. Selected Texts from Graeco-Roman, Jewish and Christian Antiquity, London 2002.

97 Der Topos findet sich vielfach von Platon (symp. 7 179b) bis zu Seneca (ep. 9,10) und Epiktet (diss. II 7,2f); vgl. Philostr., Vit.Ap. VII 14; Diog. Laert. VII 130; X 121; Luc., Tox. 6.36f; P.Herc 1044.

98 Vgl. *Hermann Spieckermann*, Gottes Liebe zu Israel 141–153.

99 Klärend zur Diskussion: *Martin Gaukesbrink,* Die Sühnetradition bei Paulus. Rezeption und theologischer Stellenwert (FzB 82), Würzburg 1999, 181–185.

100 So *Peter Stuhlmacher,* Biblische Theologie I 194.

101 So *Otfried Hofius,* Paulusstudien I 46f; *Ferdinand Hahn,* Theologie I 259.

102 Eine bibeltheologische Erschließung gelingt *Georg Fischer – Knut Backhaus,* Sühne und Versöhnung. Perspektiven des Alten und Neuen Testaments (NEB.Th 7), Würzburg 2000.

103 Gute Einblicke in der Perspektive evangelischer Exegese öffnet *Seyon Kim,* Paul and the New Perspective. Second Thoughts on the Origin of Paul's Gospel (WUNT 140), Tübingen 2002, 214–238.

104 Vgl. *Christian Stettler,* Der Kolosserhymnus. Untersuchungen zu Form, traditions-

geschichtlichem Hintergrund und Aussage von Kol 1,15–20 (WUNT II/131), Tübingen 2000.

105 Vgl. *Otfried Hofius,* Paulusstudien II 215–233.

106 Aus den Quellen dargestellt von *Alois Grillmeier,* Jesus Christus im Glauben der Kirche I 96–121. Allerdings meint der Autor, Theodor von Mopsuestia habe in seinem Kolosserkommentar den Schrifttext am besten verstanden, indem er „Erstgeborener" auf die Inkarnation beziehe und das „Zuerst" auf einen Ehrenprimat deute. Das scheint aber doch nicht ganz die Pointe des Hymnus zu sein.

107 Die Lehre wird auf Empedokles zurückgeführt (Diels I 315/21–316/2; 322/17–323/10; 327/6–10); sie ist unter den Pythagoreern der neutestamentlichen Zeit lebendig (vgl. Diogenes Laertius 8,25–33: Diels I 448–451). Die Ausstrahlung dieser Lehre auf das Judentum bezeugt Philo, spec.leg. II 188–192.

108 Zum größeren Zusammenhang vgl. *Rudolf Hoppe,* Der Triumph des Kreuzes. Studien zum Verhältnis des Kolosserbriefes zur paulinischen Kreuzestheologie (SBB 28), Stuttgart 1994.

109 Vgl. *Bernd Janowski,* Sühne als Heilsgeschehen, Neukirchen-Vluyn ^{2}2000.

110 Zur exegetischen Diskussion vgl. meinen Beitrag: Sühne durch Stellvertretung. Zur zentralen Deutung des Todes Jesu im Römerbrief, in: Jörg Frey – Jens Schröter (Hg.), Deutungen des Jesu im Neuen Testament 375–396. Ohne jede Sühnetheologie, vielmehr als „Weihegeschenk" – in paradoxaler Umkehrung der religiösen Praxis – will jetzt deuten *Stefan Schreiber,* Das Weihegeschenk Gottes. Eine Deutung des Todes Jesu in Röm 3,25, in: ZNW 97 (2006) 88–110. Aber das Schwergewicht der Vergleichsstellen liegt in der alttestamentlichen Sühnetheologie, während von Weihegeschenken nur – wenige – pagane Texte reden (resp. Josephus, der in ant. 16,182 eine halbheidnische Aktion des Herodes beschreibt). Vom Blut ist in jenen Texten keine Rede.

111 So *Michael Theobald,* Römerbrief 1–11 (SKK.NT 6/1), Stuttgart 1992, 97–105.

112 *Peter Stuhlmacher,* Der Brief an die Römer (NTD 6), Göttingen 1989, 57f.

113 So *Eduard Lohse,* Der Brief an die Römer (KEK IV), Göttingen 2003, 126f..

114 Vgl. *Martin Hengel,* The Atonement. A Study of the Origin of the Doctrine in the NT, London 1981.

115 Vgl. zur Einordnung meinen Beitrag: Gott ist Liebe". 1Joh 4,8.16 als Spitzensatz Biblischer Theologie, in: Th. Söding (Hg.), Der lebendige Gott. Beiträge zur Theologie des Neuen Testaments. FS W. Thüsing (NTA 31), Münster 1996, 306–357.

116 Vgl. *Eduard Schweizer,* Was meinen wir eigentlich, wenn wir sagen „Gott sandte seinen Sohn …"?, in: NTS 37 (1991) 204–224.

117 Zur Auslegung vgl. *Hans-Josef Klauck,* 1Joh 100–110.

118 Vgl. *Thomas Söding – Christian Münch,* Kleine Methodenlehre zum Neuen Testament 122–127.

119 Vgl. *Andreas Lindemann,* Hilfe für die Armen. Zur ethischen Argumentation des Paulus in den Kollektenbriefen II Kor 8 und II Kor 9, in: Christl Maier – Rüdiger Lüwak – Klaus-Peter Jörns (Hg.), Exegese vor Ort. FS Peter Welten, Leipzig 2001, 199–216.

120 Es gibt alternative Auslegungen; *James D.G. Dunn* (Christology in the Making, London 1980, 122) glaubt insgesamt den Menschen Jesus, den zweiten Adam angesprochen. Zur kritischen Diskussion vgl. *Margret E. Thrall,* II Corinthians II (ICC); Edinburgh 2000, 532ff.

121 Eine eingehendere Exegese, auf der die folgenden Ausführungen basieren, in: Das Wort vom Kreuz 104–131; Gottes Sohn von Anfang an. Zur Präexistenzchristologie bei Paulus und den Deuteropaulinen, in: R. Laufen (Hg.), Gottes ewiger Sohn. Die Präexistenz Christi in der Diskussion, Paderborn 1997, 57–93. Eine Adam-Christologie (ohne Präexistenz) favorisiert demgegenüber *Morna D. Hooker,* Adam redivi-

vus. Philippians 2 once more, in: Steve Moiyse (Hg.), The Old Testament in the New Testament. FS J. North (JStNT. S 189), Sheffield 2000, 220–234.

[122] Viele Belege sammelt: Neuer Wettstein. Texte zum Neuen Testament aus Griechentum und Hellenismus. Bd. II/1, hg. v. Georg Strecker + und Udo Schnelle, Berlin 1996, 672–688.

[123] *Asfa-Wossen Asserate* hat sie als Inbegriff der „Manieren" (Frankfurt/Main 2003) beschrieben.

[124] Vgl. *Samuel Vollenweider,* Horizonte neutestamentlicher Christologie (WUNT 144), Tübingen 2002, 263–284.

[125] Differenziert erarbeitet von *Larry W. Hurtado,* One God, One Lord. Early Christian Devotion and Ancient Jewish Monotheism, Philadelphia [2]2003 ([1]1988).

[126] Vgl. *Otfried Hofius,* Paulusstudien II 167–180.

[127] Vgl. *Jürgen Werbick,* Das Medium ist die Botschaft, in: ders. (Hg.), Offenbarungsanspruch und fundamentalistische Versuchung (QD 129), Freiburg – Basel – Wien 1991, 187–245.

[128] Das grandiose Lied kann im folgenden auch nicht ansatzweise angemessen behandelt werden. Die Literatur ist überaus reich. Eine wichtige Untersuchung der sprachlichen Struktur stammt von *Heinrich Lausberg,* Der Johannes-Prolog. Rhetorische Befunde zu Form und Sinn des Textes: NAWPGH (Göttingen 1984) 189–279. Zur Exegese vgl. *Michael Theobald,* Die Fleischwerdung des Logos. Studien zum Verhältnis des Johannesprologs zum Corpus des Evangeliums und zu 1Joh (NTA 20), Münster 1988. Sehr anregend, wenngleich vielfach gegensätzlich sind die Beiträge von *Hans Weder,* Der Mythos vom Logos (Johannes 1). Überlegungen zur Sachproblematik der Entmythologisierung (1988), in: ders., Einblicke ins Evangelium. Exegetische Beiträge zur neutestamentlichen Hermeneutik, Göttingen 1992, 401–434; *Otfried Hofius,* Struktur und Gedankengang des Logos-Hymnus in Joh 1,1–18 (1987), in: ders. – Hans-Christian Kammler, Johannesstudien (WUNT 88), Tübingen 1996, 1–23;

[129] Im Griechischen steht das maskuline Logos, das auf Jesus passt. Im Deutschen ist „Wort" sächlich. Um die Beziehung auf Christus zu verdeutlichen, ist in der ersten Zeile ein „Er" eingefügt.

IV. Weiterführung

[1] Zu stark wird die Präexistenzchristologie relativiert von *Karl-Josef Kuschel,* Geboren vor aller Zeit? Der Streit um Christi Ursprung, München 1990.

[2] Eine ganze Reihe moderner Christologien bemüht sich, die traditionelle Fixierung auf die Inkarnation und das Pascha aufzugeben und die christologische Bedeutung des Lebens Jesu zu erfassen. Allerdings geschieht dies in einigen wichtigen und einflussreichen Arbeiten nicht ohne erhebliche Abstriche am christologischen Niveau der neutestamentlichen Jesusgeschichte, so wie dies zwischenzeitlich der Forschungsstand der historisch-kritischen Exegese zu gebieten schien. Beispiele liefern *Edward Schillebeeckx,* Jesus – Die Geschichte von einem Lebenden, Freiburg – Basel – Wien 1975; *Hans Küng,* Christsein, München 1974. Erheblich tiefer reicht die Rezeption der Jesusforschung bei *Wolfhart Pannenberg,* Grundzüge der Christologie, Gütersloh 1964; *Walter Kasper,* Jesus, der Christus, Mainz 1974. Allerdings stand damals noch nicht die kanonische Hermeneutik der Jesusfrage zur Debatte, die heute vielleicht noch bessere Aussichten für den Dialog zwischen Exegese und Dogmatik liefert, wenn die Orientierung am Kanon nicht auf Kosten der historischen Forschung der philologischen Diachronie geschieht.

[3] In manchen neueren Werken systematischer Theologie werden die unleugbaren Probleme, zentrale Motive neutestamentlicher Theologie wie Sühne und Stellvertre-

tung heute verständlich zu machen, dadurch umgangen, dass – im Verein mit Exegeten, die dasselbe Geschäft betreiben – die soteriologische Bedeutung des Todes überhaupt relativiert wird. Das gilt sogar für den herausragenden Entwurf von *Karl Rahner,* Grundkurs des Glaubens, Freiburg – Basel – Wien 1976.

[4] Von ihr ist zu wenig die Rede bei *Hansjörg Verweyen,* Gottes letztes Wort. Grundriß der Fundamentaltheologie, Düsseldorf 1990.

[5] *Johann Baptist Metz* insistiert im Kontext der Theodizeefrage auf der Bedeutung der befristeten Zeit: Glaube in Geschichte und Gesellschaft. Studien zu einer praktischen Fundamentaltheologie, Mainz 1977. Allerdings ist die Nähe der Parusie qualitativ zu verstehen – und die Qualität ergibt sich aus der Identität des Menschensohnes.

[6] Dies ist die theologische Basis des Dialoges zwischen katholischer Theologie und kritischer Theorie, während die philosophische Basis die Einsicht in die Dialektik der Aufklärung und das Ethos der Gerechtigkeit zu sein scheinen, vgl. *Jürgen Habermas,* Glauben und Wissen [Dankesrede zur Verleihung des Friedenspreises des Börsenvereins des Deutschen Buchhandels], Frankfurt/M.2001. Noch um einiges weiter geht er in seinem Dialog mit *Joseph Ratzinger,* Dialektik der Säkularisierung. Über Vernunft und Religion, Freiburg – Basel – Wien 2005.

[7] Demgegenüber steht der für eine ganze Generation prägende Entwurf von *Helmuth Thielicke* (Mensch sein – Mensch werden. Entwurf einer christlichen Anthropologie, München 1976) nur auf einer dünnen biblischen Basis.

[8] Vielleicht könnten durch diese „orthodoxe" Thematik die erhellenden Erörterungen im Umkreis evangelisch-katholischer Ökumene noch gewinnen, die *Otto Hermann Pesch* vorgestellt: Frei sein aus Gnade. Theologische Anthropologie, Freiburg – Basel – Wien 1983.

[9] Vgl. *Hans Walter Wolff,* Anthropologie des Alten Testaments, München ^{4}1984; *Bernd Janowski,* Konfliktgespräche mit Gott. Eine Anthropologie der Psalmen, Neukirchen-Vluyn 2003; *Udo Schnelle,* Neutestamentliche Anthropologie. Jesus – Paulus – Johannes (BThSt 18), Neukirchen-Vluyn 1991.

[10] In der wichtigen Anthropologie von *Wolfhart Pannenberg* (Anthropologie in theologischer Perspektive, Göttingen 1983) kommt das allerdings zu kurz.

[11] Im Gespräch mit Levinas ausgewertet von *Erwin Dirscherl,* Grundriss Theologischer Anthropologie. Die Entschiedenheit des Menschen angesichts des Anderen, Regensburg 2006.

[12] Zur Fundgeschichte der Gruppe, zur kontroversen Rekonstruktions- und Rezeptionsgeschichte und zur Christologie Michelangelos vgl. *Georg Daltrop,* Das Ethos des Verlierers. Gedanken zur Laokoongruppe, in: Johannes Beutler (Hg.), Der neue Mensch in Christus. Hellenistische Anthropologie und Ethik im Neuen Testament (QD 190); Freiburg – Basel – Wien 2001, 190–202.

[13] *Herbert Vorgrimler* folgt in seinem nachdenklich Buch „Der Tod im Denken und Leben des Christen" (Düsseldorf 1978) der exegetischen These, dass Jesus keine eigene Theologie des Todes entwickelt habe, und tut sich deshalb – sympathisch – schwer, über eine Kritik vorhandener Theorien zu einer eigenen Deutung zu gelangen, die immer im Verdacht steht, den Tod schönzureden.

Register neutestamentlicher Bibelstellen